Rüdiger Götte

Finanzkrisen: Mythos und Wahrheit, Anatomie und Geschichte

Warum Spekulationsblasen immer wieder entstehen, wie sie platzen – und wie Anleger sich vor ihnen schützen können

Rüdiger Götte

FINANZKRISEN: MYTHOS UND WAHRHEIT, ANATOMIE UND GESCHICHTE

Warum Spekulationsblasen immer wieder entstehen,
wie sie platzen – und wie Anleger sich
vor ihnen schützen können

ibidem-Verlag
Stuttgart

Bibliografische Information der Deutschen Nationalbibliothek
Die Deutsche Nationalbibliothek verzeichnet diese Publikation in der Deutschen Nationalbibliografie; detaillierte bibliografische Daten sind im Internet über http://dnb.d-nb.de abrufbar.

Bibliographic information published by the Deutsche Nationalbibliothek
Die Deutsche Nationalbibliothek lists this publication in the Deutsche Nationalbibliografie; detailed bibliographic data are available in the Internet at http://dnb.d-nb.de.

Coverabbildung: Images licensed by Ingram Publishing

∞

Gedruckt auf alterungsbeständigem, säurefreien Papier
Printed on acid-free paper

ISBN-13: 978-3-8382-0219-8

Printed in Germany

Vorwort

Die Geschichte der Finanzkrisen ist lang und abwechslungsreich, auch wenn die Krisen immer wieder nach dem gleichen Muster ablaufen. Jede Finanzkrise beginnt damit, dass sich die wirtschaftliche Situation ändert. Dies kann hervorgerufen werden durch einen Krieg, eine Rekordernte oder eine neue Erfindung (wie z. B. das Internet). Es muss also neue Dinge geben, mit denen sich mehr Geld verdienen lässt, als mit anderen. Dann blüht eine Branche magisch auf, wie ein Diamant, der zu funkeln anfängt. Die Kurse der Aktien oder des Rohstoffes fangen an, kräftig zu steigen.

Die Kurse steigen noch weiter, weil die Anleger z. B. durch einen niedrigen Zinssatz der Notenbanken viel Geld zur Verfügung haben. Dies führt dazu, dass die billigen Kredite zunehmend als Spekulationskapital eingesetzt werden. Nach Ansicht des Wirtschaftshistoriker Charles Kindleberger kommt es allerdings gar nicht so sehr auf die Notenbanken an – wenn diese kein neues Geld zur Verfügung stellen, dann beschaffen sich die Anleger das Anlagekapital von anderer Stelle. So datierten z. B. in Kuwait Ende der 1970er Jahre die Börsenhändler einfach ihrer Schecks vor und hofften, diese zum Fälligkeitsdatum decken zu können. Dies gelang auch einige Zeit. Doch 1982 platzte die Blase und die Börse brach zusammen.

Dieses Schicksal wiederfährt jedem Boom. Irgendwann kommt der Nadelstich, der die Blase zum Platzen bringt. Dieser Stich kann ein Ereignis sein, etwa dass ein Vorhaben hinter dem Zeitplan liegt, ein Manager sich betrügerisch verhält oder ein angesehener Investor seine Meinung ändert. Plötzlich breitet sich unter den Anlegern Panik aus, und die Kurse fallen ins Bodenlose.

Seit der im 19. Jahrhundert beginnenden Industrialisierung gab es viele kleine Rezessionen und sogar drei als schwer einzustufende Wirtschaftskrisen. So stellt sich die Frage: Wie kann es sein, dass es immer wieder zu verheerenden Finanzkrisen kommt? Wenn deren Gründe und Ablauf so klar sind, warum fallen die Anleger immer wieder darauf herein? Die Antwort ist einfach: Weil sie Menschen sind. Nach Ansicht vieler Experten spielen Menschen nicht nur gern, sondern sie machen auch fortlaufend die gleichen Fehler. Und immer sind sich die Anleger sicher: "Dieses Mal wird alles anders sein." So setzen sie darauf, die Nadel im Heuhaufen gefunden zu haben, die neue Amazon-, Microsoft- oder Google-Aktie, die die Krise überstehen und wie ein Phoenix aus der Asche empor steigen wird. Andere wiederum setzen darauf, dass sie einen noch Blöderen finden werden, der ihnen die überteuerten Aktien abkaufen wird. Diese vermeintliche Sicherheit haben wir auch in anderen Bereichen unseres Lebens. So sagen z. B. in Umfragen 60 bis 90 % der Menschen, dass sie besser Auto fahren als der Durchschnitt. Außerdem ist unser Gehirn darauf getrimmt, Muster zu erkennen und nach ihnen zu handeln. Das tut es auch da, wo keine sind. Wenn der Anleger mit ein paar Investitionen Geld verdient hat, so erwartet er, dass sich der Erfolg weiter fortsetzt. Gerade dies ist zu Anfang einer Blase auch sehr leicht zu erreichen, weil fast jedes Unternehmen und jedes Wertpapier gewinnt. Und das zieht sogar Leute in ihren Bann, die sich anfangs noch herausgehalten haben, weil es für sie immer schwieriger wird zuzusehen, wie ihre Freunde scheinbar mühelos reich werden.

Auf solche Mechanismen fallen selbst die klügsten Köpfe herein, z. B. der Entdecker der Gravitationskraft Isaac Newton. Er investierte in der großen Blase des 18. Jahrhunderts, als viele Anleger auf hohe Gewinne in der Südsee hofften und verloren.

Ich möchte Ihnen mit meinem Buch die Angst vor den Krisen nehmen. Vielleicht ermöglicht es Ihnen innerhalb einer solchen Krise nicht in die üblichen Mechanismen zu verfallen. Meine Hoffnung ist, dass sie nach dem Streifzug durch die Geschichte der Finanzblasen sich in der nächsten etwas zurückhalten oder rechtzeitig vor dem Platzen der Blase aussteigen. Schließlich konnte der Ökonom Vernon Smith in Experimenten feststellen, dass, wenn ein Händler bereits einen Boom und einen Crash miterlebt hat, er sich besser durch die folgenden Blasen hindurch manövrieren konnte.

Für die freundliche Unterstützung bei dieser Arbeit möchte ich Diplom-Ingenieur Hans-Jürgen Götte danken.

Inhalt

Abbildungsverzeichnis

Tabellenverzeichnis

1 Einleitung

Am 25. Oktober 2009 sagte ein Bekannter zu mir: "Hurra! Heute haben wir ein Jubiläum, lass uns feiern gehen. Der 'Schwarze Freitag' jährt sich zum 80. Mal." Er spielte auf den Börsencrash von 1929 an. Blickt man auf die vergangenen 80 Jahre zurück, wie es die Jubilare gerne tun, so stellt man mit Verwunderung fest, dass viele Spekulationskrisen folgten, wie z. B. die Japan-Krise (1990), der Schwarze Montag (1997), die New-Economy-Krise (2000) oder die US-Hypothekenkrise. Die Liste ist lang. So fragte mich mein Freund: "Warum wiederholen sich die Finanzkrisen immer wieder?" Das ist die Ausgangsfragestellung dieses Buches.

Zunächst einmal muss man natürlich feststellen, ob sich die Spekulationsblasen tatsächlich alle "Jubeljahre" wiederholen, oder ob die hohe Anzahl der Spekulationsblasen im 20. Jahrhundert nur eine zufällige Häufung ist. Dazu werfen wir einen Blick auf die lange Geschichte des Geldes, der Banken und Finanzen. Sie werden überrascht sein!

Um wirklich die Geschichte des Geldes zu verstehen, muss man auch deren theoretische Grundlage kennen. Daher widmet sich dieses Buch in seinem ersten Kapital den Gedanken der großen Ökonomen. Schließlich sind die Ideen der Ökonomen machtvoller, als man gemeinhin annimmt. Ihren Ideen folgen die Politiker, um den Wohlstand ihres Landes zu mehren. Sie bilden sozusagen die Grundlage des wirtschaftlichen Handelns der Menschen, weil auf Grundlage der Ideen der Ökonomen Gesetze gemacht werden. Sie legen also die Rahmenbedingungen für unsere Wirtschaft fest.

Konfuzius lehrte: "*Studiere die Vergangenheit, wenn du die Zukunft kennen willst.*" Darum begeben wir uns im zweiten Abschnitt des Buches auf einen Spaziergang durch die Geschichte der Finanzmarktkrisen. Dieser Spaziergang führt uns entlang der Blockbuster-Krisen der letzten 800 Jahre, wobei der Schwerpunkt auf den letzten 400 Jahren liegt. Hierbei betrachten wir die Krisen nicht isoliert, sondern in ihrem politischen Kontext. Schauen Sie sich diese einzelnen, teilweise spektakulären Finanzkrisen mit Bedacht an. Der aufmerksame Leser wird viele Parallelen zwischen den Krisen feststellen. Es scheint förmlich so zu sein, dass das menschliche Gedächtnis die Krisen schnell verdrängt. Man hat den Eindruck: Nach der Krise ist vor der Krise.

Nach diesem Spaziergang durch die Geschichte werden wir das Wesen der Finanzkrisen studieren. Dazu legen wir die Finanzkrisen auf den Röntgentisch und durchleuchten sie. Dabei stellt man fest, dass sich die Finanzkrisen erschreckend ähneln. Wir werden also der Frage nachgehen, welche Muster die Finanzkrisen gemeinsam haben. Dabei werden wir auf Phänomene stoßen, die eigentlich bei fast allen Finanzkrisen mehr oder minder offensichtlich zu Tage treten. Ihr Erkennen könnte einen Schlüssel dazu liefern, die Finanzkrisen besser zu überstehen.
Daneben werden wir entdecken, dass jede Finanzkrise zu einer "Verwandlung" der Anleger führt. Getrieben durch mächtige Gefühle – Gier, Angst, Panik und Hoffnung – verwandelt sich der Anleger vom rationalen zum gefühlsgetriebenen Menschen. Genau in dieser Verwandlung scheint ebenfalls ein Schlüssel zum Verständnis für Finanzkrisen zu sein. Sie werden erkennen, dass an der Börse immer wieder Phänomene der Massenpsychologie auftreten. Gerade diese Phänomene führen zu erheblichen Turbulenzen. Darum möchte ich Ihnen ein Grundlagenwissen über massenpsychologische Phänomene an der Börse vermitteln. Dieses Wissen wird Ihnen helfen, ihr Anlageverhalten zu optimieren und typische Fehler zu vermeiden.
Im letzten Abschnitt des Buches stelle ich Ihnen noch eine ketzerische These vor: Spekulationsblasen sind nichts anderes, als gut getarnte Schneeballsysteme. Darum müssen Spekulationsblasen irgendwann platzen.
Ich hoffe, dass ich Ihnen mit diesem Buch die Angst vor Finanzkrisen nehmen kann, sodass Sie möglichst unbeschadet durch die nächste Krise kommen. Lassen Sie uns in die Welt der Finanzkrisen eintauchen!

2 Wie Ökonomen unser Leben veränderten

In der *Kunst des Krieges* (Sunzi) steht frei übersetzt geschrieben: "*Wenn du dich und den Feind kennst, brauchst du den Ausgang hunderter Schlachten nicht mehr zu fürchten. Wenn du jedoch nur dich selbst kennst, doch den Feind nicht, wirst du für jeden Sieg, den du erringst, eine Niederlage erleiden.*" Damit uns dieses Schicksal nicht wiederfährt, müssen wir unseren Feind wirklich kennenlernen und einen Blick in die Geschichte der ökonomischen Theorien werfen.

2.1 Kurze Geschichte der ökonomischen Theorien

In diesem Kapitel möchte ich nur kurz die wichtigsten ökonomischen Theorien skizzieren. Sie werden merken, dass es nicht die einzig wahre Theorie gibt, sondern deren viele. Alle Theorien treten in einen Wettstreit miteinander.

Auf der Grundlage des aristotelischen Denkens entwickelte Thomas von Aquin im 13. Jahrhundert seine Wirtschaftstheorien. Zu jener Zeit herrschte ein Zinsverbot. Nach Thomas von Aquin ist der Zins der Preis für die Zeit, in der der Ausleihende auf den Gebrauch seines Geldes verzichten muss. Er könnte sich schließlich von dem Geld Sachen kaufen und von deren Nutzen profitieren. Aber es darf, so Aquin, kein simpler Darlehenszins erhoben werden. Der Kapitalgewinn müsse in anderer Form an den Gläubiger zurückfließen. Mit dieser Überlegung ersonn Thomas von Aquin einen Gesellschaftsvertrag. Dieser Vertrag sorge dafür, dass die Gläubiger auch das Risiko mittrügen, welches aus dem Geschäft drohe. Wer nun sein Geld als Gesellschafter in ein Unternehmen bzw. Geschäft einbringt, dem steht auch ein Anteil des Gewinnes zu. Außerdem führte Thomas von Aquin den Begriff des "gerechten Preises" ein. Seiner Ansicht nach ist dies der Marktpreis, der ohne Betrug und monopolistische Praktiken gebildet wird. Beispielsweise steige der Brotpreis in Zeiten des Mangels und falle in Zeiten des Überflusses. Zudem könnten Preise von Ort zu Ort schwanken. Zusätzlich müsse ein Verkäufer die tatsächlichen Angebotsbedingungen im Preis wiedergeben. Dazu müsse er alle relevanten Informationen an seine Kunden weitergeben, wie z. B. dass eine gute Ernte bevorsteht. Tue der Verkäufer dies nicht, so verschaffe er sich einen unbilligen Vorteil.

Den nächsten großen Schritt in der ökonomischen Theorie machte im 16. Jahrhundert der Reformator Johannes Calvin. Er hatte keine Scheu mehr vor der Kapitalbildung und Vermehrung des Geldes durch Zinsen. So sagte Calvin: "*Reich zu sein ist keine Sünde, doch lasterhaft ist, Vermögen zur Befriedigung menschlicher Begierden zu missbrauchen.*" Das heißt, das Prassen und Protzen war verpönt und Sparen oberste Tugend. Nach Calvin ist Reichtum nur nützlich, wenn das Geld in den Wirtschaftskreislauf zurückfließt und nach den Regeln der Gerechtigkeit und Wohltätigkeit zirkuliert. Er vertrat sogar die Meinung, dass es gerecht sei, für geliehenes Kapital Zinsen zu nehmen. Allerdings sagte Calvin auch: "*Den Armen sollte man zinslos leihen. Und auch beim erlaubten Zinsnehmen sollte man die Nächstenliebe walten lassen ...*" Somit vertrat Calvin auch die Ansicht, dass die Zinshöhe nicht beliebig sein darf. Mit seinen Thesen legte Calvin den Grundstock für den späteren Bankenplatz Genf (Wirkstätte von Calvin). Hier gründeten sich 200 Jahre später die Banken *Lombard Odier* 1796, *Pictet* 1805, *Mirabaud* 1819 usw.
Die Industrialisierung führte zu einer Weiterentwicklung der ökonomischen Theorie. Die Ökonomen dieser Epoche werden auch als die klassischen Nationalökonomen bezeichnet. So betrat im 18. Jahrhundert Adam Smith ("Vater der klassischen Nationalökonomie") die Bühne der Ökonomen. In seinem Hauptwerk *Wohlstand der Nationen* sah er als treibende Kraft der Wirtschaft das Verlangen der Menschen, ihre Lage zu verbessern. Smith versuchte aufzuzeigen, dass der eigennützige, auf seinen Vorteil bedachte Mensch mit seinem wirtschaftlichen Handeln gleichzeitig dem Wohl der Gesellschaft dient, d. h. der Motor des wirtschaftlichen Handelns der Egoismus der Menschen ist. Hierzu schrieb Smith: "*Nicht vom Wohlwollen des Metzgers, Bauers und Bäckers (...) erwarten wir unsere Mahlzeiten, sondern von deren Bedachtnahme auf ihr eigenes Interesse. (...) Wir wenden uns nicht an ihre Menschenliebe, sondern an ihre Eigenliebe, und sprechen ihnen nie von unseren eigenen Bedürfnissen, sondern von ihren Vorteilen.*" Um dies fassbar zu machen, schuf er das Bild von der "unsichtbaren Hand" des Marktes, die alle Einzelinteressen zusammenführt und so das größtmögliche Gemeinwohl erzeugt. Dazu ging Smith von einem eigennützig handelnden Individuum aus, aber nicht von einem rücksichtslosen Egoisten, sondern von einem Menschen mit moralischen Grundsätzen. Seine Thesen wurden zunächst mit Bestürzung aufgenommen, weil bis dahin jemandem, der sich bereicherte, mit Verachtung und Misstrauen begegnet wurde. Smiths Thesen standen im krassen Widerspruch zu Calvin, der damals noch eine große Anhängerschaft

hatte. Dennoch setzten sie zu einem Siegeszug an. Bis heute muss Smith als "Kronzeuge" herhalten, wenn es um die Verteidigung des freien Marktes gegen staatliche Eingriffe geht. Smith lehrte auch den sogenannten Laissez-faire-Standpunkt ("Lass machen", gewähren). Smith sah in einer liberalen Marktwirtschaft vor allem zwei Prinzipen wirken: Freiheit (d. h. das Fehlen von Behinderung) und Notwendigkeit. Er sagte, das Wasser sich frei bewegt, solange es nicht durch einen Damm aufgehalten wird. Allerdings fließe es den Berg hinab und nicht hinauf, weil es dem Gesetz der Schwerkraft folgen müsse. Analog funktioniert die Marktwirtschaft nach Smith. Sie entfaltet sich frei, wenn der Staat keine Beschränkungen auferlegt. Dennoch gehorcht sie bei ihrer freien Entfaltung notwendigerweise den ökonomischen Gesetzen, wie z. B. dass der Wettbewerb die Preise reguliert. Gerade dieser Wettbewerb hält die Preise aller Güter auf einem natürlichen Niveau. Vereinfacht ausgedrückt: Die Preise steigen, wenn die Nachfrage steigt, und fallen, wenn die Nachfrage sinkt. Zudem ging Smith der Frage nach dem "natürlichen Preis" nach, der die Löhne der Arbeiter, die Renten der Rentner und den Profit der Unternehmer bestimmt. Wie soll dieser von Natur aus feststehende Preis zwischen den drei Parteien aufgeteilt werden? Auch hier gilt nach Smith das Gesetz von Angebot und Nachfrage. Stehen z. B. viele Arbeiter zur Verfügung, werde ein niedrigerer Lohn gezahlt. Die natürliche Grenze nach unten solle ein Lohn auf Höhe des Existenzminiums sein (Subsistenzlohn). Smith erkannte aber den entscheidenden Irrtum dieser Theorie. Um nämlich stets genügend Arbeiter zu haben, müsse der Lohn mindestens so hoch sein, damit Arbeiter eine gesunde Familie ernähren könnten. Der Subsistenzlohn sei dafür zu niedrig. Darum war Smith ein Befürworter der Bemühungen der Arbeiter, sich zu "Koalitionen" (Vorstufe von Gewerkschaften) zusammenzuschließen, und er war für unterschiedliche Steuersätze für Arme und Reiche. "*... Der Arbeiter, der gewissermaßen das ganze Gebäude der menschlichen Gesellschaft auf seinen Schultern trägt, steht auf der untersten Schicht der Gesellschaft. Er wird von der Last erdrückt und versinkt gleichsam im Boden, sodass man ihn gar nicht mehr wahrnimmt. (...) Keine Gesellschaft kann ungefährdet blühen und glücklich sein, wenn der weitaus größere Teil ihrer Bevölkerung arm und erbärmlich ist.*"

Weiterhin führt Smith aus; dass sich der Wert einer Ware für seinen Besitzer aus der Menge an Arbeit ergibt, die es ihm ermöglicht, sie zu kaufen. Demzufolge ist Arbeit der wahre oder tatsächliche Tauschwert aller Güter. Außerdem gelangt Smith zu der Erkenntnis, dass das wirtschaftliche Wachstum von der Steigerung der Produktivität abhängt. Diese werde am besten durch Arbeitsteilung erzielt.

1803 erschien das Hauptwerk von Jean-Baptiste Say. Darin lehnte er Eingriffe der Regierung ins Marktgeschehen kategorisch ab. Der Motor der wirtschaftlichen Veränderungen sei einzig und alleine der Unternehmer. Aus diesem Theoriegebilde formulierte er das berühmte "Saysche Theorem": "*Produkte kauft man nur mit Produkten, und das zum Einkauf dienende Geld selber musste erst mit irgendeinem Produkt getauscht werden.*" Das Saysche Theorem greift aber noch weiter. Es sagt auch aus, dass der Wert aller produzierten Güter dem Wert aller gekauften Güter gleich ist. Somit schafft sich jedes Angebot langfristig seine eigene Nachfrage. Folglich könne es keinen Überschuss und keine allgemeine Absatzstockung (der Markt wird mit zu vielen Gütern überschwemmt, die niemand mehr kaufen möchte) geben. Say ist also der Vater der Angebotspolitik. Say räumt ein, dass es partiellen Überschuss gibt. Dieser wird aber durch den Markt reguliert, indem z. B. die Verkäufer von Waren ihren Preis senken und somit die Nachfrage ankurbeln. In der zweiten Hälfte des 19. Jahrhunderts betraten die Neoklassiker die Bühne. Sie vertraten die Grundannahmen der klassischen Nationalökonomen, verfeinerten aber ihre Ansätze.

So brachte Léon Walras die Subjektivierung der Wertlehre ins Spiel. Sie steht im Gegensatz zu der von David Ricardo geäußerten Meinung, dass der Wert eines Gutes an dessen Kosten gebunden ist. Ricardo glaubte, der Wert einer Sache sei verknüpft mit dem Aufwand von deren Herstellung oder Gewinnung (objektive Wertlehre). Léon Walras beschäftigte sich in seinem Hauptwerk mit dem klassischen Wertparadoxon: Wasser ist lebenswichtig, kostet aber dennoch nur einen Bruchteil von Gold. Um dieses Paradoxon aufzulösen, formulierte Walras das Prinzip vom abnehmenden Grenznutzen: Nicht die Gesamtbefriedigung, die Menschen aus dem Besitz eines Gutes erfahren, verleiht ihm seinen Wert. Vielmehr ist dies die Befriedigung bzw. der Genuss, d. h. der Nutzen, den man der letzten und am wenigsten dringend gewünschten Einheit des Konsums zugesteht. Beispielsweise wäre bei einer Hungersnot das letzte Stück Brot außerordentlich teuer und würde folglich hoch bezahlt. Brot wäre dann zweifelslos wertvoller als Gold. Herrschen dagegen Rekordernten und somit Überfluss, wäre Brot nahezu wertlos. Ähnlich verhält es sich mit Wasser. Unter normalen Bedingungen ist Wasser in unseren Breitengraden im Gegensatz zu Gold jederzeit verfügbar. Darum hat das letzte Glas Wasser wenig Nutzen. Genau dieser fehlende

Tauschwert des letzten Schluckes Wasser bestimmt den Wert des gesamten übrigen Wassers. Folglich gilt: Der Nutzen eines Gutes nimmt mit zunehmender Verfügbarkeit des Gutes ab. Etwa zur selben Zeit wie Walras veröffentlichten Stanley Jevons und Carl Menger eigene Grenznutzen-Theorien. Die Ökonomen stritten sich erbittert um die "Vaterschaft" der Grenznutzen-Theorie.

Walras, der sich um die Früchte seines Lebenswerkes betrogen sah, arbeitete deswegen seine Theorie weiter aus. Er übertrug den Grenznutzen auf die Märkte. Walras Hypothese: Jeder Marktteilnehmer, ob Haushalt oder Unternehmen, möchte aus seinen begrenzten Mitteln (Kapital ist endlich) den größten Vorteil bzw. Nutzen ziehen. Das Optimum ist dann erreicht, wenn die Einzelnen ihr Kapital so ausgeben, dass der Grenznutzen der gekauften Waren oder Dienstleistungen im ähnlichen Verhältnis zueinander stehen wie ihre Preise. Somit gleichen sich Angebot und Nachfrage aus, d. h. die Märkte streben einem Gleichgewicht entgegen. Der Preis einer Ware bestimmt sich nunmehr nicht mehr anhand der Produktionskosten, sondern durch Angebot und Nachfrage. Dabei nimmt Walras an, dass sich Angebot und Nachfrage auf freien Märkten von selbst im Optimum einpendeln.

Den Glauben, dass man messen kann, wie hoch der Nutzen für ein bestimmtes Gut für einen Menschen ist, beendete Vilfredo Pareto. Pareto interessiert sich nur noch dafür, ob eine Güterkombination mehr oder weniger Nutzen mit sich bringt als eine andere. Dazu entwickelte er ein Modell, das auf unabhängigen Tauschhandlungen der Individuen (Theorie der Wahlakte) beruht. Dahinter steht folgende Überlegung: Nehmen wir an, es gibt einen Obstbauern, der nur Äpfel produziert. Irgendwann möchte er etwas anderes essen als nur Äpfel, z. B. Birnen. So ist er bereit, einen Teil seiner Apfelernte gegen Birnen zu tauschen, wenn die Anzahl der getauschten Birnen stimmt. Ähnliche Gedanken hat ein Obstbauer, der nur Birnen herstellt. So kommt ein Tausch zustande. Wenn aber nun ein Obstbauer Äpfel und Birnen anbaut, aber die Äpfel wegen der klimatischen Bedingungen besser und schneller wachsen, so wird der Bauer mehr Äpfel anbauen, solange er sicher ist, dass er sie gegen Birnen tauschen kann. Deswegen kommt es zu einer Arbeitsteilung, zum Tausch und zur Preisbildung. Nach Ansicht von Pareto wird ein Optimum erreicht, wenn sich aus Sicht der Tauschpartner weitere Geschäfte nicht mehr lohnen. Folgerichtig verbessert der Tausch die Lage aller beteiligten Partner nur bis zu einem gewissen Punkt (Pareto-Optimum). An diesem Punkt kann niemand der Partner sich

durch einen weiteren Tausch verbessern, ohne seinem Tauschpartner eine Position aufzuzwängen, die für ihn nachteilig wäre. Zusätzlich fand Pareto heraus, dass die Einkommen einer Gesellschaft nicht geradlinig ansteigen, sondern einer geometrischen Reihe folgen. Das heißt, bei niedrigen Einkommen zeigen sich nur geringe Einkommensdifferenzen, wohingegen die Differenzen mit steigenden Einkommen deutlich größer werden. So wachsen die Einkommensdifferenzen in den Regionen der Superreichen schier ins Unermessliche. Beispielsweise zeigt die Forbes-Liste der reichsten Menschen, dass alleine bei den Milliardären eine Einkommensdifferenz von mehreren Milliarden vorliegt. Letztlich bedeutet diese Einkommensverteilung aber auch, dass es wenig Superreiche geben kann und es auf der anderen Seite viele Arme geben muss, weil zu jedem Zeitpunkt immer nur ein endliches Vermögen vorhanden ist, das sich verteilen lässt.
Mit den Vertretern der österreichischen Schule traten wieder Verfechter der klassischen Lehre à la Smith auf. Als Begründer der österreichischen Schule gilt Carl Menger. Er sprach sich gegen Inflation und das System der Notenbanken aus. Nach seiner Ansicht führen künstlich niedrig gehaltene Zinsen und ein übermäßiges Kreditangebot zu Fehlentwicklungen in der Wirtschaft. Die Politik des billigen Geldes ließe Blasen entstehen. In seinem 1871 erschienenen Buch die *Grundsätze der Volkswirtschaft* vertrat Menger zudem die Ansicht, dass die Preise nicht, wie es die objektive Wertlehre behauptet, der Ausdruck von Produktions- und Arbeitskosten sind, sondern vielmehr dem subjektiven Nutzen, den der einzelne Konsument einem Gut zuschreibt, geschuldet sind. Menger sagt weiter, dass die letzte Quelle der Preisbildung immer der Wertschätzung der Konsumenten folgt.
1835 konstatierte Knut Wicksell, dass ein uneingeschränkter, freier Wettbewerb nicht zu einer optimalen Verteilung der Ressourcen führe, weil manche unterdrückt würden (Arbeiter, die zu niedrigsten Löhnen arbeiten) und andere wiederum überreich entlohnt würden (z. B. die Millionen- bzw. Milliarden-Einkommen der Investmentbanker). Nach Wicksell geht der Kapitalismus von folgender Vorstellung aus:

"... dass alle Menschen von Anfang an gleich sind. Wenn dem so wäre, würden alle über dieselbe Arbeitskraft, dieselbe Bildung und vor allem über dieselben Vermögensbestände verfügen ... dann müsste jeder allein selbst schuld sein, wenn er keinen Erfolg hat."[1]

Da dies jedoch nicht so ist, muss laut Wicksell der Staat diese Ungleichgewichte beseitigen, durch z. B. Erbschaftssteuern, Einkommenssteuern, Bildungsgleichheit oder Kartellgesetze (um Kartelle zu zerschlagen).
Soweit der kleine Einblick in die großen Gedanken der Ökonomen. Vielleicht ist Ihnen aufgefallen, dass alle Theorien über Defizite verfügen. Sie richten sich nur einseitig z. B. auf die Geldpolitik, Geldmenge, Nachfrageseite oder die Verbrauchspreise aus. Darum führen sie auch oftmals in die Irre. Man muss die Wirtschaft als Ganzes sehen.
Diesen Mangel erkannte in der zweiten Hälfte des 19. Jahrhunderts John Stuart Mill (Hauptwerk: *Principles of Political Economy*, eines der ersten anerkannten Lehrbücher der Wirtschaftstheorie). Seine Schlussfolgerung ist, dass wirtschaftliche Prognosen niemals sicher sind, sie können bestenfalls mögliche Entwicklungen skizzieren. Auch im Zeitalter der modernen Computertechnologie und verlässlicher Daten (durch diverse statistische Erhebungen) sind wirtschaftliche Prognosen immer noch nicht zuverlässig. Denn die Wirtschaft folgt eher den Gesetzen der Chaostheorie[2]. Plakativ kann man die Chaostheorie mit dem Flügelschlag eines Schmetterlings umreißen, der in Tokio mit seinen Flügeln wackelt und einen Wirbelsturm in New York auslösen kann. Beispielsweise führte an einem Sommernachmittag des Jahres 1997 ein Kursverlust des thailändischen Bath an der Börse Bangkok zu einem finanziellen Wirbelsturm, der den gesamten fernöstlichen Wirtschaftsraum ins Chaos stürzte und auf den großen Börsen der Welt eine Spur der Verwüstung hinterließ. Darum gehen viele Wissenschaftler heute davon aus, dass die Wirtschaft nicht-linear verläuft, sondern dass ihre Variablen derart disproportional wachsen, dass Vorhersagen nur begrenzt sinnvoll sind. In seiner Schrift *On the Definition of Political Economy* kommt Mill zu dem Schluss, dass sich die Wirtschaftstheorie, ähnlich wie eigentlich alle Wissenschaften, die sich mit dem menschlichen Verhalten auseinandersetzen, niemals mit exakten Naturwissenschaften messen kann. Dies liegt schlicht und einfach daran, dass Ursache und Wirkung in der Wirtschaft niemals exakt gemessen werden können. Mill führt dazu aus, dass es in der

[1] Strathern, P.: Schumpeters Reithosen – Die genialsten Wirtschaftstheorien und ihre verrückten Erfinder, Campus Verlag GmbH, Frankfurt am Main 2003, S. 250.

[2] Vgl. Götte, R.: Chaos an den Finanzmärkten? Finanzmarkttheorie auf den Prüfstand, ibidem-Verlag, Stuttgart 2011.

Wirtschaft niemals zwei Situationen gibt, die sich bis aufs Haar gleichen. Zur Situation der Wirtschaftstheorie stellten Joseph Schumpeter und Paul Strathern fest:

> "Jede fragwürdige Methodologie ist gegenstandslos, wenn man auf sie verzichten kann, ohne auf die Analyseergebnisse verzichten zu müssen, die mit ihr in Zusammenhang stehen. Wenn es nur immer so wäre! Dann lägen wir niemals falsch, egal, was wir tun. Kein Wunder, dass so viele Ökonomen überzeugt sind, Recht zu haben, obwohl schon so oft das Gegenteil bewiesen wurde."[3]

Dieses Kapitel lässt sich passend mit einem Witz, der in Hörsälen der Universitäten herumgeistert, abschließen: "*Man sagt, Christoph Kolumbus sei der erste Ökonom gewesen. Als er aufbrach, um Amerika zu entdecken, wusste er nicht, wohin er ging, als er dort ankam, wusste er nicht, wo er nicht war – und das alles wurde mit Geldern der Regierung finanziert.*"

2.2 Wie Finanzkrisen aus Sicht der Ökonomen entstehen

Im Allgemeinen verstehen Ökonomen unter einer Finanzkrise größere Verwerfungen im Finanzsystem, welche durch einen großen Preisrückgang bei Vermögenswerten und die Zahlungsunfähigkeit zahlreicher Unternehmen gekennzeichnet sind. Folglich beeinträchtig eine Finanzkrise die ökonomische Aktivität in den betreffenden Ländern. Je nach Sichtweise des Ökonomen wird das Entstehen einer Finanzkrise unterschiedlich erklärt.

Ansatz – Monetarismus

Der Monetarismus (latein. moneta, Münze) steht für eine wirtschaftstheoretische Konzeption, die in den 1960er und 1970er Jahren von Milton Friedman entwickelt wurde. Nach Friedman soll die Regierung, wenn sie die Konjunktur stützen möchte, nicht die Staatsausgaben erhöhen, sondern die Geldmenge ausweiten. Möchten Politiker mehr Geld ausgeben, müssen sie demnach entweder die Steuern erhöhen oder mehr Schulden machen. Beides würge einen möglichen Konjunkturaufschwung ab. Erhöhe der Staat die Steuern, so mache dies die Wirkung höherer Staatsausgaben zunichte. Falls dagegen der Staat mehr Schulden mache und sich das Geld am Kapitalmarkt besorge, verdränge er die privaten Kreditnehmer, wie Unternehmen, am Markt und verhindere so Investitionen. Deswegen plädiert Friedman für ei-

---

[3] Strathern, P.: Schumpeters Reithosen – Die genialsten Wirtschaftstheorien und ihre verrückten Erfinder, Campus Verlag GmbH, Frankfurt am Main 2003, S. 194-195.

ne strenge am Wachstum der Geldmenge orientierte Geldpolitik und den Rückzug des Staates aus der Wirtschaft. "*Money matters*" – "*Es kommt auf die Geldmenge an*". Aber Vorsicht, eine zu starke Ausdehnung der Geldmenge führt zu Inflation und eine zu starke Bremsung des Geldmengenwachstums zu einer Deflation, d. h. der Monetarismus geht von einer stabilen Geldnachfrage aus.
Die Selbstheilungskräfte des Marktes sind am besten geeignet, um ein gesamtwirtschaftliches Optimum herbeizuführen, so Friedman. Deswegen solle eine unabhängige Notenbank die Geldmenge nach einer vorher bestimmten Formel in Abhängigkeit von der Warenmenge festlegen. Die Notenbank solle die Geldmenge gleichmäßig anwachsen lassen, sodass Haushalte und Unternehmen zuverlässig planen könnten. Eine verfehlte Politik der Zentralbanken führe letztlich zu Finanzkrisen. Die Monetaristen (u. a. Karl Brunner, Allan H. Meltzer, Phillip Cagan und Bennett T. McCallum) gewannen vor allem seit Anfang der 1970er Jahre an Einfluss, weil in Folge des Ölpreisschocks sowohl die Arbeitslosigkeit als auch die Inflation anstiegen. Als erste Notenbank der Welt ging 1974 die *Deutsche Bundesbank* zu einer Geldmengensteuerung über. Hierzu führte sie eine mittelfristig ausgerichtete Geldmengensteuerung ein mit dem Ziel, die Inflation über die Steuerung der Geldmenge zu kontrollieren. Aufbauend auf diesem Konzept bauten der damalige US-Präsident Ronald Reagan und die damalige englische Premierministerin Margaret Thatcher den Sozialstaat ab, senkten die Steuern und privatisierten die Staatsbetriebe.

Ansatz – Überinvestitionstheorie

Zu den bekanntesten Vertretern dieser Theorie gehört Friedrich August von Hayek (Nobelpreis 1974). Er führt aus, dass die Ursache für konjunkturelle Turbulenzen in einer verzerrten Zinsbildung liegt. Nach der Überinvestitionstheorie kommt es zu einem Anstieg der internen Verzinsung der Unternehmen (natürlicher Zinssatz) über den bestehenden Geldzinssatz, z. B. durch den technischen Fortschritt. Deswegen steige am Kapitalmarkt die Nachfrage nach Krediten, weil Investitionen sich lohnten.
Nach Ansicht von Hayek führt die jetzt größer werdende Nachfrage nach Krediten nicht zu einem Anstieg der Zinssätze, weil die Banken die allgemeine Wirtschaftsbelebung als Anreiz verstehen, das Kreditangebot mit der Nachfrage auszuweiten. Dies bezeichnet Hayek als "perverse Elastizität" des Kreditangebots. Dies liege u. a. daran, dass die Zentralbanken die Leit-

zinsen auf ein niedriges Niveau gesenkt hätten und so den Markt mit überreichlich Liquidität versorgten. Die niedrigen Zinsen führten zu einem falschen Produktionsaufbau. So würden im Aufschwung immer mehr Investitionsprojekte mit niedrigen (erwarteten) Renditen in Angriff genommen.
Darum verliere der Zins als Lenkungsinstrument des gesamtwirtschaftlichen Produktionsaufbau seine Funktion. Die hohe Liquidität führe dazu, dass bei der Jagd nach Renditen die Risikoprämien soweit abschmelzen, dass sie für viele Anlagen das wirkliche Risiko nicht mehr angemessen widerspiegeln. Hierdurch werde der Gegenwartskonsum erhöht. Im Zuge des Konjunkturaufschwungs steigt aber, so Hayek, der Zins an. Erfolgten allerdings die notwendigen Zinsschritte als Trippelschritte in einem bestimmten Rhythmus, so stelle sich der Finanzmarkt darauf ein, d. h. die Zinserhöhungen würden eingepreist. Folglich bleibe die dämpfende Wirkung aus. Geben die Zentralbanken ferner bekannt, dass weitere Schritte folgten, so wirkt dies prozyklisch, weil jetzt der Grundsatz regiere: Verschulde dich lieber heute als morgen. Letztlich decken, so Hayeks Ansatz weiter, die Zinserhöhungen der Notenbanken früher oder später den fehlgeleiteten Produktionsaufbau auf. Die dann beginnenden Anpassungsprozesse bewirkten den konjunkturellen Abschwung. Die Strukturbereinigung ziehe Unternehmen, Konsumenten und Banken in den Strudel der Krise. Um Finanzkrisen vorzubeugen, empfiehlt Hayek die rechtzeitige Anhebung des Leitzinssatzes durch die Zentralbank. Allerdings können Finanzkrisen nicht völlig vermieden werden, so sagt Hayek: "*Was die Krisenbewältigung betrifft, so gelingt diese, ganz grob gesprochen, nur durch einen Abbau der Überkapazitäten, also deren Liquidation. Die Handlungsempfehlung ist einfach: Nichtstun.*"
In ein ähnliches Horn stieß bereits 1912 Ludwig von Mises. Er sagt, dass das Auf und Ab der Konjunktur nicht zwangsläufig mit der Marktwirtschaft verbunden sei. Es liege vielmehr in der Ausweitung der ungedeckten Geldmenge (Inflation) begründet, die von den Zentralbanken durch einen zu niedrigen Zinssatz (Leitzinsen) verursacht werde. Demnach sind zu niedrige Leitzinsen die Ursache für konjunkturelle Schwankungen. Durch einen niedrigen Zinssatz würden Unternehmen dazu verleitet, Projekte in Angriff zu nehmen, die nicht durch genügend reale Ersparnisse gedeckt seien. Somit würden die Ersparnisse falsch eingesetzt, und es komme früher oder später zu einer Rezession, um die Fehler wieder zu korrigieren. Von Mises spricht auch von dem "süßen Gift des billigen Geldes". Das billige Geld ermögliche es den Banken, ihrerseits die Kredite zu niedrigen Zinsen anzubieten. Es

entstehe ein kreditfinanzierter Boom. Ferner verschwänden im Boom mit der Zeit die lohnenden Investitionsmöglichkeiten in der realen Wirtschaft und an den Finanzmärkten. So erschienen viele Investitionen durch verbilligte Kredite zunächst rentabel, aber irgendwann stelle sich heraus, dass die Investition keine Gewinne abwerfe und liquidiert werden müsse. Der Abschwung setze ein, wenn die Fehlinvestitionen in Masse korrigiert werden müssten.

Ansatz – Unterkonsumtionstheorie

Nach John Atkinson Hobson werden Wirtschaftskrisen, und damit auch Finanzkrisen, durch eine volkswirtschaftliche Nachfrage, die im Verhältnis zum volkswirtschaftlichen Angebot zu niedrig ist, ausgelöst. Der Nachfragerückgang sei auf eine einbrechende Binnennachfrage, d. h. starken Rückgang der Kaufbereitschaft (wird auch als Konsumstreik bezeichnet), zurückzuführen. Ob und wie viel die Konsumenten konsumieren, hänge vom Vertrauen der Konsumenten in die zukünftige wirtschaftliche Entwicklung ab (z. B. Sicherheit des eigenen Arbeitsplatzes). Das Vertrauen der Konsumenten werde aber auch durch z. B. große Naturkatastrophen, Kriegsgefahr oder Terroranschläge negativ beeinflusst. Ebenso wirkten sich Rohstoffverknappungen (z. B. in Form eines Ölpreisschocks, Verteuerung der Energie) negativ auf das Vertrauen der Konsumenten aus.

Zur Beendigung der Wirtschaftskrise 1929 entwickelte John Maynard Keynes eine Theorie, um die fehlende Nachfrage durch staatliches Eingreifen wieder auszugleichen. Dabei ging er nicht wie die neoklassische Theorie und das Saysche Theorem von einer automatischen Tendenz der Wirtschaft zum Gleichgewicht aus. In seinen Augen zeigte die Weltwirtschaftskrise von 1929, dass die klassische Ökonomie versagt hatte. So funktioniere z. B. das Theorem der Markträumung (Say'sches Gesetz) nicht. Nach diesem Gesetz müsste sich das Angebot stets genügend Nachfrage schaffen. Somit bewegte die Ökonomen die Frage: Warum versagt die Selbstheilung des Marktes? Die Antwort auf diese Frage fand John Maynard Keynes.

Er argumentierte, dass der Wirtschaftsakteur ein Mensch sei, der unter Unsicherheit Entscheidungen treffen müsse. Darum orientiere er sich häufig an den Handlungen seiner Mitmenschen. Hieraus resultiere ein Herdentrieb. Dieser Herdentrieb führe im Boom zu übertriebenem Optimismus und in der Krise zu übertriebenem Pessimismus. Aus diesem Grund führen die Menschen (Arbeiter, Unternehmer und Konsumenten) in Krisensituationen, in denen sie Angst um ihre Zukunft haben, ihre Investitionen dramatisch zurück. Nach Keynes halten die Menschen stets einen Teil ihres Geldes in ihren Kassen liquide. Diese "Liquiditätspräferenz" könne in schlechten Zeiten so groß werden, dass sie die Konjunktur abwürge. Es komme zu einem Angstsparen. Die pessimistische Haltung der Menschen könne sogar so weit gehen, dass selbst ein Zinssatz von null nicht zum Investieren oder Konsumieren "verführe". Letztlich möchte kein Mensch das Ersparte langfristig binden, sondern nur noch kurzfristig parken. Deshalb brächen Konsum und Investitionen zusammen. Die Wirtschaft stecke in einer "Liquiditätsfalle". Daraus entstehe ein Gleichgewicht bei Unterbeschäftigung, aus dem die Wirtschaft aus eigener Kraft nicht mehr herausfinde.

In einer derartig hoffnungslosen Lage ist nach Keynes der Staat gefragt. Er müsse die fehlende gesamtwirtschaftliche Nachfrage (Nachfragelücke), die nach Keynes Schuld an der Arbeitslosigkeit ist, durch zusätzliche umfangreiche Ausgabenprogramme ausgleichen und dafür Schulden machen. Nur auf diese Weise lasse sich ein dramatischer Einbruch der Konjunktur verhindern. Diese zusätzliche Nachfrage schaffe zusätzliches Einkommen für die Industrie. Die so entstandenen Einkommen gehen laut Keynes in den Konsum, was dort die Produktion erhöhe. Dadurch stiegen dort erneut die Einkommen und mit ihnen die Ausgaben für den Konsum usw. Es komme zu einer Kettenreaktion, die aus einer Investition ein Mehrfaches an Einkommen entstehen lasse (Einkommensmultiplikator). Aber Keynes verschweigt auch nicht die Gefahren seines Ansatzes. So erhöhten die Menschen mit wachsenden Einkommen ihre Ausgaben für den täglichen Konsum, aber nicht um den vollen Betrag der Einkommenserhöhung. Ein Teil werde gespart. Zudem sollte der Staat die aufgenommenen Schulden in der folgenden Boomphase (mit hoher Beschäftigung) wieder zurückfahren. Dies sei möglich, weil in einer Hochkonjunkturphase die Steuerquellen reichlich flössen. Nach Keynes Ansicht sind für Staat und Gesellschaft die Konjunkturprogramme billiger als ein Absturz in die Depression mit all seinen fatalen Folgen für Unternehmen, Haushalte und den Staat.

Um ein Missverständnis zu vermeiden: Keynes trat zwar für eine aktive Rolle des Staates in Wirtschaftskrisen ein, aber keineswegs dafür, die Marktwirtschaft durch staatliche Lenkung zu ersetzen. Der Staat solle der Wirtschaft nur gelegentlich unter die Arme greifen, wenn eine Krise drohe, aber die Wirtschaft keinesfalls dauerhaft mit Investitionen auf Pump stimulieren.

Ansatz – Finanzkrisen als Ergebnis exzessiver Spekulation

Der Finanzmarktforscher Hyman Minsky fasste das Wesen der Spekulationsblasen so zusammen: Zu Beginn einer Blase betrieben die Anleger eine abgesicherte Finanzierung, d. h. die Einnahmen, die aus den Investitionen folgen, reichten aus, um die Kredite und Zinsen zurückzubezahlen. Die Anleger hätten also noch Angst vor dem Risiko. Erweise sich jetzt jedoch der Preisaufschwung des Spekulationsobjektes als stabil, so erscheine eine spekulative Finanzierung rentabel. Jetzt reichten die Einnahmen aus dem Spekulationsobjekt nur noch dafür aus, die Zinsen zu bezahlen. Die Tilgung des Kredits werde dagegen durch neu aufgenommene Kredite durchgeführt. Die Kurse des Spekulationsobjektes höben förmlich ab. Letztlich gingen die Anleger zu einem Schneeballsystem über. Nun würden sogar zur Finanzierung der Zinslast neue Kredite aufgenommen, weil die Anleger darauf vertrauten, dass zum Schluss die Einnahmen aus dem Verkauf des Spekulationsobjektes ausreichten, um alle aufgelaufenen Verpflichtungen bedienen zu können. Risikoforscher sagen dazu: Wer lange den weißen Schwänen (Kurssteigerungen) zusieht, der vergisst schnell, dass es auch die anderen, die schwarzen Schwäne (Platzen der Blase) gibt. Die Schuldner werden immer sorgloser, so Minsky, sie nehmen immer höhere Kredite auf. Auf der anderen Seite verliehen, die Gläubiger immer leichtfertiger ihr Geld. Die Spekulationsblase werde immer labiler, bis es zu einem Platzen komme (Minsky-Moment). Nach der Krise beginne ein neuer Zyklus, zunächst wieder mit einer abgesicherten Finanzierung. Am besten kann man wohl das Wesen der Finanzkrisen mit den Worten von Charles P. Kindleberger (1982) zusammenfassen: *"Financial crisis is like a pretty girl, difficult to define but recognizable when seen."* Lassen Sie uns jetzt zu einem Spaziergang durch die Welt der Spekulationsblasen aufbrechen.

3 Die Welt der Finanzkrisen

Der Philosoph Karl Jaspers sagte einmal: "*Vergleichen heißt nicht gleichsetzen. Aber es hilft beim Verstehen. Die Vergangenheit beleuchtet das Gegenwärtige.*" Vielleicht zeigt ja gerade der Vergleich der unterschiedlichen Finanzkrisen, dass die Unterschiede größer sind als ihre Gemeinsamkeiten – oder umgekehrt. Also begleiten Sie mich auf eine Reise zurück in die Vergangenheit der Börsengeschichte. Leider kann ich Ihnen nur einen kleinen Ausschnitt aus der Welt der Finanzkrisen zeigen. Man schätzt, dass es seit der Antike mehr als 10.000 verschiedene Finanzkrisen gegeben hat. Darum beschränke ich mich in diesem Kapitel auf die Blockbuster-Krisen, wobei ich den Schwerpunkt auf die Finanzkrisen unserer Epoche lege.

3.1 Wie alles begann

Schon im Altertum wurde der Hunger nach Geld zum geflügelten Wort: "*Wozu zwingst du nicht die Gemüter der Sterblichen, verfluchter Hunger nach Gold.*" So sind aus dem Altertum Berichte bekannt über spekulativ angelegtes Kapitel. So soll Seneca um das Jahr 60 zehn Millionen Sesterzen plötzlich aus Britannien abgezogen und damit eine Krise hervorgerufen haben. Er hatte einfach Angst um sein Geld.

Den wohl ersten Bankencrash der Weltgeschichte verzeichnet die Chronik im Jahr 371 v. Chr. in Athen. Er wurde durch die verlorene Schlacht von Leuktra ausgelöst. Als Folge der Schlacht hoben viele Athener schlagartig ihr Geld bei den Geldwechslern am Piräus ab. Dadurch verursachten sie eine bis dahin nie gekannte Anzahl von Bankrotten bei den Geldwechslern, sodass viele Athener leer ausgingen.

Die eigentliche Finanzspekulation geht auf die "alten" Römer zurück. Dabei flossen die Steuern der Provinzen des Riesenreiches in die Taschen der *publicani*. Diese privaten Zoll- und Steuerpächter erzielten Gewinne und machten Spekulationsgeschäfte mit den Statthaltern und der Geldaristokratie. Im Laufe der Jahre entwickelten sich sogenannte Staatspachtgesellschaften, die die römischen Provinzen mit Wucherzinsen von bis 33 % quasi aussaugten. Zum Höhepunkt des römischen Reiches gab es sogar die ersten Aktiengesellschaften *(societas publicorum)*. Sie hatten Direktoren *(magistri)*, Personal und eine Gewinnbeteiligung je nach Kapitalanlage. Zu dieser Zeit

traten auch die ersten "Ökonomen", wenn man so will, auf den Plan. So meinte Horaz (65-8 v. Chr.), Geld könne für seinen Erwerber Herr oder Sklave sein, je nachdem, wie er es bewerte. Nach Horaz Ansicht sollte es dem Erwerber nachtraben und nicht Treiber sein. Was meinte Horaz damit? Ist damit die Maßlosigkeit von Finanzmanagern (damals Direktoren und Geldaristokratie) gemeint, die Gier nach immer weiteren Gewinnen? Horaz meinte wohl eher, dass die Geldgier mit der Geldsumme und ihrer Vermehrung wächst. Somit schafft die geldpräferierende Ordnung den Freiraum der Gier. So sagte die römische Geldaristokratie."Ibi fas, ubi proxima merces", was so viel bedeutet wie: "Dort ist das Recht, wo der Gewinn am nächsten ist." Dies formulierte Kaiser Vespasian (69-79) noch drastischer: "pecunia non olet" (Geld stinkt nicht).
Den ersten strikten Sparkurs führte Kaiser Tiberius (14-37) ein. Er verfügte zuletzt über die unglaubliche Summe von über 2,7 Milliarden Sesterzen. Hierdurch kam es zu einer Kaufkraftverknappung und zu Zinserhöhungen. Diese führte dazu, dass der römische Senat im Jahr 33 einen gesetzlichen Zinsfluss von über 12 % festlegte. Dies führte zu der ersten Liquiditätskrise der Geschichte. Die Folge war ein schwerer Preissturz auf dem Grundstücksmarkt, weil die Darlehen zu einem erheblichen Teil in Grundstücken angelegt waren. Diese mussten jetzt verkauft werden, um die Kredite wieder bedienen zu können. Dadurch vergrößerte sich das Angebot. Gleichzeitig ging durch die erhöhten Zinsen die Nachfrage drastisch zurück. Dies zwang den Kaiser zur Auflegung des ersten Rettungsfonds der Geschichte. Er hatte einen Umfang von ca. 100 Millionen Sesterzen und wurde den Wechselbanken zur Verfügung gestellt. Diese wurden dazu verpflichtet, die Gelder auf drei Jahre den verschuldeten Grundbesitzern zur Verfügung zu stellen.
Wie eng schon in der Antike die Finanzmärkte miteinander verknüpft waren, zeigt die römische Finanzkrise in Asien im 1. Jahrhundert v. Chr. Die Krise fasste der Senator Marcus Tullius Cicero (Krise 66 v. Chr.) so zusammen:

> "Als sehr viele Leute große Vermögen in Asien verloren hatten, brach das Kreditgeschäft in Rom wegen der geminderten Zahlungsfähigkeit zusammen. Es ist nämlich unmöglich, dass viele Menschen Hab und Gut einbüßen, ohne dass sie noch andere mit sich ins gleiche Unglück reißen. Bewahrt den Staat vor dieser Gefahr!
> Es sind nämlich – glaubt mir dieses, weil ihr es selbst seht – dieses Kreditwesen und dieser Finanzmarkt, welcher in Rom auf dem Forum seinen Mittelpunkt hat, mit dem Geldwesen in Asien eng verflochten. Jene Dinge dort in Asien können nicht zusam-

> menbrechen, ohne dass die hiesige Finanzwirtschaft von derselben Erschütterung erfasst wird und ebenfalls zusammenbricht."[4]

Letztlich führte diese Krise zum dritten Mithridatischen Krieg.

Auch das Mittelalter war nicht verschont von Krisen. Die berühmteste ist die spätmittelalterliche Agrarkrise. Hierunter versteht man die Depression der Landwirtschaft im 14. und 15. Jahrhundert. Sie begann um das Jahr 1375/76 in Zentraleuropa und erreichte ihren Höhepunkt zwischen 1400 und 1500. Verantwortlich für die Agrarkrise war in erster Linie eine kleine Eiszeit. Die Abkühlung führte zu Missernten und Hungersnöten. Auf der anderen Seite dezimierten große Pestwellen ab 1347 auf dramatische Weise die Anzahl der Bevölkerung. Folglich ging die Nachfrage nach Lebensmitteln schneller zurück als das Angebot. Zudem führte ab 1375 eine Serie von Rekordernten zu einer Überproduktion. Die Folge war, dass die Weizenpreise in Mitteleuropa drastisch einbrachen. In Nürnberg z. B. fiel der Preis von 100 kg Weizen von 74g Silber im Jahr 1375 auf 33g im Jahr 1376. Überall in Europa sorgten Rekordernten für extrem niedrige Getreidepreise. Somit war das gesamte mittelalterliche Europa von der Agrarkrise betroffen. Natürlich gab es auch während der Agrardepression Missernten, wie im Jahr 1438, aber die daraus resultierenden steigenden Getreidepreise waren nur temporär.

Allerdings machten die niedrigen Preise für Getreide usw. den Weg frei für den Erwerb anderer Güter. Deswegen stieg die Nachfrage nach Handwerksprodukten aller Art deutlich an. Das Angebot war aber sehr knapp, weil die Pestwellen vielen Handwerkern das Leben gekostet hatte. Darum waren die wenigen Arbeitskräfte sehr gefragt, und entsprechend stiegen die Löhne. Dagegen sanken die Einkommen der Bauern wegen der Agrarkrise drastisch. Infolgedessen setzte eine Landflucht ein, es wurden ganze Landstriche entvölkert. Die Städte boomten. Aber die steigenden Löhne in den Städten verursachten eine steigende Inflation. Dies ging einher mit dem Absinken des Silbergehaltes der Münzen, um die Münzmenge zu erhöhen. Die Landflucht der Bauern und die Agrarkrise (niedrige Getreidepreise) führten zu einer Unterhöhlung der wirtschaftlichen Basis des Landadels. Besonders hart traf es die Ritter, weil diese direkt von ihren Lehen lebten. Um die Einkommenssituation zu stabilisieren, erhöhten sie die Abgabenlast für die Bauern, was letztlich zu den Bauernrevolten führte. Schlussendlich führte

[4] Quelle: http://de.wikipedia.org/w/index.php?oldid=9015568 (s. Schlagwort Finanzkrise)

die Agrarkrise zum Niedergang des Rittertums gegen Ende des 15. Jahrhunderts.
Die wohl ersten börsenähnlichen Veranstaltungen gab es im 12. Jahrhundert in Italien. Dort versammelten sich auf der Piazza San Martino in Lucca Wechsler, Kaufleute und Makler zum gemeinsamen Handeln. Bereits im 14. Jahrhundert gab es ein ausgeprägtes Börsenwesen in Pisa, Venedig, Florenz oder Genua. Beispielsweise wurde dort die Aktie der genuesischen Staatsbank *Casa di San Giorgo* und viele weitere gehandelt.
Der erste nordeuropäische Handelsplatz entstand gegen 1409 in Brügge. Nach einer Börsenanekdote geht der Name "Börse" auf diesen Handelsplatz zurück, weil sich der Ort des Zusammentreffens der Händler in der Nähe des Hauses der Patrizierfamilie "van der Beurse" befand. Noch im 15. Jahrhundert gesellten sich in Nordeuropa weitere Börsen hinzu: London (um 1450), Antwerpen (1460), Lyon (1462) oder Toulouse (1469). Die ersten Börsen in Deutschland entstanden um 1500 in Augsburg und Nürnberg. Einige Jahrzehnte später folgten Börsen in Köln, Hamburg und Frankfurt. Aber auch im frühen Europa gab es Zahlungsausfälle, z. B. in den italienischen Staaten Genua, Florenz oder Venedig. Hier kam es auch zu einer der ersten "internationalen Schuldenkrisen", die ihre Wurzeln in der Kreditvergabe hatte. Die Italiener (insbesondere die großen florentinischen Banken) vergaben Ende des 13. Jahrhunderts eine große Anzahl an Krediten nach England. Mithilfe der italienischen Kredite wurden zu verschiedenen Zeitpunkten eine Serie von Kriegen zwischen England und Frankreich finanziert. Als Edward III. nach einer Serie von Niederlagen 1340 seinen Schuldendienst einstellen musste, erreichte die Kunde in Windeseile Italien. Diese Nachricht führte in Florenz zu einem Banken-Run, in deren Folge die große *Peruzzi-Bank* (1343) und die *Bardi-Bank* (1346) bankrottgingen.

3.2 Die wichtigsten Finanzkrisen des 17. und 18. Jahrhunderts (1630-1799)

Beim aufmerksamen Lesen dieses Abschnittes werden Sie feststellen, dass die Finanzkrisen des 17. und 18. Jahrhunderts nach einem ähnlichen Muster abliefen. Beginnen möchte ich meine Reise in die Vergangenheit mit einer der wohl aus heutiger Sicht "witzigsten" Spekulationsblasen der Börsengeschichte. Sie zeigt, dass eine Blume ein ganzes Land ins Spekulationsfieber versetzen kann.

3.2.1 Die Tulpen-Hausse (1630-37)

Im Jahr 1593 wurde von Carolus Clusius, dem Präfekten des Botanischen Gartens *Hortus Botanicus* in Leiden, die Tulpe in die Niederlande gebracht. Im Frühjahr des Jahres 1594 erblühte die Tulpe zum ersten Mal im Botanischen Garten. Die Reaktion der Besucher war zunächst eher bescheiden. Die Tulpe wurde als ein langweiliger Schmuck für den Garten angesehen. Den Durchbruch schaffte die Tulpe erst im 17. Jahrhundert, als Züchter begannen, die verschiedenen Arten der Tulpen miteinander zu kreuzen. So entstanden aus den einfarbig roten, weißen oder gelben Tulpen bunte Pflanzen. Sie wurden schnell zu einer Art Kultobjekt, wie heute das *iPhone*. Dies führte dazu, dass die Züchter einen regelrechten Wettbewerb untereinander antraten, um besonders schöne und ausgefallene Züchtungen herzustellen.

Das Problem war, dass die Züchter nie sehr große Mengen einer bestimmten Zwiebelart herstellen konnten. Diese "natürliche" Angebotsverknappung führte dazu, dass die Preise für eine Zwiebel schnell in die Höhe schossen. Kostete z. B. eine Tulpenzwiebel zu Anfang der Hausse noch einen Gulden, so musste man wenig später schon mehr als 1.000 Gulden dafür berappen. Begünstigt wurde die Tulpenzwiebel-Spekulation vermutlich durch die inflationäre Geldpolitik. Silber und Gold aus aller Welt flossen nach Holland, weil es nur dort in einem festen Verhältnis in Devisen umgemünzt wurde. Holland zeichnete sich dadurch aus, dass es keine Schummeleien gab, wie in anderen Fürstentümern üblich. Darum wuchs die Geldmenge. Außerdem erlebte man in Holland einen kräftigen Vermögenszuwachs breiter Gesellschaftsschichten, wegen des Kriegsende mit Spanien und eines erfolgreichen Aufbaus des Fernhandels mit Ostindien.

Gerade bei den "Neureichen" wurde die Tulpe zu einem Prestigeobjekt. Sie versuchten sich gegenseitig mit immer neuen Kreationen von Tulpen zu übertrumpfen. Um ihrer Begeisterung für die Tulpenzucht zu frönen, legten sie private Gärten an und besuchten sich gegenseitig. Hierbei tauschten sie sich über die Kultivierung der neuesten Sorten aus und bestaunten die jeweiligen neuen Exemplare. Möglich wurde die Anlage von privaten Gärten durch das Wachstum der holländischen Städte über die Stadtmauern hinaus. Die "Tulpenliebhaber" begründeten auch einen Tauschhandel für Tulpen, aus dem sich zum Ende des 16. Jahrhunderts der kommerzielle Handel mit Tulpen entwickelte. Mit steigender Beliebtheit der Tulpen kamen neue Formen des Tulpenhandels dazu. In den 1630er Jahren begannen die Tulpenpreise merklich anzuziehen. Hiervon angezogen betraten um 1634 die Spekulanten den Tulpenmarkt. Sie wollten die Tulpen erwerben, um sie später bei steigenden Preisen mit Gewinn weiterzuverkaufen. Mit dem Eintritt der Spekulanten begannen die Tulpenpreise kräftig zu steigen. Dies blieb der breiten Öffentlichkeit nicht verborgen, weil Zeitungen darüber berichteten.

Ganz Holland wurde von einem Investitionsrausch erfasst. Jeder Holländer meinte, hier nicht fehlen zu dürfen. Teilweise wurden die Tulpen von Banden bei den Züchtern gestohlen. Dies veranlasste die holländische Regierung, ein Tulpen-Gesetz zum Schutz der Züchter und Händler zu erlassen (so wurde schon alleine die Beschädigung von Tulpenzwiebeln mit Gefängnis bestraft). Daneben entwickelten sich Tulpenzwiebel-Versicherungen, Tulpen-Notare usw. Der Handel mit den Tulpen trieb dabei immer seltsamere Blüten.

So war es nur ein kleiner Schritt, bis an den holländischen Börsen Tulpenzwiebeln seltener Züchtungen ähnlich wie Aktien gehandelt wurden. Dazu suchten sich die Spekulanten in teilweise handgemalten Katalogen die gewünschte Tulpensorte aus und erwarben Kontrakte darauf. Diese Kontrakte gaben den Spekulanten das Recht zum Kauf einer gewissen Menge Zwiebeln zu einem bestimmten Preis nach Ablauf von drei, sechs oder sogar neun Monaten. Im Prinzip war dies nichts anderes als die heute bekannten Optionsgeschäfte mit Call-Optionsscheinen. Mit diesen "Tulpen-Optionsscheinen" konnte der Spekulant schnell seinen Kapitaleinsatz innerhalb kurzer Zeit verzehn- oder sogar verfünfzigfachen. Solche Optionen wanderten von Hand zu Hand, manchmal bis zu zehnmal am Tag.

Der Höhepunkt des Tulpenfiebers wurde in den Jahren 1636/37 erreicht. Damals wechselten die Zwiebeln bereits mehrfach den Besitzer, bevor sie überhaupt einmal aufgeblüht waren. Zur damaligen Zeit handelte jeder mit Tulpenzwiebeln, egal ob Adeliger, Bauer oder Dienstmädchen. Alles wurde zu Geld gemacht, um bei dem Tulpengeschäft dabei sein zu können. Zusätzlich wurden Kredite aufgenommen. So kostete eine Tulpenzwiebel der seltenen Sorte *Semper Augustus* im Jahr 1624 1.200 Niederländische Gulden (NLG), im Jahr 1625 3.000 und im Jahr 1636 4.600 NLG (dies entsprach zu der damaligen Zeit einem neuen Wagen und zwei Stuten mit Zaumzeug und Geschirr). Noch absurder waren die Preise für die seltene Sorte *Vizekönig*. Sie wechselte den Besitzer für 24 Wagenladungen Korn, acht Mastschweine, vier Kühe, vier Fässer Bier, 1.000 Pfund Butter sowie eine Tonne Käse. Im

Jahr 1637 wechselte die Sorte *Vizekönig* für 10.000 NLG den Besitzer, den Gegenwert eines Amsterdamer Grachtenhauses.
Alle Holländer waren davon überzeugt, dass die sogenannte "Tulpenkonjunktur" ewig andauern und die Armut aus Holland verschwinden würde. So liquidierten die Holländer ihr Vermögen, um Investitionskapital für Tulpen zu haben. Es kamen Häuser und Ländereien zu teilweise ruinös niedrigen Preisen auf den Markt oder wurden bei Geschäften an der "Tulpenbörse" zur Zahlung abgetreten. Jeder Preisaufschwung bei den Tulpen zog neue Spekulanten an. Dies bestätigte wiederum die Hoffnungen der bereits investierten Anleger und ebnete den Weg für noch größere Geschäfte. Die Aussicht auf schnellen Reichtum ohne harte Arbeit war einfach zu verlockend. So stellte Monsieur de Blainville fest:

> "Sie waren so besessen von ihrer Gier, ja von einem wahrhaften Gelüst nach ihren Blumen, dass sie oft dreitausend Kronen für eine Tulpe ausgaben, die ihren Vorstellungen entsprach; eine Krankheit, die viele reiche Familien in den Ruin trieb."[5]

Ihren Höhepunkt erreichten die Tulpenpreise bei der Weeskamer-Versteigerung am 5. Februar 1637 in Alkmaar. Kurz danach konnte bei einer regelmäßigen Wirtshausversteigerung in Haarlem keine der angebotenen Tulpen zu dem erwarteten Preis verkauft werden. Diese Nachricht führte zu einer Panik am Tulpenmarkt, weil viele Verkäufer hohe Schulden hatten. Sie bekamen Angst, nicht mehr genügend für ihre Tulpenzwiebeln zu erlösen. Jeder wollte jetzt der erste sein, der seine Tulpen verkauft. Deswegen brach innerhalb weniger Tage der gesamte Tulpenmarkt zusammen, weil er überschwemmt wurde. Es fanden sich keine neuen Käufer am Tulpenmarkt, die in die Preisspirale nach unten einsteigen wollten. So fiel der Wert der Tulpen geschätzt um mehr als 97 %.
Viele Holländer standen vor einem "Scherbenhaufen". Zu allem Überfluss griff die Krise auch auf die Wirtschaft über, weil die Menschen kaum noch Geld für Konsumgüter hatten. Die holländische Wirtschaft kam über Jahre hin zum Erliegen. Zu den bekanntesten Opfern der Krise gehörte der berühmte Maler Rembrandt (1606-1669). Nicht nur, dass seine Tulpen-Kontrakte wertlos wurden, sondern auch seine Malerwerkstatt bekam während der Wirtschaftskrise kaum noch Aufträge, weil die Holländer das Geld

---

[5] Dash, M.: Tulpenwahn. Die verrückteste Spekulation der Geschichte, Claassen Verlag, München 1999, S. 9.

für wichtigere Dinge benötigten als Gemälde. Deswegen musste Rembrandt Konkurs anmelden. Sein Haus wurde im Jahr 1657 versteigert.

3.2.2 Der Zauber der Südsee – *South Sea Bubble* in England um 1720

Im Jahr 1711 hatte die britische Regierung wegen eines Krieges mit Frankreich einen Schuldenberg von damals unglaublichen 9,5 Millionen Pfund angehäuft. Dies war die Geburtsstunde der *South Sea Company*. Sie entstand auf Betreiben von Robert Harley, Graf von Oxford, dem in den ersten Jahren des Unternehmens der Schreiber John Blunt zur Seite stand. Später sollte John Blunt sogar zum "Manager" der *South Sea Company* aufsteigen. Um ins Geschäft mit der britischen Regierung zu kommen, übernahm die *South Sea Company* einen Anteil der Staatsschulden in Form von ungedeckten Staatsanleihen. Dafür gewährte der britische Staat der *South Sea Company* das Handelsmonopol im spanischen Südamerika (östlich des Flusses Aranoco bis zum südlichsten Teil der Tierra del Fuego) sowie der gesamten Westküste und zusätzlich das Recht, bislang unentdeckte Inseln in diesem Raum für die britische Krone in Besitz zu nehmen und wirtschaftlich auszubeuten.
Die ersten Jahre nach dem Listing an der Londoner Börse dümpelte die Aktie vor sich hin. Ihrem ursprünglich ins Auge gefassten Handel mit den ertragreichen Gold- und Silberminen in Peru und Mexiko wurde durch den Frieden von Utrecht im Jahr 1713, in dem England und Frankreich ihren Krieg beilegten, ein Strich durch die Rechnung gemacht. Spanien verlor zwar sein Handelsmonopol mit Südamerika, aber es gestattete der *South Sea Company* nur ein Handelsschiff pro Jahr nach Südamerika zu schicken, unter der Bedingung, dass Spanien einen Anteil am Gewinn erhielt. So kehrte das erste Schiff 1717 von seiner ersten Handelsreise aus Südamerika zurück.
Zum Glück für die *South Sea Company* wuchs der Schuldenberg von England dramatisch an. So konnte die *South Sea Company* im Jahr 1720 der Regierung ein neues Angebot machen. Sie schlug vor, 32 Millionen Pfund an Staatschulden zu übernehmen, wenn dafür im Gegenzug die britische Regierung erlaube, dass das Unternehmen ihr Kapitel unbegrenzt und zu jedem Kurs erhöhen dürfe. Dies war bis dahin eigentlich verboten. Um dies durchzusetzen, wurden einflussreichen Kabinetts- und Parlamentsmitgliedern Aktien angeblich zu Vorzugskonditionen gewährt. Daraufhin hielten sie flammende Reden, in denen sie die Vorzüge dieses Schritts aufzählten.
Nur der Abgeordnete Robert Walpole warnte vor dem Geschäft, weil er daran glaubte, dass der Spekulation die Tür geöffnet würde. Er ging sogar

noch weiter, indem er sagte, dass unerfahrene Anleger in Erwartung des schnellen Geldes ihr hartverdientes Geld verlieren könnten. Denn viele Engländer hatten nur wenig Erfahrung mit Aktien. Wie Recht er haben sollte, zeigte sich schon bei der Parlamentsdebatte, denn der Kurs der South-Sea-Aktie stieg von 120 auf 200 Pfund. Am 7. April 1720 trat das entsprechende Gesetz in Kraft.

Entgegen aller Erwartungen konnte der Kurs allerdings nicht weiter zulegen, weil die meisten Anleger die positive Entscheidung erwartet hatten. Um jetzt Schwung in den Aktienkurs zu bringen, verbreitete der Vorsitzende der *South Sea Company* Sir John Blunt die wildesten Gerüchte, wie z. B. dass es neue politische Verträge mit Spanien geben werde, die die Gewinne steigen lassen würden. Dies zeigte an der Börse ihre Wirkung, der Kurs sprang an. Am 12. April 1720 emittierte die Gesellschaft eine Million neue Aktien zum Ausgabekurs von 300 Pfund je 100-Pfund-Aktie.

Um den Kurs nicht einbrechen zu lassen, beschloss das Direktorium wenig später eine Mittsommerdividende von 10 % zu zahlen, welche auch die Neuzeichner bekommen sollten. Kurz nach dieser Nachricht folgte schon die nächste Emission von 1,5 Millionen Aktien zu einem Kurs von 400 Pfund je 100-Pfund-Aktie. Langsam brach in England das Südsee-Fieber aus. So sah man auf den Straßen Londons Kleidung und Pferdegespanne im Südseelook. Die fernen Südseeinseln versprachen einen unglaublichen Reichtum. Wie schon bei der Tulpen-Hausse sprangen immer mehr Menschen auf den fahrenden Zug auf, vom Dienstboten bis hin zum Lord. So kam es zu tumultartigen Szenen, um an den Besitz der Aktien zu kommen.

Angezogen von dieser Euphorie schossen neue Aktiengesellschaften wie Pilze aus dem Boden. So entstanden vielen "kleine" neue Südsee-Aktiengesellschaften. Aber es entstanden auch Aktiengesellschaften mit solch kuriosem Geschäftsgegenstand, wie z. B. die Versorgung Londons mit Kohle aus dem Meer, Handel mit Haaren oder auch die Herstellung eines Perpetuum mobiles. Besonders auf die Spitze trieb es die *Gesellschaft zur Durchführung eines überaus nützlichen Unternehmens, das aber noch niemand kennt*. Auch sie konnte innerhalb weniger Stunden einige tausend Aktien verkaufen.[6]

Angezogen wurden die Anleger von der Blase um das Flaggschiff *South Sea Company*. Immerhin überschritt am 29. April 1720 der Kurs erstmals die

---

[6] Um dem Wildwuchs bei Neugründungen Herr zu werden, zog im Juli 1720 die britische Regierung die Notbremse. Es wurde ein Gesetz (der *Bubble Act*) erlassen, das derartige Firmengründungen verbot.

500er-Marke, einen Monat später lag der Kurs schon bei 890 Pfund. All dies vor dem Hintergrund, dass die Gesellschaft eigentlich bis dato noch keinerlei nennenswerte operative Aktivitäten mit Ausnahme der Aktienemissionen vorzuweisen hatte. Die Hoffnung auf unermessliche Reichtümer aus der Südsee und natürlich die anhaltenden Gerüchte reichten aus. So kletterte die *South Sea Company* stetig auf ihren Höchstkurs von 1.050 Pfund im Tagesverlauf des 24. Juni 1720 (zum Vergleich: Die Marktkapitalisierung entsprach in etwa dem doppelten Wert des gesamten englischen Grundvermögens). Dies hatte zur Folge, dass so viele Menschen wie noch niemals zuvor in der englischen Geschichte plötzlich (zumindestens auf dem Papier) reich wurden. Wie häufig, wenn die Kunde vom mühelosen Wohlstand die Runde macht, sorgte dies dafür, dass viele andere Anleger angelockt wurden, was den Kurs noch weiter in die Höhe trieb.

Die Aktie konnte sich bis August 1720 in den oberen Kursregionen halten, bis Gerüchte auf den Markt kamen, dass die Direktoren der Gesellschaft ihre Aktien verkauften. Dies führte dazu, dass die ersten Anleger sich ebenfalls von ihren Aktien trennten. Es begann eine Lawine, trotz vieler neuer fantastischer Gerüchte über enorme Gewinnchancen sackte die Aktie deutlich ab. Als im September 1720 der Kurs auf 175 britische Pfund fiel, wurden heroische Anstrengungen unternommen, um das Vertrauen der Anleger wieder herzustellen. Im Dezember 1720 erreichte der Kurs 128 Pfund, d. h. die Aktie verlor fast 88 % gegenüber ihrem Hoch im Juni 1720. Dank staatlicher Unterstützung pendelte sich der Aktienkurs schließlich bei etwa 140 britischen Pfund ein.

Schon bald darauf setzte eine Suche nach Sündenböcken ein. So fanden in fast allen größeren Städten öffentliche Versammlungen statt, bei denen Petitionen verabschiedet wurden, in denen gefordert wurde, die betrügerischen South-Sea-Direktoren hart zu bestrafen. Beispielsweise floh Robert Knight (Finanzdirektor der Gesellschaft) auf das europäische Festland. Überdies wurde das Vermögen der Direktoren der Gesellschaft und anderer Inhaber hoher Posten eingezogen, um die Opfer zum Teil zu entschädigen.

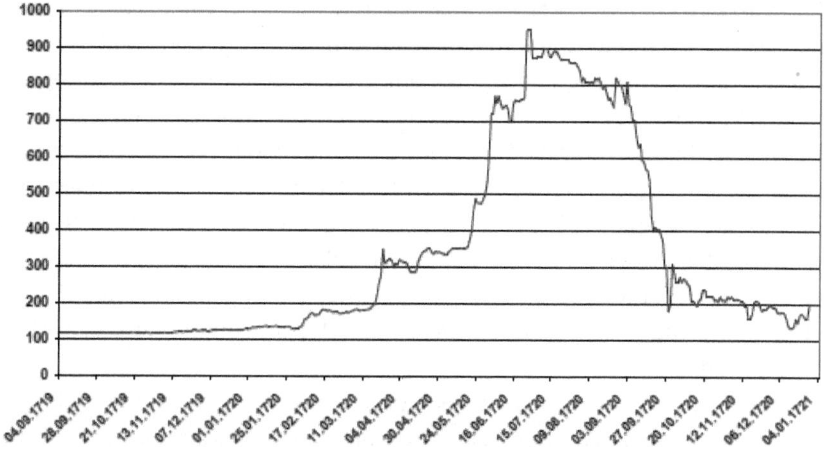

Abbildung 1: *South Sea Company* September 1719 bis Dezember 1720 in englischen Pfund, Tagesschlusskurse

Durch das Platzen der Blase schlitterte England in eine schlimme Wirtschaftskrise, weil viele Engländer alles verloren hatten. Dies hatte zur Folge, dass es in England eine Vielzahl von Konkursen gab, die die Lage nochmals verschlimmerten. Eines der wohl bekanntesten Opfer war der Physiker und Astronom Isaac Newton. So hatte Newton die leichte Kurskorrektur im April 1720 kommen sehen und seine Anteile an der *South Sea Company* am 20. April verkauft – immerhin mit einem Gewinn von 7.000 Pfund oder 100 %. Doch die Papiere der Handelsfirma stiegen rasant weiter, sodass Newton nicht widerstehen konnte. Zu verlockend waren die Gewinnaussichten. So stieg er im Juli 1720 annähernd zum Höchstkurs wieder ein. Als die Blase kurz darauf platzte, verlor er 20.000 Pfund. Er spottete: "*Ich kann zwar die Bewegung der Himmelskörper berechnen, aber nicht die Verrücktheiten der Menschen.*"

3.2.3 Die John-Law-Party (1720)

In Frankreich ereignete sich Anfang des 18. Jahrhunderts eine Spekulationsblase, die Ähnlichkeiten zu den Vorfällen um die *South Sea Company* aufwies. Ebenfalls war hier die Suche der Regierung nach einer Möglichkeit, sich von der enormen Schuldenlast zu befreien, der Hauptgrund für das Entstehen der Blase.

In Frankreich war die Wirtschaft durch den Krieg mit England, Aufstände in der Bevölkerung und hohe Steuern fast zum Erliegen gekommen. Als der berühmte Sonnenkönig Ludwig XIV. am 1. September 1715 starb, hinterließ er einen Schuldenberg von etwa 2,4 Milliarden Livre (die gültige Silbermünze). Allein die Zinsen für die Schulden betrugen 90 Millionen Livre bei jährlichen Steuereinnahmen von 160 Millionen Livre. Trotz verschiedenartiger Restrukturierungsversuche, wie Reduzierung der Beamtengehälter und Kürzung der Pensionen, stieg der Schuldenberg weiter an. Im Jahr 1716 drohte ein Defizit von 5 Milliarden Livre den Staat zu ruinieren. Die französische Regierung suchte händeringend nach Möglichkeiten, den Schuldenberg zu reduzieren.
Zum Nachfolger des Sonnenkönigs wurde dessen Urenkel Ludwig XV. bestimmt. Da Ludwig XV. noch ein Kind von sieben Jahren war, übernahm Herzog Philipp II. von Orleans bis zur Mündigkeit Ludwigs XV. die Regentschaft des Landes. Der Herzog hatte nur ein Ziel: Die Staatsschulden zu drücken, "koste es, was es wolle" – ohne Rücksicht auf den Zustand der Volkswirtschaft oder die Bevölkerung. Er lief geradewegs in die Arme von John Law. Law hatte eine Empfehlung seines Schwagers, Herzog Viktor Amadeus von Sovoyen, in den Händen.
Law schlug vor, eine Bank zu gründen, welche einerseits die Verwaltung der königlichen Einnahmen übernehmen und andererseits das Recht habe sollte, eigene Banknoten herauszugeben. Dabei sollten die Banknoten durch die Steuereinnahmen und die im Besitz der Bank befindlichen Ländereien abgesichert werden. Die Idee dazu kam Law bei einem Besuch in Holland Anfang des 17. Jahrhunderts. Zur damaligen Zeit schwammen die Niederlande im Geld, wegen des florierenden Überseehandels. Um den Handel weiter zu steigern, entwickelte die mächtige Bank von Amsterdam ein neuartiges Konzept. Sie akzeptierte nicht nur Geldeinlagen, sondern nahm auch Grundbesitz entgegen. Zudem gab sie in Form von Noten Darlehen aus, die durch diesen Grundbesitz abgesichert waren. Letztlich wurde so, durch die zusätzlichen Darlehen, die Umlaufmenge des Geldes erhöht. Law erkannte die Vorzüge dieses Verfahrens: Mehr Bargeld führt zu einer verstärkten Handelsaktivität. Nach Laws Ansicht musste Geld zirkulieren, und wenn nicht genügend Geld vorhanden war, müssten Noten *(credit notes)* ausgegeben werden. Die Menschen konnten mit solchen Noten für ihre Arbeit bezahlt werden. Hierdurch werden die Noten selbst zu einer Art Geld, zu Papiergeld. Hat ein Land zu wenig Geld, kann es einfach mehr Gold und Sil-

ber abbauen und so mehr Münzen in Umlauf bringen. Hat ein Land keine eigenen Gold- und Silberminen, dann weisen die Noten den Ausweg. Um die Noten auszugeben, bedarf es "nur" einer Bank. Diese Bank kann dann Noten ausgeben im Tausch gegen etwas, was eigentliche alle Länder haben, Grund und Boden. Später revolutionierte Law seine Idee weiter, indem er vorschlug, die Noten nicht für Grund und Boden auszustellen, sondern der Staat selbst sollte solche Noten ausstellen. Dabei sollte ein Tausch stattfinden: Kredit für die Fähigkeit, in Zukunft Geld durch Steuern aufzubringen, um eine Deckung der Noten durch den Staat zu ermöglichen. Diese Fähigkeit, Geld zu erheben, ist natürlich abhängig von der Wirtschaftskraft eines Landes. Die Idee dahinter war, dass Handel den Handel verstärken und so Geld Geld hervorbringen werde. Demzufolge würde eine Ausweitung der Geldmenge dazu führen, dass der Handel aufblühe und so auch die Steuerkraft des Landes steigen werde.[7] [8]

Am 5. Mai 1716 wurde John Law bevollmächtigt, die *Banque Generale* zu gründen mit einen Gründungskapital von 6 Millionen Livre, eingeteilt in 1.200 Aktien im Nennwert von je 5.000 Livre je Aktie. Um den Verkauf der Aktien anzukurbeln, wurden sogenannte *billets d'etat* als Bezahlung zugelassen. Hierbei handelte es sich um Staatspapiere zur Absicherung der Schulden, welche damals nur noch zu 50 % des Nennwertes verrechnet wurden. Trotzdem wurde beim Kauf der Aktien der komplette Nennwert der *billets d'etat* angerechnet. Die Bankaktie konnte innerhalb eines Jahres um 15 % steigen und schüttete eine Halbjahresdividende von 7,5 % aus.

---

7 Heute wird dieses Geld als *fiat money* (d. h. Geld ohne Deckung, insbesondere Edelmetalldeckung) bezeichnet. Es entsteht durch die fiduziäre (lateinisch für fiducia, zu Deutsch Vertrauen), nicht durch Edelmetalle gedeckte Notenausgabe. Denn das Vertrauen in die zukünftige Wirtschaftskraft des ausgebenden Landes ist die unabdingbare Voraussetzung für diese Art der Notenausgabe. Auch unsere heutige Währung, der Euro, verkörpert keinen eigenständigen Wert (da keine Edelmetalldeckung vorhanden ist), sondern basiert einzig und alleine auf dem Vertrauen in die Wirtschaftskraft der Euro-Zone.

8 Eine Bank kann mit einem kleinen Barvorrat so lange die jederzeitige Einlösung von Banknoten in Münzen garantieren, wie die Ursachen für die vielen, im Vergleich zur Bilanzsumme der Bank sehr kleinen, einzelnen Ein- und Auszahlungen unabhängig voneinander sind. Dann bleibt der Bar- bzw. Metallvorrat der Bank konstant. Das heißt, die Bank ist solange solvent, wie die Bankkunden an die uneingeschränkte Umwandlung ihre Banknoten in Münzen glauben. Normalerweise ist dies der Fall, wenn das Aktiva der Bank gut diversifiziert ist, d. h. aus vielen Einzelkrediten besteht, deren Ausfallrisiko unabhängig voneinander ist. Die Bank wird insolvent, wenn die Bankkunden zeitgleich über ihre Bankeinlagen verfügen möchten. Dies wird meistens ausgelöst durch ein Gerücht, dass die Bank große Verluste in ihren Aktiva erlitten hat.

Die Bank revolutionierte zunächst das Finanzsystem Frankreichs. So wurden Münzen in Form von Bareinzahlungen auf Konten entgegen genommen. Daneben wurde eine Art modernes Schecksystem eingeführt, mit welchem die Konteninhaber Überweisungen auf andere Konten vornehmen konnten. Die *Banque Generale* arbeitete dabei wie eine moderne Depositenbank, d. h. die Finanzmittel der Bank bestanden zum größten Teil aus den Bareinlagen der Kunden. Überdies durfte die *Banque Generale* Noten (Papiergeld) ausgeben. Mit diesem Papiergeld sollten dann die Staatsausgaben gedeckt werden. Das Papiergeld war durch die 6 Millionen Livre Grundkapital der Bank gedeckt. Weiterhin konnte der Inhaber der Noten sie jederzeit in Münzen umtauschen.

Erstaunlicherweise waren die ausgegebenen Noten ein voller Erfolg. Die Franzosen hatten jetzt mehr Geld zur Verfügung, und sie gaben dies tatsächlich auch aus. So stieg die Nachfrage nach Gütern an. Die französische Wirtschaft erlebte einen Aufschwung.

Dieser Anfangserfolg war für John Law der Türöffner für ein noch größeres Projekt – das Mississippi-Projekt. Just zu dieser Zeit wurde nämlich der Westen der USA von den Franzosen erschlossen. In den Regionen um Mississippi und Louisiana wurden große Edelmetallvorkommen vermutet. Bis dato hatte für die nordamerikanischen Kronkolonien der Kaufman Crozat das Monopol. Wegen der geringen Rentabilität konnte Law im September 1717 die Rechte von Crozat kaufen. Um die erworbenen Rechte ausnutzen zu können, gründete Law die Aktiengesellschaft *Compagnie des Indes occidentales* (auch als *Westindische* oder *Mississippi-Kompanie* bekannt) mit einem Grundkapital von 100 Millionen Livre. Um möglichst breite Bevölkerungsschichten anzusprechen, setzte Law den Nennwert der Aktien auf 500 Livre fest. Weiterhin konnten diese 200.000 Aktien nur mit den Privatnoten von Laws *Banque Generale* erworben werden. Trotz einer großen Werbeaktion konnten nicht alle Aktien der Gesellschaft verkauft werden. Viele Anleger misstrauten dem Projekt, weil der bekannte Kaufmann Crozat ausgestiegen war. So stand die Aktie im Spätsommer 1718 bei 530 Livre.

Nichtsdestotrotz errichtete Law am Mississippi die Stadt *La Novelle Orleans* (das heutige New Orleans). Dazu verteilte er über die *Westindische Kompanie* Land, Kredite sowie andere Hilfsleistungen an Franzosen, die sich dort niederlassen wollten. Da die vermuteten großen Edelmetallvorkommen noch nicht entdeckt wurden, bauten die meisten Aussiedler Kaffee, Zucker und Tabak an. Wegen der fehlenden Fantasie sackte die Aktie bis zum

Herbst 1718 auf 280 Livre ab. Der findige Law fand einen Ausweg. Mithilfe des Regenten Philipp II. von Orleans wurde seine Bank in eine offiziell königliche Bank umgewandelt. So entstand aus der *Banque Generale* die *Banque Royale* mit Münzrecht, also dem Recht offiziell, Banknoten zu drucken.
Mit diesem Recht ausgestattet, begann Law massenhaft ungedeckte Banknoten zu drucken, mit denen er auf Einkaufstour ging. So kaufte er das Tabakmonopol und überließ dem französischen Staat 100 Millionen Livre zu einem niedrigen Zinssatz. Obendrein erwarb die *Compagnie des Indes occidentales* die Rechte der Senegal-Gesellschaft. Jetzt zog endlich der Aktienkurs etwas an auf 300 Livre im Dezember 1718. Zu seinem Imperium gesellte Law im Mai 1719 die Privilegien der *Ostindischen* und der *Chinesischen Kompagnie*. Hieraus entstand dann durch Verschmelzung aller Kompanien die *Compagnie Perpetuelle des Indes*. Diese Gesellschaft verfügte über die Handelsmonopole für Ostindien, China, Teile der Südsee und natürlich von Französisch-Amerika. Erst jetzt erreichte der Aktienkurs wieder seinen Zeichnungskurs von 500 Livre. Im französischen Parlament meldeten sich die ersten Stimmen zu Wort, die einen Bankrott befürchteten, wenn Law weiterhin so viel Papiergeld in Umlauf bringe. Allerdings verhallten diese Warnungen ungehört. Sie gingen unter in dem Werbegetöse, dass Law für sein Unternehmen tätigte. Dies war zugleich der Beginn der Spekulationsblase. Um weiter Geld in die Kasse zu bekommen, gab Law neue Aktien aus, wobei nur Altaktionäre für den Bezug zugelassen wurden. Der Aktienkurs stieg auf 750 Livre. Das große Interesse der französischen Öffentlichkeit veranlasste Law in mehreren Tranchen 600.000 neue Aktien im Wert von 300 Millionen Livre auszugeben. Die steigenden Kurse führten dazu, dass immer mehr Franzosen Aktien der *Compagnie Perpetuelle des Indes* kauften. Bis September 1719 stieg der Aktienkurs auf über 8.000 Livre. Auf der am 30. September 1719 stattgefundenen Generalversammlung verkündete Law eine Dividendenerhöhung auf 40 % des Nominalkapitals. Aufgrund dieser Nachricht stieg der Aktienkurs weiter auf unglaubliche 18.000 Livre je Aktie (den Höhepunkt der Mississippi-Hausse). Dies veranlasste viele Aktionäre, ihre Aktien zu verkaufen, sodass wenige Wochen später der Kurs auf 9.600 Livre fiel. Wiederum ergriff Law die Initiative, indem er 100.000 eigene Aktien zurückkaufte und so das Vertrauen der Anleger zurückgewann. Das benötigte Geld dazu beschaffte er sich, indem die *Banque Royale* einfach neue Banknoten druckte.

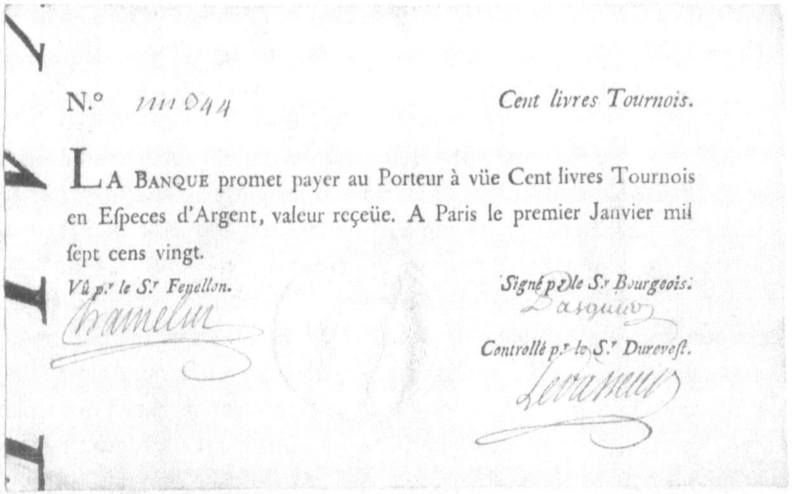

Abbildung 2: 100-Livre-Note, erschienen am 1. Januar 1720 (Quelle: Velde, Francois R.: Government Equity and Money: John Law's System in 1720 France Federal Reserve Bank of Chicago May 17, 2004)

So hatte die *Banque Royale* bis Jahresmitte 1719 bereits neue Banknoten im Werte von 2,1 Milliarden Livre ausgegeben, d. h. die Geldmenge hatte sich innerhalb eines Jahres fast verdoppelt. Die Bank hatte nach Schätzungen nicht einmal 10 % dieser Summe als solides Bankguthaben. Diese hemmungslose Vermehrung der Geldmenge führte dazu, dass die Verbrauchsgüter im Preis deutlich zulegten. Der Kaffeepreis stieg z. B. von 50 Sous auf 18 Livre. Dies veranlasste viele Franzosen, ihr Papiergeld in Münzen oder Gold oder Silber umzutauschen, um es vor der Geldentwertung (Inflation) zu schützen.

Um seinen Aktienkurs weiter zu stabilisieren, führte Law eine große Werbekampagne durch. Diese wurde flankiert mit einer weiteren Ausgabe von Geldscheinen in Höhe von 360 Millionen Livre zur Aktienbeleihung. Mit diesen Maßnahmen schaffte es Law, dass der Aktienkurs Anfang 1720 wieder auf bis zu 18.000 Livre anzog. Zu dieser Zeit war John Law einer der reichsten Männer der Welt.

Dies war allerdings nur eine Ouvertüre, um den längst fälligen Abstieg zu verhindern. Nach kurzer Zeit übernahmen die Baissiers das Ruder, immer mehr Anleger verkauften ihre Aktien und tauschten ihr Geld in vermeintlich sicheres Hartgeld oder Edelmetalle um. Um einen weiteren Ausverkauf zu verhindern, setzte Law beim Regenten zunächst eine Abwertung des Hartgeldes durch, und als dies nichts half schließlich ein Verbot des Hartgeldes sowie des Ankaufes von Tafelsilber, Schmuck usw. Alle Zahlungen durften also nur noch mit Papiergeld erfolgen. Dennoch fielen die Kurse weiter, sodass nur noch eine Fusion zwischen der *Banque Royale* und der *Compagnie Perpetuelle des Indes* den Kurssturz beenden konnte. Um dem Kurs seiner Aktie neuen Schwung zu verleihen, streute Law viele Gerüchte, wie z. B. dass er reiche Goldminen gefunden hätte. Endgültig den Bogen überspannt hatte Law, als er Anfang 1720 nochmal Banknoten im Wert von 1,5 Milliarden Livre druckte. Mittlerweile war das Vertrauen in das Papiergeld bei den Franzosen restlos verwunden. Es bildeten sich alternative Zahlungsweisen heraus.

Im Mai 1720 versuchte Law nochmals, das Ruder herumzureißen. Er erließ ein Dekret, mit welchem die inflationäre Preisspirale und der hohe Papiergeldumlauf verringert werden sollte. Sein Plan sah vor, dass die Banknoten innerhalb eines halben Jahres um 50 % abgewertet werden sollten. Am 22. Mai wurden die Banknoten um 20 % abgewertet. Doch die Bevölkerung betrachtete diese Abwertung als eine Art Diebstahl. Panik brach aus. Die Folge war, dass die *Banque Royal* gestürmt wurde. Das Chaos soll laut Zeitzeugen unbeschreiblich gewesen sein.

Letztlich führte dies dazu, dass sich auch Widerstand gegen Law am Hof und in der Regierung ausbildete. Den vorläufigen Schlusspunkt setzte das Parlament, als es die Zustimmung zu weiteren Edikten verweigerte. Daraufhin zog der Regent die Konsequenzen und entließ John Law aus allen seinen Ämtern. Der ohnehin schon unter Druck stehende Aktienkurs brach darauf vollständig ein, Law konnte sich nur durch eine heimliche Flucht aus Frankreich vor der wütenden Menge in Sicherheit bringen. Er starb verarmt in Venedig. Die mit der *Compagnie Perpetuelle des Indes* fusionierte *Banque Royale* brach zusammen.

Erst am 10. Juni 1720 öffnete die *Banque Royale* wieder, um das Papiergeld gegen Hartgeld umzutauschen. Wegen der extremen Wertdifferenz zwischen Papier- und Münzgeld unterschied die Bank zwischen Livre in Papier und Livre in Metall. Der nächste Schritt war eine deutlich Abwertung des Papiergeldes, sodass für einen ganzen Sack voll Papiergeld nur noch 50 Livre in Metall ausgezahlt wurden. Im Prinzip fand hier also eine Währungsreform statt. Wenn man so will, gab es nur einen Gewinner, nämlich den Regenten. Er schaffte es, die Staatsschulden zu verringern.

Als Folge des Zusammenbruchs verlor die *Compagnie Perpetuelle des Indes* einen Großteil ihrer Privilegien, u. a. das Recht auf Verwaltung der Münze oder Steuereintreibung. Lediglich das Handelsmonopol auf Tabak durfte die Gesellschaft behalten. Am 11. November 1720 wurde die Aktie vom Handel ausgesetzt mit der Folge, dass der Kurs dramatisch bis auf etwa 40 Livre in Metall fiel. Um die große Lücke zwischen den Vermögenswerten der *Compagnie des Indes* (289 Millionen Livre) und den von der Bank ausgegebenen Banknoten (3 Milliarden Livre) unter Kontrolle zu bringen, wurde die Gesellschaft Ende Januar 1721 unter königliche Kontrolle gestellt. Beginnend im Jahr 1721 wurden die alten Aktien der *Compagnie des Indes* umgetauscht in neue Liquidationszertifikate. Im Jahr 1723 wurde die Aktienanzahl durch eine Kapitalzusammenlegung auf 56.000 neue Liquiditätszertifikate mit einem Nennwert von 500 Livre vermindert. Dies war der vorläufige Höhepunkt des ersten Aktes um die Indienkompagnie.

Durch die Machenschaften von Law wurde ganz Frankreich in Mitleidenschaft gezogen, weil es durch die explosionsartige Geldvermehrung zu einer Hyperinflation gekommen war. Allerdings waren im Gegensatz zu England viele Kaufleute und Bankiers rechtzeitig abgesprungen, sodass es in Frankreich nicht zu einer Konkurswelle wie in England kam. Völlig überraschend erholte sich die *Compagnie* wieder, sodass sie ab Mitte 1722 wieder in den Blick der Anleger geriet. Der Vorhang öffnete sich zu einem zweiten Akt. Der Aktienkurs konnte sich bis September 1723 auf 1.500 Livre erholen. Dazu beigetragen hatte u. a., dass sich die *Compagnie* am 31. August 1723 das Kaffeemonopol sichern konnte. Das Ende der Party kam mit dem überraschenden Tod des Regenten Philipp von Orleans am 2. Dezember 1723, was zu massiven Kursstürzen an der Pariser Börse führte. So fiel die Aktie der *Compagnie* innerhalb weniger Tage auf 1.000 Livre ab. Doch wie schon die alte Börsenweisheit "*politische Börsen haben kurze Beine*" aussagt, erholte sich die Börse mit der Übernahme der Regierungsgeschäfte durch König Ludwig XV. Am Ende des Jahres 1723 notierte die Aktie bei 1.500 Livre. Die schnelle Kurserholung wurde darauf zurückgeführt, dass viele Anleger die Aktien der Kompagnie leer verkauft hatten, um von weiteren Kursrückgängen zu profitieren. Sie müssten sich jetzt eindecken mit der Folge, dass der Kurs kräftig anzog.

Weiterhin heizten viele neue Gerüchte den Aktienkurs an, wie z. B. die Erlaubnis, eine Lotterie abhalten zu dürfen. So stieg der Kurs bis Mitte 1724 auf 3.000 Livre. Jetzt begannen vorsichtige Anleger zu verkaufen und sorg-

ten im April 1724 für ein Ende der Aufwärtsbewegung. Der Kurs fiel jedoch nicht so dramatisch, wie bei der ersten Baisse. Der Kurs fiel zwar schnell auf 2.000 Livre, konnte sich dann aber stabilisieren. So stand er gegen Ende August 1724 noch bei 1.700 Livre.
Ein Einschnitt erfolgte, als am 22. September 1724 König Ludwig XV. eine massive Münzverschlechterung ankündigte. Dies führte dazu, dass der Kurs der *Compagnie* im Januar 1725 auf 500 Livre fiel. Diese zweite Spekulationsblase hatte das Vertrauen der Anleger in die Aktie endgültig zerstört, sodass selbst die Bestätigung weiterer Privilegien im Juni 1725 den Kurs nicht mehr beflügeln konnte. Die Erinnerung an diesen Crash sorgte dafür, dass es in Frankreich in den folgenden 60 Jahren keine extremen Kursbewegungen mehr gab. Außerdem zeigt die Geschichte um John Law, dass sogenannte finanzielle Neuerungen (Papiergeld als Kredit auszugeben) mit äußerster Vorsicht zu genießen sind. Oftmals sind diese Neuerungen, wie sie noch sehen werden, lediglich Abwandlungen irgendeines älteren Produkts, die nur wegen des kurzen Gedächtnisses der Finanzwelt neu erscheinen.

3.2.4 Die erste Internationale Krise – Wechselreiterei in Amsterdam (1763)

Im Jahr 1763 endete der Siebenjährige Krieg. Hierunter werden strenggenommen zwei eng verflochtene Kriege verstanden. So kämpfte Österreich gegen Preußen im 3. Schlesischen Krieg um die Wiedergewinnung der reichen Provinz Schlesien. Die österreichische Seite unterstützten Russland, Schweden, Sachsen, Spanien und Frankreich, während die preußische Seite durch England und Hannover unterstützt wurde. Der zweite Krieg entbrannte zwischen Frankreich und England wegen der amerikanischen Kolonien (französisch-britischer Kolonialkrieg). Somit waren fast alle europäischen Staaten in den Siebenjährigen Krieg verwickelt, lediglich Holland blieb neutral.
Gerade wegen dieser Neutralität erlebte Holland in dieser Zeit einen rasanten Aufschwung im Außenhandel. Die Finanzierung der Handelsgeschäfte erfolgte zum überwiegenden Teil über Wechsel. Diese Wechsel sollten in Holland die Anfang des 17. Jahrhunderts herrschende Münzenvielfalt durch eine stabile Handelswährung ablösen, eben den Wechsel. Mit der Einführung des Wechsels wurde zudem der Außerhandel wesentlich vereinfacht. Hierzu entstanden über ganz Holland verteilt Banken, die die Funktion der privaten Wechselstuben übernahmen. So hatte z. B. die Bank von Amsterdam zu jener Zeit die Aufgabe, Depositen anzunehmen und bargeldlose

Überweisungen zwischen den Kaufleuten von Konto zu Konto durchzuführen. Das bedeutet, der Wechsel wurde behandelt wie Bargeld. Er ging oft durch unzählige Hände, bis er schließlich ausgeübt wurde, d. h. zu Bargeld umgewandelt wurde (Wechselreiterei). Das System funktionierte, weil die Beteiligen darauf vertrauen konnten, dass sie die Wechsel jederzeit zu Bargeld umwandeln konnten. Mit Ende des Siebenjährigen Krieges kam es zu einer Überhitzung des Wechselgeschäftes.
So gab es in England aufgrund des großen Kapitalbedarfs einen hohen Zinssatz. Mit Eröffnung der Friedenvoraussetzungen am 3. November 1762 deckten sich viele holländische Kaufleute in Erwartung von nach Kriegsende in England fallenden Zinsen mit öffentlichen Anleihen und Bankaktien ein, da in der Regel bei fallenden Zinsen sowohl die Bankaktien als auch Anleihekurse steigen. So stiegen bis März 1763 die Kurse um 50 bis 60 %, wegen der holländischen Nachfrage. Doch die erhoffte Zinssenkung blieb aus, weil jetzt die Privatwirtschaft einen hohen Kreditbedarf hatte. Die Kurse der öffentlichen Anleihen und Bankaktien sackten daraufhin deutlich ab, sodass die holländischen Kaufleute eine Menge Geld verloren.
Auf der anderen Seite führte Preußen und einige andere deutsche Staaten nach Kriegsende eine durchgreifende Münzreform durch, d. h. umlaufende Münzen wurden eingezogen und eingeschmolzen und neue Münzen geprägt. Dies hatte zur Folge, dass es kurzfristig einen Mangel an echtem Münzgeld gab, der wiederum zu einem Anstieg der Wechselkredite in Europa führte. Das war bedenklich, weil gegen Ende des Krieges die Summe des in Wechseln, Zwangsanleihen und Krediten gebundenen Geldes in Holland die Summe des tatsächlich vorhandenen Münzgelds überstieg. Dieses Verhältnis kletterte bis zum Höhepunkt des Wechselbooms auf das Fünfzehnfache, d. h. das Kreditvolumen übertraf das Münzgeld um das Fünfzehnfache. In Folge der Münzknappheit verweigerten in Amsterdam und Hamburg immer mehr Marktteilnehmer die Annahme weiterer Wechsel, weil sie keine Möglichkeit hatten, sie in Bargeld umzutauschen.
Durch die schon erwähnte Fehlspekulation in England kamen die holländischen Kaufleute nun in arge Bedrängnis. Schließlich waren die meisten Schulden aus der Fehlspekulation durch neue Wechsel beglichen worden. Die Weigerung, in Amsterdam und Hamburg Wechsel einzulösen, führte zu einer Flut von Wechseleinlösungen direkt bei den holländischen Kaufleuten. Dabei wurden unzählige Bitten auf Wechselaufschub abgelehnt, sodass die Bargeldreserven bei einigen Handelshäusern und Banken sehr schnell

schmolzen. Der Schriftsteller Gotthold Ephraim Lessing brachte die Situation der holländischen Kaufleute trefflich zu Papier: "*Ich habe keinen Heller bares Geld mehr, ich weiß auch keines aufzutreiben.*" So kam es am 2. August 1763 mit dem Konkurs von gleich zwei bedeutenden Amsterdamer Wechselkontoren, *van De Neufville* und *Aron Joseph & Co.*, zu einem Höhepunkt der Krise. Der Zusammenbruch der beiden Wechselkontoren hinterließ eine Schadenssumme von fast 2 Millionen Gulden. Wenig später musste auch das Handelshaus *Jacob Norden* schließen.

Als Folge dieser Konkurse brachen am Amsterdamer Aktienmarkt die Kurse ein. Die Situation konnte erst durch umfangreiche Edelmetallimporte nach Holland entschärft werden, welche ohne Prägung in die Geldzirkulation eingeschleust wurden. Die Zahlungsunfähigkeit der holländischen Handelshäuser hatte allerdings schon eine Kettenreaktion in ganz Europa ausgelöst, weil das Vertrauen der Kaufleute untereinander verloren gegangen war. Keiner traute mehr dem anderen. Die Wechsel verloren ihre Glaubwürdigkeit, man schlidderte in eine tiefe Vertrauenskrise, die dazu führte, dass jeder nur noch Bargeld haben wollte. So gerieten Hunderte von Unternehmen u. a. in Hamburg, Bremen, London oder Kopenhagen in Schwierigkeiten, und viele davon mussten letztlich ihre Türen schließen. Nur durch ein entschlossenes Eingreifen bedeutender Banken und Herrscherhäuser konnte die Lage wieder unter Kontrolle gebracht werden, u. a. mit Rettungsaktionen von großen Unternehmen und Garantien.

Das Schlamassel war allerdings noch nicht überstanden. Die schwankende Wirtschaft in Europa geriet in den Jahren 1772 und 1773 in eine schlimme Krise. Zunächst erlebte die europäische Wirtschaft nach Ende des Siebenjährigen Krieges einen Aufschwung, der u. a. durch die aufkeimende Industrialisierung ausgelöst wurde. Es wurden große Geldsummen in Häuser, Fernstraßen, Kanäle und andere Infrastrukturprojekte investiert. Daher nahm das aufgenommene Kreditvolumen extrem zu. Davon profitierte besonders die britische *East-India-Company*, die ihre Ausfuhren aus England deutlich steigern konnte.

Wegen der Industrialisierung hatte Europa eine hohe Produktion an Gütern, die zunächst in den europäischen Märkten gut abgesetzt werden konnten, weil die Menschen wegen des Wirtschaftsbooms über steigende Einkommen verfügten. Doch zwei Missernten 1771 und 1772 änderten dies schlagartig, weil die Nahrungsmittelpreise kräftig anzogen. Deswegen sank die Kaufkraft der europäischen Bevölkerung für Industrieprodukte, weil sie ihr

Geld für Nahrungsmittel ausgeben musste. Folglich schwollen die Lager der Unternehmen mit nicht verkauften Produkten an. Der Ausweg Export in die neuenglischen Kolonien in Amerika musste zu allem Überfluss wegen Protesten der dortigen Bürger eingestellt bzw. deutlich reduziert werden. Dies führte dazu, dass die Preise für Industrieprodukte deutlich sanken.

Diese Situation versuchte der angesehene Bankier Alexander Fordyce auszunutzen. So spekulierte er Anfang 1772 mit einem großen Vermögen auf fallende Kurse der *East-India-Company*. Die Verschuldung des Unternehmens war aufgrund der Wirtschaftskrise sprunghaft angestiegen, die *East-India-Company* hatte alleine in Indien Wechselschulden von 1,2 Millionen Pfund Sterling. Doch seltsamerweise notierte der Aktienkurs noch auf hohem Niveau, nahe seinen Höchstständen.

Allerdings verspekulierte sich Fordyce: Der Kurs der *East-India-Company* fiel im Mai 1772 nur marginal auf 226 Zähler, gerade 5 Zähler unter den Höchststand von Ende Februar 1771. Fordyce musste aus London fliehen. Er hinterließ seinen Partnern bei der *Neal, James, Fordyce and Down Bank* einen Schuldenberg in Höhe von einer halben Million Pfund Sterling. Dies führte im Juni 1772 dazu, dass die Bank Bankrott anmelden müsste.

Aber auch die Zeiten für die *East-India-Company* wurden schlechter, weil es wegen einer Hungersnot in Indien zu einem massiven Rückgang der Getreideexporte gekommen war, die dem Unternehmen bislang hohe Gewinne brachten. Dadurch versiegte eine wichtige Quelle, um die Schulden der *East-India-Company* bedienen zu können. So musste im Sommer 1772 die Unternehmensführung die Zahlungsunfähigkeit bekannt geben. Erst jetzt fiel der Aktienkurs in den Keller. Ebenso mussten viele Anleger Insolvenz anmelden. Erst durch ein massives Eingreifen der britischen Regierung konnte die Krise der *East-India-Company* unter Kontrolle gebracht werden.

Von den vielen Konkursen in London war auch die 1769 gegründete schottische Bank *Douglas, Heron & Co.* betroffen. Diese Bank zeichnete sich durch eine äußerst liberale Kreditpolitik aus. Im Jahr 1771 verschmolz sie mit der *Ayr Banking Company* und firmierte ab 1772 als *Ayr-Bank*. Die Bank hatte viele bekannte Aktionäre, wie z. B. den Duke of Queensberry. Die Bank widmete sich vor allem der finanziellen Versorgung des Landes. Sie war dafür bekannt, Kredite ohne große Prüfung in hohen Summen für die verrücktesten Geschäftsideen zu vergeben. So kam es, dass die *Ayr-Bank* weit über die ihr zur Verfügung stehenden Mittel Kredite vergab. Zu deren Deckung erhöhte sie den Umlauf mit bankeigenen Geldscheinen. Dies funktionierte, weil viele angesehene und ehrbare Persönlichkeiten in der Geschäftsführung der Bank vertreten waren, die das Vertrauen der Aktionäre und Kunden genossen.

Der unerwartete Konkurs von *Neal, James, Fordyce and Down* traf die *Ayr-Bank* wegen ihrer engen Geschäftsbeziehungen hart. Dies führte dazu, dass die Gläubiger der *Ayr-Bank* das Vertrauen verloren. So weigerten sich die *Bank of Scotland*, die *Royal Bank* und die *British Linen Company* die Banknoten der *Ayr Bank* anzunehmen. Auch in London wurde der Bank den Hahn zugedreht, weil man glaubte, dass die *Ayr-Bank* die Verluste aus dem Konkurs von *Neal, James, Fordyce and Down* nicht werde tragen können. Deswegen musste die *Ayr-Bank* im August 1773 mit einem Gesamtverlust von über 663.396 Pfund Bankrott anmelden.

Der Sturz der *Ayr-Bank* löste in Schottland eine schwere Vertrauenskrise aus, in deren Folge eine Vielzahl von Privat- und Provinzbanken bankrottgingen. Dies wiederum stürzte viele Gutshöfe und Kleinunternehmen in die Krise. Deswegen mussten die *Bank of Scotland*, die *Royal Bank* sowie die *British Linen Company* massiv eingreifen und viele Provinzbanken retten, indem sie ihnen Geld liehen. Denn ansonsten hätten die Banken die Forderungen ihrer Kunden nicht begleichen können, d. h. das Ersparte der Menschen wäre verloren gewesen. Dies hätte eine schlimme Wirtschaftskrise ausgelöst. Nur durch die Rettungsaktionen der drei großen schottischen Banken konnte der Zusammensturz des schottischen Bankensystems verhindert werden.

Nicht nur England und Schottland waren von der Krise betroffen, sondern auch das übrige Europa hatte mit ähnlichen Problemen (Massenproduktion und volle Lager sowie ein starker Nachfragerückgang wegen Missernten) zu kämpfen. So musste z. B. am 28. Dezember 1773 das alteingesessene britisch-niederländische Handelshaus *Clifford & Söhne* Konkurs anmelden.

3.3 Die wichtigsten Finanzkrisen des 19. Jahrhunderts (1800-1899)

Im 19. Jahrhundert erhöhte sich die Anzahl der Finanzkrisen deutlich, und auch deren Auswirkungen wurden größer. So schätzen Experten, dass die Finanzkrisen im 19. Jahrhundert in den betreffenden Ländern jeweils volkwirtschaftliche Kosten in Höhe von 5 bis 10 % des Bruttoinlandsproduktes verursacht haben, die Blockbuster-Krisen sogar noch mehr.

3.3.1 Kontinentalblockade des Festlandes und *Great Panic* in England (1806-1811)

Anfang des 19. Jahrhunderts war die Lage in Europa sehr undurchsichtig, was zu vielen mehr oder minder großen Konflikten führte. Im Zentrum dieser Machtkämpfe standen Napoleon Bonaparte und sein Erzfeind England.
Im Dekret von Berlin (21. November 1806) verbot Napoleon Bonaparte allen neutralen Festlandstaaten und ebenfalls allen französischen Alliierten den Handel mit Großbritannien. Dies war der Startpunkt der Kontinentalblockade. Durch das Handelsverbot aller britischen Industrieprodukte und Kolonialwaren sowie Getreideexporte nach England wollte Napoleon Bonaparte England in die Knie zwingen. Er wollte England "aushungern". Die Blockade schadete jedoch zunächst hauptsächlich den Verbündeten Frankreichs. So wurden z. B. auch kontinental-europäische Produkte von französischen Zöllnern konfisziert, die englischen stark ähnelten, wie z. B. Stahlwaren. Die Folge der Blockade war, dass der bis dahin rege Handel mit Waren nach England oder in die Vereinigten Staaten fast gänzlich zum Erliegen kam. Dies führte dazu, dass die Preise in die Höhe schossen. Nur noch ein reger Schmuggel zwischen England und Kontinentaleuropa konnte eine gewisse Grundversorgung sicherstellen.
Eine weitere Verschärfung dieses Konfliktes trat 1807 ein, als Russland der französischen Blockade von England beitrat. Dies veranlasste England im September 1807 zu einem Überfall auf Dänemark, um zu verhindern, dass Dänemark sich der Blockade anschloss. Als Retourkutsche verhängten die Briten im November 1807 selbst eine Blockade gegen französische bzw. von Frankreich kontrollierte Häfen. Daraufhin erließ Napoleon Bonaparte im Dezember 1807 das Dekret von Mailand, was nochmals eine Verschärfung der Blockade gegen England vorsah. Des Weiteren beschloss Napoleon Bonaparte den einzigen verbliebenden Verbündeten Englands in Kontinentaleuropa, Portugal, anzugreifen und zu erobern.
Im Jahr 1810 kam es zum nächsten Schritt. Napoleon belegte sämtliche Kolonialwaren, abgesehen von französischen, mit einem Zoll von bis zu 50 % ihres Wertes (Dekret von Trianon, 5. August 1810). Zusätzlich ließ er sämtliche britische Waren öffentlich verbrennen (Dekret von Fontainebleau, 19. Oktober 1810). Außerdem wurde der Schmuggel nun verstärkt durch Sondergerichte bekämpft. Diese Maßnahme traf Europa schwer ins Mark, weil viele europäische Unternehmen immer noch auf englische Rohstoffe und Halbfertigwaren angewiesen waren und ihre Produkte ohne sie nicht

herstellen konnten. Dies führte zu einem Anstieg der Arbeitslosigkeit und zu einem Ruin vieler Handelshäuser.
Die abermalige Verschärfung der Blockade traf jetzt auch die englischen Kaufleute. Waren bis dahin noch viele Produkte über Umwege nach Kontinentaleuropa gelangt, kam dieser Handel jetzt völlig zum Erliegen. Wie wirksam die Blockade war, zeigt ein Blick auf den Amsterdamer Hafen. So brachten dort 1807 noch 192 Schiffe Güter nach Holland, 1808 44 Schiffe, 1809 21 Schiffe, 1810 5 Schiffe und 1811 lief offiziell kein einziges Handelsschiff den Amsterdamer Hafen an.
Gleichzeitig brachen für die englischen Kaufleute die Märkte in Südamerika ein. Sie waren einfach übersättigt mit englischen Produkten. Beispielsweise flossen innerhalb weniger Wochen mehr Waren aus England nach Brasilien, als in 20 Jahren tatsächlich verbraucht werden konnten. Auch der Austritt Russlands (1810) aus der französischen Blockade konnte die drohende Rezession nicht mehr verhindern. Das System kippte schließlich im Herbst 1810, als beim englischen König Georg III. Wilhelm Friedrich wieder eine Geistesstörung zum Vorschein kam. Sein Sohn, Georg IV. August Friedrich, konnte die Regierungsgeschäfte nicht übernehmen, weil sein Vater noch lebte. Die Stimmung in England erreichte wegen dieser unsicheren politischen Lage den Tiefpunkt. So kam es im Januar 1811 zur *Great Panic*. Reihenweise konnte große Handelshäuser ihren Zahlungsforderungen nicht mehr nachkommen. Wegen der unsicheren Lage gaben die Gläubiger den Handelshäusern keinen Aufschub, sodass viele in Konkurs gingen. Diese Konkurse zogen wiederum die anderer eng verbundener Wirtschaftszweige nach sich. Es entstand ein Domino-Effekt. Die Lage konnte im Februar 1811 durch ein Dekret des Parlaments beruhigt werden, mit dem Georg IV. August Friedrich die Regierungsgeschäfte übernahm.
Allerdings brachte die Kontinentalsperre nicht nur Schlechtes hervor, sondern förderte die Entwicklung der kontinentaleuropäischen Industrie. Denn viele Länder waren gezwungen die zuvor importierten Rohstoffe jetzt selbst herzustellen. So setzte mit Beginn der Kontinentalsperre eine Gründungswelle ein, die unzählige Betriebe und sogar ganze Industriezweige schuf. Beide Märkte (Kontinentaleuropa und England) hatten also gelernt, ohne die andere Seite auszukommen.
Trotzdem kam die Kontinentalsperre unter Druck, weil Russland 1812 den Handel mit verbotenen englischen Waren wieder im großen Stil aufnahm. Dies veranlasste Napoleon Bonaparte im Juni 1812 mit einer Armee von

600.000 Mann gegen Russland in den Krieg zu ziehen und schlussendlich zu verlieren. Diese Niederlage führte dazu, dass der Widerstand gegen Napoleon in anderen Ländern Europas wuchs. So wurde Frankreich in den Befreiungskriegen 1814 schließlich geschlagen. Am 30. Mai 1814 stellte der Pariser Frieden den Zustand in Europa vom 1. Januar 1792 wieder her und schickte Napoleon Bonaparte in die Verbannung nach Elba. Daran änderte auch die kurze Rückkehr Napoleons (Herrschaft von 100 Tagen) im Jahr 1815 nichts mehr, denn in der Schlacht von Waterloo errang die Allianz einen endgültigen Sieg. Damit herrschte also für kurze Zeit Frieden in Europa. Durch die Aufgabe der Kontinentalblockade konnten die Handelsschiffe wieder alle Häfen ohne Beschränkung anlaufen. Der große Profiteur der napoleonischen Kriege war England. Es stieg zum größten Industrieexporteur und dem am weitesten fortgeschrittenen Industriestaat der Welt auf. So übertraf z. B. die britische Handelsflotte mit ihrer Handelstonnage die Gesamttonnage aller übrigen Staaten der Welt um ein Viertel. Gleichzeitig wurde London das Finanzzentrum der Welt und beherrschte den Zwischenhandel mit Produkten der Kolonien und Überseegebiete. Die britischen Kolonien, wie Indien, lieferten große Mengen billiger Rohstoffe nach England, die zu günstigen Produkten verarbeitet wurden.

Diese überschwemmten das europäische Festland, mit der Folge, dass unzählige Unternehmen in Europa bankrottgingen und die Arbeitslosigkeit in Europa deutlich anstieg. Somit standen den britischen Massenproduktionen immer weniger zahlungsfähige europäische Abnehmer gegenüber, was letztlich die Preise der britischen Erzeugnisse in Europa kollabieren ließ. Schließlich hatten die Befreiungskriege gegen Napoleon große Teile Europas in Armut und Arbeitslosigkeit gestürzt. Darum ging der Handel mit Kontinentaleuropa immer weiter zurück, aber gleichzeitig wuchsen die Exporte in die USA. Dort waren die billigen Waren aus England nach Ende des britisch-amerikanischen Krieges 1815 wieder gefragt. Um dem ausufernden Handel mit billigen Importen aus England einen Riegel vorzuschieben und natürlich zum Schutz der eigenen Industrie, beschloss der US-Kongress 1816 hohe Schutzzölle gegen Importe aus Europa. Diesem Beispiel folgend führten viele europäische Länder ebenfalls Schutzzölle ein. Die Absatzeinbußen in Europa und den USA durch die hohen Zollabgaben führten vermehrt zu Konkursen englischer Unternehmen und stürzten das britische Empire in eine schwere Handelskrise. Letztlich kam es von 1816 bis 1817 zu einer großen europäischen Wirtschaftskrise. Die Lage wurde zusätzlich noch durch

Missernten in den Jahren 1816 und 1817 angeheizt, weil dadurch die Nahrungsmittelpreise deutlich anzogen. Demzufolge wurden die wenigen Mittel, die die Leute noch hatten, fast vollständig für Lebensmittel ausgegeben.

3.3.2 Die Second-Bank-of-America-Krise (1819 bis 1820)

Am 4. Juli 1776 lösten sich 13 amerikanische Kolonien mit der Unabhängigkeitserklärung von Philadelphia von England. Dies führte zum amerikanischen Unabhängigkeitskrieg, erst am 3. August 1783 erkannte England die USA als souveränen Staat an. In den folgenden Jahren expandierten die USA ihr Territorium, so erwarben sie z. B. im Jahr 1803 von Frankreich Ost-Louisiana und New Orleans für 15 Millionen US-Dollar. Der Kauf wurde über einen Kredit der beiden britischen Banken *Barings* und *Hopes* finanziert. Er sollte in den Jahren 1818 bis 1821 zurückgezahlt werden. Am 18. Juni 1812 begann der amerikanisch-britische Krieg, der durch Friedensverhandlungen in Belgien im Dezember 1814 beendet wurde. Mit Ende des Kriegs erlebten die USA eine Aufbruchsstimmung. Die Wirtschaft boomte. Dennoch zogen am Himmel düstere Wolken auf, in Form von Massenimporten aus England, die die einheimischen Industrien nahezu zum Erliegen gebracht hätten. So forderten z. B. die Schafzüchter in Vermont und Ohio eine deutliche Reduzierung der englischen Wolleinfuhr. Als Konsequenz der übermäßigen Exporte Englands in die USA wurde 1816 eine Erhöhung der Zölle für ausländische Waren beschlossen – der erste aktenkundige Fall von Protektionismus. Neben diesem Protektionismus führte der Ausbau der Infrastruktur in den USA zu einem Erstarken der amerikanischen Wirtschaft. Es folgte ein kometenhafter Aufstieg, der u. a. zur Gründung der bekanntesten Börse der Welt – der *New York Stock Exchange* – führte. Ihre Wurzeln reichen bis ins Jahr 1792 zurück, wo 24 Händler in New York eine Vereinbarung zum Handel mit Wertpapieren getroffen hatten. Doch der Wirtschaftsboom im Jahr 1816 führte dazu, dass diesen lockeren Zusammenkünften eine strengere Regulierung gegeben wurde. So entstand am 8. März 1817 das *New York Stock & Exchange Board* (NYSE), welches angesiedelt war in Räumen an der *Wall Street*. Eine Konsequenz des amerikanisch-britischen Krieges war, dass es keine amerikanische Zentralbank mehr gab, da die *Bank of the United States* (ihre Aufgabe war u. a. das Einziehen von Steuern und Abgaben usw.) im Jahr 1811 ihre Konzession verlor. Deswegen fehlte nach dem Krieg eine zentrale Regulierungsstelle, die den Boom durch eine geeignete Geldpolitik in geordnete Bahnen lenken konnte. Stattdessen gab es viele kleine Staatsbanken, die während des Booms munter die Geldpresse anwarfen. Das Problem war, dass diese neuen Geldscheine praktisch keine Sicherheiten aufwiesen, weil im Jahr 1814 die Aufhebung der Absicherung der Geldscheine durch Gold oder Münzwährung beschlossen wurde.

Im Jahr 1816 beschloss der Kongress wegen der massiv gestiegenen Geldmenge und der drohenden hohen Inflation die Gründung einer neuen Nationalbank. So nahm am 7. Januar 1817 die *Second Bank of the United States* den Geschäftsbetrieb auf. Doch anstatt die Lage zu beruhigen, verschlimmerte die neue Nationalbank sie eher, wegen schlechten und vor allem korrupten Managements. Beispielsweise wurden Kredite durch Bankanteile gesichert oder sogar ohne Sicherheiten genehmigt oder die großzügige Überziehung von Konten gestattet.

So traf das im Jahr 1817 beschlossene Gesetz, dass die Bezahlung von Land nur gegen harte Währung (Münzen oder Gold) erfolgen darf, die Bank in den folgenden Jahren hart. Denn die Leute horteten ihr Hartgeld und bezahlten, wenn es ging, mit Papiergeld. Die Folge war, dass die Nachfrage (Binnenmarkt) massiv zurückging. Zudem fingen auch die zuvor stark gestiegenen Preise anderer Produkte, wie z. B. Baumwolle, zu bröckeln an.

Dies führte bei der auf Kredit aufgebauten Wirtschaft zu ernsten Problemen, weil immer mehr Schuldner ihre fälligen Rückzahlungen nicht mehr durch die nunmehr geringeren Einnahmen bezahlen konnten. Die Kaufleute, Banken und Unternehmen waren davon ausgegangen, dass der Preisanstieg immer so weiter gehe. Darum wurde die Kreditvergabe immer lockerer gehandhabt. Um die Inflation zu bekämpfen, beschloss die *Second Bank of the United States* 1818 eine Verminderung der Kreditvergabe. Letztlich führte dies dazu, dass die bestehenden Schulden nicht mehr (wie früher) durch die Aufnahme neuer Kredite getilgt werden konnten. Damals war es üblich, dass nur die Zinsen gezahlt wurden und der Kredit bei Fälligkeit umgeschuldet wurde. So fiel das kreditfinanzierte Wirtschaftswachstum wie ein Kartenhaus zusammen. Zu all den Problemen gesellte sich auch noch ab 1818 die erste Teil-Rückzahlung von 4 Millionen US-Dollar für den Louisiana-Kauf aus dem Jahr 1803. Dafür musste die *Second Bank of the United States* die von ihr gehaltenen Guthaben und Wechsel bei den anderen staatlichen Banken einlösen. Dieser Gold- bzw. Hartgeldabfluss führte dazu, dass kaum noch Deckung für das Papiergeld vorhanden war. Dies alles zusammen führte zu einer großen Verunsicherung der Bevölkerung und wohl zu dem ersten großen Crash an der *New York Stock Exchange* Ende 1818. So wollte keiner mehr in Land in den neu zu erschließenden Westen investieren. Hinzu kam noch, dass fast jedes Produkt von einem massiven Preisverfall betroffen war. Beispielsweise hatten sich auf dem Höhepunkt der Krise 1819/1820 die Preise für Agrarprodukte gegenüber den Jahren 1809/1810 mehr als halbiert. In Richmond halbierten sich die Immobilienpreise, in Pennsylvania brachen die Preise für Land von 150 US-Dollar pro Morgen im Jahr 1815 auf 35 US-Dollar im Jahr 1819 ein. So führte die erste große Welle von Firmenpleiten in den USA zu einem drastischen Anstieg der Arbeitslosigkeit, ausgelöst durch den massiven Nachfrage- und Preisrückgang. Die *Society for the Prevention of Pauperism* zählte in New York im Jahr 1820 bei 120.000 Einwohnern über 13.000 Bedürftige. Nach Ansicht des Wirtschaftsexperten Matthew Carey soll ein Drittel der Bevölkerung der USA (3 Millionen Menschen) nachhaltig von der Krise betroffen gewesen sein. Panik erfasste die Menschen. So forderten viele Schuldner eine Änderung der Gesetze, um eine Stundung der Schulden oder die Abschaffung der Schuldgefängnisse (die aus allen Nähten platzten) zu erreichen.

Erst im Jahr 1823 entspannte sich die Lage wieder etwas. Diese Krise hinterließ einen bleibenden Eindruck in der amerikanischen Politik und Wirtschaft. Außerdem hatten "die Menschen gehörig die Schnauze voll" von den Banken und anderen mächtigen Gesellschaften. Sie wurden für die Krise verantwortlich gemacht.

So identifizierte US-Präsident Andrew Jackson die *Second Bank of the United States* aufgrund ihrer weit verbreiteten Korruption und betrügerischen Aktivitäten als eine der Hauptverantwortlichen für die Wirtschaftskrise. Darum beabsichtigte Jackson, die Aktivitäten der Bank früher zu beschränken, als es in der Gründungscharta (1836) vorgesehen war. Hierzu beschnitt Jackson die sichere Einnahmequelle der Bank, nämlich die Einlage von Steuermitteln, die der Bank bis dahin große Gewinne einbrachte. Durch den Verlust ihrer Haupteinnahmequelle verfügte die Bank nun über zu wenig Kapital und spielte keine größere Rolle mehr. Als die Charta der Bank 1836 auslief, wurde sie eine normale Bank in Philadelphia. Fünf Jahre später musste sie Konkurs anmelden.

3.3.3 Die Südamerika-Krise (1825/1826)

Die englische Regierung erkannte frühzeitig die Bedeutung der neu entstehenden Länder Südamerikas (Unabhängigkeit: 1816 Argentinien, 1821 Peru und Mexiko, 1822 Brasilien) als Absatzmarkt und baute ab 1818 Schiffsstationen auf. Mit deren Hilfe konnte die englische Wirtschaft ihre Produkte in die entlegensten Gebiete von Südamerika bringen. Englische Produkte hatten damals einen hervorragenden Ruf in Südamerika hinsichtlich Qualität und Preis. So stieg die Ausfuhr britischer Waren nach Südamerika von 2,9 Millionen Pfund Sterling (1821) auf 6,4 Millionen Pfund Sterling (1825). Dies führte dazu, dass die englische Wirtschaft auch verstärkt in England investierte, z. B. in neue Kanäle und Fabriken. Dieser Südamerikaboom wurde an der Börse beachtet. Allerdings zog die Börse nur langsam, dafür aber stetig an. Diese Kursgewinne lockten immer mehr Anleger an, sodass sich das Rad immer schneller zu drehen begann. Waren noch die ersten Emissionen aus Südamerika ein Geheimtipp, so wurden sie schon bald zur Modeerscheinung an der Börse. Besonders Aktien von Gold- und Silberminen und südamerikanische Staatsanleihen wurden stark nachgefragt. So wurde ab Mitte 1824 die Londoner Börse mit südamerikanischen Wertpapieren nur so überschwemmt. Wie verrückt der Boom war, zeigte sich daran, dass es beinahe gleichgültig war, ob z. B. eine Mine real existierte oder lediglich eine Fiktion war. Für eine Kaufentscheidung reichte den Anlegern eine gute Story aus Südamerika.

So nahmen die süd- und zentralamerikanischen Staaten in den Jahren 1824 und 1825 für mehr als 20 Millionen Pfund Sterling Staatsanleihen in London auf. Mit diesem Geld konnten die süd- und zentralamerikanischen Staaten dann in England einkaufen.

Allerdings kamen warnende Stimmen ab Mitte 1824 auf, als die Börse innerhalb weniger Monate um 200 % förmlich explodierte, die zur Mäßigung aufriefen. Dennoch stieg der Kurs des englischen Börsenbarometers FTSE während des Jahres 1824 kontinuierlich von 24 auf 45 Punkte an. Anfang 1825 erreichte der FTSE seinen höchsten Punkt sogar mit 77 Punkten, d. h. die Aktienkurse hatten sich innerhalb von vier Jahren fast vervierfacht. So warnten nochmals im Frühjahr 1825 Regierungsmitglieder, wie der Premierminister George Canning, Schatzkanzler Lord Liverpool oder die Finanzexperten Sir Francis Baring und J.R. M'Culloch in der Zeitung *The Scotsman* vor der übertriebenen Südamerika-Spekulation.

Dies schürte die Nervosität der Finanzmärkte. Es sollte aber noch bis April 1825 dauern, bis der Aktienmarkt vollständig zusammenbrach. Als Auslöser wird ein großer Schatzwechsel der *Bank of England* vermutet, der im März herausgegeben wurde, um die im Umlauf befindliche Geldmenge zu verkleinern. So fiel der FTSE bis Ende des Jahres 1825 um mehr als 50 % auf 35 Punkte.

Dieser Börsen-Crash hatte fatale Folgen für die Wirtschaft in Südamerika und England. So war es bis dahin eigentlich üblich, dass bei Wertpapieremissionen nur ein kleiner Teil anzuzahlen und der Rest in weiteren Raten später zu zahlen war. Viele Anleger spekulierten darauf, dass sie die Aktien kurz vor Fälligkeit der nächsten Rate mit Gewinn verkaufen konnten, was bis dahin üblich war. Jetzt lagen allerdings die Aktien weit unter den Kaufkursen der meisten Anleger, sodass viele die fälligen Ratenzahlungen nicht mehr begleichen konnten. Dies traf besonders die kleinen Länderbanken, weil sie ihre Kredite für Südamerika-Projekte zu jener Zeit ohne große Überprüfung bewilligt hatten. Üblich war es zudem, dass diese Kredite nur durch persönliche Bürgschaften abgesichert waren. Die Folge war ein immenser Kreditausfall für die Länderbanken, sodass viele Banken ihre Pforten schließen mussten.

Die Krise wurde noch verschärft, weil in Südamerika die Nachfrage deutlich zurückging. Dies lag hauptsächlich daran, dass an der Londoner Börse keine lateinamerikanischen Anleihen mehr platziert werden konnten. Somit brach die durch England selbstgenerierte Nachfrage in Südamerika zusammen. Dies wiederum führte dazu, dass viele Unternehmen wie Dominosteine in England und Südamerika fielen und zusätzlich die Lage weiter anheizten. Im Dezember 1825 wurde ein Höhepunkt der Krise erreicht, als bedeutende Londoner Finanzhäuser, wie z. B. *Pole, Thornton & Co.*, vor dem Aus standen. Die Bevölkerung reagierte mit Panik. Schließlich ging eine Bank pleite, von der immerhin 47 Regionalbanken abhängig waren. Nach Ansicht vieler Historiker soll England aufgrund des Bankrotts von mehr als 73 Banken kurz vor dem Tauschhandel gestanden haben, weil kaum noch genügend Bargeld für die Bezahlung der nötigsten Sachen vorhanden war. So lagen die Reserven der *Bank of England* im Dezember 1825 nur noch bei ungefähr 1.100.000 Pfund Sterling in Gold. Zudem gingen auch die Fünf- und Zehnpfundnoten der *Bank of England* zur Neige. Nur einem glücklichen Umstand verdankte die *Bank of England*, dass sich in ihren Tresoren noch ein Posten von Ein-Pfundnoten aus dem Jahr 1797 befand, der jetzt auf den Markt kam. Nur dadurch konnte die *Bank of England* den Ansturm von Zahlungsforderungen standhalten und so die Wirtschaft stabilisieren. Darüber hinaus leistete der Bankier Nathan Rothschild einen wichtigen Beitrag, um die Bank flüssig zu halten. Er organisierte in ganz Europa Münzen im Gegenwert von

10 Millionen Pfund. Dieser Krise fielen insgesamt rund 145 Banken zum Opfer.
In den folgenden Jahrzehnten wurden die Börsen als Auslöser von Krisen und Ort der Spekulation immer wichtiger. Einen Vorgeschmack auf diese Entwicklung zeigte gegen Ende des 18. Jahrhunderts die *Canal Mania* in England[9]. Um 1830 setzte endgültig der Siegeszug der Eisenbahn ein, der eine große Spekulationsblase nach sich zog.

---

[9] Der Startpunkt für die *Canal Mania* war der 1761 gebaute *Bridgewater Canal*. Er wurde durch Francis Egerton, dem dritten Duke of Bridgewater, 1767-1772 mit dem Fluss Mersey bei Runcorn verbunden. So konnte Egerton direkt vor seinen Kohleminen die Schiffe beladen und die Kohle bis nach Liverpool transportieren. Trotz des Erfolges von Egerton entwickelte sich der Kanalbau in England wegen den hohen Kosten sehr schleppend. Dennoch entstanden einige neue Kanäle, die ihren Besitzern schnell hohe Renditen einbrachten und damit den Stein langsam ins Rollen brachten. Da in England jeder, der die benötigten Mittel aufbringen konnte, eine Konzession zum Bau eines Kanals beantragen konnte, wuchs die Zahl der Kanäle rapide an. So wurden die Flüsse Mersey, Trent, Severn und die Themse erschlossen und durch Kanäle verbunden. Wegen der hohen Baukosten der Kanäle waren die Kanalbetreiber Aktiengesellschaften, deren Kurse kräftig durch die hohen Gewinne anzogen. Daher sprangen immer mehr Anleger in einer Art Herdenverhalten auf den fahrenden Zug auf – angetrieben von der Berichterstattung in den Medien. Dies führte dazu, dass das Kurswachstum noch mehr an Dynamik gewann. Es herrschte eine grenzenlose Euphorie, welche dazu führte, dass die kreditfinanzierten Käufe deutlich zunahmen. Außerdem hatten sich die Bewertungen der Aktien weit von ihrem fundamentalen inneren Wert entfernt. Hinzu kam das begrenzte Angebot an Kanalbauaktien. Beispielsweise stieg die Aktie der *Birmingham Navigation* innerhalb weniger Monate von 140 auf 1.150 Pfund. Um ein Vielfaches extremer war die Situation auf der Neuemissionsseite. Die Anleger zeichneten blind jede Aktie, die irgendwie mit dem Kanalbau zu tun hatte. Jeder wollte vom Kanalbau profitieren. Manche Anleger übernachteten sogar auf der Straße, um als erster am nächsten Tag die begehrten Aktien zeichnen zu können. So ist es nicht verwunderlich, dass die meisten Kanalbauvorhaben stark überzeichnet waren. Ab Anfang 1790 schwoll das Kanalbaufieber zu einer wahren Manie an. Wer von seiner Bank bei der Zeichnung mit Aktien bedacht wurde, konnte sich in der Regel über zweistellige Kursgewinne schon am ersten Handelstag freuen. Der Höhepunkt der *Canal Mania* wurde Anfang 1793 erreicht. Das Ende der Euphorie war abrupt, durch große politische Veränderungen in Europa ausgelöst. So wurde am 21. Januar 1793 der französische König Ludwig XVI. in Paris öffentlich auf der Guillotine hingerichtet. Obendrein erklärte Frankreich England und Holland den Krieg, weil beide Länder den französischen König unterstützt hatten. Dies veranlasste viele Anleger ihre Investments in die riskanten Kanalbauten zu überdenken. Dies führte dazu, dass laufende Arbeiten an den meisten Kanalbauten zeitweise eingestellt oder ganz aufgegeben wurden, wie z. B. der Dorset-Kanal oder der Somerset-Kanal. Der Boom war in eine Baisse umgeschlagen. Die Kanäle, die zu Beginn der Manie fertiggestellt wurden, konnten ihren Besitzern hohe Gewinne einspielen. Aber viele andere verdienten für die Aktionäre nie einen Penny.

3.3.4 Die erste Wirtschaftskrise, die durch eine Aktienspekulation ausgelöst wurde (1836-1838)

Nach Ansicht des Börsenhistorikers R.G. Hawtrey begann diese Krise 1836 in England. Sie breitete sich im Jahr 1837 auf die USA aus. Wiederum ein Jahr später erreichte sie Kontinentaleuropa, was die Situation in England und den USA nochmals verschärfte. In England wurde die Eisenbahn als "Transportmittel der Zukunft" gefeiert. So legten z. B. die Briten im Jahr 1838 fast 8,8 Millionen Kilometer auf der Schiene zurück. Deswegen standen die Aktien der Eisenbahnunternehmen in England bei den Spekulanten hoch im Kurs. Die Eisenbahnaktien sorgten für unglaubliche Kurssprünge, Tagesgewinne von 30 bis 50 % waren keine Seltenheit. Daher sprangen immer mehr Anleger auf das Börsenkarussell auf und schraubten die Kurse in immer luftigere Höhen.

Deswegen warnte J. Poulett Thompson (Präsident der englischen Handelskammer) im Mai 1836 vor der zunehmenden Spekulationsgier in der Bevölkerung. Doch seine Worte verhallten, weil der Lockruf der Börse stärker war. Ebenso erfolglos waren die Versuche der Behörden in Frankreich und Belgien, durch ein Verbot der Notierung von Kursen kurzfristiger Schuldtitel den Spekulationsboom einzudämmen. Jeder wollte beim Börsenmonopoly dabei sein, egal ob Hausfrau, Dienstmädchen, Arbeiter usw. Eine Zeitung fragte damals: "Warum gibt es die Spekulation?" Die Antwort: Wegen der Gier nach dem schnell und einfach verdienten Geld.

Das Problem der Kleinanleger war, dass sie nicht über genügend flüssige Mittel verfügten, um an der Börse zu spekulieren. Der Ausweg für die Kleinanleger war die Aufnahme eines Kredits. Durch zwei Gesetzesänderungen 1826 und 1833[10] stieg die Zahl der Banken in England stark an, sodass praktisch jeder, der es wollte, einen Kredit bekam. Die neuen Banken wurden in der Regel als Aktiengesellschaften gegründet. Um möglichst schnell eine große Kundschaft zu generieren, achteten die neuen Banken bei der Kreditvergabe nur wenig auf die Bonität der Antragsteller. Zudem eröffneten mehrere amerikanische Banken Niederlassungen in England und heizten so den Wettbewerb nochmals an.

---

[10] Durch den *Country Bankers Act* von 1826 wurde das Monopol der *Bank of England* als Handelsbank für Wertpapiere außerhalb eines 65-Meilen-Radius um London aufgehoben. 1833 endete dieses Monopol schließlich vollständig.

Die *Bank of England* reagierte mit Besorgnis auf diese Entwicklung, weil durch die lockere Kreditvergabe und Wechseldiskontierung seitens der neuen Banken die Geldmenge stark ausgeweitet wurde. Allerdings wurde die *Bank of England* eher als Spielverderber angesehen. Ein Zeitzeuge stellte erschreckt fest, "ganz Europa und die USA versinken im Spekulationssumpf. Irgendwann müssen die Menschen darin versinken. Die Frage ist bloß wann." So erreichte die Spekulationsblase ihren Höhepunkt ab Mai 1836. Danach brachen die Kurse ein. Die Kursrückgänge führten zu einer zunehmenden Bargeldknappheit in der Bevölkerung. Dies veranlasste die *Bank of England* zu einem drastischen Schritt, um die Ausweitung der Kredite zu verhindern. Sie untersagte ihren Filialen jegliche auf eine Aktienbank bezogene Wechsel zu diskontieren. Dies galt besonders für die amerikanischen "W-Banken" (*Wiggins, Wildes* und *Wilson*) mit Filialen in Großbritannien.
Dieser Schritt der *Bank of England* führte zu einer Panik unter den Anlegern, weil sie befürchteten wegen dieser neuen Regelung nur noch über wertlose Wechsel oder Kreditverbindlichkeiten zu verfügen. Letztendlich führte dies dazu, dass immer mehr Unternehmen und Banken in Zahlungsschwierigkeiten kamen und deswegen ihre Tore schließen mussten. In diesen Strudel wurden immer mehr Unternehmen gerissen, die bislang nicht betroffen waren. Hierdurch stiegen die Arbeitslosigkeit und die Armut in der englischen Bevölkerung deutlich an.
Um weitere Schäden von der englischen Wirtschaft abzuwenden, wurde gegen Ende 1836 der Diskontrahmen der drei betroffenen W-Banken durch die *Bank of England* erhöht. Trotzdem mussten die drei W-Banken im ersten Halbjahr 1837 in Konkurs gehen.
Die Lage in England verschlimmerte sich immer mehr. So musste die *Bank of England* wegen massiver Liquiditätsprobleme um Hilfe bei der *Bank de France* und bei der Stadt Hamburg ersuchen. Zunächst half die *Bank de France* mit einem Wechsel in Höhe von 400.000 Pfund aus. Im Jahr 1838 wurde ein Kreditrahmen zwischen den beiden Parteien ausgehandelt. So flossen unter Vermittlung von *Baring Brothers* und zehn Pariser Banken 2 Millionen Pfund an die *Bank of England*. Ein ähnliches Abkommen in Höhe von 900.000 Pfund wurde mit der *Hamburger Bank* getroffen. Durch diese Maßnahmen konnte die *Bank of England* ihre Liquiditätsprobleme lösen.
Ebenfalls von einer kräftigen Spekulationswelle an der Börse war die USA betroffen, hier standen Baumwolle und Land im Mittelpunkt. Auch in den USA trieben die Kursverluste nach dem Boom viele unseriöse Banken in den

Konkurs. Doch für Panik sorgte die enge Verflechtung mit der englischen Wirtschaft. So hatten die englischen Importe in die USA seit Anfang der 1830er Jahre deutlich zugenommen. Der Überschuss der Wareneinfuhr gegenüber der Warenausfuhr betrug im Jahr 1834 6 Millionen US-Dollar zugunsten Englands und stieg bis zum Jahr 1836 auf 52 Millionen US-Dollar an. Zunächst wurde der amerikanische Kontinent noch weiter mit englischen Waren überschwemmt, jedoch fehlte in den USA das Geld, weil die Liquidität hauptsächlich durch englische Kredite ermöglicht wurde. Wegen der Krise in England versiegte nun dieser Geldstrom. Dies verursachte im September 1837 eine noch nie dagewesene Pleitewelle bei Banken und Unternehmen in den USA. Die Löhne der Arbeiter sanken auf breiter Front, was die Nachfrage nochmals rapide sinken ließ. Deshalb verschlimmerte sich die Lage nochmals. Ein Zeitzeuge sagte im September 1837 erschrocken: "Einen zerstörerischen Ausbruch von Panik, haben die USA noch niemals erlebt. Sowohl die Arbeiter als auch deren Bosse haben Angst vor der Zukunft. Darum investiert der Eine nicht in neue Maschinen und der Andere schränkt seinen Konsum ein. Ein Teufelskreis, wie sollen wir jemals wieder da rauskommen."

Durch die einbrechenden Importe der USA weitete sich die Krise aus. Sie erfasste jetzt auch Kontinentaleuropa. Dies bekam z. B. die französische Stadt Lyon zu spüren, weil durch den Wegfall der Absatzmärkte für Seide ihre Seidenindustrie zusammenbrach. Der Ausfall der Exporte in die USA führte zu hohen Lagerbeständen in Frankreich oder Deutschland, sodass auch hier ein Preisverfall einsetzte. Auf den Messen in Frankfurt und Leipzig war das Fehlen englischer und amerikanischer Aufträge deutlich zu spüren.

Die Politiker und Bankiers versuchten der drohenden Krise entgegenzuwirken. Dazu wurden Rettungsschirme für notleidende Banken und Unternehmen gespannt. Auch Stützungskäufe wurden durchgeführt. Beispielsweise kaufte die französische Bank *Maison Hottinguer* mithilfe des Bankiers Nicholas Biddle ab Frühjahr 1838 in großem Umfang Baumwolle von der *Bank of the United States* auf, umso den Baumwollpreis zu stützen.

Als Konsequenz dieser Krise waren die Jahre ab 1836 hauptsächlich durch Stagnation und Armut geprägt. Es gab zwar durch die Rettungspakete immer wieder Lichtblicke, wie z. B. die Wirtschaftsbelebung Ende 1838, doch blieb die Lage bis weit in die 1840er Jahre äußerst instabil. Das heißt, es gab immer wieder kleinere Aufschwünge gefolgt von Zusammenbrüchen mit entsprechenden Folgen für das betreffende Land. Die Lage wendete sich erst gegen 1843 zum Besseren. Doch schon 1847/1848 trat eine neue schlimme Krise in weiten Teilen Europas auf.

3.3.5 Die erste große Spekulationsblase in Deutschland – die Eisenbahnhausse (1842-1848)

Der Ursprung dieser Wirtschaftskrise liegt in der Spekulation mit Eisenbahnaktien. Ab 1833 plante man in Deutschland den Bau einer Eisenbahn zwischen Nürnberg und Fürth. Dazu wurde die Aktiengesellschaft *Ludwigs-Eisenbahn-Gesellschaft in Nürnberg* gegründet mit einen Aktienkapital von 132.000 Gulden. Zunächst musste die Aktie aufgrund von technischen Problemen beim Bau der Lokomotive einen Kursverlust von 20 % hinnehmen. Am 7. Dezember 1835 wurde offiziell die Strecke Nürnberg-Fürth in Betrieb genommen. Der Aktienkurs legte innerhalb von fünf Wochen um mehr als 36 % zu. Der Grund für diesen Anstieg war die Begeisterung der Bevölkerung für die Eisenbahn. So lag die Aktie am 26. Januar 1836 um 100 % im Plus und legte bis März sogar um satte 300 % zu, d. h. der Kurs hatte sich innerhalb von fünf Monaten verfünffacht. Dies löste einen Run auf Eisenbahnaktien aus. Die Anleger zeichneten blind jede Emission, die irgendwie mit der Eisenbahn zu tun hatte. So war die Aktie der Taunusbahn (1837) z. B. vierzigfach überzeichnet[11], und die erste Notierung lag 70 % über dem Emissionspreis. Dieser Börsenerfolg führte dazu, dass immer mehr neue Bahnstrecken eröffnet wurden. So wurde z. B. 1837 das erste Teilstück zwischen Leipzig und Althen von der *Leipzig-Dresdner Eisenbahn-Compagnie* in Betrieb genommen. Die Gesamtstrecke Leipzig-Dresden wurde 1839 feierlich mit der ersten in Deutschland hergestellten Dampflok *Saxonia* eingeweiht.

Mit der Eröffnung weiterer Strecken begann auch die Spekulation mit Eisenbahnaktien immer stärker unter Dampf zu kommen. Sie wurden angepriesen als das "Transportmittel der Zukunft". So konnte man nun Hunderte von Menschen und viele Tonnen von Gütern gleichzeitig und wesentlich schneller von einem Ort zum anderen befördern. Dies beflügelte die Fantasie der Anleger. So stiegen die Kurse der ersten deutschen Eisenbahnaktien in wenigen Monaten um mehr als 300 %. Wer das Glück hatte, bei einer Neuemission Aktien zugeteilt zu bekommen, konnte sich über Zeichnungsge-

---

[11] Eine Überzeichnung bedeutet, dass bei einer Aktienemission mehr Käuferwünsche vorliegen als zu platzierende Aktien. So kamen z. B. bei der Taunusbahn-Aktienemission 40 Zeichnungsaufträge (Käuferwünsche) auf eine zu platzierende Taunusbahn-Aktie.

winne von teilweise über 50 % freuen. Wegen der Wirtschaftskrise 1836-1838 normalisierte sich die Lage zunächst wieder, die Eisenbahngesellschaften erzielten "nur" noch bescheidene Kursgewinne, da die Mehrzahl der Anleger sichere Staatsanleihen den Eisenbahnaktien vorzog.

Nach 1840 führten zwei Ereignisse wieder zu einem Revival der Eisenbahnaktien. Die preußische Regierung verbot im Jahr 1840 sämtlich Termin- und Optionsgeschäfte in alle nicht preußischen Wertpapiere[12]. Als Folge dieser Entwicklung schichteten viele Anleger ihr Vermögen in Eisenbahnaktien um, welche ebenfalls hohe Renditen versprachen. Dieser Trend wurde noch dadurch verstärkt, dass die preußische Regierung 1842 beschloss, den Zinssatz ihrer Staatsschuldscheine ab 1844 von 4 auf 3,5 % zu senken. Um den Aufbau eines funktionsfähigen Eisenbahnnetzes (um 1841 gab es nur vier börsennotierte Gesellschaften in Berlin) zu gewährleisten, garantierte die preußische Regierung den Aktionären von bereits genehmigten Eisenbahngesellschaften eine Verzinsung von 3,5 % auf den Nominalwert der von ihnen gehaltenen Aktien. So wurden die Eisenbahnaktien nicht nur für Spekulanten eine lohnende Sache, sondern auch für Nicht-Spekulanten, die eher Staatsanleihen präferierten.

Die Zinsgarantie des preußischen Staates schürte das Feuer der Spekulation kräftig. So stieg die Zahl der börsennotierten Eisenbahngesellschaften in Berlin von 4 (1841) auf 7 (1842) zu 17 Gesellschaften (1843). Zusätzlich lockten wieder Kursgewinne die Anleger an, z. B. stieg die Aktie der *Düsseldorf-Elberfelder Eisenbahn Gesellschaft AG* zwischen dem 22. November 1842 und dem 1. April 1843 um 40 %. Alle 1843 aufgelegten Eisenbahnemissionen entwickelten sich für die Anleger prächtig.

Die Stimmung heizte sich weiter auf, als die preußische Regierung den Zinssatz ihrer Staatsschuldscheine nochmals senkte und weitere neue Garantien für Eisenbahnaktien aussprach. Die Nachfrage nach Eisenbahnaktien explodierte förmlich. In der Regel lagen die Zeichnungsgewinne über 30 %. Gleichzeitig stieg auch die Überzeichnungsquote immer mehr an, so waren die

---

[12] Die Deutschen Börsen (organisiert als Körperschaft des öffentlichen Rechts, getragen durch Kaufmannsvereinigungen) boten damals dem Anleger schon ein breites Instrumentarium, um ihre Anlageideen umzusetzen. Neben den üblichen Kassageschäften und fixen Termingeschäften (ähnlich der heutigen *Futures*) gab es auch verschiedene Arten von bedingten Zeitgeschäften, wie z. B. das Optionsgeschäft. Üblich war es damals noch, dass der Anleger seine Aufträge direkt an die Börse platzierte. Erst 1840 wurde es Mode, dass die Kleinanleger ihre Aufträge über eine Bank ausführen ließen. Dies wurde erst 1861 zur Pflicht.

Emissionen teilweise über das 20fache überzeichnet. Weiter angeheizt wurde die Spekulation noch durch das damalige Zeichnungssystem. Üblich war, dass bei einer Emission nur ein Teil des Emissionspreises angezahlt wurde, der Rest sollte durch Nachzahlungen in bestimmten Abständen bezahlt werden. Durch dieses System konnten auch Kleinanleger, mit begrenzten Mitteln, an der Aktienhausse teilnehmen. So lange die Kurse stiegen, war dieses System hervorragend, weil die Anleger vor der nächsten Nachzahlung das Papier abstoßen konnten. Um möglichst von Anfang an dabei zu sein, entwickelte sich ein vorbörslicher Handel mit Eisenbahnaktien, u. a. in Magdeburg, Stettin, Frankfurt an der Oder, Posen oder Breslau.

Das Ausufern der Eisenbahnhausse begann, die preußische Regierung zu beunruhigen. Darum verkündete der preußische Finanzminister am 11. April 1844, dass nur noch die mit der Kabinettsorder von November 1842 mit einer Zinsgarantie versehenen Eisenbahngesellschaften eine Konzession zum Bau neuer Strecken erhalten sollten. An den Börsen verpuffte diese Intervention der preußischen Regierung wirkungslos. Die Spekulation erreichte erst Mitte Mai 1844 ihre Höchststände. Jetzt fuhr der preußische Staat stärkere Geschütze auf. So verkündete er am 24. Mai 1844, dass Eisenbahngesellschaften nur noch mit Genehmigung des Finanzministers gegründet werden dürften. Außerdem wurde das Optionsgeschäft auf Eisenbahnaktien eingeschränkt.

Jetzt schlug die Euphorie in Panik um. Eisenbahnaktien wurden massenhaft verkauft, sodass selbst eingeleitete Stabilisierungsmaßnahmen durch die *Preußische Bank* oder die *Preußische Seehandlung* nutzlos verpufften. Erst gegen Jahresende 1844 konnten sich die Kurse etwas beruhigen. Sie erreichten sogar bis Ende April 1845 fast ihre alten Höchststände wieder, doch dies war nur ein Zwischenhoch. Danach brachen die Kurse völlig in sich zusammen, sodass sich 1846 die Preußische Regierung zu einer neuen Intervention gezwungen sah. Sie verbot kurzerhand die Börsennotiz außerpreußischer Dividendenwerte an der *Berliner Börse*, um das Interesse der Anleger auf die inländischen Aktien zu konzentrieren. Diese Maßnahme half aber nur, den Kursverfall kurzfristig zu stoppen. In der zweiten Jahreshälfte 1846 verstärkte sich die Talfahrt an den Börsen, ausgelöst durch schwere Missernten in den Jahren 1845 und 1846. Ab 1845 verursachten zwei Katastrophen in der europäischen Landwirtschaft noch nie dagewesene Schäden. So trat 1845 in Europa erstmals die Kartoffelfäule flächendeckend auf und verdarb große Teile der Kartoffelernte. Doch das Jahr 1846 hatte für die Land-

wirtschaft noch größere "Nackenschläge" parat. Der Großteil der Kartoffelernte 1846 fiel der Braunfäule zum Opfer. Nach zeitgenössischen Quellen sollen durch den Ausfall der beiden Kartoffelernten europaweit etwa 2 Millionen Menschen verhungert sein. Hinzu kam noch, dass andere Ernten durch plötzliche Kälteeinbrüche im Sommer und verheerende Stürme im Winter dezimiert wurden. Beispielsweise war die Weizenernte die schlechteste seit 100 Jahren. Dies führte dazu, dass die Lebensmittelpreise in die Höhe schossen, und es kam zu Unruhen in der Bevölkerung. Da ein Großteil des Geldes für Lebensmittel verbraucht wurde, griff 1847 die Krise auf die Industrie über. Es kam zu den ersten Pleiten. Letztlich kam es zu einer scharfen Konjunkturabschwächung, die in einer schweren Rezession endete. Dies führte zu dramatischen politischen Umwälzungen in Deutschland.
Deswegen kamen im Jahr 1848 die ersten Forderungen nach einer demokratischen Republik, die das bestehende Klassensystem in Deutschland beenden sollte, auf. Es wurde die Zusammenführung einer deutschen Nation mit Schwarz-Rot-Gold als Bundesflagge forciert. Im März 1848 revoltierte das Volk zunächst in den deutschen Klein- und Mittelstaaten. Dort wurden Demonstrationen, Versammlungen und Aufstände gegen die feudalen Machtinhaber organisiert. Die ersten Fürsten beugten sich und beriefen liberale "Märzministerien" ein. Als letztes erfasste Preußen die Revolution. Die unsichere politische Situation schlug sich auch auf die Börsenkurse nieder. Sie erreichten zwischen dem 31. März und dem 23. Mai 1848 lange nicht mehr gesehene Tiefststände. Am 5. Dezember 1848 löste Friedrich Wilhelm IV. das Parlament auf. Die Lage beruhigte sich wieder. Unterstützt wurde dies durch eine Rekordernte im Jahr 1847. Endlich waren wieder genügend Lebensmittel für alle Menschen zu günstigen Preisen verfügbar, und die Wirtschaft zog an. So erlebten viele die kommenden Jahre als die "goldene Zeit". Bis das Jahr 1857 kam.

3.3.6 Die erste Weltwirtschaftskrise (1857)

Der Aufschwung nach dem Ende der Krise 1847/48 in Europa und Amerika wurde vor allem durch die riesigen Goldfunde in Kalifornien (1849) und Australien (1851) ausgelöst. Diese Goldfunde führten zu einem Wirtschaftsboom in den USA und Australien, der die übrige Welt mitriss, weil die Exporte aus Europa und der übrigen Welt in diese Boom-Staaten deutlich zunahmen. Somit erlebten weitere Regionen, wie Deutschland oder England, in den Jahren 1848 bis 1856 einen großen Aufschwung. Die Menschen sprachen von einem goldenen Jahrzehnt. Der Aufschwung erfasste besonders den Eisenbahnsektor und das Bankwesen. So räumten die Aktienbanken in Großbritannien und Deutschland den Industrien große Kredite ein und verbesserten dadurch zusehends das Wirtschaftsklima.

Dieses "Paradies" konnte sogar der 1853 in Europa wütende Krimkrieg nur leicht trüben, da er fast keine Auswirkungen auf den Motor der Weltwirtschaft, die USA, hatte. Im Gegenteil, die Agrarexporte, insbesondere Weizen, nach Europa stiegen sogar wegen des Wegfalls des russischen Marktes.

Die ersten Eintrübungen im goldenen Jahrzehnt kamen mit Ende des Krimkrieges im Jahr 1856. Russland begann den europäischen Markt mit billigem Weizen zu überschwemmen, sodass der Export aus den USA fast zum Erliegen kam. Dies traf die amerikanischen Farmer völlig überraschend. Sie hatten nämlich durch zusätzliche Aussaaten die Menge an landwirtschaftlichen Erzeugnissen deutlich erhöht, um sie nach Europa exportieren zu können. Jetzt blieben sie auf ihrer Ware "sitzen". Der enorme Überschuss an Agrarprodukten führte in Amerika zu einem nie dagewesenen Preisverfall. Eine damalige Hausfrau sagte: "Wir sind im Land, wo Milch und Honig fließen. Alles ist so billig." Auf der anderen Seite konnten viele Farmer nicht mehr genug erlösen, um ihre Schulden zu begleichen, die sie bei den Kaufleuten und Banken vornehmlich an der Ostküste hatten.

Ein weiteres Problem kam nun hinzu – die Importpolitik der USA. Die Importe überstiegen die Exporte bei weitem (Handelsbilanzdefizit). So floss ständig Gold von den USA ab, vorwiegend in Richtung Europa, dem bevorzugten Handelspartner. Die Goldreserven verringerten sich drastisch, sodass sich im Sommer 1857 die Banken durch ein massives Anheben der Zinsraten gezwungen sahen, ihre Goldreserven zu schützen.

Gleichzeitig hatte im goldenen Jahrzehnt die Spekulation überhandgenommen. So war es damals üblich, Investitionsvorhaben, wie Eisenbahnstrecken oder Landerschließungen, zum Großteil mit Krediten zu finanzieren. Da es sich hier um langfristige Projekte handelte, konnten die Anleger auch erst in "ferner" Zukunft mit Erträgen rechnen. Ein weiteres Problem war die Kreditvergabe, sie wurde, je länger die goldenen Zeiten andauerten, immer lascher, sodass viele Kredite ohne eingehende Prüfung der Person oder Sicherheiten vergeben wurden. Hierdurch stand das gesamte Wirtschaftssystem auf sehr schwankendem Grund. Jederzeit konnte es zur Katstrophe kommen.

Am 24. August 1857 fiel in New York und Ohio der erste Dominostein mit dem Konkurs der New Yorker Filiale der *Ohio Life Insurance and Trust Company*. Das Finanzinstitut stolperte über die Vergabe von 5 Millionen US-Dollar für riskante Eisenbahnvorhaben. Wenig später stellte sich heraus, dass ein Großteil des eingesetzten Kapitals wegen der leichtfertigen Handhabung veruntreut wurde. So konnte die *Ohio Life Insurance and Trust Company* ihre Schulden bei den anderen Banken der Ostküste nicht mehr bezahlen und musste schließlich Bankrott anmelden.
Die anderen New Yorker Banken reagierten fast panikhaft auf diesen Skandal. Sie schränkten quasi "von heute auf morgen" ihre einfachsten Routinetätigkeiten massiv ein. Zusätzlich erhöhten sie die Zinssätze auf Kreditschulden kräftig und verlangten bei fast allen fälligen Krediten die sofortige Zahlung – was damals unüblich war, meistens wurden die fälligen Kredite mit neuen Krediten getilgt. Der Gläubiger zahlte eigentlich nur die Zinsen. Um die Situation richtig auf die Spitze zu treiben, weigerten sich die New Yorker Banken, Wechsel von Kaufleuten und Schuldnern, die knapp bei Kasse waren, einzulösen. Die Wirtschaft stolperte in eine Liquiditätskrise, weil die Banken nicht mehr genügend Kredite vergaben.
Überdies werteten viele Menschen die überzogenen Maßnahmen der Banken als drohendes Zeichen eines Wirtschaftskollapses. Es brach Panik in der Bevölkerung New Yorks aus. Sie stürmten zu ihren Brokern, verkauften ihre Aktien blind und holten ihr Geld von der Bank. So verloren innerhalb weniger Stunden die bekannten *Blue Chips* 8 bis 10 % ihres Wertes, was damals einer Katastrophe gleichkam. Die Folgen waren für New York verheerend, so verloren durch die Krise innerhalb kürzester Zeit 20.000 Menschen ihren Job.
Dieser New Yorker Crash weitete sich schnell aus. Unmittelbar nach dem Crash überschlugen sich die Ereignisse in New York und zogen die ganze Welt mit in den Abgrund. Aufgrund des Kurseinbruches zogen die britischen Kaufleute und Banken ihr Geld aus Amerika so schnell wie möglich ab. Gleichzeitig fiel der Weizenpreis immer weiter und stürzte die amerikanischen Farmer immer tiefer ins Elend. Zusätzlich unterbot Russland am offenen Markt auch noch den amerikanischen Baumwollpreis, sodass eine wichtige Stütze der amerikanischen Landwirtschaft auch noch in Bedrängnis kam.
Zur selben Zeit türmten sich in den US-Häfen unzählige Tonnen importierter Waren, die mangels Kaufkraft der amerikanischen Bevölkerung nicht mehr

verkauft werden konnten. Außerdem mussten einige wichtige Eisenbahnprojekte wegen fehlender Investitionsmittel aufgegeben werden bzw. konnten nicht fertiggestellt werden. Auf der anderen Seite gingen viele Eisenbahnunternehmen wegen ihrer hohen Verschuldung in die Pleite. Dies hatte enorme Auswirkungen auf andere Projekte, die entlang der geplanten Trasse nicht verwirklicht werden konnten.

Zudem verringerten sich bei den New Yorker Banken durch den Abzug des Geldes die Goldreserven bedenklich. Um diese angespannte Situation etwas zu beruhigen, beschlossen die Banken eine größere Menge Gold aus den kalifornischen Minen zu ordern und ihre Goldreserven wieder aufzufüllen. Dazu stach Anfang September 1857 die SS *Central America* (Schaufelraddampfer von rund 90 Meter) mit einer Gold-Ladung aus den kalifornischen Minen im Wert von mehreren Millionen US-Dollar von Panama in See.

Doch das Unheil nahm seinen Lauf. Am 12. September 1857 geriet die SS *Central America* in einen starken Hurrikan und versank rund 200 Meilen vor der Küste von South Carolina im Golfstrom. Dabei verloren über 400 Menschen ihr Leben und das gesamte Gold ging in den Fluten verloren[13].

Die Nachricht des Untergangs der SS *Central America* löste in der New Yorker Bankenwelt ein finanzielles Erdbeben aus. Viele Finanzinstitute mussten Goldauszahlungen verschieben. Die Folge war der Einbruch ihrer Aktienkurse. Mehr als die Hälfte aller New Yorker Broker musste Bankrott anmelden. Zu einem neuerlichen Crash an der *Wall Street* kam es am 13. Oktober 1857, was die letzten noch willigen Investoren vergraulte. Über dieses apokalyptische Geschehen wurde das ganze Land durch eine neue technische Errungenschaft – die Telegraphenleitungen – informiert. Dies führte dazu, dass sich in den ganzen USA eine große Unsicherheit breit machte. So verweigerten die Banken in Philadelphia und anderen großen amerikanischen Städten die Herausgabe von Gold. Die Folge war, dass die Unternehmenspleiten deutlich anstiegen, weil die Amerikaner wegen der zunehmenden Unsicherheit ihre Ausgaben weiter reduzierten und ihr Geld lieber horteten. Folglich stieg die Zahl der Arbeitslosen in den gesamten USA raketenartig an. So waren z. B. allein im Oktober 1857 in Manhattan und Brooklyn über 100.000 Menschen arbeitslos. Gegen Ende 1857 war das Schlimmste überstanden.

[13] Dieses Gold bzw. das Wrack der SS *Central America* konnte erst Ende der 1980er Jahre in einer Tiefe von 2.500 Metern wiederentdeckt werden.

Allerdings kam es zu einer viele Monate andauernden Rezession. In dieser Zeit prägten Hunger, Arbeitslosigkeit und unzählige Bankrotte die USA.
Der Süden konnte sich von dieser Krise nahezu abkoppeln. Denn die niedrigeren Preise für Baumwolle sorgten für einen regen Handel mit Europa und dem Rest der Welt. Hierdurch wurde die schon länger bestehende Kluft zwischen den Nord- und Südstaaten größer. Nach Ansicht vieler Historiker ist die Krise 1857 ein entscheidender Auslöser für den amerikanischen Bürgerkrieg ab 1861. Ebenso wie Amerika erlebte auch Europa einen Wirtschaftsaufschwung ab 1850/51.
Allerdings wurde durch den Krimkrieg die aufkeimende Euphorie an den Börsen im Keim erstickt. Im Oktober 1853 marschierten russische Truppen in die osmanischen Donaufürstentümer ein. Daraufhin erklärte die Türkei Russland den Krieg. Am 28. März 1854 traten schließlich England und Frankreich als Verbündete der Türkei in den Krimkrieg ein. Ab 1855, als die Verbündeten gegen Russland immer mehr Boden gutmachen konnten, sorgte der Krieg für steigende Kurse. So nahm auch das Spekulationsfieber der Bevölkerung deutlich zu. Aber dies konzentrierte sich von Land zu Land, teilweise sogar von Stadt zu Stadt auf verschiedene Spekulationsobjekte, wie z. B. in Frankreich den Eisenbahnaktien, in weiten Teilen Deutschlands den Bankaktien, in Hamburg Zucker und Kaffee, in Skandinavien Schiffbau usw. Als Beispiel für die Krise in Europa möchte ich auf die Bankenspekulation in weiten Teilen Deutschlands näher eingehen. Denn prinzipiell zeigen alle anderen Spekulationen ein ähnliches Muster.
Ab Mitte des 19. Jahrhunderts entstand in Deutschland eine Vielzahl neuer Kreditinstitute. So entstand neben den Kreditgenossenschaften, die bäuerlichen und gewerblichen Kleinbetrieben Geld liehen, eine große Anzahl von Aktienbanken. Nur die preußische Regierung untersagte weiterhin die Gründung von Aktienbanken. Deswegen entstanden die meisten Aktienbanken in den Klein- und Mittelstaaten rund um Preußen. Sie hatten sogar das Recht, eigenes Geld in Umlauf zu bringen.
Zu einem der bedeutendsten Aktienbanken jener Zeit stieg die am 2. April 1853 mit einen Grundkapital von 250 Millionen Gulden eingeteilt in 100.000 Aktien im Nennwert von 250 Gulden gegründete *Bank für Handel und Industrie in Darmstadt* auf. Allerdings wurden bei der Emission zunächst nur 40.000 Aktien auf den Markt gebracht, obwohl die Emission überzeichnet war. Den Erfolg der Emission konnte man schon daran ablesen, dass die Aktien kurz vor dem Börsengang außerbörslich mit einem Aufschlag von 28 %

gehandelt wurden. Am 11. April folgte die *Frankfurter Bank*. Nach dem Ende des Krimkrieges Anfang 1855 stiegen die Aktienkurse kräftig an, insbesondere galt dies für Bankaktien. So wurde auch die zweite Tranche der *Bank für Handel und Industrie in Darmstadt* in Höhe von 60.000 Aktien ohne Probleme vom Markt aufgenommen. Der Aktienkurs stieg bis auf 375 Gulden am 17. März 1856. Mit dem offiziellen Ende des Krimkrieges mit dem Pariser Frieden vom 4. April 1856 kletterten die Bankaktien weiter. So kosteten die Aktien der *Bank für Handel und Industrie in Darmstadt* am 2. Juni 1856 438 Gulden (Höchststand).

Die Spekulation mit Bankaktien ging immer weiter, aber es kamen so viele Neuemissionen auf den Markt, dass die Anleger die Übersicht verloren. Einige historische Quellen sprechen von mehr als 100 Emissionen. So stieg im Bankensektor die Summe des 1856 eingezahlten Aktienkapitals von 60 auf 154 Millionen Mark an. Wegen dieser großen Anzahl von Emissionen wurde es für die Banken immer schwieriger, ihre Emissionen vollständig zu platzieren. Dies gelang nur noch wenigen Banken, wie z. B. der *Norddeutschen Bank* in Hamburg oder der *Hamburger Vereinsbank*. Zudem beobachtete man, dass bei Neuemissionen von Banken gar keine Zeichnungsgewinne mehr erzielt wurden oder sogar direkt Kursverluste entstanden.

Ab Ende August 1856 gerieten die Börsen unter Druck. Die preußische Regierung äußerste sich sehr besorgt, dass ihr eigenes Papiergeld durch die von den um ihr Territorium herum liegenden Aktienbanken ausgegebenen Noten immer mehr verdrängt wurde. Folglich verbot die preußische Regierung am 14. Mai 1855 alle Zahlungsleistungen mit nicht-preußischen Geldscheinen über zehn Talern. Anfang 1857 machten Gerüchte die Runde, die preußische Regierung überlege ein vollkommenes Zahlungsverbot für außerpreußische Geldscheine. So fiel die Aktie der *Bank für Handel und Industrie in Darmstadt* im Mai 1857 auf 270 Gulden. Andere Unternehmen, wie Eisenbahnen und Bergwerke, hatten noch stärkere Kursrückgänge zu beklagen. Man beobachtete in ganz Europa, dass die zuvor hochgetriebenen Kursblasen anfingen zu platzen.

Im Spätsommer 1857 trafen die dramatischen Entwicklungen in Amerika auch Europa – zunächst wegen der engen wirtschaftlichen Verflechtung England, dann Kontinentaleuropa. In Panik rannten die Menschen u. a. in London, Edinburgh, Dublin den Banken die Türen ein, um ihre Ersparnisse zu retten. Diese Panik veranlasste die englische Regierung zur Aussetzung der

Peelschen Bankakte[14]. Das wurde von der *Bank of England* flankiert mit einer deutlichen Anhebung des Diskontsatzes. Diese Maßnahmen führten nicht zur Beruhigung der Märkte, sodass viele Handelshäuser und Banken ihre Pforten schließen mussten.

In Deutschland traf die Krise wegen der internationalen Wirtschaftsbeziehungen nach Amerika, England usw. Hamburg mit voller Wucht im September/Oktober 1857. Die Hamburger Banken hatten während des Krimkrieges im großen Stil schwedischen Unternehmen, die Waren nach Russland schmuggelten, Kredite gewährt. Auch nach Ende des Krieges flossen viele Kredite nach Skandinavien, die jetzt zur Spekulation im Schiffbau usw. eingesetzt wurden. Nach Platzen der Spekulationsblase brachen über Hamburg zahlreiche Konkurse herein.

Um weiteres Ungemach abzuwenden, stellten am 21. November 1857 führende Hamburger Handelshäuser sowie Banken einen Entlastungsplan auf. Hierzu wurde ein Garantie-Discount-Verein gegründet. Von diesem Verein wurden Blanko 12.000.000 Mark gezeichnet, um die Zirkulation von Wechseln und Noten zu sichern, die den Stempel des Vereins tragen sollten. Doch schon zwei Tage später stolperten die ersten beiden Handelshäuer über ihre engen Geschäftsbeziehungen mit England. So unternahm die Hamburger Regierung jetzt auch Maßnahmen, um sich aktiv gegen die Krise zu stemmen. Auch sie scheiterte mit ihrem Versuch. So mussten am 1. Dezember 1857 zahlreiche weitere Unternehmen und Handelshäuser in die Pleite gehen, man spricht von über 145, wie z. B. *Conrad Warneke* oder *Lorent & Co.* Auf dem Höhepunkt der Krise gingen in Hamburg von 12 Unternehmen mit Geschäftsbeziehungen nach Skandinavien immerhin 10 bankrott. Wie schwer die Krise Hamburg traf, sah man daran, dass sich in den Lagerhäusern der Hamburger Kaufleute unverkäufliche Waren im Werte von 500 Millionen Mark stapelten.

Der Hamburger Senat griff jetzt zu einer spektakulären Aktion. Er wollte einen Fonds in Höhe von 15 Millionen Mark gründen, der zu einem Drittel aus Hamburger Staatsanleihen und zu zwei Dritteln aus geliehenem Silber aus

---

[14] In dieser nach dem damaligen Premierminister Robert Peel benannten Regelung wurde 1844 die Organisationsstruktur der *Bank of England* reformiert. Dieses Gesetz sah die Teilung der *Bank of England* in zwei Abteilungen vor. In der einen Abteilung, die von Direktoren geleitet werden sollte, durfte die Bank frei von staatlichen Restriktionen ihre Bankgeschäfte abwickeln (Bank-Abteilung). Die andere Abteilung regelte die Notengeld-Ausgabe (Notengeld-Abteilung) und unterlag staatlichem Einfluss.

dem Ausland bestehen sollte. Es drohte nämlich am 8. Dezember 1857 der Konkurs nahezu aller Hamburger Banken. Darum wurden Handelsschiffe nicht mehr entladen, weil ihre Eigner befürchteten, kein Geld mehr zu bekommen. Doch Hamburg holte sich zunächst bei allen großen Adressen, wie *Rothschild, Barings* usw., eine Absage. Niemand wollte in dieser Krisenzeit so viel Silber verleihen. Doch Hamburg fand in Wien einen Geldgeber. Am 12. Dezember 1857 traf der Silberzug aus Wien ein. So konnten an die führenden Hamburger Bankiers, wie *Merck, Goddefroy, Berenburg* usw., Kredite vergeben werden.

Erst als die Menschen tatsächlich sahen, dass wieder genug Silber vorhanden war, beruhigte sich die Lage wieder. Es sollte aber noch mehrere Monate dauern, bis sich die Hamburger Wirtschaft wieder erholte.

Nie zuvor hatte in der Geschichte eine Krise so schnell so viele Staaten in Mitleidenschaft gezogen. Selbst in den entferntesten Kolonien, wie Indien, spürte man die Auswirkungen der Krise. Bis dahin waren eigentlich nur Wirtschaftskrisen bekannt, die sich auf ein Land oder bestenfalls zwei Länder beschränkten. Die Folge dieser Wirtschaftskrise war die erste globale Rezession mit hoher Arbeitslosigkeit und Armut in weiten Teilen der Bevölkerung. Der Aktienmarkt konnte sich über mehrere Jahre nicht mehr von den Rückschlägen erholen. Es sollte bis weit in die 1860er Jahre dauern, bis die Wirtschaft wieder deutlich an Schwung zulegen konnte.

Doch schon Anfang der 1860er Jahre grassierte in England wieder ein Spekulationsfieber, welches den Aufschwung behinderte. Dort lockten die Wechselbanken die Anleger mit immer höheren Dividenden. Dies ging so weit, dass Mitte 1865 einige Bankaktien eine Dividenden-Rendite von 100 % versprachen.

Im Juli 1865 fand die Emission der bekannten Wechselbank *Overend, Gurney & Co.* statt. Sie dominierte zu jener Zeit den Markt für Wechsel, in ihrem Handelsbestand befanden sich zeitweise 8 bis 10 Millionen Wechsel.

Wenig später brachte die labile Wirtschaftslage das Bankhaus in eine kritische Lage, weil es eine schlechte Bonitätsüberprüfung der Wechselinhaber durchgeführt hatte. Außerdem belasteten mehrere Fehlspekulationen in den Jahren 1860 bis 1866 die Bilanz der Bank. Hier ist wohl besonders der Betrug des Bankgesellschafters D. W. Chapman zu nennen, der mithilfe des Beraters Edward Watkins ein kurioses System von Scheinfirmen geschaffen hatte, indem sie munter Gewinne und Verluste der Bank hin und her schoben. So hatte niemand mehr einen Überblick über die Geschäfte der Bank.

Niemand wusste mehr so richtig, wie viele Kredite die Bank in ihren Büchern stehen hatte. Als nun die Eisenbahngesellschaft *Watson, Overend and Company* im Januar 1866 in den Bankrott ging, sorgte dies für einen massiven Kursverlust an der Börse. Gleichzeitig stieg die Unsicherheit in der englischen Wirtschaft an.

Dies hatte verheerende Auswirkungen auf *Overend, Gurney & Co.*, weil die Anzahl der faulen Wechsel rapide stieg. Am 10. Mai 1866 brach *Overend, Gurney & Co.* endgültig zusammen. Einen Tag später erhöhte die *Bank of England* den Diskontsatz auf 10 %, zugleich wurde wieder, wie schon 1857, die Peelsche Bankakte aufgehoben. Doch dies konnte nicht verhindern, dass die Kurse der Londoner Börse innerhalb weniger Minuten abstürzten. Zeitgenossen sprachen von einem "Schwarzen Freitag".

3.3.7 Der Gründerboom des Deutschen Reiches und der Crash des Jahres 1873

Der Gründerboom und der Crash des Jahres 1873 sind eng mit der Politik dieser Jahre verwoben. Die deutsche Politik stand stark unter den Einfluss von Otto von Bismarck. Nachdem der preußisch-dänische (1864) und der preußisch-österreichische Krieg (1866) (Österreich war nicht mehr Mitglied im Deutschen Bund) beendet waren, konnte Bismarck zielstrebig sein Ziel umsetzen, Deutschland unter Führung Preußens zu vereinigen. Dazu wurde zunächst eine Bundesverfassung erarbeitet, mit der Bismarck die Staaten nördlich des Mains zum Norddeutschen Bund vereinigen konnte. Dies geschah am 1. Juli 1867, wobei Bismarck Kanzler des Norddeutschen Bundes wurde. Mit den fehlenden deutschen Staaten, wie z. B. Bayern und Baden-Württemberg, schloss Bismarck gegenseitige Schutzbündnisse ab. Diese neue Stärke Deutschlands förderte allerdings Spannungen zwischen Frankreich und Österreich, weil sie sich bedroht fühlten. So führte Anfang 1870 die Sorge über eine mögliche kriegerische Auseinandersetzung an der *Berliner Börse* zu einer spürbaren Nervosität. Einen Hoffnungsschimmer im März 1870 lieferten die guten Zahlen der preußischen Eisenbahnen, die die Börse aus ihrer Lethargie heraus rissen. In diesem Umfeld gelang es Mitte März 1870 der *Deutschen Bank*, einen Traumstart an der Börse hinzulegen.

Doch die politische Lage wurde am 1. Juli 1870 explosiv, als Spanien in Ermangelung eines eigenen Thronfolgers dem deutschen Prinzen Leopold von Hohenzollern die spanische Krone anbot. Diese Entwicklung setzte dem

Aufschwung an den Börsen ein jähes Ende. Allerdings kam es zunächst nur zu geringen Kursverlusten.
Frankreich ließ am 6. Juli 1870 seinen Außenminister Antoine Alfred Agénor de Gramond erklären, es werde keinen Hohenzollern auf den spanischen Thron akzeptieren. Bismarck antwortete am 13. Juli 1870 mit der Emser Depesche. Diese Depesche war wegen ihrer Grobheit in der Sprache schließlich der sprichwörtliche "Funke am Pulverfass", der die Explosion auslöste. Aufgrund dieser Entwicklung schlug die Stimmung an der Börse von Besorgnis in Panik um. Es kam zu einem Crash, so verloren z. B. die Aktien der *Darmstädter Bank* (-36,5%) oder die der *Berlin-Potsdamer-Eisenbahn* (-32%).
Wenig später erklärte Frankreich dem Norddeutschen Bund den Krieg. Einige Monate später errangen die deutschen Truppen bei Sedan den entscheidenden Sieg gegen den französischen Kaiser Napoleon III., der die Kapitulation Frankreichs zur Folge hatte. Allerdings wollte das französische Volk sich nicht geschlagen geben. So wurde am 4. September 1870 von der Pariser Bevölkerung die Republik ausgerufen, aber auch der anschließende Volkskrieg konnte den endgültigen Sieg des Norddeutschen Bundes nicht mehr aufhalten. Der Sieg des Norddeutschen Bundes sorgte dafür, dass die Börsen bereits zum 1. September 1870 fast ihre alten Höchststände von Anfang Juli wieder erreicht hatten.
Der schnelle Sieg gegen Frankreich beeindruckte sowohl die Verbündeten als auch die Gegner des Norddeutschen Bundes. Dies veranlasste die süddeutschen Staaten am 15. November 1870 einer Vereinbarung zur Gründung eines Gesamtdeutschen Bundesstaates zuzustimmen. So wurde das Deutsche Reich am 1. Januar 1871 gegründet. Die Krönung von Wilhelm I. zum Kaiser inszenierte Bismarck am 18. Januar 1871 im besetzten Versaille mit der gleichzeitigen Unterzeichnung des Friedensvertrages. In diesem Vertrag verpflichtete sich Frankreich, drei Departements an Deutschland abzutreten und zusätzlich 5 Milliarden Franc als Reparationsleistung zu zahlen[15].
Dieser Sieg über Frankreich und die hohen Reparationsleistungen sorgten für einen unglaublichen wirtschaftlichen Aufschwung – den Gründerboom. Diese Stimmung erfasste auch die Börse, sie legte bis Herbst 1871 um weitere 20 % zu.

---

[15] Bei einem deutschen Nettosozialprodukt von ca. 16 Milliarden Mark hatten die französischen Reparationsleistungen einen erheblichen Einfluss auf die weitere Entwicklung Deutschlands.

Dies wurde durch die eintreffenden Reparationsleistungen aus Frankreich möglich, weil so der Kapitalmarkt immer liquider wurde. So stiegen z. B. die Tagesumsätze an der *Berliner Börse* von 24,5 Millionen Taler (1870) auf 60,5 Millionen Taler (1871) an. Ebenfalls nahmen die Jahresumsätze deutlich von 2.474 Milliarden Taler (1870) auf 4.296 Milliarden Taler (1871) zu. Dies lag u. a. daran, dass das neue Reich Schuldenfreiheit anstrebte. So wurden die Kriegsanleihen so schnell wie möglich getilgt, vor allem mit dem Geld aus Frankreich. Folgerichtig landeten die französischen Reparationen direkt an den deutschen Börsen, weil die Besitzer der Kriegsanleihen nach neuen Anlagemöglichkeiten suchten.
Zudem dehnte sich das Bankwesen immer stärker aus, denn eine liberale Wirtschaftspolitik ermöglichte eine Zusammenarbeit zwischen Banken und Unternehmen. Obendrein erleichterte die Aktienrechtsnovelle vom 11. Juni 1870 die Gründung von Aktiengesellschaften und den Aktienhandel erheblich. Mit dieser neuen Aktiengesetzgebung hatte der ökonomische Liberalismus über die seit Jahrzehnten geltende Regulierung des Marktes endgültig gesiegt. Bedenklich an diesem Gesetz war, dass es keine Sicherheitsklauseln für Gläubiger und Aktionäre hatte, d. h. diese waren einem schnell um sich greifenden Gründerschwindel[16] völlig schutzlos ausgeliefert. Vor allem in den USA und später auch in Deutschland kamen neue Finanzdienstleistungen und neue Techniken der Unternehmensführung nach wissenschaftlich-betriebswirtschaftlichen Maßstäben (z. B. Größenkostenersparnissen) ab 1870 in Mode. So halfen spezialisierte Investmentbanker wie John Pierpont Morgan Wirtschaftsmagnaten wie Andrew Carnegie oder John D. Rockefeller durch neue Mittel und Wege ihren Unternehmenserfolg zu sichern und finanzielle Schwierigkeiten aus dem Weg zu räumen. Es entstanden neuartige handelsrechtliche Konstruktionen wie Trusts oder Holdinggesellschaften. Gleichzeitig wurden Betriebsfusionen immer stärker vollzogen mit dem Ziel, eine Marktmonopolisierung zu erreichen. So entstand 1882 der erste Konzern in Form einer *Trust Company* von 14 bis dahin eigenständigen Firmen, die unter der Leitung von John D. Rockefeller zur *Standard Oil Company* zusammengefasst wurden.

---

[16] So ist es nicht verwunderlich, dass ein Großteil der damals gegründeten Unternehmen schlicht und einfach auf Schwindel beruhte. Beliebt war z. B., ehemals privatrechtlich geführte Unternehmen mit einer meist unrentablen Kapitalstruktur in eine Aktiengesellschaft umzuwandeln. Dabei wurde ein nicht annähernd realistischer Sachwert (z. B. für Gebäude usw.) zugrunde gelegt.

In den Blickpunkt des Interesses der deutschen Anleger rückten ab Sommer 1871 vor allem Bankneugründungen. Beispielsweise war die Emission der *Berliner Maklerbank* 326-fach überzeichnet. Um auch etwas von diesem Kuchen abzubekommen, führten viele schon bestehende Banken Kapitalerhöhungen durch.

Alleine im Jahr 1871 wurden 104 neue Unternehmen (in ganz Deutschland 265, davon 70 Banken) an der *Berliner Börse* aufgenommen. Welch unglaubliche Dynamik diese Entwicklung genommen hatte, sieht man daran, dass zwischen 1790 und 1870 300 Aktiengesellschaften gegründet wurden, dagegen allein in den Jahren 1871 bis 1872 rund 780. Deutschland stieg mit einem Volumen von 1,3 Milliarden Franc zum zweitgrößten Emissionsmarkt der Welt auf (1. Großbritannien mit 1,44 Milliarden Franc und 3. USA 1,14 Milliarden Franc).

Die Kurse gingen förmlich durch die Decke. So stiegen die Aktien an der *Berliner Börse* bis Ende 1871 um 50 % gegenüber dem Stand von September 1870. Diese Party ging bis Herbst 1872 ungebrochen weiter. Gegen Ende 1872 kam langsam Unruhe in die Aktienmärkte, weil Frankreich die gesamten Reparationszahlungen viel früher geleistet hatte als gedacht. Die Aktienmärkte waren nämlich davon ausgegangen, dass die Reparationszahlungen Frankreich über Jahre lähmen würden. Jetzt trat wieder die Angst vor politischen Spannungen in den Vordergrund. Trotzdem konnte sich Anfang 1873 niemand vorstellen, dass der Aufschwung jäh unterbrochen werden würde. Allerdings stand der Boom auf tönernen Füßen – wie sich später zeigen sollte. Er basierte nämlich vor allem auf einer Geldmengenvermehrung, durch einen bis dahin nie dagewesenen Kreditboom. Letztlich standen also hinter den glänzenden Bauprojekten, Eisenbahnlinien, Aktien usw. hoch verschuldete Anleger. So war das Jahrzehnt vor 1873 eine goldene Zeit für Banken. Beispielsweise verzehnfachte sich das Volumen der langfristigen Hypothekenkredite. Folglich zahlten die Banken üblicherweise zweistellige Dividenden aus, wie z. B. die *Berliner Maklerbank* 1872 mit 25 % Dividende.

Vom Gründerboom aus Deutschland war auch Österreich erfasst worden. Die Aktienkurse hatten einen ähnlichen Höhenflug hinter sich wie die deutschen Aktien. Beispielsweise förderte der österreichische Kaiser die Gründung von Hypothekenbanken. So wurde ein Bauboom ausgelöst. Geld war leicht zu haben, als Sicherheit genügten halbfertige, bald sogar nur geplante Häuser. Der unregulierte Pfandbrief wurde unter den Anlegern populär

(modern gesprochen ein Subprime-Papier). Langsam und sicher hatte die Hausse keine reale Grundlage mehr. Noch ein anderes Problem schlummerte in den Bilanzen deutscher und österreichischer Banken: "giftige" US-Papiere. Aus den USA kamen die Bahnstrecken-Anleihen mit besonders hohen Zinsen. Sie wurden zur Finanzierung von Bahnstrecken in den USA ausgegeben. Sie fanden in Europa reißenden Absatz, sodass fast zwei Drittel der europäischen Banken solche Papiere in nennenswerten Umfang in ihren Depots lagerten. Das Gift dieser Papiere lag in der Sicherheit, die so kompliziert ausgestaltet war, dass niemand erkannte, dass sie gar nicht existierte und die Papiere wertlos würden, sobald die Eisenbahnbarone in Schwierigkeiten gerieten. Somit konnte ein Crash bei den Eisenbahnen in Amerika eine europäische Bankenkrise auslösen.
Im Gegensatz zu Deutschland konnten die österreichischen Aktien sogar noch im ersten Quartal 1873 zulegen. Dieser Kurszuwachs war getragen durch die Hoffnung auf einen Erfolg der Wiener Weltausstellung. Man glaubte, dass die seit Monaten weltweiten Probleme einer zunehmenden Geldknappheit sowie einer Ansammlung von international nicht mehr absetzbaren Waren (wegen des Wirtschaftsbooms entstanden in der Industrie große Überkapazitäten) durch die Weltausstellung behoben werden würde. Folglich wurde im Vertrauen auf den Erfolg der Weltausstellung an allen wichtigen Börsen munter weiter spekuliert.
Die Weltausstellung wurde am 1. Mai 1873 eröffnet. Statt der erwarteten Besuchermengen kamen in den ersten Tagen nur 7 Besucher. Dies bescherte den Veranstaltern ein Defizit von 19 Millionen Gulden, sodass die ersten eng mit der Weltausstellung verbundenen Unternehmen bereits wenige Tage nach der Eröffnung Konkurs anmelden mussten. Man war dem Trugschluss erlegen, dass das Vorführen der neuesten technologischen Errungenschaften zu einer Entspannung verstopfter Märkte führen würde.
Ebenfalls 1873 sah sich die *Österreichische Credit-Anstalt* wegen negativer politischer Nachrichten aus Frankreich veranlasst, alle Börsendepots zu kündigen und die Kontokorrentkredite einzuschränken. Dies führte zu allem Überfluss im Mai zu einem Liquiditätsengpass. Daraufhin wurde das als sehr solide geltende *Wiener Kommissionshaus Petschek* am 9. Mai zahlungsunfähig. Noch am gleichen Vormittag wurden 120 weitere Insolvenzen angemeldet. Der Damm war gebrochen. Es folgten Kreditkündigungen und Wertpapierverkäufe der Banken. Dies führte zu zahlreichen Unternehmenskonkursen. Die Anleger gerieten in Panik, und es kam am 9. Mai zum Wiener Bör-

senkrach mit Kurzstürzen ins Bodenlose. Als Folge des Börsenkrachs wurde die *Wiener Börse* im Mai geschlossen.
Der Wiener Crash zeigte zunächst kaum Auswirkungen an der *Berliner Börse*. Diese war geprägt durch einen matten und lustlosen Handel. Langsam machten Meldungen über eine schwere Eisenbahnkrise in den USA die Runde. Noch beunruhigender war, dass angeblich viele amerikanische Unternehmen, die noch kurz zuvor im großen Stile Aktien und Anleihen gekauft hatten, vor dem Zusammenbruch standen. Was war wirklich in Amerika passiert?
Bis zum Jahr 1873 erlebte Amerika einen noch nicht dagewesenen Eisenbahnboom. So wurden bis 1873 30.000 neue Streckenmeilen fertiggestellt. Der Großteil der Kosten von geschätzten 1,5 Milliarden US-Dollar wurde über den Boom der Jahre 1870 bis 1873 finanziert. Die Kombination aus neuer Industrie, steigenden Bahnpreisen und scheinbar unbegrenzten Möglichkeiten elektrisierte die Anleger. Sie pumpten innerhalb kürzester Zeit Unmengen von Geld in Eisenbahnaktien, obwohl diese keine sofortigen Gewinne abwarfen. Doch die Aussicht, mit Eisenbahnaktien reich zu werden, war einfach zu verlockend.
Außerdem bekamen die Bahnlinien mit einer erteilten Konzession viele Morgen unbewohntes Land von der Regierung geschenkt. Zum Zeitpunkt dieses Geschenks war das Land zwar kaum etwas wert, aber bei erfolgreichem Bau einer Eisenbahnstrecke konnte sich der Wert des Landes ohne weiteres verhundertfachen. Denn entlang der fertiggestellten Eisenbahnstrecken entstanden aus dem Nichts Ortschaften oder Farmen, und es kam regelmäßig zu einem wirtschaftlichen Aufschwung in der Region.
Eine der wichtigsten Eisenbahnprojekte war die Strecke zwischen Lake Superior (Duluth, Minnesota) und Puget Sounds (Seattle, Washington). Die Konzession erhielt *Northern Pacific Railroad* im Dezember 1864. Nebenbei erhielt *Northern Pacific Railroad* mit ihrer Konzession mehr Land als die Fläche des US-Staates New England ausmachte. Der Gründer der *Northern Pacific Railroad,* Josiah Perham, musste aber schon eineinhalb Jahre später, hoch verschuldet, aufgeben. Obwohl der geplante Baubeginn der Strecke weit hinter dem Zeitplan zurücklag, fand sich eine Nachfolgergesellschaft unter Führung von J. Gregory Smith. Diese Gesellschaft übernahm 102.000 US-Dollar Schulden von Josiah Perham. Smith wusste, dass er weder den geplanten Baubeginn (4. Juli 1870), geschweige denn den Fertigstellungstermin (4. Juli 1877) werde einhalten können – es fehlten ihm die finanziel-

len Mittel. Doch er fand Hilfe bei dem angesehenen Bankhaus *Jay Cooke & Company*[17]. Der gute Ruf der Bank brachte schnell die ersten finanziellen Mittel. So konnten im Sommer 1869 die ersten Feldvermessungen durchgeführt werden. Das Bankhaus konnte ferner innerhalb weniger Monate Anleihen der *Northern Pacific Railroad* im Werte von über 100 Millionen US-Dollar absetzen. So konnte tatsächlich im Juli 1870 der Baubeginn erfolgen. Zunächst lief alles perfekt: Der Bau schritt zügig voran und der Bankier Jay Cook wurde zum reichsten Mann der Welt (der Aktienkurs stieg kräftig an). Der gleichzeitig in Deutschland und Österreich laufende Aktienboom veranlasste Jay Cook (mittlerweile Haupteigner der *Northern Pacific Railroad*), auch hier seine Eisenbahn-Anleihen auf den Markt zu bringen.

Doch es türmten sich immer mehr Probleme auf, weil die Bahn wesentlich mehr Geld verbrannte, als die fertiggestellten Abschnitte einbrachten. Zudem drohte in den USA die Granger-Bewegung zu Einbußen auf der Einnahmeseite zu führen. Die Granger-Bewegung kämpfte nämlich gegen die Monopolbildung in der Eisenbahnindustrie und letztlich für vernünftige Höchstpreise in der Güterbeförderung. Sie fand bei Farmern und Politikern schnell Zuspruch. Dies führte dazu, dass weitere Preissteigerungen schwer durchzusetzen waren.

Die Lage spitzte sich für die *Northern Pacific Railroad* gegen Ende 1872 immer mehr zu, weil die Kosten explodierten und die Einnahmen stagnierten. Außerdem warb um die Gunst der Anleger eine Vielzahl von Eisenbahngesellschaften, denen gegen Ende 1872 immer weniger Anleger gegenüberstanden. Somit musste die *Northern Pacific Railroad* Anfang 1873 ihre Mitarbeiter mit Schuldscheinen bezahlen, weil sie bei der Bank der *Jay Cooke & Company* tief in die roten Zahlen gerutscht war. Dies belastete jetzt auch die Geschäfte der Bank. Viele andere Finanzhäuser von Eisenbahnlinien standen vor ähnlichen Problemen, wie z. B. die *Warehouse & Security Company* (Finanzier der *Missouri, Kansas & Texas Railroad*).

Zu dieser problematischen Lage gesellten sich noch erste Anzeichen einer konjunkturellen Schwäche der amerikanischen Industrie. So gingen die Exporte nach Europa dramatisch zurück, mit der Folge erster Preisrutsche wegen der Überproduktion der amerikanischen Industrie und Landwirtschaft.

---

[17] Damit die Anleger einem Überblick über den US-Eisenbahnsektor bekamen, veröffentliche Henry Varnum Poor den *Manual of the Railroads of the United States*, das ausführliche Informationen zu US-Eisenbahnen enthielt. 1941 verschmolz die *Poor's Publishing Company* und die *Standard Statistics Company* zur Ratingagentur *Standard & Poor's*.

Für die Eisenbahnen ging der Gütertransport merklich zurück, und damit fielen wichtige Einnahmen aus. Bis September 1873 konnte die Wirtschaft noch einigermaßen durchhalten. Doch am 8. September gingen die Eisenbahnfinanzierer *New Yorker Warehouse & Security Company* und am 13. September die *Kenyon, Cox & Co.* kaputt.

Dennoch blieb der große Kursrutsch zunächst aus. Das Übel kam am 18. September 1873 mit dem Konkurs von *Jay Cooke & Co.* Die Menschen waren geschockt, dass der prominenteste, reichste und angesehenste Banker in den Vereinigten Staaten bankrott war. Panik erfasste die Anleger. Gerüchte machten die Runde, dass auch der Eisenbahnmagnat Cornelius Vanderbilt bald Konkurs anmelden müsste. Dies war zwar eine "Ente", doch es gab genug Unternehmen, die von der Insolvenz betroffen waren. So sprachen damals die ersten Zeitungen von einem "Schwarzen Freitag" an der New Yorker *Wall Street.* Es entwickelte sich am 19. September 1873 ein so großer Verkaufsdruck, dass die *New Yorker Börse* zum ersten Mal in ihrer Geschichte beschloss, den Börsenhandel für zehn Tage, vom 20. bis zum 29. September 1873, einzustellen.

Die Lage wurde noch weiter verschlimmert, weil die Banken aufhörten, sich gegenseitig Geld zu leihen, da keine Bank wusste, wie sehr eine andere Bank mit notleidenden Krediten, z. B. im Bau- oder Eisenbahnsektor, investiert war oder wie hoch deren Anlage in Aktien und Immobilien waren. Beispielsweise steckten 1872 durchschnittlich 28 % der Aktiva einer Bank in Aktien. Das gesamte Kreditsystem fror weltweit ein. Infolgedessen brachen Hunderte von Banken in den USA und Europa zusammen, und die weltweiten Aktienmärkte gaben ungefähr 60 bis 75 % ihres Wertes ab.

Wegen dieser Panik schlitterte die amerikanische Wirtschaft in eine schwere Rezession, in deren Verlauf viele im Bau befindliche Eisenbahnstrecken, u. a. auch der weitere Ausbau der *Northern Pacific Railroad*, gestoppt wurde. Die wohl schwerste Rezession der noch jungen Geschichte der USA führte dazu, dass nach Schätzungen im Jahr 1877 nur noch 20 % der erwerbstätigen Bevölkerung eine reguläre Anstellung hatte. Allein bis 1878 gingen 89 Eisenbahnlinien bankrott. Die Importe aus Europa gingen um mehr als 40 % zurück (was in Europa die Krise noch verschlimmerte). Die *Northern Pacific Railroad* hatte Glück. Sie wurde 1876 von Frederic Billings übernommen und kam 1880 langsam wieder auf die "Füße". Jetzt wieder zurück nach Deutschland.

Diese Gemengelage (Gerüchte über die Eisenbahnkrise in Amerika, Wiener Crash usw.) führte schließlich am 13. Mai 1873 zu einem Kurseinbruch an der *Berliner Börse*. Der Gründerboom kam zum Erliegen. So sank die Zahl der Neugründungen im Juli auf 12, im August auf 7 (im Vergleich dazu: Bis Juni 1873 waren in Preußen 196 Unternehmen gegründet worden). Der Geldhahn für Neuemissionen war innerhalb weniger Tage versiegt.
Doch jetzt begann das Ungemach erst richtig. Viele neugegründete Unternehmen hatten in der Boomphase nicht gelernt, richtig mit ihrem Geld umzugehen. Bei ihnen herrschte der Glauben, sich leicht über die Börse neues besorgen zu können, sollte das Geld ausgehen (was bis Mai 1873 tatsächlich auch problemlos möglich war). Doch jetzt war der Geldhahn verschlossen. So ging Anfang Oktober 1873 die *Berliner Quistop'sche Vereinsbank* kaputt. Dies belastete die *Berliner Börse* stark. Auslöser der Krise waren im Prinzip eine überhitzte Investitionstätigkeit, giftige US-Papiere und großzügig vergebene Kredite, auf denen die Banken sitzen blieben. Hinter diesem offensichtlichen Auslösefaktor steckte noch ein weiterer: Im Wirtschaftsbereich wurde zunehmend auf Liberalismus gesetzt – auf einen weltumspannenden Freihandel fast ohne Zölle. Durch den Wegfall der Binnenzölle ergab sich im gesamten deutschen Kaiserreich ein homogener Wirtschaftsraum mit ähnlichen Vorschriften, Steuergesetzen und Lohnniveaus. Dieser innerdeutsche Freihandel wurde dann schrittweise auf die ganze Welt übertragen in der Hoffnung, er würde sich in ähnlicher Weise wirtschaftsfördernd auswirken. Dies erwies sich als großer Trugschluss, weil die Produktionsbedingungen und auch die Interessen der konkurrierenden Nationalstaaten sich höchst unterschiedlich gestalteten. Letztlich wurden durch den ersten "weltweiten Freihandel" die ohnehin schon niedrigen Löhne der Fabrikarbeiter durch den internationalen Wettbewerb noch weiter gedrückt – was weltweit zu Kaufkraftverlust und Überproduktion führte. Mit dem globalen Freihandel (Zollfreiheit) Hand in Hand ging eine stärkere Verflechtung der Weltwirtschaft bedingt durch die Vernetzung der Finanzströme und Banken einher. Hierdurch konnte ein Brandherd (Absturz der Eisenbahnaktien in Amerika) schnell aus der Kontrolle geraten und einen Flächenbrand auslösen, sodass eine Krise von einem Land zum Nächsten springen konnte.
So ging der Gründerboom mit rasanter Geschwindigkeit gegen Ende 1873 in eine Baisse über. Die Anleger hatten Angst vor weiteren Unternehmenspleiten, gleichzeitig rutschten Deutschland und Österreich in eine tiefe Rezession ab. In den folgenden drei Jahren mussten immerhin 180 börsennotierte

Unternehmen ihre Tore schließen. In den Zeitungen wurde munter darüber spekuliert, welches Unternehmen das nächste sein werde. Es tauchten an der Börse sogenannte Todeslisten von Eisenbahn- und Industriegesellschaften auf, denen der Konkurs drohte. Dies war der Anfang der bis dahin längsten Depression aller Zeiten. Sie sollte Europa bis zum Jahr 1896 im Würgegriff halten, also mehr als zwanzig Jahre. Man schätzt, dass in ihrem Verlauf die Arbeitslosenquote in den USA und Europa auf etwa 20 bis 30 % hochschnellte. Die Politiker reagierten auf diese Krise u. a. mit einer Anhebung der Einfuhrzölle.

Eine weitere Folge der Krise war, dass viele politisch Verantwortliche ihren Glauben an den Liberalismus verloren. Sie sahen das seit der Aktienrechtsnovelle von 1870 angewandte freie Spiel an den Finanzmärkten als Wurzel des Übels an. Deswegen wurde der regulatorische Rahmen wieder enger gefasst. So wurde u. a. der freie Fluss des Kapitals wieder eingeschränkt. Letztlich baute der Staat wieder mehr auf Ordnungs- und Lenkungskompetenzen im Bereich von Wirtschaft und Gesellschaft auf. So entstanden z. B. in Deutschland die Sozialgesetze, die die Menschen gegen Arbeitslosigkeit, Krankheit, Invalidität, soziale Not im Alter schützen sollten.

3.3.8 Barings-Krise (1890)

Was dem 28-jährigen Finanzmakler Nick Leeson im Frühjahr 1995 mit riskanten Spekulationsgeschäften gelang, die Londoner *Barings Bank* in den Konkurs zu treiben, wäre fast 100 Jahre zuvor schon einmal passiert. Damals war die *Barings Bank* noch wesentlich bedeutender als bei ihrem Zusammenbruch im Jahr 1995. Die Wurzeln der Bank reichen bis ins Jahr 1762 zurück. 1762 gründeten zwei Söhne einer holländischen Händlerfamilie die *John & Francis Baring Company* als erstes privates Handelshaus in London. Im Fahrwasser der damals größten Wirtschaftsmacht der Welt, England, deren Handel florierte, gedieh das Handelshaus gut. Neben dem Import- und Exporthandel kamen auch immer mehr Bankgeschäfte hinzu. 1806 wurde die Firma umbenannt in *Baring Brothers and Company* (oder kurz *Barings Bank*). Dieses Unternehmen hatte einen ausgezeichneten Ruf, was daran lag, dass Sir Francis Baring geholfen hatte, die Napoleonischen Kriege zu finanzieren. So konnte das Unternehmen auch Geschäfte mit dem britischen Königshaus durchführen, was ihren Ruf nochmals steigerte. Unter der Regie von Alexander Baring (Sohn von Sir Francis Baring) nahmen die Aktivitäten in Amerika und Lateinamerika stetig zu. Allerdings bildeten die

Finanzierungen für europäische Regierungen immer noch den Hauptpfeiler des Geschäftes. Hierdurch konnte die Bank ihr Ansehen und Vertrauen immer weiter steigern.

Ab 1880 rückte Südamerika ins Blickfeld der Anleger. Dort konnte man mit Landerschließungen im Süden Argentiniens, brasilianischen Kaffee oder Salpeter aus Chile viel Geld verdienen. Zunächst verteilten sich die Investitionen noch breit auf verschiedene Länder. Ab 1885 zogen sich vor allem die deutschen und französischen Investoren, wegen Problemen in ihren Heimatländern, zurück. Somit kam es zu einer Konzentration der Anlagen auf wenige Länder. Beispielsweise platzierte Argentinien Anleihen im Wert von knapp 200 Millionen britischen Pfund bei englischen Anlegern. Aber auch in England machte sich ab 1888 eine gewisse Übersättigung mit Südamerikaanlagen breit. So scheiterte die Emission der städtischen Wasserversorgungs- und Kanalisationsgesellschaft von Buenos Aires im Volumen von 3,5 Millionen Pfund.

Trotzdem investierte die *Barings Bank* immer weiter in südamerikanische Unternehmen und gewährte Argentinien Darlehen in Form von Akzeptkrediten. Hierbei machte die *Barings Bank* einen schwerwiegenden Fehler, sie finanzierte die langfristigen argentinischen Akzeptkredite kurzfristig. Dies rief die *Bank of England* auf den Plan. Sie forderte die *Barings Bank* auf, die Höhe der Akzeptkredite, die im Sommer 1890 rund 30 Millionen Pfund betrugen, zu begrenzen.

Wie berechtigt die Sorge der *Bank of England* war, zeigte sich in der zweiten Jahreshälfte 1890, als die Rohstoffpreise immer weiter wegen der Wirtschaftskrise einbrachen. Dies führte dazu, dass die argentinische Regierung die gewährten Akzeptkredite der *Barings Bank* nicht mehr pünktlich zurückzahlen konnte und schließlich Ende 1890 ihre Zahlungen auf Auslandsschulden komplett einstellte. Gleichzeitig belastete eine Krise im Oktober 1890 in New York die Märkte, so dass die *Barings Bank* keine weiteren Mittel durch die Emission von Aktien, Anleihen oder die Aufnahme kurzfristiger Kredite generieren konnte. Sie konnte also keine Refinanzierung an den Märkten durchführen. Die Sorgenfalten bei der *Barings Bank* nahmen zu, weil sie jetzt plötzlich faule argentinische Anleihen im Wert von 21 Millionen Pfund im Depot hatte.

Dies zwang die Geschäftsführung am 8. November 1890 dazu, die aktuelle Notlage dem Gouverneur der *Bank of England*, William Lidderdale, mitzuteilen und gleichzeitig um Hilfe zu bitten. Denn die *Barings Bank* stand kurz vor dem Bankrott.

Lidderdale steckte jetzt in einer Zwickmühle. Ein Bekanntwerden des Konkurses der *Barings Bank* hätte zu einer Panik unter den Menschen geführt. Zum anderen bestand die Gefahr, dass die Kunden der *Barings Bank* ihr Vermögen bei der Bank einzulösen versuchten und gleichzeitig die *Bank of England* zum Umtausch der Banknoten in Gold aufforderten. Dies hätte zu einem massiven Abfluss der Goldreserven der *Bank of England* geführt, was die Situation nochmals verschärft hätte. Es wären Zweifel aufgekommen, ob die *Bank of England* langfristig die Konvertibilität des Pfundes aufrechterhalten kann. Die *Barings Bank* war zu groß, um sie einfach fallen zu lassen. Ein Zusammenbruch hätte das gesamte Bankensystem gefährdet. Das waren wohl die Gründe für eine bis dato beispiellose Rettungsaktion in der Geschichte der Finanzwelt[18].

Die *Bank of England* suchte um Hilfe im Ausland. Sie lieh sich 3 Millionen Pfund in Gold bei der *Banque of France* und ging eine Bürgschaft in Höhe von 1,5 Millionen Pfund bei der russischen Staatsbank ein. Außerdem erreichte Lidderdale, dass die russische Regierung ihre Einlagen bei der *Barings Bank* in Höhe von 2,4 Millionen Pfund vorerst nicht abzog. Trotzdem kamen Gerüchte über eine mögliche Insolenz der *Barings Bank* in Umlauf. Folglich musste die *Bank of England* zunehmend Baring-Wechsel diskontieren. Die Situation drohte aus dem Ruder zu laufen.

So traf sich Lidderdale am 14. November 1890 mit Kabinettsministern, Lord Smith und Lord Salisbury, zwei Repräsentanten des Schatzamtes, und vereinbarte eine Erhöhung des Regierungsguthabens bei der *Bank of England*, weil auch sie langsam durch die vielen Wechsel der *Barings Bank*, die sie einlösen musste, in Schwierigkeiten geriet. Gleichzeitig wurde eine Teilung der Verluste der *Bank of England* vereinbart, die ihr durch die kurzfristigen Schuldtitel der *Barings Bank* entstanden.

Weiterhin traf Lidderdale mit Vertretern von elf Privatbanken und einigen angesehenen Unternehmern zusammen, um einen Garantiefonds für die Rettung der *Barings Bank* ins Leben zu rufen. Der Garantiefonds hatte eine Größe von 3.250.000 Pfund, wobei sich die *Bank of England* mit 1.000.000 Pfund und die Unternehmen *Glyn, Mills & Co.*, *Currie & Co.* sowie die Roth-

---

[18] Das Vorgehen bei der Rettung der *Barings Bank* sollte Vorbild werden für viele Bankenrettungen in der folgenden Zeit.

schilds mit je 500.000 Pfund beteiligten. Ferner konnte Lidderdale nach weiteren Gesprächen mit den Londoner Aktienbanken den Fonds um weitere 3,25 Millionen Pfund aufstocken.

Somit konnte die *Bank of England* den Markt mit der nötigen Liquidität versorgen und gleichzeitig ihre Reserven schonen, sodass die Stabilität der Währung nicht gefährdet wurde. Daher konnte die Öffentlichkeit informiert werden. Am 15. November 1890 verkündete die *Times*, dass die *Barings Bank* in Konkurs gehen werde, aber die Anleger keine Verluste zu befürchten hätten, weil es für die Kundeneinlagen erstmals einen Garantiefonds gebe. Diesen Fonds schlossen sich noch weitere Finanzhäuser an, sodass er auf 10 Millionen Pfund anwuchs. Später schlossen sich auch schottische Banken an, sodass sein Volumen auf 17 Millionen Pfund anstieg. Hinter dem Fonds standen zu diesem Zeitpunkt in etwa 108 Banken, Finanzhäuser und Personen. Mit diesem Garantiefonds gelang es, die Anleger zu beruhigen, weil genügend Sicherheiten vorhanden waren. So konnte die *Baring Brothers* geordnet in Konkurs gehen, ohne dass es zu einer Panik kam. Gleichzeitig konnte aus der Konkursmasse der *Baring Brothers* das neue Unternehmen *Baring Brothers & Co. Ltd.* als Aktiengesellschaft mit einem Grundkapital von 1 Million Pfund gegründet werden. Sie übernahm den Großteil des bestehenden Geschäfts und konnte in den folgenden Jahren den guten Ruf des Hauses wiederherstellen. Doch die Barings-Krise hatte auch langfristige Auswirkungen auf die Weltwirtschaft, weil sie zu einer drastischen Reduzierung britischer Auslandskredite führte. Dies löste 1893 Wirtschaftskrisen z. B. in Südafrika oder Australien aus.

3.3.9 Die große Silber-Panik (1893)

In vielen Ländern der Welt gab es einen Silberstandard. Das heißt, alle im Umlauf befindlichen Banknoten waren zu 100 % durch Silber abgesichert. Folglich konnte das Papiergeld jederzeit auf Verlangen des Inhabers zu einem festgelegten Umtauschkurs in Silber zurückgetauscht werden.

Die großen Goldfunde in Kalifornien (1848) und in Australien (1851) führten zu einer Verzehnfachung der weltweiten Goldfördermenge. Die Folge war ein massiver Preisverfall des Goldes. Dies veranlasste viele Länder ab 1870 den bisherigen Silber- bzw. Bimetallstandard durch einen reinen Goldstandard zu ersetzen. So führten z. B. im Jahr 1878 Deutschland, Belgien, Holland, Frankreich, Schweiz und die skandinavischen Länder einen Goldstan-

dard ein, die USA 1873. Allerdings kam es durch politische Entwicklungen zu einem Revival des Silberstandards in den USA – mit fatalen Folgen.
Nach dem Bürgerkrieg hatten sich in Amerika starke Reformbewegungen gebildet. Sie gingen vor allem gegen die sinkenden Preise (von 1870 bis 1890 war der Preisindex in den USA kontinuierlich gesunken) und Ausnutzung der Farmer und Arbeiter vor. Außerdem kam es durch die Einziehung der nationalen Banknoten (die sogenannten *Greenbacks*) und der Eingliederung der Südstaaten zu einer deutlichen Reduzierung der Geldmenge. Es entstand eine Deflation. Von den sinkenden Preisen waren besonders die Farmer betroffen, weil ihre Einkünfte nicht mehr ausreichten, um die gleichzeitig steigenden Kreditzinsen zu bezahlen. Ein Farmsterben setzte ein, ganze Landstriche drohten zu veröden.
So stieß die Forderung nach einer Ausweitung der Geldmenge bei der Bevölkerung auf viel Zuspruch, weil sie glaubten, dass eine Erweiterung der Geldmenge ihnen Wohlstand bringen und der Deflationsspirale Einhalt bieten werde. Im Jahr 1875 gründete sich die *National Greenback Partei* mit dem Slogan: "Je mehr Geld im Umlauf ist, desto eher können die Preise und Löhne steigen." Die Partei setzte sich also massiv für eine Geldmengenausweitung ein und somit auch für Inflation. Ferner setzte sie sich gegen eine Konvertibilität der *Greenbacks* in Metallgeld ein, also z. B. einen Goldstandard. Um die Ausweitung der Geldmenge zu ermöglichen, schlug die *National Greenback Partei* u. a. einen Silberstandard vor. Doch zunächst spielte diese Partei keine nennenswerte Rolle. Erst durch die Fusion mit der *National Labor Reform Partei* im Jahr 1878 konnten sie in den Kongress einziehen.
Diese Partei konnte noch im selben Jahr im Rahmen des *Bland Allison Acts* die Wiederaufnahme der Silberdollar-Prägung als gesetzliches Zahlungsmittel erreichen. Ferner verlangte der *Bland Allison Acts*, dass der US-Fiskus jeden Monat Silberbarren im Wert zwischen 2 bis 4 Millionen US-Dollar zu Marktpreisen kaufen müsse, welche anschließend zu Silberdollars geprägt werden sollten. Hierdurch sollte die Geldmenge in mehreren Schritten deutlich erhöht werden. Präsident Rutherford B. Hayes legte zwar ein Veto gegen dieses Gesetz ein, er wurde jedoch vom Kongress überstimmt.
Dennoch legte Hayes dem Gesetz Steine in den Weg. So veranlasste er, dass monatlich immer nur die gesetzlich vorgeschriebene Mindestmenge von 2 Millionen US-Dollar gekauft und in Silbermünzen mit einem Feingehalt von 371 Promille umgewandelt werden würde. Dieser Feingehalt resultierte daraus, dass die amerikanische Regierung das lange Zeit gültige Wechselver-

hältnis zwischen Gold und Silber von 16:1 zugrunde legte, d. h. eine Unze Gold war genauso viel wert wie 16 Unzen Silber. Mit dieser Maßnahme sollte der Abstand zum ebenfalls im Umlauf befindlichen Golddollar gewahrt werden, d. h. beide sollten in etwa gleich viel wert sein. Allerdings fiel schon 1878 der Silberkurs am Weltmarkt wegen der Überproduktion in den Silberminen und internationalen Regierungsverkäufen auf ein Verhältnis von 18:1, d. h. eine Unze Gold war genauso viel wert wie 18 Unzen Silber. Das bedeutete, dass Silber am Markt weniger wert war als das im Gesetz festgeschriebene Verhältnis es vorsah. Dennoch verkauften die Minen das Silber weiter zu einem Kurs von 16:1 an die Regierung.
Nun begann das Greshamsche Gesetz seine fatale Wirkung zu entfalten. Es besagt, dass schlechtes Geld stets das bessere Geld aus dem Umlauf verdrängt, vorausgesetzt, jemand hat zwei oder mehrere Münzen zur Auswahl mit gleichem Nominalwert. Die Menschen werden dann immer mit der Münze mit dem geringsten Metallwert bezahlen und möglichst die Münzen mit dem höheren Metallwert horten. Das "gute" Geld waren die wertvolleren Golddollars, das schlechte Geld waren die Silbermünzen. So horteten die Amerikaner die Golddollars und brachten die Silberdollars in Umlauf. Besonders die Banken erkannten darin ein gutes Geschäft. Sie zahlten ihre Schulden an die Zentralbank in Silber zurück, nahmen sie aber in Gold auf. Dies führte zu einem Abfluss der Goldreserven des US-Schatzamtes.
Aber immer noch fielen die Preise. So gewann die zweite Inflationisten-Partei, die *Populist Party,* um 1890 immer mehr an Bedeutung. Sie vertrat die Meinung, dass die weltweite Produktion schneller als die Goldvorräte anwachse, was den Verfall der Erzeugerpreise verursachte. Die Lösung des Problems sei der Silberstandard, weil Silber in genügender Menge vorhanden sei und sich deswegen gut als inflationäre Währung eigne. Die Partei forderte eine deutliche Ausweitung der Geldmenge durch die Prägung neuer Silbermünzen, um den Preisverfall endlich zu stoppen. Um dieses Ziel durchzusetzen, machten die Inflationisten 1890 einen Kuhhandel mit den Republikanern. Dieser Kuhhandel sah vor, dass die Regierung jetzt monatlich verpflichtet werde, 4,5 Millionen Unzen Silberbarren zu kaufen und als Silbergeld in Umlauf zu bringen *(Sherman Silver Purchase Act).* Dafür wurde den Republikanern versprochen, ihr Zollgesetz *(McKinley and Tariff Act)* nicht zu kippen.
Kurzeitig konnte der Preisverfall durch den *Sherman Silver Purchase Act* gestoppt werden. Zugleich stieg der Silberpreis kurzfristig zu ungeahnten

Höchstständen von 1,5 US-Dollar je Unze. Fast geräuschlos und unbeachtet von der Öffentlichkeit verringerten sich die Goldreserven der USA weiter. So kamen die ersten Gerüchte auf, die USA könnte bald nicht mehr in der Lage sein, US-Dollars gegen Gold zu tauschen. Diese Gerüchte bekamen 1892 durch die Wahl von Grover Cleveland zum Präsidenten neue Nahrung, weil er dem starken inflationistisch geprägten Flügel seiner Partei Zugeständnisse machen musste. Zudem wurde von vielen Ausländern mit einer baldigen Abwertung des US-Dollar gerechnet. Diese zogen ihr Kapital aus den USA ab. Gleichzeitig versuchten viele Amerikaner, ihre Vermögen durch Investitionen in ausländische Objekte in Kanada, Europa oder Lateinamerika zu sichern.

1893 kam schließlich die Krise. Plötzlich sanken die Preise von Weizen und Eisen. Wenig später kam es zu einem Preisrückgang auf breiter Front. Am Aktienmarkt rutschten die Kurse in den Keller. Die Lage wurde am 20. Februar 1893 durch die Pleite der *Philadelphia and Reading Railroad* noch verschärft. Es mehrten sich Zweifel an der finanziellen Situation anderer Bahnen und Finanzhäuser. Langsam begann das Kartenhaus in sich zusammenzufallen.

Zudem erreichte die Börse die Nachricht, dass die Goldreserven der USA mit 100.982.410 US-Dollar ein neues historisches Tief erreicht hatten. In der Folge verweigerten die ersten Kaufleute die Annahme von Silbergeld, obwohl das gegen das Gesetz verstieß. Sie hatten einfach Angst, dass der Staat mit der verbleibenden Goldreserve nicht mehr in der Lage war, unbegrenzt Banknoten bzw. Silbergeld gegen Gold zu tauschen. Gleichzeitig fiel der Silberpreis an den Börsen immer weiter. Dies schürte die Angst vor einer Abwertung des US-Dollars weiter. Am 3. Mai 1893 kam es zu einem massiven Ausverkauf am Aktienmarkt. Die Panik der Anleger wurde sogar noch weiter verstärkt, als der ehemalige Börsenliebling, *die National Cordage Trust,* am nächsten Tag unter Konkursverwaltung gestellt wurde. In dieser Woche brachen noch zahlreiche weitere Unternehmen zusammen, besonders schlimm war der Freitag. Er ging in die Börsengeschichte als *Industrial Black Friday* (5. Mai 1893) ein.

Neben dem Aktienmarkt fiel auch der Silbermarkt. So kostete im Juni 1893 Silber nur noch 83 Cent pro Unze. Als Indien, eines der wenigen Länder mit einem Silberstandard, bekannt gab, die Prägung neuer Silbermünzen einzustellen, brach der Silberkurs endgültig zusammen. Er verlor innerhalb von vier Tagen 25 % und lag nur noch bei 62 Cent pro Unze. Dieser Silberpreis

führte dazu, dass viele Silberminen ihre Produktion einstellen mussten, weil sie nicht mehr kostendeckend arbeiten konnten.
So erfasste im Juli 1893 Panik die Märkte. In Denver mussten z.B. innerhalb von drei Tagen zwölf Banken schließen. Überall in Amerika gingen Geschäfte und Unternehmen in Konkurs. Man schätzt, dass als Folge des Crashs über 15.000 Unternehmen und 642 Banken in Konkurs gingen und 20 % aller Arbeiter (ungefähr 2-3 Millionen) ihre Jobs verloren.
Der Silbercrash brachte auch die Silberwährung der USA in arge Bedrängnis, weil der Goldpreis stieg und der Silberpreis fiel. So hatte der Silberdollar im Juli 1893 einen realen Wert von 53 Cent, wurde aber weiter gegen einen Golddollar getauscht, der wesentlich mehr wert war. Als die Goldreserven der USA auf 68 Millionen US-Dollar gefallen waren, entschloss sich Präsident Cleveland, dem Kongress in einer Sondersitzung zu empfehlen, den *Silver Purchase Act* aufzuheben. Bis zur Aufhebung dauerte es noch bis zum 1. November 1893. Die folgenden drei Jahre waren in den USA geprägt von Depression und Unsicherheit. Erst der 1896 neu gewählte Präsident William McKinley schaffte es, die Märkte zu beruhigen und die Kapitalflucht aus Amerika zu stoppen.

3.4 Die wichtigsten Finanzkrisen des 20. Jahrhunderts (1900-1999)

Das 20. Jahrhundert wurde von einer Fülle von Finanzkrisen erschüttert. Ein Börsianer stellte Folgendes zum Thema Finanzkrisen fest: "*Die Geschichte der Finanzkrisen zeigt, dass die Vergangenheit immer wiederkehrt. Wer nicht aus ihr lernt oder sie vergisst, ist dazu verdammt, sie immer wieder zu wiederholen.*"

3.4.1 Banker-Panik (1906/1907)

Das neue Jahrhundert begann für die Aktienmärkte mit einer wahren Euphorie. So begann im Jahr 1903 eine kräftige Aktienhausse in den USA, weil die amerikanische Konjunktur boomte. Der noch junge *Dow Jones Industrial Average*, in dem vor allem Eisenbahn- und Industrieaktien enthalten waren, kletterte von einem Hoch zum nächsten. Am 12. Januar 1906 konnte der *Dow Jones Industrial Average* im Tagesverlauf unter großem Jubel der Börsianer erstmals in seiner Geschichte die unglaubliche Marke von 100 Punkten knacken (beim Start am 26. Mai 1896 lag der Index noch bei 40,74 Punkten).

Die Aktienmärkte wurden aber im April 1906 durch ein Ereignis auf der anderen Seite der USA aus dem Tritt gebracht.
So ereignete sich in den frühen Morgenstunden des 18. Aprils 1906 ein schweres Erdbeben in der kalifornischen Stadt San Francisco. Die meisten neuen Hochhäuser im Stadtzentrum sowie die meisten viktorianischen Holzhäuser in den Außenbezirken überstanden das Beben ohne größere Schäden. Allerdings zerbrachen die alten Backsteinhäuser wie Kartenhäuser. So lösten Kurzschlüsse an beschädigten Strom- und Gasleitungen kleine Brände aus, die sich rasch ausweiteten, weil das Beben fast alle Wasserleitungen zerstört hatte. Deswegen konnte die Feuerwehr die Brände nicht mehr unter Kontrolle bringen. So entstand aus den vielen kleinen Bränden eine Feuersbrunst, die ca. 30.000 Häuser zerstörte und über 500 Menschen den Tod brachte. Der Gesamtschaden wurde auf damals unglaublich 600 Millionen US-Dollar geschätzt.
Diese Katastrophe führte in den ganzen USA zu einer Schocklähmung. Der bekannte Börsianer J.P. Morgan jr. fasste die Stimmung so zusammen: "*Die allgemeine Lage ist hier so schlimm, wie es schlimmer kaum sein kann.*" Als die Amerikaner sich aus der Lähmung lösen konnten, kam es gegen Ende April 1906 zu einer Verkaufswelle an der Börse, in deren Verlauf bis zum 3. Mai die damals zwanzig größten Eisenbahnwerte (Hoch 22. Januar 1906 bei 138,36 Punkten) auf 115 Punkte und die zwölf bekanntesten Industriewerte von 103 Punkte (19. Januar 1906) auf 85 Punkte abstürzten. Besonders betroffen von dem Preisverfall waren wegen der hohen Schadenssumme in San Francisco die Versicherungsgesellschaften. So musste z. B. die *Aetna Fire Insurance Company*, die damals größte Feuerversicherungsgesellschaft der USA, bekannt geben, dass die Feuersbrunst in San Francisco die Ersparnisse von über 40 Jahren aufgezehrt hatte. Allerdings kam die Börse nochmals mit einem "blauen Auge" davon, weil es zu keinen größeren Konkursen von Versicherungs- oder Finanzgesellschaften kam. Insofern konnte das *Wall Street Journal* am 6. Juli 1906 schon wieder von einer breiten Erholung der Aktien berichten. Die amerikanische Konjunktur erreichte zum Ende des Jahres 1906 ihren Höhepunkt.
Im Januar 1907 kam es zu ersten großen Aktienverkäufen, die im März 1907 in eine "Panik der Reichen" mündeten, als die Aktien der *Union Pacific* in kurzer Zeit massiv einbrachen. Die Aktie diente zum großen Teil als Sicher-

heit für Finanzierungswechsel[19]. Darum führte dieser Kurssturz zu einem Einbruch des *Dow Jones* am 14. März 1907 um fast 8,3 % auf 76,23 Punkte. Allerdings konnte die Börse dies und andere Ereignisse noch mehr oder minder gut verkraften, unter anderem auch, dass im Juni 1907 die Ausgabe einer Anleihe der Stadt New York scheiterte. Viele Börsianer waren nun der Ansicht, dass die Börse "angezählt" sei, weil die Nervosität an den Märkten täglich anstieg. Ein Höhepunkt der Nervosität stellte sich im Juli 1907 ein, als der Kupfermarkt zusammenbrach. Dies brachte F. Augustus Heinze, einen der drei Kupferkönige, und seine Treuhandgesellschaft[20], die *Knickerbocker Trust Company*, in eine massive Schieflage. Bis zum 21. Oktober konnte sich die *Knickerbocker Trust Company* (die damals drittgrößte Bank New Yorks) noch einigermaßen "durchwurschteln". Der Zusammenbruch drohte, als die *National Bank of Commerce* bekannt gab, dass sie die Einlösung von Wechseln der *Knickerbocker Trust Company* verweigerte.

So kam es am 22. Oktober 1907 zum Sturm der Kunden auf die *Knickerbocker Trust Company*, um ihre Ersparnisse zu retten. Innerhalb von nur drei Stunden wurden 8 Millionen US-Dollar Bargeld abgehoben. Dies zwang die *Knickerbocker Trust Company*, gegen Mittag ihre Arbeit einzustellen. Dabei war sie in dem Sinne solvent, dass ihre Schulden durch das Vermögen gedeckt waren. Aber durch den Kundenansturm wurde sie kurzfristig illiquide.

Ein Funken genügte, und die Sparer rüsteten zum Banken-Run auf die nächste Bank, weil es durch die Schieflage der großen *Knickerbocker Trust Company* zu einer Vertrauenskrise kam. Allenthalben wurde Bargeld gehortet, weil die Sparer ihr Vermögen bei keiner Bank mehr sicher glaubten. So brodelte die Gerüchteküche.

Folglich stürmten die Kunden am 23. Oktober die zweitgrößte New Yorker Bank, die *Trust Company of America*. Allein an diesem Tag flossen 13 Millionen US-Dollar aus den noch vorhandenen 60 Millionen US-Dollar-Reserven ab. Insgesamt musste die Bank über 47,5 Millionen US-Dollar ihrer Reserven an verschreckte Anleger auszahlen. Durch weitere Presseartikel gerieten noch andere Banken, wie z. B. die *Lincoln Trust*, in Bedrängnis.

---

[19] Ein Wechsel ist eine unbedingte Anweisung des Ausstellers an einen Dritten (Begünstigten), zu einem bestimmen Zeitpunkt an einem bestimmen Ort eine bestimmte Geldsumme zu zahlen.

[20] Diese Trusts sind mit den heutigen Hedgefonds vergleichbar. Sie hatten keine Banklizenz und damit auch keinen Zugang zum Geldmarkt, der nur den Banken vorbehalten war.

Diese Manie erreichte am 24. Oktober 1907 schließlich auch die *New Yorker Börse*. Zunächst traf es die sogenannten *Call Loans*[21]. *Call Loans* wurden üblicherweise zwischen 12:00 und 14:15 Uhr abgewickelt (sogenannte *Money Post*). An diesem Tag war zum ersten Mal nicht genügend Geld vorhanden, um die Nachschussforderungen der Makler zu befriedigen. In ihrer Not boten die Makler Zinsen in Höhe von 100 bis 150 % an. Trotzdem waren die Banken nicht bereit, Kredite zu gewähren. Sie hatten einfach Angst, ihr Geld nicht mehr zurück zu bekommen. Es herrschte eine tiefgreifende Vertrauenskrise. Dies führte zu einem Liquiditätsengpass an den Börsen, der die Panik nochmals eine Stufe höher schraubte. Man hörte im Börsensaal die blanke Verzweiflung. Die Menschen hatte nach dem *Money Post* das Gefühl, nirgendwo gebe es noch Geld. Man könne seine Aktien nicht verkaufen, weil es niemanden gebe, der sie kaufen könne, weil einfach kein Geld mehr vorhanden wäre. Viele Börsianer hatten den Eindruck, die *Wall Street* stehe kurz vor dem Bankrott. Verhängnisvoll wirkte sich jetzt aus, dass die Vereinigten Staaten über keine Zentralbank verfügten, die den Markt mit Liquidität hätte versorgen können. Die Folge war einer schlimmsten Kursverfälle in der Geschichte der *Wall Street*.
Nur durch ein entschlossenes Eingreifen des Bankers J. P. Morgan konnte die Situation an der *Wall Street* entspannen. Er organisierte am 24. Oktober 1907 einen Sofortkredit in Höhe von 10 Millionen US-Dollar, sodass sich die prekäre Liquiditätslage an der *Wall Street* wieder entspannte und sie offen gehalten werden konnte. Dies führte dazu, dass der Verkaufsdruck nachließ. Zudem konnte die New Yorker Bankenszene durch das Zusammenarbeiten (u. a. durch die Sicherstellung der Liquidität) verschiedener großer Banken (darunter u.a. *Morgan, Baker, Stillman*) und anderer Quellen (wie J.D. Rockefeller) wieder unter Kontrolle gebracht werden.

[21] Hierunter versteht man zeitlich begrenzte, jederzeit kündbare Kredite, welche die Banken den Maklerhäusern zur Verfügung stellten. Mit diesen Krediten wurden die Margin-Konten finanziert, die Makler von ihren Kunden forderten, wenn sie auf Kredit spekulierten.

Abbildung 3: *Dow Jones* von Januar 1904 bis Dezember 1909

So glaubte man, dass die Krise Ende Oktober schon wieder ausgestanden war. Am 27. Oktober spitzte sich die finanzielle Situation der Stadt New York wegen der geplatzten Anleiheausgabe im Juni 1907 derart zu, dass ihr die Insolvenz drohte. Um dies zu verhindern, kaufte Morgan für geschätzte 30 Millionen US-Dollar Anleihen der Stadt auf.

Allerdings brach die Krise am 2. November 1907 erneut aus, weil ein großes New Yorker Brokerhaus, *Moore & Schley*, massiv Kredite aufnehmen musste, die es mit Aktien der *Tennessee Coal, Iron and Railroad Company* (kurz: TC&I) besicherte. Daraufhin geriet der Börsenkurs von TC&I mächtig unter Druck. Es drohte der Kollaps des gesamten Bankensystems, weil die Anleger ihr Vertrauen jetzt gänzlich zu verlieren drohten. Ein Banken-Run von unglaublichem Ausmaß drohte. Dies veranlasste J.P. Morgan dazu, am Abend die 120 wichtigsten Banker zu sich zu rufen. Einer Anekdote entsprechend, soll er die versammelten Banker in seine Bibliothek eingeschlossen haben, bis Sonntag früh eine Einigung zur Stützung der schwächeren Trusts unterzeichnet worden war. Daraufhin reiste er nach Washington und überzeugte kurz vor Börsenbeginn am Montagmorgen, den 4. November 1907, die US-Regierung, die Übernahme der TC&I durch seine *US Steel Corporation* durchzuwinken.

Die Folge der Krise war, dass der Dow-Jones-Index Ende 1907 um 37 % niedriger als zum Jahresanfang notierte. Insgesamt gesehen halbierten sich die Aktienkurse von ihrem Höchststand 1906 bis zu ihren Tiefstständen 1907. Der steilste Absturz ereignete sich mit der Bankenpanik im Oktober und November 1907, welche zum Bankrott von ca. 25 Banken und 17 Vermögensverwaltungsgesellschaften führte. Die unmittelbare Folge dieser Krise war eine kurze, aber kräftige Depression der US-Wirtschaft im Jahr 1908. Wegen dieser Krise beschloss der US-Kongress 1907 Rahmenbedingungen für ein sicheres und flexibleres Bankensystem zu schaffen. Hierzu gründete der US-Kongress die *National Monetary Commission*. Deren Aufgabe sollte es sein, die Lage der US-Banken und des Geldsystems zu untersuchen und eventuelle Probleme festzustellen. Die *National Monetary Commission* schlug u. a. die Gründung einer Institution vor, welche die Banken lenken, Kreditbeschaffungen kontrollieren und Finanz- und Geldkrisen vorbeugen bzw. deren Auswirkungen abmildern sollte. Letztlich führte dies nach langen Debatten dazu, dass 1913 durch den US-Präsidenten Woodrow Wilson der *Federal Reserve Act* erlassen wurde. Hiermit wurde das *Federal Reserve System* (oft auch *Federal Reserve*, FED oder US-Notenbank genannt) aus der Taufe gehoben. Es sah ein System aus mehreren Regionalbanken und einem siebenköpfigen Verwaltungsrat vor. Obendrein mussten Banken, die auf nationaler Ebene agierten, sich dem *Federal Reserve System* anschließen. Den anderen Banken war die Beteiligung freigestellt. Die Mitgliedsbanken sollten für ihre Anteile eine festgelegte Dividende von 6 % erhalten. Sie sollten aber nicht am Gewinn beteiligt werden, der floss dem US-Finanzministerium zu. Demgemäß sind die Mitgliedsbanken auch die Eigentümer der *Federal Reserve*. Da das Direktorium aber vom US-Präsidenten ernannt wird, ist das *Federal Reserve System* teils privat und teils staatlich strukturiert. Überdies ermöglicht es der *Federal Reserve Act* der US-Notenbank Geld ohne Gegenwert (z. B. Gold) zu schaffen.

3.4.2 Die Hyperinflation in Deutschland (1923)

Eines der wohl größten Probleme bei einem Krieg ist die Beschaffung von genügend Kapital, um u.a. Waffen oder Soldaten zu bezahlen. Deswegen verschulden sich die kriegsführenden Parteien während eines Krieges enorm. Die Hoffnung ist, diese Kriegsschulden nach Ende des Krieges in Form von Reparationszahlungen auf den Verlierer abwälzen zu können.
So setzte auch Deutschland siegessicher auf eine Schuldenübernahme durch seine Kriegsgegner. Darum hob Deutschland zu Kriegsbeginn am 4. August 1914 den bis dato gültigen Goldstandard auf. Somit konnte Papiergeld ohne Deckung ausgegeben werden, weil die Landeswährung nicht mehr durch Gold- oder Devisenreserven abgesichert wurde. Ebenfalls keine Absicherung hatten Kriegsanleihen und Schatzanweisungen, die die Bevöl-

kerung zeichnete. Die Folge war, dass die umlaufende Geldmenge während des Krieges explodierte. So betrug die Geldmenge 1918 bereits das Fünffache von 1914. Um eine Inflation zu verhindern, wurden bis zum Kriegsende die Preise für Lebensmittel, Rohstoffe oder andere Erzeugnisse staatlich festgesetzt. Dies änderte sich nach Kriegsende schlagartig, als wieder die freie Marktwirtschaft Einzug hielt und die Preise nicht mehr staatlich festgesetzt wurden.

Durch den verlorenen Krieg hatte Deutschland Kriegsschulden in Höhe von 154 Milliarden Mark. Dazu kamen noch Reparationsforderungen der Alliierten und nicht absehbare Kriegsfolgelasten, wie z. B. die Versorgung der Invaliden und Hinterbliebenen, die Bezahlung des Wiederaufbaus sowie die Wiedereingliederung der heimkehrenden Soldaten in die Wirtschaft.

Um die Situation wieder einigermaßen in den Griff zu bekommen, beschloss die deutsche Regierung 1919 eine Reichsfinanzreform, die zu höheren Steuereinahmen führen sollte. Gleichzeitig musste sie bei der *Reichsbank* weitere Darlehen anfordern, um die Schulden bzw. Zinsen zahlen zu können und einen Staatsbankrott zu vermeiden. Die *Reichsbank* konnte ihrerseits die Darlehen nur durch die Ausgabe neuer Banknoten (ohne Deckung) finanzieren. Folglich erhöhte sich die Geldmenge immer weiter. Durch das Zurückgreifen auf die Notenpresse erreichten Deutschlands Inlandsschulden das Dreifache der monetären Basis. Dies führte dazu, dass 1920 die Inflationsrate erstmalig auf 66 % stieg[22].

So betrugen die Lebenshaltungskosten 1921 bereits das Zwanzigfache im Vergleich zur Vorkriegszeit. Zudem war die politische Lage äußerst angespannt. Seit der Ausrufung der Weimarer Republik am 9. November 1918 und des Thronverzichts von Kaiser Wilhelm II. durchzogen das Land immer neue Protestwellen und Streiks. Weiter angeheizt hatte die Stimmung der Versailler Vertrag vom 28. Juni 1919, der u. a. große Gebietsabtretungen (Deutschland verlor ein Siebtel seines Gebietes und ein Zehntel seiner Bevölkerung) und eine noch nicht genau festgelegte Summe als Reparationszahlung vorsah. Besonders hart traf dabei der Verlust von einem Drittel der deutschen Kohlevorkommen und drei Viertel der Erzvorkommen. Gleichzeitig versuchten rechts- oder linksextremistische Gruppierungen die Macht an

---

[22] In Brasilen überstiegen die Inlandsschulden die monetäre Basis sogar um das fast 20fache. So schlitterte Brasilien 1990 in eine Hyperinflation mit einer Inflationsrate von über 2.947 %. Auch Argentinien erlebte 1989 mit 3.079 % oder die Türkei 1994 mit 106,3 % eine Hyperinflation.

sich zu reißen, was zu teilweise bürgerkriegsähnlichen (z.B. Kapp-Putsch oder Rote Ruhrarmee) Zuständen führte.
Die ständig steigenden Kosten für das Deutsche Reich führten dazu, dass der Staat gezwungen war, die Geldmenge (durch Ausgabe neuer Banknoten) ständig zu erhöhen, um wenigstens einen Teil der Rechnungen bezahlen zu können. Die Lage wurde vollends verzweifelt, als die Alliierten Deutschland im Januar 1921 Reparationszahlungen von 226 Milliarden Goldmark, zu zahlen in 42 Jahresraten von zwei bis sechs Milliarden Mark, sowie 12 % des Wertes der deutschen Ausfuhren aufbürdeten. Zunächst weigerte sich Deutschland, diese unvorstellbaren Beträge aufzubringen. Daraufhin besetzten alliierte Truppen am 8. März 1921 weite Teile des Ruhrgebiets und errichteten zwischen dem besetzten Gebiet und dem übrigen Reichsgebiet eine Zollgrenze, die den Warenaustausch und damit die Versorgung der Menschen weiter erschwerte.
Deutschland ließ trotzdem nicht locker und erreichte eine Reduzierung der Reparationszahlungen auf 132 Milliarden Goldmark und 26 % des Wertes seiner Exporte. Auch diese Forderung sah man in Deutschland als irrational an. Man hoffte, den Alliierten ihre Unerfüllbarkeit beweisen zu können, und nahm deswegen die geänderten Bedingungen an.
Hierdurch wurde die Wirtschaft enorm geschwächt. So lebte ein Großteil der deutschen Bevölkerung am Rande des Existenzminimums, weil die Inflation die Ersparnisse immer schneller auffraß und die Produkte und Lebensmittel immer teurer wurden. Zusätzlich verschärfte eine Kapitalflucht aus Deutschland die Situation weiter, was zu einer Abwertung der Mark führte. Im Januar 1922 kostet ein US-Dollar schon 191,80 Mark. Immer noch sah sich die Reichsdruckerei gezwungen, neues, ungedecktes Papiergeld auf den Markt zu werfen, damit die Regierung ihre Schulden bezahlen konnte. Wie bedrohlich die Situation durch die immer stärker werdende Inflation wurde, sieht man daran, dass 1922 erstmals in der Geschichte der Reichsdruckerei 5.000 und 10.000 Markscheine gedruckt wurden.
Deutschland konnte allerdings trotz aller Anstrengungen nur einen Teil der Reparationszahlungen leisten. Deshalb besetzten die Franzosen und Belgier am 9. Januar 1923 das Ruhrgebiet und die linksrheinischen Gebiete. Als Reaktion darauf rief Deutschland zum passiven Widerstand auf. Damit die Menschen dies bewerkstelligen konnten, wurde den Streikenden Unterstützung gewährt. Die damit verbundenen Kosten und die Steuerausfälle

ruinierten das Vertrauen in die Mark. So stieg der Wechselkurs auf 17.972 Mark je US-Dollar und ein Ende war nicht abzusehen.

Es zeichnete sich am Horizont eine Hyperinflation ab. So kostete im Juni 1923 ein halbes Pfund Butter rund 7.000 Mark, ein Bund Möhren 5.500 Mark oder ein Pfund Bohnenkaffee 31.000 Mark. Die Banknoten wurden wie Zeitungen gedruckt. Die Nachfrage nach Banknoten war so groß, dass die Reichsdruckerei nicht mehr nachkam. So waren schätzungsweise neben der Reichsdruckerei noch weitere 133 Druckereien mit der Produktion von Banknoten beschäftigt.

Darum ist es nicht verwunderlich, dass im Ausland eigentlich keiner mehr die Mark haben wollte. Der Wechselkurs stieg im Juli 1923 auf 353.412 Mark je US-Dollar und einen Monat später auf 4.620.455 Mark je US-Dollar. Die Situation war hoffnungslos. Darum entschloss sich die Regierung im September 1923 zur rigorosen Einschränkung der Ausgaben und gleichzeitig zur Stilllegung der Notenpresse. Außerdem wurde der kostenintensive passive Widerstand im Ruhrgebiet am 26. September 1923 aufgegeben. Zur weiteren Stabilisierung der Mark wurde eine Rentenmark eingeführt. Hierdurch sollte eine Vergrößerung der Geldmenge verhindert werden.

Aber die Krake Hyperinflation hielt Deutschland weiterhin fest im Griff. So kostete z. B. ein Liter Milch im Oktober 1923 5,4 Millionen Mark. Dies führte dazu, dass die Löhne der Arbeiter täglich ausbezahlt wurden. Dabei kamen die Arbeiter mit Koffern oder sogar Wäschekörben zu den Zahlstellen, um ihren Lohn abzuholen. Danach versuchten sie so schnell wie möglich, das Papiergeld in Lebensmittel oder Sachgüter umzutauschen. Zudem gingen viele Unternehmen immer mehr dazu über, den Lohn in Naturalien, wie z. B. Lebensmitteln, auszubezahlen.

Um die Lage wieder in den Griff zu bekommen, entschlossen sich einige Städte, Gemeinden und Unternehmen, eigenes Notgeld zu drucken, um so die Inflation zu stoppen. Zu diesem Zeitpunkt waren über 10 Milliarden Banknoten mit einem Nennwert von geschätzten 3.877 Trillionen Mark im Umlauf. Daneben existierte noch rund 500 Trillionen lokal gültiges Notgeld. So hatten die Bilanzsummen der Unternehmen astronomische Höhen, z. B. hatte die kleine Bank *Oppenheim* auf dem Höhepunkt der Hyperinflation eine Bilanzsumme von 8.603.015.544.190.640.965,70 Mark. Jetzt, zum Höhepunkt, der Hyperinflation, überschlugen sich die Preise. So kostete Anfang November 1923 ein Vierpfund-Brot 420 Milliarden Mark, obwohl es eine Woche zuvor "nur" 130 Milliarden Mark gekostet hatte. Dies führte letztlich dazu, dass Bäckereien und andere Lebensmittelgeschäfte geplündert wurden, weil die Leute einfach Hunger hatten.

Diesen Kreislauf konnte erst die offizielle Einführung der Rentenmark am 15. November 1923 durch die neu gegründete *Rentenbank* durchbrechen. Die Rentenmark sollte wieder besichert werden. Da allerdings Deutschland kaum noch eigene Goldreserven hatte, wurde zur Sicherung des neuen Geldes der industrielle und landwirtschaftliche Grundbesitz herangezogen. Er wurde mit einer Hypothek von 3,2 Milliarden Rentenmark belastet. Hierfür gab die *Rentenbank* 2,4 Milliarden Rentenmarknoten aus, die zur Hälfte an die Regierung und zur anderen Hälfte an die *Reichsbank* und somit in den Bankenkreis floss. Durch diese Maßnahme stellte sich langsam wieder Vertrauen ein. Die Hyperinflation konnte gestoppt werden. Ferner wurde am 20. November 1923 ein offizieller Wechselkurs von Rentenmark zu US-Dollar auf eins zu 4,2 Billionen Mark festgelegt. Das "Wunder der Rentenmark", wie es damals in den Zeitungen zu lesen war, begann zu wirken. So konnte der Wechselkurs schon Mitte Dezember auf einen US-Dollar für eine Billionen Mark festgelegt werden.

In diesem Umfeld besserte sich auch die Wirtschaft. Ebenso musste Frankreich gegen Ende 1923 auf Druck der USA und Englands die Besetzung des Ruhrgebiets und der linksrheinischen Gebiete aufgeben. Zur selben Zeit wurde ein neuer Reparationsplan (Dawes-Plan 1924) mit wesentlich realistischeren Forderungen in Kraft gesetzt. Dies gab der deutschen Wirtschaft nochmals Schwung. Am 30. August 1924 wurde dann die Rentenmark durch die Reichsmark abgelöst, deren Wechselkurs nun wieder in Gold fixiert wurde (Münzgesetz).

Die Inflation vernichtete die Ersparnisse von vielen kleinen Leuten und dem Mittelstand, weil sie kaum Sachwerte besaßen. Die Gewinner der Inflation waren die Schuldner und Eigentümer von Sachgütern, die gestärkt aus der Krise hervorgingen.

Ähnliche Hyperinflationen wie in Deutschland gab es in Österreich, Ungarn, Russland und Polen. Dagegen hielt sich die Inflation in Frankreich, Italien, Belgien oder den skandinavischen Ländern in Grenzen. Um der Inflation wieder Herr zu werden, wurde der Goldstandard bis 1926 in vielen europäischen Ländern wieder eingeführt. Dies ebnete den europäischen Ländern den Weg, am Wirtschaftsaufschwung in Amerika teilzunehmen. So erfasste diese Länder ein noch nie dagewesenes Wirtschaftswachstum mit teilweise 2-stelligen Zuwachsraten. Ebenso schossen die Börsenkurse durch die Decke. So sprachen die Menschen von den "goldenen zwanziger Jahren". Alle Sorgen schienen vergessen zu sein. Bis die Menschen 1929 brutal aus ihren Träumen gerissen wurden.

3.4.3 Der große Börsencrash von 1929

Anfang der zwanziger Jahre war nach den Wirren des Ersten Weltkrieges endlich der Weg frei für eine kurze Zeit des Überflusses (die goldenen Zwanziger). Diese wurde in den USA durch eine niedrige Inflation, höhere Löhne sowie neue Wirtschaftszweige ausgelöst. Hinzu kamen noch bahnbrechende Erfindungen wie Radio, Tonfilm. Die massenhaft in die Produktion eingehende Fließbandproduktion führte zu einem Wirtschaftsboom noch nie dagewesenen Ausmaßes. Die Menschen sprachen von dem Beginn einer neuen Ära. Die Fließbandproduktion führte dazu, dass die Preise für Produkte zurückgingen. So lautet der damalige Werbespruch von *Ford*: "*Ein Tag – ein Dollar, ein Jahr – ein Ford.*" [23] Allerdings beschränkte sich der Wirtschaftsboom zunächst nur auf die USA. Die europäischen Länder schlossen sich mit einer mehr oder minder großen Verzögerung diesem Boom an. Ähnlich wie bei der Gründerkrise 1873 war die Politik einer Art Globalisierungswahn erlegen – also dem Verzicht auf Zölle. Wiederum führte der radikale Zollabbau zu den bereits bekannten Abläufen, einerseits zu einem weltweiten Unterbietungswettkampf bei der Produktion und andererseits zu einer undurchschaubaren Verzahnung der Finanzwelt. Ebenfalls führte das anschließend unkontrollierbare Kredit- und Bankgeschäft zu irrationalen Spekulationen vor allem an den amerikanischen Börsen. Begleitet wurde dies alles durch eine wirtschaftspolitische Laissez-faire-Haltung und die Liberalisierung der Finanzmärkte. Als die *Republikanische Partei* die Wahlen von 1920 deutlich gewann, wurde die dirigistische US-Wirtschaftspolitik der Kriegs- bzw. der Nachkriegsjahre wieder dereguliert. Folglich wurde US-Präsident Calvin Coolidge (1923-1929) zum Inbegriff konservativer Laissez-faire-Politik zugunsten eines freien Unternehmertums, nur die freie Konkurrenz auf den Märkten sollte als Regulativ wirken.

Der Glaube an diese Politik wurde durch das makroökonomische Umfeld der 1920er Jahre in den Vereinigten Staaten gestärkt (abgesehen von der Re-

---

[23] So konnte *Ford* bis 1927 über 15 Millionen *T-Modelle* verkaufen. Das *Ford T-Modell* war bis zum Erscheinen des *VW-Käfers* das meistgebaute Auto der Welt.

zession 1920/21). So lag das reale Wachstum des BIP[24] von 1922 bis 1929 bei 6,2 %. Überdies erreichte das BIP 1929 erstmals die 100-Milliarden-US-Dollar-Grenze. Man sprach von einem *eternal prosperity* – einem ewigen Wohlstand. Die Arbeitslosenquote fiel von 11,9 % 1921 auf 3,2 % 1929. Zusätzlich blieben die Preise stabil. So waren die 1920er Jahre von einem gewaltigen Aufschwung in der Produktion gekennzeichnet.
Dies lag u. a. daran, dass der Siegeszug des Radios zu dieser Zeit begann. So wurden z. B. in den USA im Jahr 1920 die ersten regelmäßigen Unterhaltungsprogramme ausgestrahlt. Obendrein sprangen die Verkaufszahlen von Radios sprunghaft an, beispielsweise wurden 1922 100.000 Radios verkauft, schon 1925 waren es über 2 Millionen. Ebenso erschloss sich durch den Siegeszug der Elektrizität eine neue Welt. Erst in den 1920er Jahren fand die von *Siemens* entwickelte *General Purpose Technology* weitreichende Anwendung. So verdoppelte sich die Menge an generierter Elektrizität von 1919 bis 1929. Zudem kamen viele technische Neuerungen auf den Markt, wie das Bügeleisen, Kaffeemaschine, Kühlschränke, Staubsauger usw. Daneben erlebte das Auto einen wahren Boom. So waren in den USA 1913 ca. 1,3 Millionen Autos registriert, wohingegen es 1930 bereits 27 Millionen waren. Dies führte zu einem Bauboom, weil Straßen usw. gebaut werden mussten. Aus diesem Grund lag die Industrieproduktion 1929 um 75% höher als noch 1913. Somit spiegelt sich auf allen Ebenen der amerikanischen Gesellschaft ein grenzenloser Optimismus wider. Dies führte dazu, dass der Absatz kostspieliger Güter zunehmend durch Kredite erfolgte.
Die ersten Andeutungen einer einzigartigen Euphoriewelle zeigten sich in der Mitte der 1920er Jahre beim großen Immobilienboom in Florida. Dort konnte man für eine Anzahlung von etwa 10 % in bar eine Unmenge Land kaufen (*Leverage*, da 90 % kreditfinanziert war). Hierdurch kam es zu regelrechten Kaufwogen in Florida. Als die Spekulanten 1924 und 1925 Florida als Spekulationsobjekt entdeckten, rechnete man mit einer Verdopplung der

---

[24] Abk. für Bruttoinlandsprodukt. Hierunter versteht man die Summe der Preise aller hergestellten Waren (z. B. Autos, Getreide usw.) und Dienstleistungen (z. B. Haare schneiden, Häuser vermieten usw.), welche innerhalb eines Jahres innerhalb eines Landes (z. B. Deutschland) generiert wird, soweit die Waren und Dienstleistungen nicht als Vorleistung für andere Produkte verwendet werden. Das heißt, dass z. B. bei einer Pizza die Tomate und die Mettwurst nicht extra in die Berechnung des BIPs eingehen, weil sie schon im Gesamtwert der Pizza enthalten sind. Folglich zählt man zum BIP nicht "Teig+Zutaten+Verkaufspreis", sondern einzig den Verkaufspreis. Dagegen gibt das reale BIP das inflationsbereinigte BIP an. Es misst den Wert der Endprodukte (minus Kosten der Vorprodukte).

Immobilienpreise binnen weniger Wochen. Beispielsweise wurde beim *Snapper Creek Canal* 1913 der Hektar für 4 US-Dollar verkauft und 1925 für 500 US-Dollar. Die Bodenpreise lagen in Miami 1925 höher als an der *Fifth Avenue* in New York. Die Leute machten sich keine Gedanken mehr um die Schulden, weil diese, so der Glaube, durch einen Verkauf der Immobilien schnell gedeckt sein würden. Die Gewinne waren einfach zu verlockend. 1926 kam dann der unvermeidliche Kollaps, weil der Nachschub an neuen Käufern ausblieb. Zudem wurde die Nachfrage nach Land bei weitem überschätzt. Dadurch setzte eine Verkaufslawine ein. Als Ursache wurden zwei gewaltige Hurrikans im Herbst 1926 ausgemacht, die Tausende obdachlos machten.

Dagegen konnte der amerikanische Leitindex *Dow Jones* gegen Ende 1924 endlich die Marke von 110 Punkten durchbrechen. Dies löste ein Kursfeuerwerk aus, sodass der *Dow Jones* schon im Jahr 1925 auf über 150 Punkte zulegen konnte. Dieses Feuerwerk an den Börsen sorgte auch dafür, dass sich ab Mitte der 1920er Jahre immer mehr Menschen mit dem Thema Investments in Aktien beschäftigten. So schafften es die ersten Börsenbücher in die Charts, und Radiosendungen zum Thema Börse wurden immer beliebter. Die Stimmung wurde immer weiter angeheizt, weil jetzt jede Zeitung anfing, ausführlicher vom Börsenparkett zu berichten. Dort lasen die Menschen, dass die meisten Aktien fast jeden Monat eine positive Performance aufweisen konnten. Die Zahl der Anleger mit Gewinnen war dementsprechend hoch. So tauschten bald Arbeiter und Kindermädchen Aktientipps aus. Sie träumten von einem Millionärsleben. Es herrschte eine regelrechte Jackpot-Stimmung. Dies führte dazu, dass die ständig steigenden Aktienkurse immer mehr Neulinge an die Börse lockten.

Fast unbemerkt von der breiten Öffentlichkeit wurde ein beispielloser Konzentrationsprozess in der Industrie eingeleitet. Es entstanden in vielen Ländern der Welt Monopolisten: Die *IG Farbenindustrie AG* in Deutschland (1925); die *Imperial Chemical Industries Ltd.* in Großbritannien (1926) oder die *General Motors Corporation* in den USA.

Gleichzeitig entstand mit dem Aktienboom eine neue Finanzkonstruktion, die *Investment Trust*. Ähnlich wie heute Anlagefonds nahmen die *Investment Trust* Geld von großen und kleinen Investoren. Sie investierten es in eine Mischung von Aktien und allem anderen, was sonst noch an der *Wall Street* gehandelt wurde. Welche Aktien in welchen Stückzahlen gekauft wurden, war meist nicht öffentlich nachvollziehbar, um keine Nachahmer der Strategie auf den Plan zu rufen, die die Rendite gefährden konnten. So gab es 1921 40 *Investment Trust* in den USA, im Jahr 1926 160, 1927 300 und 1929 waren es über 750. Allein in der Zeit zwischen 1927 und Herbst 1929 verzeichneten diese Investmentgesellschaften einen Anstieg ihres verwalteten Gesamtvermögens um mehr als das 10-fache. Dabei nutzten die *Investment Trusts* die Möglichkeit zur Spekulation auf Kredit massiv aus. Hierdurch konnten sie ihre Gewinne deutlich steigern. Zudem bauten sie ein System von ineinander verschachtelten Tochtergesellschaften auf, wie z. B. die *Goldman Sachs Trading Corporation.*

Die *Goldman Sachs Trading Corporation* wurde am 4. Dezember 1928 mit einem Kapital von 100 Millionen US-Dollar, verteilt auf 1 Million Aktien, gegründet. Anschließend kaufte *Goldman Sachs* alle Anteile mit eigenem Geld und verkaufte dann 90 % der Anteile zu 104 US-Dollar das Stück an das gierige Anlegervolk. Die *Goldman Sachs Trading Corporation* benutzte ihr Kapital vor allem, um ihre eigenen Aktien zu kaufen und so den Preis künstlich in die Höhe zu treiben. Am 7. Februar 1929, rund 2 Monate nach Gründung, betrug der Preis pro Aktie 224 US-Dollar.

Im Sommer 1929 stieß die *Goldman Sachs Trading Corporation* einen Teil ihrer Anteile wieder ab und finanzierte so einen neuen Trust, die *Shenandoah Corporation.* Sie gab weitere eine Million Anteile aus. Aus den Erlösen wurde ein weiterer Trust unter dem Namen *Blue Ridge Corporation* finanziert. Von den 7.250.000 anfänglich ausgegebenen Aktien der *Blue Ridge Corporation* gehörten 6.250.000 der *Shenandoah Corporation.* Die *Shenandoah Corporation* gehörte wieder zu großen Teilen der *Goldman Sachs Trading Company.* Die Idee hinter diesem Konstrukt war: Zunächst nehme man einen US-Dollar in die Hand und leihe sich dafür neun US-Dollar. Dann gebe man diese 10 US-Dollar als Sicherheit (Gründungskapital des neuen *Investment Trust*) und leihe sich 90 US-Dollar dafür. Dann wiederum leihe man sich mit diesen 100 US-Dollar (Gründungskapital des neuen *Investment Trust*) weitere 900 US-Dollar. Dieses Spiel spiele man so lange, wie man Gläubiger finde, die bereitwillig Geld verleihen. So entsteht eine Kette von geliehenem Geld, welche höchst anfällig für Verluste irgendeines Glieds dieser Kette ist. Kann nämlich ein Glied der Kette nicht mehr ausreichende Erträge erzielen, fehlt das Geld, die Investoren auszuzahlen und ein Schlachtfest beginnt[25].

---

[25] Das Schlachtfest begann für die *Goldman Sachs Trading Corporation* im Oktober 1929. Der Aktienkurs stürzte von weit über 200 Dollar im Oktober 1929 bis zum Herbst 1934 auf 1,75 Dollar ab.

Dies führte dazu, dass gegen Ende der 1920er Jahre aus dem Optimismus eine überschäumende Euphorie wurde, die kein Halten mehr kannte. Fast jeder Amerikaner, egal ob Manager, Dienstmädchen oder Bauarbeiter, wollte am überschäumenden Geldsegen der Börsen teilhaben. Unfassbare Geschichten machten die Runde, etwa die von einem New Yorker Kammerdiener, der an der Börse eine Viertelmillion US-Dollar gewonnen hatte, oder von einer Krankenschwester, die dank eines Aktientipps um 30.000 US-Dollar reicher geworden war usw. Folglich investierten die Amerikaner fast ihr gesamtes Hab und Gut blind in Aktien – alles was sie entbehren konnten und mehr. Nicht wenige spekulierten mit geliehenem Geld in dem Glauben, mit den Kursgewinnen ihre Schulden tilgen zu können. Dies war möglich, weil die Banken in den USA die Aktien als Sicherheit für Kredite akzeptierten und meistens keine zusätzlichen Sicherheiten verlangten. Denn die Rückzahlung des Kredits erfolgte durch steigende Aktienkurse zu einem späteren Zeitpunkt, was damals ja die Regel war. Überdies brauchten die Anleger beim Kauf von Aktien nur einen kleinen Teil des Kaufpreises zu hinterlegen. Der verbleibende Rest wurde von dem Broker aufgebracht. Die Broker refinanzierten sich durch sogenannte *broker loans*. Das waren kurzfristige Gelder, die die Broker bei den Geschäftsbanken oder auf dem Geldmarkt für die fremdfinanzierten Aktienkäufe ihrer Kunden aufnahmen. Der Bestand der Brokerdarlehen lag im Oktober 1929 bei unglaublichen 3,941 Millionen US-Dollar.

Gleichzeitig übertrug sich die gute Stimmung an der Börse auf das "reale" Leben. So wurden die Amerikaner immer konsumfreudiger. Um ihre Konsum- und Spekulationslust befriedigen zu können, wurde der Konsum immer stärker durch Kredit finanziert, z. B. waren mehr als die Hälfte aller Autos und drei Viertel aller Möbel in den zwanziger Jahren auf Kredit finanziert. Dies war möglich, weil die US-Notenbank die Zinsen niedrig hielt.

Entsprechend legte der *Dow Jones* zu. Er stieg von 1925 bis 1929 um fast das 3,8-fache, also um 39,6 % pro Jahr. Einhergehend damit stieg das Kurs-Gewinn-Verhältnis von ca. 10 auf für die damalige Zeit unglaubliche 20, und im Falle sehr begehrter Aktien, wie *American Telephone & Telegraph* (AT&T), *Ford* usw., auch weit darüber hinaus. Denn die technologischen und strukturellen Veränderungen der 1920er Jahre versprachen hohe Erträge und Dividenden der Unternehmen, ergo galten die alten Bewertungsmethoden nicht mehr. Darum war das Kurswachstum nach Ansicht vieler Börsenexperten der damaligen Zeit gerechtfertigt.

Der Ökonom John Kenneth Galbraith sprach vom "Triumph der Phantasie", der die Finanzmärkte in Bewegung versetzt habe, "nicht in langsamen, gesetzten Schritten, sondern mit sprunghaften Sätzen. Es findet eine Massenflucht in die ökonomische Scheinwelt statt." Welche Blüten die Aktienhausse trieb, sieht man daran, dass selbst Hausfrauenzeitschriften große Artikelserien über die Börse machten, mit solchen Überschriften wie "Jeder soll reich werden" oder "Jede Frau sollte einen Teil ihres Haushaltsgelds an der Börse investieren. So kann sich jeder einen Sonntagsbraten leisten." Zur selben Zeit überboten sich die Banken und Wirtschaftsexperten mit immer optimistischeren Kursprognosen nach oben. Ebenso kamen immer neuere Bewertungsmethoden auf den Markt, die die hohen Bewertungen rechtfertigten bzw. sogar noch als zu gering darstellten.

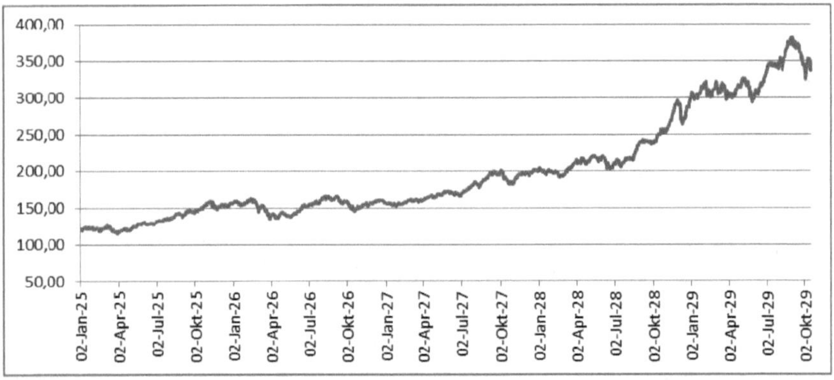

Abbildung 4: *Dow Jones* von Januar 1925 bis Oktober 1929

Fast jede Neuemission konnte kurz nach ihrem Börsendebüt unglaubliche Kursgewinne verzeichnen. Ebenfalls beobachtete man, dass die Kursdynamik deutlich zugenommen hatte. So brauchte der *Dow Jones* fast 22 Jahre (1906 bis 1927), um von 100 auf 200 Punkte zu steigen. Dagegen schaffte er die nächste Hundert-Punkte-Marke innerhalb des Jahres 1928[26]. So erlebten viele Unternehmen einen wahren Höhenflug, beispielsweise schaffte es die 1919 gegründete *Radio Corporation of America,* ihren Börsenwert vom Frühjahr 1928 bis zum Herbst 1929 um das Fünffache zu steigern, ohne jemals eine Dividende gezahlt zu haben. Ebenso verfielen die Unternehmer und

[26] Das Jahr 1928 gilt als eines der besten in der Geschichte des *Dow Jones.* Gleichzeitig wurde der Index von 20 auf 30 Werte erweitert.

Manager dem Aktienfieber. Sie investierten immer größere Summen ihrer Gewinne an den Börsen, anstatt es in die Unternehmen zu investieren. Es schien weit lukrativer und müheloser, dort Gewinne zu erzielen.

Ich möchte jetzt mit einem Börsenmärchen aufräumen: Der Crash im Herbst 1929 kam nicht gänzlich unerwartet, er zeichnete sich bereits im Frühjahr 1929 ab. So wollte die US-Notenbank schon Ende 1928 die ihrer Ansicht nach spekulative Übertreibung aus dem Aktienmarkt nehmen, indem sie eine massive Zinserhöhung für Brokerkredite durchsetzte.

Die Mahner, die darauf hinwiesen, dass die ersten Konjunktur-Indikatoren auf eine beginnende Rezession hindeuteten, wurden nicht wahrgenommen oder gar als Spielverderber angesehen. So hatten z. B. die guten Erntejahre 1927 und 1928 sowie die Ausweitung der Exportmengen der größten Weizenproduzenten – Argentinien, Australien, Kanada und die USA – die Weizenpreise massiv in den Keller gedrückt. Es drohte eine schwere Landwirtschaftskrise. Hierbei muss man bedenken, dass der Agrarsektor in den 1920er Jahren ein wesentlich höheres Gewicht hatte als heute. So waren immerhin ein Viertel aller Arbeitnehmer in den USA im Agrarsektor beschäftigt. Zudem ging die Zahl der Bauaufträge merklich zurück, was mit einer zeitlichen Verzögerung auf eine Schwäche der Baubranche hindeutete. Dazu kam noch, dass von Frühjahr bis Herbst 1929 die Autoproduktion in den USA um rund ein Drittel auf 416.000 Einheiten abgesackt war. Dies führte dazu, dass die Automobilproduzenten ihrerseits keine zusätzlichen Maschinen und Bleche usw. kauften. Der Hang der Amerikaner, auf Pump einzukaufen, führte dazu, dass die Schulden nun so groß geworden waren, dass viele Amerikaner drohten, von ihnen erdrückt zu werden. Das heißt, der Konsum ging langsam zurück, weil den Amerikanern das Geld ausging.

Ähnlich wie die Aktienmärkte stiegen auch die US-Immobilienpreise deutlich an. Dies führte dazu, dass die Amerikaner ihre Immobilien oft ohne einen Cent Eigenkapital kauften. Sie vertrauten darauf, dass die Immobilienpreise stetig weiter steigen würden. Doch Mitte 1929 stagnierte der Immobilienmarkt.

All dies sprach dafür, dass die US-Wirtschaft den Gipfel des wirtschaftlichen Aufschwunges erreicht hatte. Eine Abschwächung stand also unmittelbar bevor. Folglich erlahmte die Aufwärtsbewegung des *Dow Jones*. So verlor er am 11. Juni 1929 fast 10 % und sackte auf einen Schlussstand von 232,13 Punkten ab. Allerdings erholte er sich schnell, sodass wiederum die Mahner nicht zu Wort kamen. Die Bullen trieben jetzt den *Dow Jones* von einem Höchststand zum nächsten. Die Banken und Wirtschaftsexperten rechtfertigten die hohen Kurse mit immer neuen, fragwürdigen Methoden, d. h. die Aktienkurse stiegen, weil man den Investoren einredete, dass sie noch weiter steigen würden. Tatsächlich führten diese Einflüsterungen zu einem weiteren Anstieg. Gleichzeitig stieg die Schwankungsbreite des *Dow Jones* an. Jeder Kursrückgang wurde von den Experten als Kaufgelegenheit angepriesen, die man nicht verpassen dürfe. So stiegen die letzten unerfahrenen Anleger ein. Die sogenannte Hausfrauenrallye begannt. Der Schlussstein des Booms war also gelegt. Immer noch kauften kleine und große Investoren Aktien. Dabei wurden Aktien gekauft, und diese Aktien stellten Sicherheiten für den Kauf weiterer Aktien dar, sodass sich eine wachsende Kreditpyramide auftürmte. Dennoch verlangsamte sich der Kursanstieg im *Dow Jones* deutlich.

Am 3. September 1929 erreichte der *Dow Jones* sein neues *All-Time-High* mit 381,17 Punkten, d. h. die Notierung des *Dow Jones* hatte sich seit dem Überschreiten der 200er-Marke im Jahr 1927 nochmals fast verdoppelt. Ebenfalls wurde das *Leverage* deutlich ausgeweitet[27].

Jetzt wurde es vielen mulmig zumute. Zwei Tage nach dem *All-Time-High* warnte der damals sehr bekannte Finanzanalyst Roger Ward Babson vor einem bevorstehenden Börsenzusammenbruch von mehr als 60 Punkten. Viele Anleger belächelten ihn, dennoch kam es wenig später zu einem Kursrutsch von 10 Punkten im *Dow Jones*, dem sogenannten Babson-Kurseinbruch.

Für Beruhigung an den Märkten sorgten Aussagen vieler Experten (wie z. B. Professor Irving Fisher), dass die Aktien trotz der Hausse immer noch nicht ihrem wahren Wert entsprächen. Ins gleiche Horn bliesen viele Publikationen und Zeitschriften und veröffentlichten positive Börsenkommentare. Gleichzeitig machten sie sich lustig über Roger Ward Babson, wie z. B. die Finanzzeitschrift *Barron's* in ihrem Leitartikel von 9. September 1929, in dem sie Roger Ward Babson als den "großen Seher aus den Wellesley Hügeln" verspotteten. All dies führte dazu, dass sich die Kurse wieder erholten, aber sie erreichten nicht mehr ihre alten Höchststände.

---

[27] Wie abenteuerlich dies wurde, zeigt das Beispiel der United-Founders-Gruppe. Diese Gruppe musste von einem Freund im Jahr 1921 mit 500 US-Dollar gerettet werden. Danach nahm die Gruppe Kredite auf und verkaufte eigene Wertpapiere, um an den Aktienmärkten spekulieren zu können. Am Ende hatte die Gruppe eine Milliarde US-Dollar an Vermögenswerten in den Büchern stehen – allerdings zum Großteil auf Kredit gekauft.

Doch schon Ende September 1929 kam es zum nächsten größeren Kursrutsch an den Börsen. Die Nervosität der Anleger stieg merklich an. Immer noch wirkte die Beruhigungspille der Experten. So sagte Professor Stagg Lawrence von der *Princeton-Universität* nach dem Kursrutsch Ende September 1929, er könne nicht verstehen, warum die Aktien überteuert sein sollten. Überdies versicherte Charles Mitchell, Direktor der *National City Bank*, am 15. Oktober, die Aktienmärkte seien in einer guten Verfassung. Gleichzeitig versprühten auch der amerikanische Präsident Herbert Hoover oder der Präsident der *Chase Bank*, Albert H. Wiggin, Optimismus.
Trotz der Beschwichtigungen berichteten für viele Anleger überraschend viele Zeitungen am Sonntag, den 20. Oktober 1929, dass viele zu Sicherungszwecken hinterlegte Aktien nach den Kursrückgängen der vergangenen Wochen eine kritische Größe erreicht hätten und die Banken auf eine Nachschusspflicht bzw. Auflösung von Aktienpaketen bestehen könnten. In Sorge über weitere mögliche Verluste fingen am Montag, den 21. Oktober 1929 (Beginn der Krise), die Anleger an, langsam zu verkaufen, was zu einen Rückgang des *Dow Jones* bei sehr hohen Umsätzen führte.
Obendrein bekam das Bärenlager jetzt immer mehr Gehör. So warnte am 21. Oktober 1929 der bekannte Chartanalyst William Peter Hamilton vor einer äußerst gefährlichen Chartsituation. Sollte der *Dow Jones* seine wichtige Unterstützung bei 325 Punkten nach unten durchbrechen, drohe eine Baisse. Tatsächlich durchbrach der *Dow Jones* diese Marke. Desgleichen durchschlug zwei Tage später der damals wichtige Eisenbahnindex seine Unterstützungsmarken. Somit standen die Zeichen an der Börse eindeutig auf Baisse. Am Donnerstag, den 24. Oktober, als um zehn der Eröffnungsgong erklang, setzte eine unglaubliche Verkaufswelle (in der ersten halben Stunde wurden rund 1,6 Millionen Aktien gehandelt) ein, die sich vor allem aus Zwangsverkäufen von auf Kredit gekauften Aktien speiste, weil die Banken wegen der vorherigen Kursrückgänge die Reißleine zogen.
Völlig unerwartet brach auf einmal der Markt zusammen, weil keine Kaufaufträge mehr vorlagen. Niemand wollte mehr Aktien kaufen. Alle hatten Angst, die Kurse würden weiter in den Keller fallen. Keiner wollte in das sprichwörtliche fallende Messer greifen. Darum brach jetzt Panik bei den Anlegern aus. Jeder wollte seine Aktien so schnell wie möglich loswerden. Die Kurse brachen förmlich ein. Der Andrang war so groß, dass der Börsenhandel mehrmals wegen völliger Überlastung zusammenbrach. Die Ticker kamen nicht mehr nach und zeigten viel zu hohe Kurse an. Dies schürte die

Panik nochmals. So verloren die amerikanischen Aktien bis zum Mittag schon unglaubliche 11,25 Milliarden US-Dollar Börsenwert. Ein Börsianer fasste die Stimmung an der Börse so zusammen: "*So wilde Szenen hat es an der Börse noch nie gegeben, sagen die ältesten Veteranen der Börse. Hoffentlich auch nie wieder.*" Dies zwang die führenden Bankiers zu einer Krisensitzung kurz nach Mittag. Dabei beschlossen sie, die wichtigsten Aktien im Kurs zu stützen.

Tabelle 1: Aktienkurse wichtiger amerikanischer Aktien während des Crashs von 1929

Aktie	Kurs am 03.09.1929	Kurs am 29.10.1929	Kurs am 15.11.1929
General Electric Co.	396,54 $	209,91 $	201,25 $
IBM	241,24 $		129,86 $
AT&T	304,11 $	229,78 $	222,03 $
Hershey Chocolate	128,23 $	107,23 $	68,91 $
People's Gas Chicago	374,45 $		229,97 $

So begab sich der Vizepräsident der *New Yorker Börse,* Richard Whitney, auf seinen berühmten Rundgang durch die Börsen und kaufte im großen Stil im Auftrag der Bankengruppe Aktien auf. Tatsächlich schien diese Maßnahme dazu zu führen, dass sich die Panik etwas legte und die Aktienkurse sich auf niedrigem Niveau stabilisierten. Dieser Handelstag hatte es in sich. So dauerte es bis 19:08 Uhr, ehe die letzten Abschlüsse, die nachmittags um 15:00 Uhr aufgegeben wurden, abgerechnet waren. Es wurden ungefähr 12.894.650 Aktien von 974 Firmen gehandelt, was das Vierfache eines normalen Handelstages entsprach. Der *Dow Jones* schloss unter der wichtigen Marke von 300 Punkten bei 299,47 Punkten. Dieser Donnerstag ging in die Annalen der Börsengeschichte als *Black Thursday* ein.

Am nächsten Tag erreichte die europäischen Märkte die Nachricht vom Börsencrash in New York. Egal ob in Berlin, London, Mailand, Paris – an allen europäischen Börsen kam es zu einem wahren Schlachtfest. Dieser Tag ging als *Black Friday* (Schwarzer Freitag) in die Börsengeschichte ein. Dennoch gab New York den Takt vor.

Am Freitag, den 25. Oktober, nahm die Zahl der Verkäufe wieder deutlich zu, weil immer mehr Aktionäre ihre Kredite nicht mehr ausreichend durch ihre Depotbestände besichert hatten. So verlangten die Banken entweder Nachschuss, oder die Anleger mussten ihre Depots liquidieren. Da die meisten Anleger kein Kapital mehr in der Hinterhand hatten, mussten sie ihre Depots verkaufen. Zudem drohte eine erneute Panik die Märkte zu erfassen, weil die ersten kleinen Banken ihre Segel streichen mussten. Dies veranlasste

US-Präsident Hoover am 25. Oktober 1929 zu folgender Aussage. "Die reale Wirtschaft des Landes befindet sich in einer gesunden und florierenden Verfassung." Diese Aussage beruhigte die Anleger und die Börse, sodass die niedrigen Kursniveaus vom Donnerstag gehalten werden konnten. Am Wochenende versuchten Zeitungen, die Anleger weiter zu beruhigen. Indem sie in ihren Artikeln sagten, es handele sich "nur" um eine technischen Reaktion und es komme zu einer baldigen Rückkehr auf den Wachstumspfad.
Doch schon am Montag, den 28. Oktober, kehrte die Panik an die Börsen zurück, weil die Banken ihre Unterstützungskäufe einstellten. Sie waren nicht mehr bereit, die unkalkulierbaren Risiken weiter einzugehen. Folglich gab es niemanden mehr, der sich gegen die Flut der Verkaufsaufträge stemmte. Der Damm war gebrochen. Der *Dow Jones* brach um fast 13 % auf 260,64 ein. Diese Kursverluste waren bis dato die größten Tagesverluste im *Dow Jones*. Der Börsenticker war so überlastet, dass er an diesem Montag eine "Verspätung" von zweieinhalb Stunden hatte, weil über 9 Millionen Aktien gehandelt wurden. Die Börsenhändler sprachen von einem *Black Monday* (Schwarzer Montag).
Jetzt war die Stimmung auf dem Tiefpunkt angekommen und das Vertrauen in Aktien und die Wirtschaft endgültig zusammengebrochen. Folgerichtig folgte auf den Schwarzen Montag ein Schwarzer Dienstag. Die Börsenmakler erstickten förmlich in einer Flut von Verkaufsaufträgen. Jeder, der noch Aktien besaß, suchte sein Heil in der Flucht und stieß seine Aktien zu jedem Preis ab, nur um noch etwas Bargeld zu erlösen. So fielen manche Aktien alle zehn Sekunden um einen US-Dollar. Die Spirale fing sich immer schneller an zu drehen. Augenzeugen berichteten, dass es sogar Prügeleien zwischen Händlern gegeben habe oder dass hartgesottene Makler weinend auf den Stufen der *Wall Street* gesehen wurden. Als um 17:32 Uhr die *New Yorker Börse* schloss, hatte sie das bis dahin höchste Handelsvolumen (Gesamtumsatz 16.410.000 Aktien) ihrer Geschichte abgewickelt. Vieler Broker waren froh, diesen Tag überstanden zu haben. Der *Dow Jones* verlor erneut fast 12 % und schloss bei 230,07 Punkten, d. h. bei fast einem Drittel weniger als vor einer Woche.
Auch der Mittwoch brachte keine Ruhe. Zur allgemeinen Verwunderung kehrte sich jetzt das Spiel um. Nach der Bekanntgabe einiger Dividendenerhöhungen von bekannten Unternehmen und dem Gerücht über Aktienkäufe durch Rockefeller verzeichnete der *Dow Jones* einen seiner bisher größten prozentualen Gewinne in der Geschichte. Am Mittwochabend notierte der

Dow Jones bei einem Schlusskurs von 258,47 Punkten, also bei 12 % im Plus. Auch der Donnerstag, der 31. Oktober, brachte Kursgewinne. Der *Dow Jones* legte auf 273,51 Punkte zu. Es keimte die zarte Hoffnung auf, es sei alles überstanden. So teilte John D. Rockefeller den verblüfften Beobachtern mit, er sei schon wieder in den Markt eingestiegen. Er glaube, dass die Situation des Landes gesund sei. Darum hätten er und sein Sohn seit Tagen gesunde Stammaktien gekauft. Rockefeller lag mit seiner Einschätzung ziemlich daneben. Der Kursverfall führte den *Dow Jones* schließlich zu einem Tiefstand von 198,69 (13. November 1929) Punkten. Erst Mitte November 1929 konnten sich die Börsen langsam wieder stabilisieren.

Die Folgen dieses Aktiencrashs waren katastrophal für die amerikanische Wirtschaft. So verloren zwischen ein bis drei Millionen Amerikaner den Großteil ihres Vermögens, viele sogar alles. Diese Krise traf alle Schichten der amerikanischen Bevölkerung, d. h. von Witwen über Kindermädchen und Arbeiter bis hin zu den Reichen. Der ehemalige Chef von *General Motors*, Bill Durant, verlor bspw. rund 40 Millionen US-Dollar, ebenso verlor der bekannte Multimillionär und Börsenspezialist der *Radio Corporation of America* (RCA) Michael Meehan, eine achtstellige Summe. Welche Kräfte hier am Werk waren, lässt sich am Beispiel des Aktienkurses der RCA erkennen. Dieser stieg von Mitte der zwanziger Jahre bis 1929 von 5 auf 500 US-Dollar. 1932 hatte die RCA-Aktie wiederum 98 % ihres Wertes verloren, notierte unter 10 US-Dollar. Daneben brach der US-Immobilienmarkt ein, regional um bis zu 80 %. Selbst das Edelmetall Silber musste Einbußen von bis zu 55 % hinnehmen. Viele Menschen hatten jetzt nicht mehr genug Geld und schränkten ihre Ausgaben ein. Dies führte zu einem enormen Nachfrageeinbruch, sodass der Aktiencrash auf die reale Wirtschaft übergriff. Es setzte sich ein verhängnisvoller Kreislauf in Gang, der die Welt verändern sollte.

3.4.4 Die große Depression – die Weltwirtschaftskrise von 1929

Ein Börsenmakler fasste die Ausgangslage nach dem Crash so zusammen: "*In den Augen der Wall Street war das Schlimmste und Gefährlichste nach dem Crash 1929 die Beunruhigung der Öffentlichkeit. Die Panik der Menschen konnte weitere Dominosteine fallen lassen, die endgültig das Kartenhaus zum Einsturz bringen konnten. Es konnte ein realer Schock für die Wirtschaft entstehen, der alles in den Abgrund reißen konnte.*"

Noch Ende 1929 glauben die meisten Ökonomen, dass man die Folgen des Börsencrash von Oktober 1929 in den Griff bekommen könne. Die Geschehnisse an den Börsen wurden mit dem Platzen einer Blase erklärt, was allerdings keine Auswirkungen auf die reale Wirtschaft haben sollte. Der *Dow Jones* konnte bis Mai 1930 tatsächlich deutlich auf 276 Punkte zulegen. In der Euphorie dieses Aufschwunges kamen immer mehr Experten zu der Ansicht, dass eine baldige Rückkehr zu den Glanzzeiten der goldenen zwanziger Jahre bevorstand. So sagte US-Präsident Herbert Hoover zum Höhepunkt der kurzfristigen Aufwärtsbewegung am 1. Mai 1930, das Schlimmste sein nun überstanden und mit vereinten Bemühungen werde sich die Wirtschaft bald wieder erholen. Dabei übersah Hoover die Ungleichverteilung von Vermögen und Einkommen. In den 1920er Jahren war das Einkommen der großen Masse der Bevölkerung relativ gesehen gesunken. Folglich ging die Massenkaufkraft zurück. Das heißt, der größte Teil des Sozialproduktzuwachses war in die Taschen eines recht kleinen Teils der Bevölkerung geflossen, nämlich in die der Reichen. Allerdings setzte die neue Massenproduktion Masseneinkommen und Massenkaufkraft voraus. Hält das Masseneinkommen mit der Produktion nicht mehr Schritt, wie 1929, entsteht eine sogenannte Unterkonsumtionskrise. Eine solche Krise entsteht, wenn die oberen 5 bis 10 % der Bevölkerung eines Landes einen immer größer werdenden Teil des Volkseinkommens erhalten. Das eigentliche Problem ist, dass wohlhabende Familien prozentual weniger ihres verfügbaren Einkommens verkonsumieren als arme. Sie sparen mehr. Dieses Geld fehlt dann der Nachfrage. Daher kann die wachsende Menge an produzierten Gütern und Dienstleistungen auf Dauer immer schwerer abgesetzt werden. Es entsteht eine Nachfragelücke. Folglich entsteht langsam ein Trend zu Unterkonsumtion bzw. Überproduktion. Dieser Trend verstärkte sich in den 1920er Jahren, weil die US-Industrie massiv in eine Produktionserweiterung investierte. Wie konnte Amerika nun seine Nachfragelücke schließen? Dies gelang in den 1920er Jahren dadurch, dass die überschüssigen Güter gegen Kredit ins Ausland verkauft wurden, hauptsächlich nach Europa[28] [29].

---

[28] Allerdings führt dies bei den importierenden Ländern zu einem hohen Leistungsbilanzdefizit. Langfristig führen hohe Leistungsbilanzdefizite (bzw. außenwirtschaftliche Ungleichgewichte) bei den importierenden Ländern zu einem immer größer werdenden Schuldendienst. Wegen dieser Auslandsverschuldung stößt der Import von Gütern irgendwann an seine Grenzen.

[29] Andere Möglichkeiten, die Nachfragelücke zu schließen, sind: 1. Der Staat führt eine steuerliche Umverteilung durch, indem er schrittweise die Steuern für Reiche erhöht und für Arme senkt. 2. Der Staat lässt die Umverteilungsquote so, wie sie ist, führt aber eine ausgabefreudige Fiskalpolitik durch. Dies lässt sich allerdings nicht lange durchhalten

Die weiter fallenden Preise für landwirtschaftliche Produkte und andere Rohstoffe führten dazu, dass viele Farmer ihre Schulden nicht mehr zurückbezahlen konnten und bankrottgingen. So mussten zwischen 1929 bis 1933 eine Million Farmen zwangsversteigert werden. Beispielsweise lag im Frühjahr 1932 der Preis für Kautschuk auf dem Weltmarkt um 93 %, der von Zucker um 74 %, der von Seide um 75 % und der von Jute um 62% unter dem Durchschnittspreis der Jahre 1925–1929.
Zudem gingen wegen der sinkenden Rohstoffpreise immer mehr Minen kaputt. Außerdem mussten immer mehr Unternehmen ihre Türen für immer schließen, weil der Druck der ständig schlechteren Wirtschaftsbedingungen (immer weniger Nachfrage und damit sinkende Preise) zu viel wurde. So stieg die Zahl der Arbeitslosen unaufhaltsam an. Die Wirtschaft drohte einen fatalen Weg einzuschlagen.

Die Verbraucher müssen sparen. → Die Nachfrage geht zurück. → Die Produktion wird eingeschränkt. → Arbeiter müssen entlassen werden. → Letztlich werden ganze Fabriken geschlossen. → Die stark ansteigende Arbeitslosigkeit führt zu einer noch geringeren Nachfrage. → Es kommt zum Angstsparen bei den Konsumenten. → Die Nachfrage geht noch weiter zurück. →Es kommt zur Wirtschaftskrise!

Die Rezession begann, sich immer weiter zu vertiefen, sodass aus ihr später eine Depression wurde. Präsident Hoover verabschiedete zur Überbrückung der Rezession im Juli 1930 ein gigantisches Investitionsprogramm über 915 Millionen US-Dollar, u. a. wurde mit diesen Mitteln der *Hoover-Damm* gebaut. Außerdem senkte Präsident Hoover 1929 angesichts der jährlichen Budgetüberschüsse die Steuersätze linear um 1 %. Wegen des gewaltigen Haushaltsdefizites musste Hoover im Dezember 1931 postwendend Steuerhöhungen vorschlagen. Das Haushaltsdefizit entstand wegen den durch die Rezession entstandenen Steuerausfällen. So beschloss der US-Kongress 1932 massive Steuererhöhungen, wobei der tiefste marginale Steuersatz

---

und führt zu einem Anwachsen der Staatsverschuldung. 3. Die steigenden Ersparnisse der Reichen werden über das Finanzsystem in Form von Konsumkrediten an die weniger wohlhabenden Menschen verliehen. Die Armen können dann mehr konsumieren und die Nachfragelücke schließt sich. Dies führt aber zu einem Anwachsen der privaten Schuldenberge, sodass die Schuldenlast im Verhältnis zu den Einkommen zu groß wird. Deswegen steigt der Konsum irgendwann nicht mehr weiter an. 4. Die Wirtschaft fährt ihre Produktion und Investitionen zurück. Die Nachfragelücke schließt sich, aber gleichzeitig steigt die Arbeitslosigkeit an. Letztlich führt dies zu weniger Einkommen, weniger Nachfrage und der Abwärtsprozess verschärft sich.

von 1,125 % auf 4 % und der höchste von 25% auf 63% (für Einkommen über 1 Millionen US-Dollar) angehoben und die Progression deutlich verschärft wurde. Zunächst handelte die US-Notenbank als Reaktion auf den Crash von 1929 lehrbuchmäßig, indem sie den Diskontsatz zwischen Oktober 1929 und Februar 1930 von 6 % auf 4 % senkte. Zusätzlich versorgte die Notenbank im Oktober 1929 die Banken mit einer für damalige Verhältnisse unglaublich großen Liquiditätsspritze von über 300 Millionen US-Dollar.
Doch im Frühjahr 1930 wurde die Geldpolitik konfus. So wurde der Diskontsatz zwischen März 1930 und September 1931 auf bis zu 1,5 % gesenkt, im Herbst 1931 zweimal erhöht und 1932 wieder gesenkt. Dies lag an der internationalen Währungsordnung. Zur damaligen Zeit fußte die Währungsordnung auf dem Goldstandard. Damit verpflichteten sich die Zentralbanken, den Wert ihrer Währungen an den Wert des Goldes zu koppeln. Für 100 US-Dollar bekam man also eine genau fixierte Menge an Gold. Setzte nun die USA den US-Dollarpreis für eine Unze Gold bei 35 US-Dollar fest und Frankreich den Goldpreis bei 210 Franc, so verhinderte die Arbitrage, dass der Wechselkurs zwischen US-Dollar und Franc signifikant von 6 FF/US-Dollar abwich. Wenn der Wechselkurs signifikant über diesen Wert steigt, lohnt es sich, mit Franc in Frankreich Gold zu kaufen und dieses in die USA zu transportieren und gegen US-Dollar einzutauschen – und diese US-Dollars wiederum in Frankreich in Franc umzutauschen. Ein weiteres Merkmal des Goldstandards ist, dass sich Leistungsbilanzungleichgewichte[30] in Goldströmen widerspiegeln. So führt ein Handelsbilanzdefizit wegen des Goldexports zu einem sinkenden Geldangebot. Dagegen führt ein Handelsbilanzüberschuss über den Goldimport zu einem steigenden Geldangebot.
Dies führt in dem Defizitland zu einer Senkung der Geldmenge und somit zu höheren Zinsen und Kapitalimporten. Letztlich führt dies dazu, dass der Kapitalbilanzüberschuss[31] das Handelsdefizit finanziert. Aber die hohen Zinsen wirken sich im Defizitland negativ auf die Wirtschaft aus. Überdies führt die sinkende Geldmenge zu sinkenden Preisen. Dies führt aber wiederum dazu, dass die Wettbewerbsfähigkeit des Defizitlandes steigt, wodurch sich das

[30] Die Leistungsbilanz ist ein Teil der Zahlungsbilanz eines Landes. Sie umfasst neben dem Saldo aus Exporten und Importen von Gütern sowie Dienstleistungen auch das Saldo aus zu- und abfließenden Erwerbs- und Vermögenseinkommen (wie z. B. Geldtransfers von internationalen Unternehmen) und dem Saldo laufender Übertragungen (wie z. B. Entwicklungshilfezahlungen).

[31] Die Kapitalbilanz ist ein Teil der Zahlungsbilanz eines Landes. Sie gibt spiegelbildlich zur Leistungsbilanz alle Kapitaltransaktionen zwischen dem In- und Ausland wieder.

Handelsbilanzgleichgewicht wiederherstellen sollte. Im Land mit dem Handelsbilanzüberschuss beobachtet man, dass der Prozess umgekehrt verläuft. Der Hauptvorteil des Goldstandards ist, dass er die Geldmenge in engen Grenzen hält, sodass die Inflation langfristig niedrig bleibt.
Liegt allerdings ein außenwirtschaftliches Ungleichgewicht vor und die Preise reagieren, wie 1930, nur träge, so kommt der Nachteil des Goldstandards zum Tragen. Er besteht darin, dass der makroökonomische Anpassungsprozess mit einer stark steigenden Arbeitslosigkeit einhergeht. Dies war auch der Grund, aus dem die Regierungen zu Beginn des Jahres 1931 nicht mehr bereit waren, ihre Währungen mit dem Preis einer Verschärfung der Rezession zu stützen. Schließlich machte es der Goldstandard unmöglich, die Rezession mittels einer expansiven Geldpolitik zu bekämpfen. Daher flohen die Anleger aus einer von Abwertung bedrohten Währung. Dies verschlimmerte die Situation nochmals. Großbritannien wich unter dem Druck von Goldabzügen zuerst im September 1931 vom Goldstandard ab. Gleichzeitig führte Großbritannien eine Abwertung des Pfundes durch. Darauf folgte ein internationaler Abwertungswettlauf der Währungen, um der Exportindustrie einen Vorteil zu verschaffen.
Ähnlich wie zuvor der wirtschaftliche Aufschwung, breitete die Krise sich ausgehend von den USA über die ganze Welt aus. Der Grund hierfür war, dass die USA nach dem Ersten Weltkrieg zur Gläubigernation Nr. 1 aufgestiegen waren. Auch in den goldenen zwanziger Jahren gaben die amerikanischen Banken viele Kredite ins Ausland, bevorzugt nach Europa. Durch Einführung des Dawes-Plan (1924) konnten amerikanische Banken auch größere Kredite nach Deutschland geben, um dort den Wiederaufbau der Wirtschaft und Infrastruktur zu ermöglichen. So lieh sich die deutsche Wirtschaft fast die Hälfte der Nettoinvestitionen zwischen 1924 und 1929 im Ausland, vor allem in den USA. Viele Städte und Gemeinden nahmen US-Dollar-Anleihen auf und bauten Kläranlagen, Brücken, Wohnungen usw. Daneben ermöglichten diese Kredite es dem Deutschen Reich erst, die immer noch laufenden Reparationszahlungen aus dem Ersten Weltkrieg an Frankreich, Großbritannien und andere Reparationsgläubiger zu zahlen und gleichzeitig ihre Wirtschaft aufzubauen. Deutschland hing also am Tropf der Kreditgeber. Sollten die Kredite ausbleiben, war eine Katastrophe vorprogrammiert.
Auf der anderen Seite transferierten die Alliierten (wie Frankreich oder Großbritannien) die erhaltenen Reparationszahlungen direkt in die USA, um ihre Kriegsschulden gegenüber den USA abzubauen. Dies war dringend

notwendig, da z. B. England sich alleine nach dem Ersten Weltkrieg zusätzlich zu den Kriegsschulden mit weiteren 4,7 Milliarden US-Dollar verschuldete. Das Deutsche Reich häufte bis 1929 ein Gesamtvolumen ausländischer – hauptsächlich amerikanischer – Kredite in Höhe von 15,7 Milliarden Reichsmark an. Dieses System funktionierte bis zum Crash 1929 tadellos, weil alle Beteiligten glaubten, ihr Geld wieder zu bekommen, da der Wirtschaftsaufschwung für genügend Steueraufkommen sorgte.

Plötzlich herrschte wegen des Oktober-Crashs 1929 ein Geldmangel und die amerikanischen Banken waren gezwungen, einen Großteil der noch ausstehenden Kredite soweit wie möglich zurückzufordern, und sie konnten keine neuen Kredite vergeben. Gleichzeitig mussten viele amerikanische Anleger ihr Kapital aus Europa abziehen, um die Verluste in den USA einigermaßen ausgleichen zu können. Im Prinzip versiegten fast alle internationalen Kapitalströme. Damit wurde in Europa dem kreditfinanzierten Aufschwung schlagartig die Luft zum Atmen genommen, und es kam zur Rezession bzw. Depression. Schlagartig wurde jedem bewusst, dass es sich beim Boom der goldenen Zwanziger um eine "Dollarscheinblüte" gehandelt hatte.

Diese Rezession wurde noch verschlimmert, weil die USA bei den ersten Anzeichen des Konjunkturabschwunges, um die eigene Industrie zu schützen, eine äußerst aktive Außenwirtschaftspolitik mit Importrestriktionen und Exportförderungen eingingen. Dies veranlasste viele andere Länder ebenfalls, Schutzzölle zu erheben. Selbst England vergaß seine traditionelle Freihandelspolitik und ersetzte diese gegen ein System von Schutzzöllen gegen alle Länder außerhalb des *Commonwealth.*

Es kam zu einem Wettlauf zwischen den Staaten im Protektionismus. Es wurden beinahe täglich neue Arten von Schutzzöllen erfunden. So sank z. B. der Wert der monatlichen amerikanischen Importe von durchschnittlich 400 Millionen US-Dollar vor dem Oktober-Crash 1929 auf knapp 200 Millionen US-Dollar im Herbst 1930. Dagegen musste Deutschland im selben Zeitraum einen Rückgang von 13,5 auf 5,7 Milliarden Reichsmark im Export verkraften. Die protektionistischen Maßnahmen wurden im Lauf der Depression immer schlimmer, sodass es in Verbindung mit den konjunkturellen Faktoren zu einem Zusammenbruch des Welthandels kam. Dennoch gab es im Frühjahr 1931 zarte Erholungstendenzen. Zwischen Januar und April 1931 zeigten weltweit wichtige Konjunkturindikatoren (beispielsweise war der saisonal übliche Rückgang der Arbeitslosen im Frühjahr 1931 größer als üblich) überraschend nach oben. Diese zarte Pflanze der Entspannung wurde jedoch durch eine sich abzeichnende europäische Bankenkrise wieder "zertrampelt". Es zeichnete sich folgender Weg ab:

Die Banken vergaben Kredite in extremer Höhe ohne genaue Prüfung (billige Kredite waren 1929 leicht zu haben). → Als Sicherheit diente ein Spekulationsobjekt (hier hauptsächlich Aktien). → Außerdem spekulierten die Banken mit dem Geld ihrer Kunden. Hierdurch gerieten auch sie in Gefahr. Denn wenn die Kurse stark einbrechen und die Kredite nicht mehr gedeckt sind, kann die Spekulation nicht aufgehen. → Der Börsencrash 1929 führte dazu, dass die Banken hohe Abschreibungen auf die Kredite vornehmen mussten und zusätzlich Verluste aus eigenen Spekulationen zu verzeichnen hatten. Trotzdem mussten die Banken das Geld der Kunden auszahlen. → Eine erste Bank verfügt über kein Bargeld mehr. → Dies führt zur Schließung der Bank. → Alle Bankkunden werden misstrauisch (Vertrauenskrise). → Es folgt ein *Run* auf die Spareinlagen. Die Kunden fordern ihr Geld zurück. → Wir haben eine Bankenkrise!

Denn die Lage der Banken verschlechterte sich von Monat zu Monat bedenklich. Die Bankmanager hatten einen fatalen Fehler gemacht. Sie verstießen gegen eine goldene Bankregel – die Fristigkeit. Damit ist gemeint, dass z.B. kurzfristiges Geld auch nur kurzfristig investiert werden darf. Wegen der in den goldenen zwanziger Jahren scheinbar niemals versiegenden Geldquellen aus Amerika wurden langfristige Projekte mit kurzfristigen Krediten refinanziert. Hierdurch konnten die Banken ein hübsches Sümmchen Geld zusätzlich verdienen, weil die langfristigen Anlagen deutlich mehr abwarfen als die kurzfristigen. Dieses Kartenhaus wurde durch den raschen Abzug der ausländischen Kredite ab Oktober 1929 zum Einsturz gebracht. Daher kamen die Banken immer mehr in Zahlungsnot, weil der stetige Abfluss von Geld ihre Reserven dramatisch reduzierte. Es war also nur noch eine Frage der Zeit, bis die erste Bank fiel.
Zu einem Schock führte die Bekanntgabe des Geschäftsberichts von Österreichs größter Bank, der *Österreichische Credit-Anstalt für Handel und Gewerbe*; (kurz *Österreichische Credit-Anstalt*; zugleich eine gigantische Holding mit umfangreichem Aktienbesitz), im Mai 1931. Aus dem Geschäftsbericht ging hervor, dass wegen Verlusten im Auslands- und im Inlandsgeschäft fast das gesamte Eigenkapital der Bank aufgezehrt war. Der Verlust war entstanden, weil die österreichischen Unternehmen ihre Kredite nicht mehr bezahlen konnten und der gesamte Besitz an internationalen Industrieaktien durch den Kursverfall an den Börsen entwertet war. Diese Nachricht führte zu einem Banken-Run, sodass am 11. Mai 1931 die *Österreichische Credit-Anstalt für Handel und Gewerbe* zusammenbrach. Dieser Zusammen-

bruch hatte weit über Österreich Folgen. Viele europäische Anleger (insbesondere in Deutschland) lösten jetzt ihre Sparguthaben auf und brachten damit weitere Finanzinstitute in arge Bedrängnis. So musste am 13. Juli 1931 eine der vier Großbanken, die *Darmstädter und Nationalbank* (kurz *Danat-Bank)*, ihre Pforten schließen. Das Drama der *Danat-Bank* nahm am Abend des 11. Mai 1931 seinen Lauf, als Jakob Goldschmidt, Chef der Bank, bei einem Essen erfuhr, dass sein wichtigster Kunde, der Bremer Textilriese *Nordwolle*, die Bilanzen gefälscht hatte und hoffnungslos überschuldet war. Er sagte daraufhin: "Die Nordwolle ist hin, die Danat-Bank ist hin, die Dresdner Bank ist hin, ich bin hin." Mit der Einschätzung lag Goldschmidt nicht verkehrt. Es drohte eine Bankenkrise. Die *Dresdner Bank* und die *Rheinische Landesbank* gaben ihre Illiquidität am 13. Juli 1931 bekannt.
Daraufhin brach Panik bei den Sparern und Anlegern aus. Jeder wollte seine Ersparnisse vor einer möglichen Pleite seiner Bank in Sicherheit bringen. Es kam zu teilweise tumultartigen Szenen vor den Banken. Dies veranlasste die Reichsregierung, die Bankschalter zwei Tage zu schließen. Es sollte allerdings fast drei Wochen dauern, bis sie den Zahlungsverkehr wieder vollständig freigab.
Hinzu kam jetzt auch noch, dass die letzten ausländischen Anleger panikartig ihr Geld von den deutschen Banken abzogen. Dies sorgte dafür, dass es zu einer Geldverknappung kam, weil die Banken fast keine Kredite mehr vergaben. So gerieten viele Unternehmen (weil sie keine Kredite mehr erhielten, um z. B. die Aufträge vorzufinanzieren) in den Strudel der Bankenkrise und mussten schließen. Weiterhin erfasste die Bevölkerung eine Panik und Zukunftsangst. So bangten immer mehr Menschen um ihre Arbeitsplätze und ihr Einkommen und schränkten sich deshalb immer mehr ein. Sie vermieden unnötige Ausgaben, Anschaffungen wurden zurückgestellt, es wurde mehr gespart und weniger auf Pump gekauft. Durch die Kaufzurückhaltung wurde die Industrie zusätzlich hart getroffen. Sie musste die Produktion drosseln, was Massenentlassungen zur Folge hatte. Zur Beruhigung der Lage musste die *Reichsbank* die Bankenkrise in den Griff bekommen. Dafür lieh sie sich in Großbritannien, Frankreich und den USA Stützungskredite von 420 Millionen Reichsmark.
Eine weitere große Gefahrenquelle lag nach wie vor in der enormen Auslandsverschuldung Deutschlands, sodass der Gold- und Devisenvorrat der *Reichsbank* nicht ausreichte, um alle Auslandsschulden zu bedienen. Im Jahr 1929 betrugen die ausländischen Einlagen 18 % aller Bankeinlagen.

Deswegen wurde am 1. August 1931 per Notverordnung verfügt, dass alle in Deutschland befindlichen Devisen an die *Reichsbank* verkauft werden mussten. Damit wurde der private Devisenhandel verboten. Selbst diese drastische Maßnahme reichte nicht aus, um die kommerziellen Auslandsschulden zu begleichen (nicht nur die Reparationszahlungen, sondern auch Kredite für den Wiederaufbau nach dem Ersten Weltkrieg), deswegen wurde ein Moratorium durchgesetzt. So wurde die Rückzahlung der kurzfristigen Schulden um 6 Monate gestundet. Dieses Stillhalteabkommen wurde immer wieder verlängert, sodass die letzten Tilgungsraten erst im Jahr 1953 zurückbezahlt werden mussten. Hierdurch war die unmittelbare Gefahr für das deutsche Bankenwesen abgewendet, sodass die Reichsregierung eine Reorganisation des gesamten Bankensystems durchführen konnte.

Als eine Maßnahme eröffnete die Regierung den Banken mit der Gründung der *Akzept- und Garantiebank* eine neue Kreditquelle. Sie sollte es den Banken ermöglichen, sich leichter kurzfristig zu refinanzieren und so ihre Liquidität zu verbessern. Weiterhin musste Reichskanzler Heinrich Brüning neben der Übernahme von Aktien zu 750 Millionen Reichsmark Ausfallbürgschaften von 800 Millionen Reichsmark für die gescheiterten Banken bereitstellen. So erwarb der Staat 35 % an der *Deutschen Bank*, an der *Commerz-* und *Privatbank* 70 %, an der *Allgemeine Deutsche Kreditanstalt Leipzig* 70 % und an der *Dresdner Bank* 90 % (die *Dresdner Bank* wurde mit der *Danat-Bank* zwangsfusioniert). Diese Maßnahmen wurden mit einer Notverordnung vom 19. September 1931 flankiert, mit der alle Banken in Deutschland unter Aufsicht gestellt wurden[32]. Gleichzeitig war die Regierung in Berlin außer sich über die Manager der deutschen Banken. So sprach der wütende Kanzler von "Persönlichkeiten, die mit dem Odium der Fehlschläge belastet sind". Gleichzeitig ließ der Kanzler seinen Worten Taten folgen. So wurden Banken nach dem Willen der Regierung saniert, bei Bedarf per Dekret zur Fusion mit einem Konkurrenten gezwungen. Zudem wurden in den Chefetagen der Banken die "Versager" herausgeworfen, beispielsweise müsste ein Drittel der Deutsche-Bank-Vorstände gehen, bei der *Commerzbank* war es die Hälfte und bei der *Dresdner Bank* durfte sogar nur einer bleiben.

[32] Bis dahin waren eigentlich nur die Zulassungsvoraussetzungen definiert. Lediglich die Hypothekenbanken und die öffentlich-rechtlichen Sparkassen waren in Preußen seit 1838 zum Schutz der Pfandbriefgläubiger unter Aufsicht gestellt. Dies sollte jetzt für alle Banken gelten. Zudem sollte auch eine laufende Beaufsichtigung stattfinden.

Häufig wird in der Diskussion übersehen, dass die Maßnahmen der Regierungen zur Verschärfung der Krise beitrugen. So reagierten einige Länder überhaupt nicht auf die Krise und hofften auf die Selbstheilungskräfte des Marktes. Andere Länder, wie die USA, beschleunigten die Krise nochmals durch ihre restriktive Geldpolitik.

Besonders tat sich hier das Deutsche Reich hervor, wo ständig neue Abgaben oder Einschränkungen jegliches Wirtschaftswachstum im Keim erstickten. Beispielsweise wurden die Beamtenbezüge 1931 in drei Schritten um 23 % gekürzt. Außerdem verringerten Steuererhöhungen (Bier-, Einkommens- oder Umsatzsteuer) die Kaufkraft der Bürger. Dies führte dazu, dass die Bürger ihre Regierung förmlich hassten. So erhielten politische Randgruppen wie die Kommunisten oder Nationalsozialisten starken Zulauf. Allerdings verfolgte der amtierende Reichskanzler Heinrich Brüning eigene Ziele. Er hoffte, den ehemaligen Kriegsgegnern des Ersten Weltkrieges zu zeigen, dass Deutschland die Reparationsleistungen nicht mehr aufbringen konnte. So wurden am 3. Juni 1931 per Notverordnung die Renten, staatlichen Löhne und Gehälter gekürzt und die Unterstützungssätze für Arbeitslose um bis zu 14 % reduziert. Um es auf die Spitze zu treiben, wurde am gleichen Tag noch eine Krisensteuer zwischen 4 und 5 % auf sämtliche Einkommen eingeführt. Die Menschen reagierten wütend auf diese Maßnahmen. Gleichzeitig verkündete Brüning, dass diese Maßnahmen das letzte Opfer der deutschen Bevölkerung seien, um die Reparationsleistungen erfüllen zu können[33].

Allerdings verschärften diese Maßnahmen die wirtschaftlichen, sozialen und politischen Spannungen in Deutschland erheblich. Die deutsche Industrieproduktion brach regelrecht zusammen. Sie sank gegenüber 1928 bis 1932 um 40 %. Ebenfalls stieg die Arbeitslosigkeit bis Februar 1932 auf ca. 6 Millionen. In Wahrheit waren aber wesentlich mehr Deutsche ohne Beschäftigung. Über ein Drittel der deutschen Bevölkerung lebte 1932 von öffentlicher Unterstützung. Zur schlimmsten Zeit (1932-1933) hatten nach Schätzungen 44 % der Deutschen keine Arbeit.

Viele Arbeitslose versuchten irgendwie den täglichen Überlebenskampf zu gewinnen, indem sie Heimarbeit leisteten, Hausieren gingen oder Tauschgeschäfte machten. Wie ausweglos die wirtschaftliche Lage war, sieht man

---

[33] Tatsächlich konnte Brüning auf der Konferenz von Lausanne am 9. Juli 1932 die Einstellung der Reparationszahlungen gegen eine Einmalzahlung von 3 Milliarden Reichsmark, zahlbar nicht vor 1935, erreichen.

daran, dass Deutschland zu dieser Zeit mit 260 Suizidtoten auf eine Million Einwohner die mit Abstand höchste Selbstmordrate der Welt (zum Vergleich: Großbritannien 85, USA 133, Frankreich 155) hatte, wobei als Grund in den Abschiedsbriefen meistens die wirtschaftliche Lage genannt wurde.
Wie verzweifelt die Lage war, zeigt sich in der Feststellung des amerikanischen Journalisten Hubert Renfro Knickerbocker: "Wenn der Deutsche zu arm geworden ist, um sich ein Bier zu kaufen, ist er am Verzweiflungspunkt angelangt."
Natürlich ging die Depression nicht an den Börsen vorbei. So musste der *Dow Jones* am Jahresende 1930 einen Verlust von 33 % verkraften und stand nur noch bei 164,58 Punkten. Richtig "übel" wurde es im Jahr 1931, das als eines der schlimmsten in die Börsengeschichte einging, weil der *Dow Jones* ein Minus von fast 53 % aufwies. Er fiel auf 77,90 Punkte. Die Börsen waren hypernervös. Jede positive oder negative Unternehmensmeldung wurde mit einen Kursfeuerwerk oder -absturz bedacht. So gehörten die 1930er Jahre zu den volatilsten Jahren an der Börse, wobei starken Kursrückgängen kurzfristige Erholungen folgten, die wieder durch panikähnliche Verkäufe beendet wurden. So ist es nicht verwunderlich, dass in dieser Zeit (Weltwirtschaftskrise von 1931 bis 1937) einige der höchsten prozentualen Tagesgewinne und -verluste der Börsengeschichte zu finden sind.

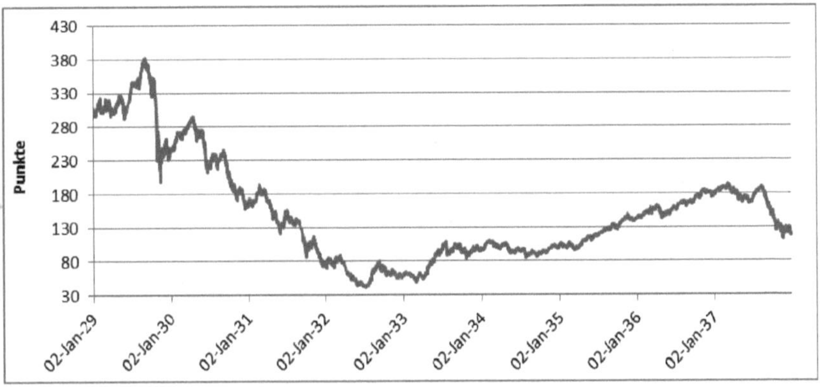

Abbildung 5: *Dow Jones* von Januar 1929 bis Januar 1937

Tabelle 2: Die höchsten Tagesgewinne und -verluste im *Dow Jones* während der Wirtschaftskrise 1931 bis 1937)

Datum	Tagesverlust	Datum	Tagesgewinn
12.08.1932	Verlust 8,40 %	06.10.1931	Gewinn 14,87 %
21.07.1933	Verlust 7,84%	21.09.1932	Gewinn 11,36 %
18.10.1937	Verlust 7,75%	18.12.1931	Gewinn 9,35 %
		13.02.1932	Gewinn 9,19 %

Am Tiefpunkt der Depression im Juli 1932 erreichte der Kurs des *Dow Jones* mit 41,22 Punkten fast sein Startniveau vom 26. Mai 1896 (40,74), d. h. bis 1932 sanken die Aktienkurse in New York auf ca. 20 % ihres Wertes vor der Krise (Oktober 1929). Fast 90.000 Unternehmen mussten ihre Pforten schließen und 11.000 Banken gingen bankrott. Die Industrieproduktion in den USA halbierte sich fast, und ein Drittel der Arbeiter wurden arbeitslos. Überdies ging der Welthandel bis 1933 um fast 70 % zurück.

Desgleichen fielen in Deutschland die Aktienkurse stetig. Die Bankenkrise führte dazu, dass am 13. Juli 1931 alle deutschen Börsen geschlossen wurden. Sie wurden erst am 2. September 1931 wiedereröffnet. Die Kurse gingen gleich wieder auf Talfahrt. Im Dezember 1931 lagen die Aktienkurse fast 70 % unterhalb des Kursniveaus vom September 1929. Seit 1929 gab es immer Anzeichen für eine Erholung, die nicht nur von den Politikern begierig aufgegriffen wurden. Auch die Menschen glaubten fortwährend, das Gröbste überstanden zu haben – doch die Hoffnung trog: Es kam immer noch schlimmer.

Erst 1933 setzte in den USA beginnend eine leichte Erholung ein. Sie ging zurück auf die wirtschaftspolitischen Maßnahmen des New-Deal-Programms des Präsidenten Franklin D. Roosevelt. Der Staat erlebte nach Jahren, in denen viele Anstrengungen unternommen wurden, ihn zurückzudrängen, durch Roosevelt ein unerwartetes Comeback. Der Staat musste zum Retter in der Not werden, man glaubte nicht mehr an die Selbstheilungskräfte des Marktes, der "unsichtbaren Hand", die alles wieder richten werde. So enthielt das New-Deal-Programm Notmaßnahmen, um die Zahlungsfähigkeit der Banken zu erhalten, und Maßnahmen, um zu verhindern, dass einzelne Bürger und Unternehmen bankrottgingen. Zusätzlich führte Roosevelt eine Arbeitslosenunterstützung ein und ließ die Gewerkschaften wieder zu. Obendrein versuchte er, mit Großinvestitionsprojekten die Wirtschaft zu stabilisieren. Beispielsweise setzte Roosevelt 1933 und 1938 mit den *Agricultural Adjustment Acts* umfassende Reformen in der Agrarproduktion durch und mit dem Tennessee-Valley-Authority-Programm von 1933 wurde ein breit aufgelegtes Infrastrukturprogramm u. a. zum Bau von Wasserkraftwerken, Flussregulierungen, Krankenhäusern und Schulen aufgelegt.

Weiterhin wurde als Ausweg aus der Krise die Regulierung gesehen, insbesondere des Geld- und Kreditwesens. Hierzu verabschiedete der Kongress 1933 und 1934 ein Gesetzeswerk, das zur wichtigsten Bankenreform des *New Deal* wurde, den *Securities Exchange Act.* Dieses Gesetz nahm die Idee der Bundesgarantie für Bankendepots auf. Dazu wurde eine neue Kontrollbehörde, die *Securities and Exchange Commission* (kurz SEC), und eine korrespondierende Strafgesetzgebung geschaffen. Hierzu wurde u. a. auch die *Federal Deposit Insurance Corporation (FDIC)* gegründet, die damals Guthaben bis 5.000 US-Dollar gegenüber der Insolvenz der Bank versicherte. Die FDIC existiert heute noch und sichert Einlagen bis 250.000 US-Dollar. Hierdurch sollten Banken-Runs verhindert werden.

Außerdem wurde die FED ermächtigt, die außer Kontrolle geratene Spekulation zu beseitigen. Hierzu wurde 1933 das kurzfristige Anlagengeschäft vom Börsen- und langfristigen Fondsgeschäft per *Glass-Steagall Act* gesetzlich getrennt, um dubiose Wertpapiergeschäfte zu verhindern. Von nun an mussten Geschäftsbanken, Investmentbanken und Versicherungen separat operieren. Zusätzlich führte Roosevelt mit dem *Social Security Act* (Sozialversicherungserlass) von 1935 eine Alters-, Arbeitslosen- und Unfallversicherung ein, die von Arbeitnehmern und Arbeitgebern bezahlt wurde. Mit diesen Maßnahmen gelang es Roosevelt, die hohen Arbeitslosenzahlen zu senken und die Wirtschaft zu stabilisieren. Aber es brachen immer wieder durch die Krise geschwächte Unternehmen zusammen, sodass es bis zum Zweiten Weltkrieg ständig neue, kurzfristige Krisen gab.

Der bescheidene Aufschwung führte an den Börsen im Jahr 1933 zum zweitbesten Jahr in der Geschichte des *Dow Jones* mit einem Plus von fast 67 %. Auch 1935 konnte der *Dow Jones* nochmals um fast 40 % zulegen. Die Jahre 1930 (-33,77 %), 1931 (-52,67 %), 1932 (-23,07 %) und 1937 (-32,82 %) gehörten hingegen zu den schlimmsten Jahren in der Geschichte des *Dow Jones*. Die europäischen Börsen wiesen eine ähnliche Entwicklung auf.

Wie schlimm die Krise war, zeigt sich daran, dass sich erst 1942 die Arbeitslosenquote in den USA auf ein ähnliches Niveau wie 1929 einpendelte. Weiterhin drehten viele Anleger der Börse enttäuscht den Rücken zu. So sollte es ein Vierteljahrhundert dauern, bis am 23. November 1954 der *Dow Jones* das All-Time-High-Niveau von 3. September 1929 wieder erreicht bzw. überschritten hatte. Die Wirtschaftskrise hatte aber auch politische Konsequenzen. So führte der Protektionismus dazu, dass das internationale politische System zusammenbrach. Außerdem erhielten neue politische Kräfte, wie in Deutschland die Nationalsozialisten, extrem großen Zulauf. Dies förderte nochmals die Aggression zwischen den Staaten. So überfiel bereits 1931 Japan die Mandschurei und weitete den Krieg 1937 auf ganz China aus. Dagegen überfiel Italien 1935 Äthiopien. Und wenige Jahre später begann Deutschland den Zweiten Weltkrieg.

3.4.5 Das Ende des Bretton-Woods-Systems (1973)

"Geld ist wie ein Eisenring, den wir uns durch die Nase gezogen haben. Es führt uns nun, wohin auch immer es will. Wir haben nur vergessen, dass wir diejenigen sind, die es gestaltet haben." (Mark Kinney)

Während der Zweite Weltkrieg noch andauerte, wurde im Hintergrund, hauptsächlich in den USA, an einer Wirtschaftsordnung der Nachkriegszeit gearbeitet. Die USA wollten die Fehler, die nach dem Ersten Weltkrieg gemacht wurden, unbedingt verhindern – z. B. die Hyperinflation in Deutschland, ausgelöst durch hohe Reparationszahlungen.

Mit Ende des Zweiten Weltkrieges war Europa zerstört. Überall gab es zerstörte Städte und unterbrochene Verkehrswege, und zu allem Überfluss war die Wirtschaft durch die Kriegswirren arg in Bedrängnis geraten, sodass in vielen europäischen Ländern eine breite Armut in der Bevölkerung herrschte.

Allerdings waren die USA durch den Zweiten Weltkrieg endgültig zur unangefochtenen Weltmacht aufgestiegen. Folgerichtig versuchten die Vereinigten Staaten eine für sich vorteilhafte Neuordnung nach dem Krieg zu erreichen. Durch die Entkolonialisierung sollten die ehemaligen europäischen Kolonien für die amerikanische Wirtschaft erschlossen werden. Außerdem sollte ein Weltwährungssystem auf US-Dollarbasis geschaffen werden. Tatsächlich konnte Amerika schon 1942 den ersten wichtigen Schritt auf diesem Weg gehen, weil es gelang, England davon zu überzeugen, die bis dato gültigen speziellen Zoll- und Handelsregelungen mit den Staaten des britischen Empires zugunsten der USA zu verändern. Hierfür gewährten die USA umfangreiche Finanz- und Militärhilfe.

Der nächste wichtige Schritt war die Konferenz in Bretton Woods. In den Jahren 1943 und 1944 wurden im Rahmen dieser Konferenz unter Federführung der USA sowie 44 teilnehmenden Staaten Pläne für die wirtschaftliche Entwicklung der Welt nach dem Kriegsende geschmiedet. Dabei war zunächst ein Hauptziel, die Fehler des Ersten Weltkrieges nicht zu wiederholen. Deswegen verzichtete man auch auf die zunächst geplante Umwandlung Deutschlands in einen Agrarstaat. Stattdessen sollte eine Wiederherstellung Deutschlands als ein industrielles Zentrum in Europa erfolgen. Aufgrund dieser Idee kam es zu einem Verzicht von Reparationszahlungen. Es sollten nur Sachleistungen, wie Demontage von Industrieanlagen, Kohle- und Uranlieferungen, Entnahmen aus der laufenden Produktion oder die Konfiszierung des Auslandsvermögens, erfolgen.

Zusätzlich wurden in Bretton Woods die Grundlagen für die Gründung des *Internationalen Währungsfonds* (IWF) und der *Weltbank* (IBRD) gelegt. Hierdurch sollte dem zum Teil rücksichtlosen nationalen Handel nach dem Ersten Weltkrieg (Protektionismus) ein Riegel vorgeschoben werden. Denn mit einem Beitritt zum IWF erklärten sich die Staaten dazu bereit, die vereinbarten Regeln zur Wechselkursstabilisierung und die gegenseitige finanzielle Unterstützung zur Überbrückung von Zahlungsschwierigkeiten eines anderen Mitgliedstaates einzuhalten. Der IWF und die *Weltbank* gingen am 27. Dezember 1945 an den Start. Der wohl wichtigste Bestandteil der Bretton-Woods-Beschlüsse war die Einführung eines festen Wechselkurssystems. Hierzu verpflichteten sich die Mitglieder des IWFs, ihre Landeswährung an den US-Dollar als Leitwährung zu knüpfen. Dabei wurden nur geringe Schwankungen zwischen dem US-Dollar und der entsprechenden Landeswährung zugelassen.

Um dieses System auf eine gesunde Basis zu stellen, wurde eine Goldeinlösepflicht für den US-Dollar garantiert. Es konnten fortan 35 US-Dollar gegen eine Unze Gold eingetauscht werden. Ebenfalls wurde der US-Dollar als Weltreservewährung eingeführt, d. h. die Staaten mussten über gewisse Mengen an US-Dollar verfügen. Der ehemalige US-Finanzminister Henry Fowler brachte das Bretton-Woods-System auf den Punkt: "*Das Gold ist die Sonne, der Dollar der Mond. Diese Distanz ist unveränderlich.*" Die Sowjetunion lehnte die Teilnahme am Bretton-Woods-Abkommen ab, was schließlich zur Konfrontation führte und zum Kalten Krieg mit der Spaltung Europas beitrug.

Zusätzlich vertiefte der Marshallplan, der 1947 umfangreiche Hilfen für die europäischen Länder vorsah, den Graben zwischen den USA und der Sowjetunion weiter, da die Sowjetunion es kategorisch ablehnte, diese Hilfen

anzunehmen und dies auch von den anderen Ostblockstaaten erwartete. Endgültig wurde das Tischtuch mit der Gründung der NATO und des Warschauer Pakts zerrissen. Es entstanden zwei wirtschaftliche und politische Blöcke in Europa. Dank der Milliarden aus dem Marshallplan schafften es die westeuropäischen Länder schnell wieder, an das Produktionsniveau des Vorkriegszeitraumes anzuknüpfen und dieses bald schon deutlich zu übertreffen. Dieses System mit festen Wechselkursen funktionierte zweieinhalb Jahrzehnte bestens, die Weltwirtschaft stabilisierte sich nach dem Zweiten Weltkrieg und die Finanzmärkte wurden vor allzu großen Übertreibungen geschützt. So galten in vielen europäischen Ländern, wie Deutschland, die 1950er und 1960er Jahre als die Zeit des "Wirtschaftswunders".
Allerdings hatten sich seit Ende der 1950er Jahre wegen des ständigen Kapitalexports aufgrund von ständigen Defiziten in der amerikanischen Zahlungsbilanz so große US-Dollarbestände im europäischen Ausland angesammelt, dass diese die amerikanischen Goldreserven überstiegen. Somit bestand die in Bretton Woods vorgesehene Goldeinlösepflicht für den US-Dollar nur noch auf dem Papier. Weiter bekam dieses System Risse, als sich kurzzeitig der Goldpreis von 35 US-Dollar je Feinunze Anfang der 1960er Jahre nicht mehr halten ließ. Dies führte 1961 zur Gründung eines Goldpools der großen Notenbanken, die versuchten, den freien Goldpreis auf Höhe des amtlichen Preises von 35 US-Dollar je Feinunze zu halten. Das konnte allerdings auch nur eine kurzfristige Lösung sein, weil die Diskrepanz zwischen Angebots- und Nachfrageentwicklung weiter bestand.
Doch Ende der 1960er Jahre geriet das System von Bretton Woods aus dem Tritt. Denn die Amerikaner druckten immer mehr US-Dollars, um den teuren Vietnamkrieg bezahlen zu können. So ergoss sich eine Welle US-Dollars über die Welt. Dies führte dazu, dass die Amerikaner immer mehr Mühe hatten, Abnehmer für ihre US-Dollars zu finden. Umgekehrt wollten viele Eigentümer der neuen US-Dollars diese am liebsten gleich in Gold tauschen. Denn der US-Dollar verlor am Markt rapide an Wert, während andere Währungen wie die D-Mark immer wertvoller wurden. Darum wurde 1968 beschlossen, dass die Goldeinlösepflicht von US-Dollar in Gold nur noch auf die Zentralbanken der Mitgliedsländer beschränkt werde. All dies führte zu einem Vertrauensverlust gegenüber dem US-Dollar.
Außerdem wurde eine Anpassung der Wechselkurse nötig. Allerdings wurde diese in der Regel so lange wie möglich herausgezögert. So kam es trotz staatlicher Aufsicht für den Devisenhandel in vielen Staaten vor eventuellen

Auf- oder Abwertungsbewegungen der Währungen zu Spekulationskrisen. Sie traten immer häufiger seit Mitte der 1960er Jahre auf.
So wurden z. B. Ende 1967 die Währungen Großbritanniens, Israels, Neuseelands, Spaniens und Dänemarks abgewertet. Im Jahr 1968 wurde massiv über eine Aufwertung[34] der D-Mark gegenüber dem US-Dollar spekuliert. Die Bundesregierung versuchte zunächst mit steuerlichen Maßnahmen eine Verringerung des deutschen Außenhandelsüberschusses zu erreichen, um die Stabilität des internationalen Währungssystems zu retten bzw. eine Aufwertung der D-Mark zu verhindern. Hierzu wurden u. a. die Importe um 4 % steuerlich entlastet und im Gegenzug die Exporte um 4 % belastet.
Im Frühjahr 1969 stand wieder eine Aufwertung der D-Mark zur Debatte. Jetzt allerdings befürwortete Wirtschaftsminister Karl Schiller (SPD) eine Aufwertung der D-Mark, aber CSU-Finanzminister Franz-Josef Strauß nicht. Erst die sozialliberale Regierung unter Willy Brandt entschloss sich am 24. Oktober 1969 zu einer 8,5-prozentigen Aufwertung der D-Mark gegenüber dem US-Dollar, d. h. der Wechselkurs sank von 4 D-Mark/US-Dollar auf 3,66 D-Mark/US-Dollar.
Im Jahr 1970 gaben viele Länder, wie USA, Deutschland oder Kanada, die staatliche Aufsicht über den Handel mit Devisen und weitere bis dahin gültige Kapitalverkehrskontrollen auf. Obendrein gerieten die USA wegen ihres kostspieligen Militärapparates und den immer stärker werdenden Ökonomien in Japan und Deutschland unter Druck. Besonders der massive Kapitalfluss nach Deutschland setzte den US-Dollar weiter unter Druck. Dies zwang die Bundesregierung im Mai 1971 zur Freigabe des D-Mark-Wechselkurses. Daraufhin sackte der US-Dollar um satte 9,3 % ab auf einen Wechselkurs von 3,32 D-Mark/US-Dollar.
Doch es half alles nichts, der US-Dollar stabilisierte sich nicht. So beriet im August 1971 US-Präsident Richard Nixon mit seinen Beratern tagelang auf seinem Landsitz *Camp David*, wie der dramatische Absturz der amerikanischen Wirtschaft zu stoppen sei. Der Druck wurde immer stärker, etwas gegen die anziehenden Preise, die steigende Arbeitslosigkeit, die taumelnden Börsen und den sich außer Rand und Band befindlichen US-Dollar

[34] Unter einer realen Aufwertung einer Währung versteht man, dass sie um eine Rate teurer wird, die über der Inflationsdifferenz zwischen den beiden Ländern liegt. Hierdurch werden für diese Volkswirtschaft (hier Deutschland) die Exporte gedämpft und die Importe billiger, d. h. sie verliert an internationaler Wettbewerbsfähigkeit. Das Umgekehrte gilt für das andere Land (hier USA).

zu unternehmen. So kam es am Sonntag, den 15. August 1971, zu einer Fernsehansprache, die die Welt verändern sollte. Nixon rief dem Volk zu: "Wir haben in den letzten Monaten immer wieder über den Krieg in Vietnam geredet, doch dieser Krieg geht jetzt dem Ende entgegen. Deswegen haben wir jetzt die Chance einer ganzen Generation neuen Wohlstand ohne Krieg zu bringen. Dazu müssen wir allerdings die derzeitige Krise überwinden." Das Maßnahmenpaket des Präsidenten traf die Welt ohne Vorwarnung. So verfügte er, dass die Löhne und Preise für die nächsten 90 Tage eingefroren werden sollten, damit die Amerikaner nicht durch die Inflation gebeutelt werden würden. Obendrein verhängte er auf Importe einen Sonderzoll von 10 %, in der Hoffnung, dass die Amerikaner mehr heimische Waren kaufen würden. Besondere Aufmerksamkeit erhielt das Versprechen Nixons, ausländische Währungen jederzeit in US-Dollar umzutauschen. Nixon hoffte so die Macht der Spekulanten zu brechen, die den US-Dollar angriffen. Er sagte: "Diese Leute leben von der Krise, und deswegen helfen sie dabei, dass solche Krisen entstehen." Die Fernsehansprache Nixons wird häufig auch als Nixon-Schock bezeichnet. Denn sie ist ein entscheidender Wendepunkt bei der Ordnung der Finanzmärkte. Sie war der Startschuss, um die starre Nachkriegsordnung der Finanzmärkte (Bretton Woods) zu zerstören.
Zunächst reagierten die befreundeten Industrieländer perplex. Um tumultartige Szenen zu verhindern, wurden als erste Sofortmaßnahme in Deutschland, Frankreich, Großbritannien und Japan die Devisenbörsen geschlossen. Einige europäische Banken weigerten sich sogar, in den nächsten Tagen überhaupt noch US-Dollar anzunehmen, weil sie nicht mehr wussten, was der US-Dollar wert war.
Trotzdem wurde das internationale Währungssystem in seinen Grundmauern erschüttert. Es kam zu heftigen Wechselkurs-Turbulenzen, sodass im Dezember 1971 in Washington eine Währungskonferenz abgehalten werden musste, um nach einer Lösung zu suchen. Die Lösung waren neue Währungsparitäten zum US-Dollar und eine Erweiterung der zulässigen Schwankungsbreite der Wechselkurse untereinander. Hierbei wurde erneut der US-Dollar zur D-Mark abgewertet auf 3,22 D-Mark je US-Dollar. Dennoch konnte der spekulative Geldfluss in Richtung Deutschland nicht gestoppt werden, obwohl die *Bundesbank* mehrmals die Leitzinsen senkte. Anfang Februar 1972 führte diese Entwicklung zu einem Wechselkurs von 2,90 D-Mark je US-Dollar. Hierdurch sah sich die Bundesregierung gezwungen, administrative Maßnahmen zu ergreifen, um den spekulativen Kapitalfluss zu beenden. So

wurde z. B. die Devisenbörse vom 10. bis zum 12. Februar geschlossen. Überdies wurde am 17. Februar ein Stabilitätsprogramm zur Dämpfung der Konjunktur, und um eine drohende Inflation zu verhindern, verabschiedet. Wegen des drohenden Zusammenbruchs des Systems von Bretton Woods wurden die Devisenbörsen in vielen europäischen Ländern vom 2. bis zum 19. März geschlossen. Am 11. und 14. März 1973 beschlossen mehrere europäische Länder (u. a. Großbritannien und die Schweiz) ihren Ausstieg aus dem System fester Wechselkurse und gingen zu einem Dollar-Floating über. Einige Tage später einigten sich die damaligen EWG-Staaten (wie Frankreich, Niederlande, Deutschland usw.) auf Wechselkurse, die höchsten um eine Bandbreite von 2,25 % um den vereinbarten Leitkursen schwanken sollten. Ferner sollte der Wechselkurs zum US-Dollar frei handelbar sein. Der D-Mark/US-Dollar-Wechselkurs sackte auf 2,83 D-Mark je US-Dollar ab, mit weiter fallender Tendenz.

Die Bundesregierung versuchte durch Stabilisierungsmaßnahmen, u. a. eine restriktive Geldpolitik, die Konjunktur weiter zu dämpfen. Diese Maßnahmen zeigten langsam Wirkung, sodass der Aufwertungsdruck der D-Mark immer geringer wurde. Die Lage an den Devisenmärkten entspannte sich.

Das Ende von Bretton Woods sollte zugleich der Startpunkt für einen fundamentalen Wechsel in der ökonomischen Sicht der Wirtschaft werden. Die Schlagworte unter den Ökonomen waren nun: Liberalismus und Deregulierung, und nicht mehr Regulierung. Es begann wieder der Glaube an den Markt, sprich der "unsichtbaren Hand", die alles richtet, Oberhand zu gewinnen. Mit weitreichenden Folgen, wie sie sehen werden.

So wurde Nixon zum Vorreiter beim Abbau von Regulierungen. Hierdurch erhoffte sich Nixon mehr Wachstum, mehr Jobs und mehr Innovationen. Seine Philosophie war, dass der Markt vieles weitaus besser organisieren kann als der Staat. Außerdem ging er davon aus, dass die Macht der großen Monopolisten gebrochen werden musste, weil sie schlechte Produkte zu überhöhten Preisen anbieten würden. So erzwang das amerikanische Justizministerium z. B., dass sich der Telefonriese *AT&T* aufspaltete. Doch Nixons Vorstoß galt nicht nur dem Wettbewerb ums Telefon, sondern er öffnete auch die Luftfahrtbranche, das Speditionsgewerbe und die Energieversorgung für den Wettbewerb. Es begann eine Ära der Deregulierung und Privatisierung von staatlichen Unternehmen. Kritiker dieser Entwicklung sagten damals schon, dass die Politik den Markt sich selbst ohne angemessene Regeln und eine vernünftige Aufsicht überlasse. Dies könne nur in einer Katastrophe enden.

Die größten Veränderungen, die der Rückzug des Staates ausgelöst hatte, ereigneten sich an den Kapitalmärkten. So wurde bis Anfang der 1970er Jahre die Wirtschaft dominiert von den produzierenden Unternehmen. Die Banken hatten nur eine dienende Funktion. Sie durften die Produktionsbetriebe mit Kapital versorgen, sie waren – nicht wie heute – die heimlichen Herrscher der Welt. Weiterhin gab bis zum Fall von Bretton Woods der Staat ganz klare Regeln vor, was an den Finanzmärkten erlaubt war oder nicht. Demzufolge unterlagen die Banken einer strengen Aufsicht. Dabei wollten die Regierungen und deren Notenbanken möglichst exakt steuern, wie viel Geld in die Wirtschaft floss. Das Ziel der Regierung war, dass die Wirtschaft gleichmäßig wuchs und die Preise stabil blieben. Deswegen durften die Banken auch die Zinshöhe nicht nach Belieben bestimmen. Beispielsweise legte in Deutschland bis in die 1960er Jahre der Bundeswirtschaftsminister die allgemeinen Konditionen fest. In den USA schrieb die *Regulation Q* den Banken den Rahmen für die Zinsen vor. All dies änderte sich jetzt schlagartig durch den "Nixon-Schock". Nicht nur die Devisenmärkte verloren ihre Fesseln, sondern auch gleich der gesamte Finanzmarkt mit, d. h. es wurden die Kontrollen für den Kapitalverkehr und die harten Regeln für die Börsen abgeschafft.

Die Freigabe der Wechselkurse führte dazu, dass sich die Finanzmärkte zunehmend von den "realen" Gütermärkten entfernten. Dies führte zu drei Problemen, die eng miteinander verwoben sind:

1. Das Mengenproblem: Es beschreibt das Problem, dass das Geldvermögen weitaus stärker wächst als das Sozialprodukt bzw. das Sachvermögen der Welt, z. B. machte das Geldvermögen 1960 in Deutschland knapp die Hälfte des Werts des Sachkapitals aus. Dagegen betrug das Geldvermögen 2006 rund das Doppelte des Sachkapitals. Dies führt zu einer Abkoppelung des finanzwirtschaftlichen Bereichs von der Güterwirtschaft. Es kommt zu einem Bestreben in der Finanzwelt, aus reinen Finanztransaktionen kurzfristig die höchsten Erträge erzielen zu wollen. Hierdurch kommt es zu raschen reversiblen Kapitalströmen zwischen den Ländern, immer auf der Suche nach den besten Anlagemöglichkeiten. So stiegen die Umsätze an den Devisenmärkten von 650 Milliarden US-Dollar im April 1989 auf 3,2 Billionen im April 2007. Dagegen machte der weltweite Güterexport 2006 nur 14,7 Billi-

onen US-Dollar aus. Das heißt, die Devisenmärkte hätten nur 3 Tage geöffnet sein müssen, um die für den internationalen Warenaustausch benötigten Devisen bereitzustellen.

2. Das Preisproblem: Das Mengenproblem löst das Preisproblem aus. So zeigen viele Studien, dass die Schwankungen von Preisen, Kursen und Zinssätzen an den Finanzmärkten deutlich zugenommen haben. Deswegen führt schon das geringste Rumoren zu abrupten Preisänderungen an den Vermögensmärkten. In einem solchen Klima können sich spekulative Blasen herausbilden und aus nichtigem Anlass mit verheerenden Folgen platzen.
3. Derivateproblem: Das Preisproblem wiederum führt zu einem rasanten Wachstum derivativer Finanzprodukte. Solche Derivate sind vom finanziellen Grundgeschäft abgeleitete Instrumente. Häufig werden die Derivate genutzt, um die mit einer Finanzierung (Kreditvergabe) verbundenen Risiken handelbar zu machen. Hierdurch gelingt es natürlich nicht, Risiken aus den Finanzkontrakten auszuschalten, sondern sie werden nur verdeckt. Darum sind Finanzderivate nichts anderes als Wetten auf künftige Preisänderungen. Geht die Wette nicht auf, so drohen hohe Verluste. Genau diese Verluste können in einer Kettenreaktion auf andere Finanzmarktteilnehmer übertragen werden.

Wie sind diese Probleme genau miteinander verbunden? Verschärft sich z. B. das Mengenproblem wegen hoher Leistungsbilanzsalden der Länder, so kommt es zu Umschichtungen des Geldvermögens zwischen den Währungsräumen. Dies führt zu einer Anfälligkeit des Finanzsystems für abrupte Preis- und Renditeschwankungen. Deswegen steigt der Bedarf an Finanzderivaten, um die Risiken besser verteilen zu können. Gleichzeitig verleiten die Derivate zur Spekulation und laden dazu, ein sich an Wetten über Kurs- und Renditeänderungen zu beteiligen. Dies hat zur Folge, dass die Mengen- und Preisprobleme weiter zunehmen. Ein Teufelskreis entsteht. Dies ist das Kennzeichen eines (Systemrisiko) instabilen Finanzmarktes.

Hier wiederholt sich also im Prinzip die Geschichte von Goethes Zauberlehrling. Jede Hausfrau oder -mann freut sich natürlich darüber, wenn sich die Besen von selbst in Schwung halten und die Zimmer säubern. Allerdings ist es nicht ausgeschlossen, dass die Besen ein Eigenleben entwickeln und schließlich den Zauberlehrling aus dem Zimmer fegen. Nicht umsonst ließ

Goethe seinen Zauberlehrling ausrufen: "*Herr, die Not ist groß! Die ich rief, die Geister, werd ich nun nicht los.*"
So dauerte es nicht lange, bis das neue System der flexiblen Wechselkurse sein erstes Opfer forderte. 1974 brach das Kölner Bankhaus *Herstatt* zusammen, nachdem es sich mit Währungsgeschäften verspekuliert hatte, weil ihr Eigenkapital zur Deckung der Verluste nicht genügte. Dies führte noch im selben Jahr zur Gründung des *Basler Ausschuss für Bankenaufsicht*. Aber erst 1988 wurden Vorschriften zum Eigenkapital in *Basel I* erlassen. Dabei wurden die Kredite nach Risikoklassen unterschieden. Je nach Risikoklasse musste unterschiedlich viel Eigenkapital hinterlegt werden. Die Banken suchten nun nach Wegen, die Auflagen mit möglichst geringem Aufwand zu erfüllen, d. h. ohne ihr Eigenkapital in nennenswerter Weise zu erhöhen. Dies gelang mit der Verbriefung.

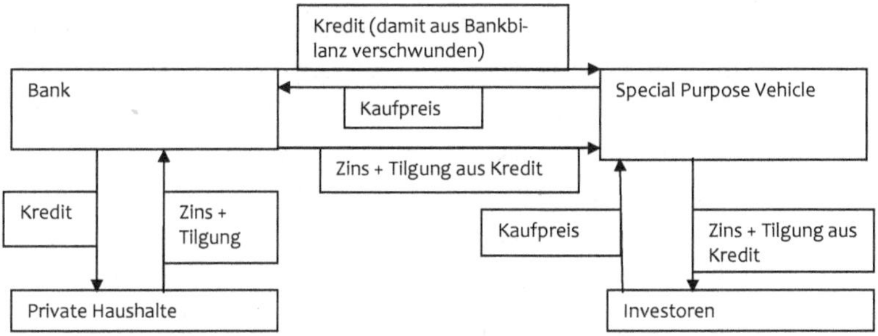

Abbildung 6: Grundprinzip der Verbriefung

Mithilfe der Verbriefung gelang es den Banken, ihre Kredite aus den Bilanzen zu entfernen. Darum wurde fast alles verbrieft: Von Autokrediten, Leasingverträgen, Studentendarlehen, Kreditkartenschulden, Hypotheken usw. Die Folge der Verbriefung war, dass die langfristige Beziehung zwischen Schuldner und Gläubiger aufgebrochen wurde. Gerade diese Beziehung zwischen einer Bank und ihrem Darlehensnehmer war lange Zeit eine der wesentlichen Stabilitätsanker des Finanzsystems. So sagte Finanzier J. P. Morgan: "*Ein Mann, dem ich nicht traue, bekommt von mir kein Geld, selbst wenn er sämtliche Anleihen der Christenheit als Sicherheit vorlegen sollte.*" Durch die Verbriefung der Kredite wurde letztlich die Kreditwürdigkeit des Schuldners zweitrangig. Denn wer einen Kredit sowieso weiterverkauft, ist das Risiko los. Damit nimmt das Risikobewusstsein über die Verbriefungskette hinweg ab – allerdings nicht das Risiko. Es wird nur verdeckt.

Da die Risikokategorisierung sich als zu starr für die neuen Verbriefungsinstrumente erwies, wurden die Vorschriften 1996 und 2004 überarbeitet. Mit *Basel II* wurde es den Banken erlaubt, ihre Kreditgeschäfte selber einzuschätzen. Dazu entwickelten sie komplizierte mathematische Risikomodelle. Kritiker sagten damals schon, dass nun der "Bock zum Gärtner gemacht" werde. Denn die Risikomodelle zur Berechnung der Eigenkapitalerfordernisse hatten einen systematischen Fehler. Sie nahmen als Berechnungsgrundlage die geringen Preisschwankungen der zurückliegenden Jahre an, und so kam man auf viel zu niedrige Eigenkapitalquoten. So sagte Robert Merton (Mitbegründer der modernen Finanzmathematik): "*Der Versuch, Risiko zu quantifizieren, hat dazu geführt, dass insgesamt mehr Risiko im System existiert, da sich jeder sicherer fühlt als vorher und höhere Risiken eingeht.*"
Eine weitere Folge von *Basel II* war, dass die Banken ihre Risiken verstärkt auslagerten. So konnten die Banken riskante Konstruktionen als nahezu risikofrei einstufen, womit sie ihre Eigenkapitaldecke gering halten konnten. So betrug z. B. das Verhältnis von Eigenkapital zur Bilanzsumme bei den Schweizer Großbanken 1996 noch 1 zu 11; dank *Basel II* war es zehn Jahre später auf 1:40 gesprungen. Das heißt, die Bilanzsumme war 40 Mal größer als die Eigenkapitaldecke. Dazu stellte Edmund Phelps klar: "*Der Leverage der Banken selbst war so hoch, dass jede ernsthafte Störung der Vermögenspreise – also eine Welle von Ausfällen oder ein steiler Anstieg der Liquiditätsprämien (u.a. ausgelöst durch einen Crash an den Finanzmärkten) – verheerende Folgen für die Geschäfts- und Überlebensfähigkeit einer Bank haben konnte.*" Darum gerieten die Banken ins Wanken, als z. B. die US-Hypothekenkrise 2007 losbrach. Sie hatten einfach nicht genügend Eigenkapital, um ihre Milliardenverluste aufzufangen.
Viele Untersuchungen zeigen, dass die Auflösung des Bretton-Woods-Systems und die damit einhergehende Liberalisierung der Finanzmärkte zu einer höheren Anfälligkeit der Weltwirtschaft für Finanzkrisen führten. So stellte der *Internationale Währungsfonds* fest, dass es zwischen 1970 und 2007 124 Bankenkrisen, 326 Währungskrisen und 64 Staatsverschuldungskrisen auf nationaler bzw. internationaler Ebene gegeben hat.

3.4.6 Die Ölkrise (1973)

Bereits 1967 eroberte Israel im Sechstagekrieg die Sinai-Halbinsel, die Golanhöhen und besetzte den Gaza-Streifen, das Westjordanland und Ost-Jerusalem. Daraufhin forderten die arabischen Länder den Rückzug aus den

besetzten Gebieten. Durch den Tod des Erzfeindes, des ägyptischen Präsidenten Gamal Abdel Nassar, wiegte sich Israel zunächst in Sicherheit. Es wurden Warnungen über mögliche Vergeltungen der arabischen Welt ignoriert. Ebenso wurde ein Friedensangebot (u. a. Rückgabe Halbinsel Sinai) des neuen ägyptischen Präsidenten Anwar as-Sadat 1970 zurückgewiesen. So schaukelten sich die Spannungen im Nahen Osten wieder hoch und es reifte der Plan von Ägypten und Syrien, gemeinsam Israel anzugreifen, um die besetzten Gebiete zurückzuerobern.
Am 6. Oktober 1973 (Jom Kippur, der höchste jüdische Feiertag) griffen schließlich Ägypten und Syrien Israel (sogenannter Jom-Kippur-Krieg) an. Nach einem kurzen Schockmoment gelang Israel die Zurückschlagung des Angriffs. Schon drei Wochen später standen die israelischen Truppen 100 Kilometer vor Kairo und 60 Kilometer vor Damaskus. Doch die arabischen Staaten waren noch lange nicht geschlagen. Sie benutzten ein anderes Druckmittel in der Kriegsführung – das Erdöl. Schließlich kontrollierten die arabischen Länder damals schon einen Großteil des Ölmarktes.
Als ersten Schritt beschloss am 17. Oktober 1973 die *Organisation der erdölexportierenden Staaten* (OPEC) eine Reduktion des Ölangebots um 5 % gegenüber dem Niveau vom September 1973. Weiterhin wurde gegen die USA und Niederlande ein kompletter Lieferboykott von Erdöl verhängt, weil beide Länder in der arabischen Welt als Freunde Israels galten. Ferner verkündeten die arabischen Länder, die Erdölförderungen so lange erheblich einzuschränken, bis Israel sich aus den besetzten Gebieten zurückziehe und die Rechte des palästinensischen Volkes wiederherstelle. Der Ölmarkt reagierte prompt auf diese Schritte und die Notierungen für Rohöl schossen in die Höhe.
Besonders hart trafen diese Maßnahmen die westlichen Industrieländer, wie Deutschland. So ist Erdöl ein wichtiger Produktionsfaktor und Energielieferant. Beispielsweise deckte Deutschland Anfang 1970 ca. 55 % seines Energiebedarfs mit importiertem Erdöl, wovon fast drei Viertel aus den arabischen Ländern stammte. Die Reserven von Deutschland reichten selbst bei sparsamem Verbrauch nur drei Monate. Dies schürte Angst bei der Bevölkerung. Diese Angst wurde noch durch Äußerungen von Politikern ("Krise ungeahnten Ausmaßes"), Ökonomen ("Ende des Wohlstands", "Armenhaus Deutschland") oder Zeitungen mit extremen Überschriften ("Morgen fahren wir alle nur noch Fahrrad" oder "Willkommen in der Steinzeit!") weiter angefacht. Als erste Sofortmaßnahme beschloss die deutsche Regierung

am 19. November 1973 ein Sonntagsfahrverbot (zunächst für die vier folgenden Sonntage) für alle Autofahrer und ein Tempolimit von 100 km/h auf allen Autobahnen, um das kostbare Öl zu sparen.

Das Ölembargo zeigte auf der politischen Bühne erste Erfolge. Am 5. November 1973 kam es durch die EG-Außenminister zur Nahost-Erklärung, in der Israel zur Räumung der seit 1967 besetzten Gebiete aufgefordert wurde. Schon im Dezember schloss sich Japan dieser Forderung an. Als Reaktion auf diese Erklärung hoben die arabischen Länder wieder schrittweise die Produktion der Ölmenge an. Allerdings blieben die Ölpreise trotz dieser leichten Entspannung auf hohem Niveau. So hatte sich der Ölpreis (gemessen in Barrel) bis Jahresende 1973 gegenüber dem Stand vor Ausbruch des Nahostkrieges fast vervierfacht. Die plötzlich hohen Kosten für Rohöl hatten verheerende Auswirkungen auf die Wirtschaft. Es kam zu einem Absturz der Konjunktur. Gleichzeitig stieg die Inflation durch den gestiegenen Ölpreis kräftig an. Darum drohte Deutschland jetzt eine Stagflation, d. h. ein Konjunkturzustand, in dem die Preise steigen, obwohl die Wirtschaft stagniert. Dies war zugleich ein Wendepunkt in der deutschen Nachkriegsgeschichte – das Ende der Vollbeschäftigung. So waren 1972 nur etwa 20.000 registrierte Arbeitslose gemeldet.

Als Reaktion auf die drohende Stagflation wurde noch im Dezember 1973 das Anfang 1973 beschlossene Stabilitätsprogramm (wegen der damals boomenden Wirtschaft) gelockert. So wurde u. a. eine zusätzliche Belastung der Unternehmen zurückgenommen. Die Krise war nicht mehr abzuwenden. So stieg der Preis für ein Barrel Erdöl innerhalb des Jahres 1974 trotz der US-Dollarentwertung (d. h. D-Mark-Aufwertung) um 172,2 % von 82,20 D-Mark auf 223,87 D-Mark. Des Weiteren stieg die Arbeitslosigkeit deutlich an, von 2,4 % (1974) auf 4,8 % (1975). Zudem schrumpfte das Wachstum des Bruttoinlandsproduktes von 5,3 % (1972) auf 0,4 % (1974) bzw. -1,8 % (1975), da viele Branchen wie die Autoindustrie (-18 %), das Baugewerbe (-16 %) oder die Textil- und Bekleidungsbranche (-11 %) einen massiven Rückgang der Produktion zu beklagen hatten. Nur die Fahrradindustrie konnte während der Ölkrise zulegen. Weiterhin stieg die Inflationsrate von 1973 und 1974 auf 7 %.

Von diesen negativen Konjunkturzahlen zeigte sich auch die Börse nicht unbeeindruckt. So verlor der *Dow Jones* von seinem Hoch im Januar 1973 bis zu seinem Tief im Dezember 1974 über 40 %. Ein ähnliches Bild zeigte sich an den europäischen Börsen.

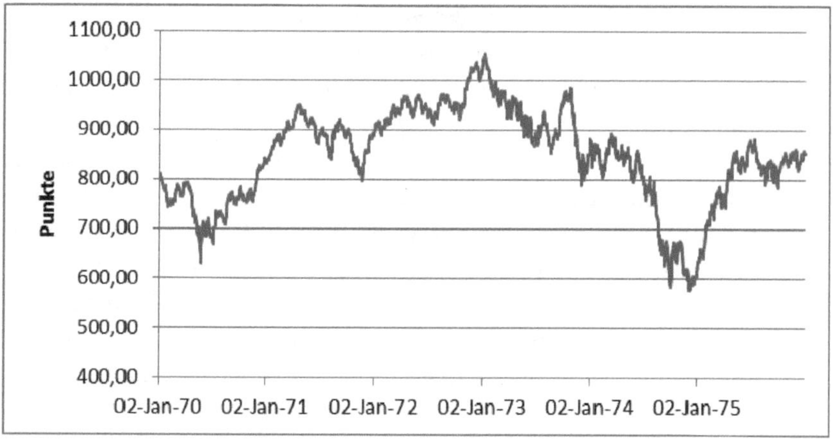

Abbildung 7: *Dow Jones* von Januar 1970 bis Dezember 1975

Auch wenn sich die politische und wirtschaftliche Lage ab 1975 wieder besserte, so hatte die Ölkrise nachhaltige Auswirkungen auf die Industriestaaten. Viele erkannten, dass sie ihre Abhängigkeit vom Erdöl verringern mussten. Somit ging die Suche nach alternativen Energiequellen (z. B. Atomenergie) los. Beispielsweise verabschiedete die Bundesregierung im Dezember 1973 ein 6-Milliarden-D-Mark-Programm für den Bau und die Planung von 40 Kernkraftwerken. Ferner betrat jetzt wieder ein schon für ausgerottet gehaltenes Phänomen die Bühne – die Massenarbeitslosigkeit.

3.4.7 Die Gebrüder Hunt – die große Silberspekulation (1973-1980)

Die Familie Hunt wird in der Geschichte der Börse häufig erwähnt. So schaffte es Haroldson Lafayette Hunt (1889-1974) in den 1920er Jahren durch Ölgeschäfte innerhalb weniger Jahre zum reichsten Mann der USA aufzusteigen. Nach seinem Tod wurde sein riesiges Vermögen unter seinen Kindern aufgeteilt. Die Brüder Nelson Bunker, Herbert und Lamar Hunt sollten mit ihrem Erbe eine der bislang größten Privatspekulationen der Börsengeschichte durchführen.

Durch die Abschaffung des Gold- und Silberstandards seit dem Beginn des 20. Jahrhunderts in den meisten Ländern der Welt wurden enorme Mengen des Edelmetalls Silber in den Markt gespült. Dies führte dazu, dass der Silberkurs auf einen Tiefstkurs von 2 US-Dollar je Unze fiel. Dies hatte zur Folge, dass immer mehr Silberminen aus dem Markt ausschieden, d. h. es kam zeitversetzt zu einem deutlichen Produktionsrückgang an Silber. Anfang der 1970er Jahre änderte sich die Nachfragesituation bei Silber nachhaltig, weil vor allem die Industrie und die Juweliere wieder mehr Silber nachfragten. Es kam zu einem Nachfrageüberschuss, der Silberpreis stieg 1973 auf knapp 3 US-Dollar je Unze.

Genau zu diesem Zeitpunkt kamen die Gebrüder Hunt zu dem Schluss, dass Silber massiv unterbewertet sei. Hierfür sprach ihrer Ansicht nach, dass die US-Staatsfinanzen (u.a. wegen des Vietnamkrieges) zerrüttet waren, die Preise schneller und schneller[35] stiegen und viele Menschen das Vertrauen in Papiergeld verloren. Zudem wurde 1973 durch Nixon auch noch die Goldbindung des US-Dollars aufgelöst. Trotz des Engagements der Gebrüder Hunt blieb es in der zweiten Hälfte der 1970er Jahre an der Silberfront relativ ruhig (s. Abbildung 8, S. 127). Der Silberpreis pendelte um die 5 US-Dollar je Feinunze. Aus dem Dornröschenschlaf wurde der Silberpreis erweckt, als es 1979 zum zweiten Ölpreisschock kam und die Inflationsraten erneut über 10 % stiegen. Der Silberpreis stieg unaufhörlich, im Herbst 1979 kostete die Unze schon mehr als zehn US-Dollar. Die Inflationsangst trieb immer mehr Anleger in Silber. Silber galt als sicherer Hafen in der rauen Börsenwelt. Jetzt wurden die Brüder Hunt von der Gier gepackt. Sie kauften nochmals 40 Millionen Unzen Silber. Das trieb den Silberpreis in exorbitante Höhen von knapp 50 US-Dollar je Unze (zehn Jahre zuvor waren es noch 1,50 US-Dollar gewesen), weil die Brüder Hunt den Markt quasi leer kauften. Sie hatten schlussendlich so viel Silber gekauft, dass sie den Markt künstlich verknappt hatten. Man schätzt, dass die Brüder Hunt am Höhepunkt der Silberspekulation 150 Millionen Unzen (rund 5.000 Tonnen) in physischem Besitz hatten und sich zudem noch 200 Millionen Unzen durch Terminkontrakte gesichert hatten, in etwa die Hälfte der US-Silbervorräte.

Doch der Höhenflug von Silber wurde abrupt gestoppt. Denn nun griff die Börsenaufsicht ein und veränderte die Regularien so, dass der Silberpreis nur noch fallen konnte. 1980 änderte die New Yorker Warenbörse COMEX und die amerikanische Warenbörsenaufsichtsbehörde CFTC ohne Vorwarnung die Handelsbedingungen für Silber. So wurden u. a. die Einschlüsse auf Warenterminkontrakte auf 100 % erhöht.

---

[35] So lag die Inflation in Amerika 1965 bei 1,6 %, 1970 bei 5,8 % und erreichte 1974 sogar 11 %. Dies machte den Menschen Angst.

Dies führte zu einer Panik am Markt, der Silberpreis kollabierte, d. h. er fiel innerhalb weniger Wochen auf 10 US-Dollar. Die Folge für die Brüder Hunt war, dass sie fast ihr gesamtes Vermögen verloren und 1989 sogar Bankrott anmelden mussten.

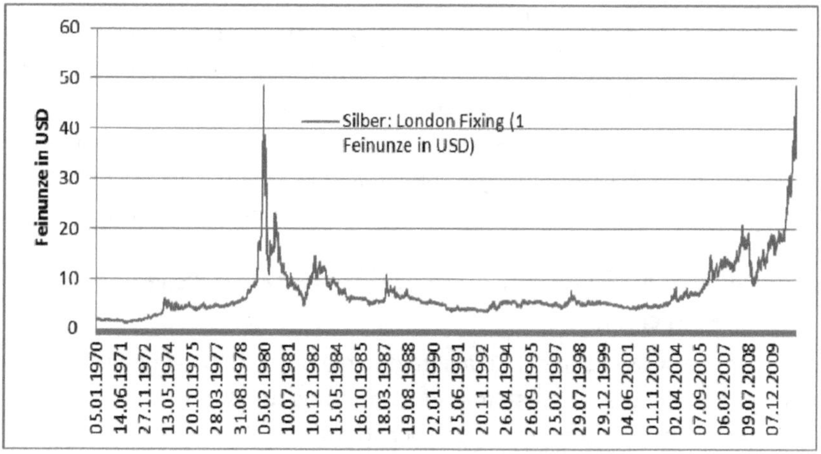

Abbildung 8: Silberpreis in US-Dollar je Feinunze von Mai 1970 bis Mai 2011

Es sollte fast 30 Jahre dauern, bis der Silberpreis wieder die Höhen von Anfang 1980 erreichte. Ebenso wie damals war der Kursanstieg rasant. Beispielsweise stieg der Silberpreis von August 2010 bis April 2011 von ca. 18 auf fast 50 US-Dollar je Feinunze. Auch die Begründung für den Kursanstieg war fast identisch: weltweite Inflationsängste, Unruhen in der arabischen Welt, verschärfter Nachfrageüberschuss sowie die Schuldenkrise in Europa. Der Unterschied war, dass diese Entwicklung diesmal nicht von einem einzelnen Spekulanten getrieben wurde, sondern vielmehr durch die Anlegergemeinde als Ganzes, die vor allem über Silber-ETFs mitspielte. Ein Börsenmakler sagte dazu: "*Eine Herde verhält sich jedoch letztlich genau wie ein einzelner Spieler (Gebrüder Hunt) und beeinflusst den Markt ebenso.*" Genau wie die Brüder Hunt den Silbermarkt durch ihre Käufe künstlich verknappt hatten, führten die massiven Käufe der Silber-ETFs zu einer Marktverknappung.
Auch dies führte wiederum zu einem Einschreiten der Börsenaufsicht ab Mai 2011, der den Höhenflug des Silbers vorläufig abbremste. So erhöhte die US-Rohstoffbörse COMEX mehrfach innerhalb von zwei Wochen die Sicherheitsleistungen, die für den Handel mit Silber-Kontrakten zu hinterlegen ist, um insgesamt 84 %. Diesem Schritt folgte auch die *Shanghai Gold Exchange*.

So fiel der Silberpreis von Ende April bis Mitte Mai 2011 um fast ein Drittel. Unterschätzen Sie niemals das Risiko, welches durch Kartelle, spekulative Aufkäufe und regulatorische Veränderungen entstehen kann.

3.5 Die Blütezeit der Börse – der Superboom (1980-2010)

Um die folgenden Geschehnisse, die zu einem Strudel der Spekulation wurde, besser einordnen zu können, ist es notwendig, etwas zurückzutreten und das Ganze zu betrachten. Schließlich beobachten wir jetzt eine der längsten Aufwärtsbewegungen, mit kurzen Unterbrechungen bis Jahr zum 2000, die die Börse bislang gesehen hat, die sogenannte Jahrhundert-Hausse. Innerhalb dieser Hausse vervielfachten sich die Aktienkurse.

3.5.1 Der Weg zu den entfesselten Finanzmärkten – Deregulierung und Liberalisierung

Die Internationalisierung der Finanzmärkte begann schon in den 1960er Jahren. Der Startschuss war 1958 mit der Einführung der Konvertibilität der Devisen und damit einhergehend der Schaffung der Euromärkte gelegt. Als Euromärkte bezeichnet man internationale Märkte, auf welchen hauptsächlich Banken Fremdwährungsgeschäfte außerhalb des Ursprungslandes der betreffenden Währung durchführen. Der Handel mit den fremden Währungen auf den Euromärkten ermöglichte es den Banken, höhere Verzinsungen von Spareinlagen zu erzielen, weil sie sich den Mindestreservepflichten, Zinsbindungen und festgelegten Provisionen für Kreditinstitute entziehen konnten. So gab z. B. die amerikanische Regierung mittels *Regulation Q* innerhalb Amerikas den Zinsrahmen vor, ähnliches gab es in Deutschland. Um diese Regulation zu umgehen, nutzen besonders die amerikanischen Banken den Handel auf den Euromärkten. So stieg z. B. die Zahl der ausländischen Zweigstellen amerikanischer Banken im Ausland von 1960 bis 1974 von 131 auf über 732.
Durch den Zusammenbruch des Bretton-Woods-Systems wurde diese Entwicklung sogar noch verstärkt. Besonders die USA hatte ein Interesse daran, weil sie durch ausländisches Kapital ihre Haushaltsdefizite aus dem Vietnam-Krieg ausgleichen wollte. Folglich trieben die USA den Abbau von Beschränkungen des internationalen Kapitalverkehrs voran, wie z. B. den Übergang zu flexiblen Wechselkursen. Die Auswirkungen dieses Strebens erkennt man gut am Anstieg des Bestands und Handels mit Devisen seit

dem Ende des Bretton-Woods-Systems. So stiegen von 1980 bis 2004 die Währungsreserven von 413 Milliarden US-Dollar auf 3.812 Milliarden US-Dollar, d. h. um das Neunfache. Dagegen stiegen die Devisenumsätze je Handelstag um das 16-fache, d. h. von 120 Milliarden auf 1.8880 Milliarden US-Dollar. Dies ist ein Indiz dafür, dass die Devisen fast jeden Handelstag ihren Besitzer wechselten, was darauf hindeutet, dass hier eine hohe Spekulation stattfindet. Unter den politisch Verantwortlichen in Amerika setzten sich in den 1970er Jahren folgende Grundideen immer mehr durch:

- Die Finanzmärkte sollten sich selbst regulieren.
- Der Staat sollte sich möglichst aus dem Marktgeschehen heraushalten.
- Fehlentwicklungen kann der Markt besser korrigieren als staatliche Institutionen.

So wurde eine beispiellose Liberalisierung- und Deregulierungswelle in Gang gesetzt. Es herrschte der Glaube an eine wohlfahrtssteigernde Wirkung deregulierter und liberalisierter Finanzmärkte. Den nächsten Meilenstein in der Liberalisierungsgeschichte konnte US-Präsident Ronald Reagan 1982 für sich verbuchen. Er befreite die regionalen Sparkassen von staatlichen Vorschriften und erlaubte den Banken erstmals, Darlehen mit variablen Zinsen zu vergeben. Daneben leitet Reagan auch einen internationalen Trend zu Steuersenkungen[36] ein. So mussten die reichen Amerikaner Anfang der 1980er Jahre noch 70 % ihres Einkommens an Steuern bezahlen, nach Reagans erster Steuersenkungsrunde waren es nur noch 50 % und nach seiner zweiten nur noch 28 %.

---

[36] Ronald Reagan wurde stark geprägt durch den amerikanischen Ökonomen Arthur Laffer. Seine These war, dass der Staat mehr Geld einnehme, wenn er die Steuern senke (Selbstfinanzierungseffekt einer Steuerreform). Zur Illustration entwickelte Laffer die nach ihm benannten Kurven. Die Laffer-Kurve beginnt unten links mit einem Steuersatz von null, d. h. der Staat nimmt nichts ein, weil die Bürger keine Steuern zahlen. Danach steigt die Kurve zunächst rasant an, bis zu einem Punkt, ab dem die Kurve wieder flacher wird. Dieser Punkt ist der Steuersatz, zu dem der Staat das meiste Geld bekommt. Nach Laffers Ansicht befinden sich die meisten Staaten mit ihren Steuersätzen weit oberhalb dieses Punktes, d. h. die Staaten verlangen zu hohe Steuern. Dieser Bereich ist in der Laffer-Kurve dadurch gekennzeichnet, dass die Kurve fällt, weil die Laffer-Kurve bei einem Steuersatz von 100 % die Nulllinie berührt. Laffers vertritt die Ansicht, dass je höher die Steuern sind, desto niedriger die Einnahmen des Staates sind, weil die Steuerlast die Wirtschaft lähmt. Ein Kolumnist des *Wall Street Journals* bringt es auf den Punkt: "Das Allheilmittel, um die Wirtschaft wieder in Gang zu bringen und den Staatshaushalt zu sanieren, sind, so paradox es klingen mag, Steuersenkungen."

Einen nächsten großen Schritt machte US-Präsident Bill Clinton, als er 1994 die Beschränkungen, die US-Banken bei ihrer regionalen Expansion (innerhalb der USA) hatten, aufhob. Bis dahin war der Aktionsradius der Banken stark begrenzt. So brauchte ein Geldinstitut von jedem US-Bundesstaat, in dem es eine Filiale eröffnen wollte, eine eigene Lizenz. Die Liberalisierung von 1994 löste eine Welle von Fusionen und Übernahmen aus.

Fünf Jahre später wurde sogar die gesetzliche Trennung zwischen Geschäfts- und Investmentbanken, die nach der großen Depression in den 1930er Jahren eingeführt worden war, wieder abgeschafft. Unter Präsident George W. Bush gestattete es die US-Wertpapieraufsicht im Jahr 2004 Investmentbanken, ihre Geschäfte unbegrenzt auf Pump zu finanzieren. Letztlich führte dies dazu, dass die Banken seit etwa 1970 ihre Bilanzsumme und ihr Bilanzrisiko massiv steigerten.

Die Liberalisierung der Finanzmärkte in Europa wurde durch den *Big Bang* in England unter Margaret Thatcher[37] 1986 eingeleitet. Ihr Motto war: "*Der Markt verdrängt den Staat. Weniger Staat ist besser.*" Thatcher hob quasi über Nacht die Regulierungen am Finanzplatz London auf, u. a. durften jetzt an der Londoner Börse ausländische Wertpapierformen gehandelt werden. Auf der anderen Seite verkaufte Thatcher binnen weniger Wochen Dutzende von Staatsunternehmen, wie z. B. die Gaswerke, die Fluggesellschaft *British Airways*, den Autohersteller *British Leyland*, die Eisenbahngesellschaft *British Rail* oder auch die *British National Oil Corporation*. Hierdurch löste sie eine weltweite Welle von Privatisierungen aus.

Die Europäische Union folgte mit der Liberalisierung der Kapitalgeschäfte, um einen einheitlichen europäischen Markt zu schaffen. Dazu wurde 1987 die *Einheitliche Europäische Akte* verabschiedet und damit der Weg geebnet für einen liberalisierten Binnenmarkt unter Einschluss des Kapitalverkehrs. In der Folgezeit wurden weitere Deregulierungsmaßnahmen durchgeführt.

Allerdings stand Deutschland lange Zeit den "Innovationen" im Finanzbereich skeptisch gegenüber. Helmut Kohl orientierte sich in seiner Politik jedoch immer mehr an Reagan und Thatcher. Darum ordnete er den Rückzug aus den Betrieben an. In seiner Regierungserklärung nach der Bundestagswahl 1983 sagte er: "Eine Wirtschaftsordnung ist umso erfolgreicher, je

---

[37] Margaret Thatcher orientierte sich bei der wirtschaftlichen Umgestaltung des Landes eng an die Ratschläge des österreichischen Ökonomen Friedrich August von Hayek (s. S. 11ff.). Sein Credo war, Subventionen zu streichen, die Sozialausgaben zu kappen, die Zinsen zu erhöhen und die Inflationsrate auf 0 Prozent zu drücken.

mehr sich der Staat zurückhält." Die Folge war eine in Deutschland noch nie dagewesene Privatisierungswelle, z. B. verkaufte der Bund seine Anteile an *Volkswagen*, dem Energiekonzern *VEBA*, dem Stahlkonzern *Salzgitter*, der Hypothekenbank *Depfa* usw. Mit seiner Privatisierungspolitik kehrte Kohl eine Entwicklung um, die bis in die zweite Hälfte des 19. Jahrhunderts zurückreichte. So sprach z. B. Reichskanzler Otto von Bismarck in seiner Rede "Notwendigkeit der Verstaatlichung der Eisenbahnen" 1876 von einer Verstaatlichung der Eisenbahnen. Der Staat verstand sich als Unternehmer.
Erst die sich verschärfende Konkurrenz zwischen Frankfurt und dem liberalisierten London führte gegen Ende der 1980er Jahre auch in Deutschland zu einer Liberalisierung des Finanzmarktes. Um die Konkurrenzfähigkeit der deutschen Finanzindustrie zu stärken, kam es seit den 1990er Jahren zu einer Reihe von Finanzmarktförderungssetzen, z. B. wurden die Mindestreservesätze der Banken gesenkt. Außerdem wurden immer mehr "neuartige" Finanzinnovationen zugelassen: Geldmarktfonds (1994), Pensionssondervermögen (1998), Hedgefonds (2004) usw.
Der Nachfolger von Helmut Kohl, Gerhard Schröder, führte eine der größten Steuerreformen in der Geschichte der Bundesrepublik Deutschland durch, im Umfang von ca. 70 Milliarden D-Mark. So sollten der Steuersatz für Geringverdiener von 23,9 auf 15 % und der Spitzensteuersatz von 53 auf 45 % sinken. Doch die eigentliche Revolution versteckte sich im Kleingedruckten. Ein Satz mit enormer Bedeutung, der die Wirtschaft grundlegend verändern sollte: "Gewinne aus der Veräußerung von Anteilen, die eine Kapitalgesellschaft an einer anderen Kapitalgesellschaft hält, sind nicht steuerpflichtig." Das heißt, wenn Unternehmen Teile von sich selbst verkaufen, müssen sie dafür keine Steuern auf den Verkaufserlös zahlen. Dies ermöglichte es den Unternehmen, Firmen mit Zehntausenden von Jobs steuerfrei hin- und herzuschieben. Es war der Beginn eines riesigen Monopoly der Unternehmen, indem Unternehmensteile im Milliardenwert ihre Besitzer wechselten – und mit ihnen Millionen von Arbeitnehmern.
Zudem entwickelte sich Schröder zu einem Reformer. Zunächst erfolgte eine Rentenreform, weil jeder erkannt hatte, dass die gesetzliche Rentenkasse Probleme hatte. Das Versprechen des in der Regierung Kohl amtierenden Arbeitsministers Norbert Blüm "Die Rente ist sicher" war so nicht mehr haltbar. Darum kürzte Schröder die staatliche Rente und führt zusätzlich eine private Altersvorsorge – die Riester-Rente und die Rürup-Rente – ein. Diese Produkte lösten bei den Banken und Versicherungen ganz langsam

eine große Nachfrage aus, weil sie staatlich gefördert werden. Im Sommer 2002 tat sich im Haushalt ein Loch von 20 Milliarden Euro auf. Auf der Suche nach Sparmöglichkeiten kam der Arbeitsmarkt ins Blickfeld. Durch eine Reformkommission um den ehemaligen Personalvorstand von *Volkswagen*, Peter Hartz, wurden die Arbeitsmarktreformen *Hartz I* bis *Hartz IV* vorgeschlagen.

Die Lage der deutschen Wirtschaft verschlechterte sich weiter, sodass Schröder am 14. März 2003 im Bundestag die *Agenda 2010* präsentierte. Sie sieht eine Gesundheitsreform vor, die den Versicherten mehr abverlangt, der Kündigungsschutz sollte leicht gelockert werden, die Gewerbesteuer vereinfacht und der Arbeitsmarkt umgekrempelt werden (Flexibilisierung des Arbeitsmarkts). Schröder sagte: "Wir werden Leistungen des Staates kürzen und die Eigenverantwortung fördern und mehr Eigenleistung von den Einzelnen verlangen."

Schröder konnte die Mehrzahl der Vorhaben der *Agenda 2010* durchsetzen. Allerdings war dies ein Pyrrhussieg. Viele Unzufriedene verließen die SPD in Richtung der neu gegründeten *Wahlalternative Soziale Gerechtigkeit*, der WASG, die später in der *Linkspartei* aufging.

Im Sommer 2005 veranlasste Schröder nach einer ganzen Serie verlorener Landtagswahlen Neuwahlen. Im Herbst 2005 wurde Angela Merkel Bundeskanzlerin und profitierte schon bald von den Vorarbeiten der rot-grünen Regierung, insbesondere der *Agenda 2010*. Tatsächlich sank die Arbeitslosigkeit von fünf Millionen (Februar 2005) auf bis unter drei Millionen im Oktober 2008.

Dennoch ist das Ergebnis der Reformen für viele Menschen eine Enttäuschung. So sank der Anteil der Arbeitseinkommen am BIP von 72,2 % im Jahr 2000 auf 64,6 % im Jahr 2007 bei sinkenden Reallöhnen. Zur selben Zeit stieg die Gewinnquote am Volkseinkommen von 27,8 % auf 35,4 %, d. h. die Gewinne aus Unternehmen und Vermögen wuchsen von 2000 bis 2007 um 60 % bzw. 245 Milliarden Euro, während die Arbeitnehmereinkommen um 11,5 % und das BIP um 26 % wuchsen. Durch die "Reformvorhaben" konnten die großen Privatvermögen ein Plus von fast einer Billion Euro registrieren, was sich aus Steuergeschenken und dem verlangsamten Lohnwachstum speiste. Dies führte dazu, dass das reichste 1 % der Bevölkerung 23 % und die reichsten 10 % der Bevölkerung 61,1 % des Vermögens halten.

Die weltweiten Deregulierungs- bzw. Liberalisierungsmaßnahmen führten zu einer Aufhebung rechtlicher und politischer Hindernisse für den Kapitalverkehr, d. h. zu einer globalen Zirkulation des Finanzkapitals. Dabei vollzog sich die Globalisierung der Finanzmärkte sprunghaft und wesentlich schneller als die Weltproduktion und der internationale Handel. Beispielsweise stieg der Anteil der Summe internationaler Forderungen und Verbindlichkeiten (internationale Finanzanlagen) am Bruttoinlandsprodukt von 1970 bis 2004 um das 7-fache. Eine weitere extrem wichtige Entwicklung, die mit der oben grob skizierten Globalisierung der Märkte zusammenhängt, ist das enorme Wachstum des weltweiten Finanzkapitals. So beobachtete man seit den 1970er Jahren eine starke Zunahme der an den Finanzmärkten angelegten Mittel. Das Wachstum der Finanzmärkte vollzog sich dabei wesentlich stärker als das Wachstum des Weltsozialproduktes. So ist das Weltsozialprodukt von 1980 bis 2006 um knapp das Fünffache gestiegen, während sich das weltweite Finanzvermögen fast vervierzehnfacht hat. Wie ist eine solche Aufblähung der Finanzmärkte möglich? Grundsätzlich lassen sich drei Gründe erkennen:

1. Seit den 1970er Jahren beobachtet man eine Umverteilung von Einkommen und Vermögen von unten nach oben. Das heißt, der Reichtum verteilt sich auf eine immer kleiner werdende Anzahl von Menschen. Dies führt zu einer Schwächung des privaten Konsums, weil die Massenkaufkraft (s. S. 101ff.) zurückgeht. Letztlich finden die Reichen nicht mehr genügend Investitionsmöglichkeiten in der "realen" Wirtschaft, weil die erzeugten Produkte nicht mehr abgesetzt werden können. Darum investieren sie immer größere Teile ihres Vermögens am Finanzmarkt.
2. Ebenso führte der Paradigmenwechsel bei der Altersvorsorge zu einer Aufblähung der Finanzmärkte. So entwickelten sich in Deutschland (z. B. Riester-Rente) und vielen anderen Ländern erst während der letzten zwei bis drei Jahrzehnte kapitalmarktbasierte Rentensysteme, welche in den USA und England schon lange bekannt waren. Die Folge dieser Entwicklung war, dass das Finanzvermögen der Pensionsfonds von 1992 bis 2006 um fast das Fünffache von 4,8 auf 22,6 Billionen US-Dollar anstieg.
3. Auch auf Seiten der Unternehmen trat eine Änderung in der Finanzierung ihrer Geschäfte ein. Während früher die Unternehmen ihre Geschäfte hauptsächlich über Kredite von ihrer Hausbank finanzierten, nehmen sie heute verstärkt die Kapitalmärkte (durch Ausgabe von An-

leihen, Aktien usw.) in Anspruch. Außerdem wurden die Banken selbst zentrale Akteure auf den Finanzmärkten.

Einhergehend mit dem Aufblähen des Finanzsektors kam es zu einer "überreichlichen" Liquidität an den Finanzmärkten. Ihr standen nicht genügend rentable Anlagemöglichkeiten gegenüber. Darum floss die reichlich vorhandene Liquidität zunehmend in risikoreiche Investitionen und in einen neuen Geschäftszweig – der Finanzinvestitionen (wie Hedgefonds und *Private Equity Fonds)*. Einige Experten vertreten die Meinung, dass die Aufblähung der Finanzmärkte verstärkt wurde durch den Übergang vom kredit- zum kapitalmarktbasierten Finanzsystem. Von nun an war nicht mehr der Kredit, sondern die Aktie das "dominante" Finanzierungsinstrument. Folgerichtig werden in der "neuen" Finanzwelt die Beziehungen zwischen dem Finanzmarkt und der realen Wirtschaft nicht mehr durch die Hausbank-Unternehmens-Beziehungen geprägt, sondern durch die Funktionsweise globaler Finanzmärkte, d. h. die Finanzmärkte geben die Spielregeln vor. Wiederum setzte die Kapitalmarktorientierung in Deutschland im Vergleich zu den USA erst relativ spät ein. Sie wurde durch die zunehmende internationale Konkurrenz und eine Neuorientierung deutscher Großbanken ermöglicht.

3.5.2 Die Super-Hausse der 1990er Jahre

Wir betreten nun ein goldenes Zeitalter der Börse, eine Ära des Aufschwungs und grenzenloser Euphorie. Denn durch die im vorherigen Abschnitt erläuterten politischen Maßnahmen erlebte der Kapitalismus in den 1990er Jahren und zu Beginn des neuen Jahrtausends seine große Blütezeit. Dabei verkündeten die Ökonomen zu jener Zeit, eine neue Ära sei angebrochen – die *New Economy.* Schlagzeilen der damaligen Zeit verkündeten: "Willkommen im Schlaraffenland, wo Honig und Milch in Strömen fließen." Es entstanden an den Finanzmärkten aus dem Nichts Milliarden. So konnten kleine Internetfirmen plötzlich ein Vielfaches mehr wert sein als Industriekonzerne mit mehreren hunderttausend Arbeitern. An den Finanzmärkten vagabundierten Milliarden von Anlegergeldern, die Unternehmen und Banken nutzten, um gewaltige Übernahmen im Werte von mehreren hundert Milliarden US-Dollar zu finanzieren. Zudem betraten neue machtvolle Spieler die Finanzmärkte – die Hedgefonds. Im Prinzip wetten Hedgefonds mit komplexen Finanzinstrumenten auf die Zukunft. Andere wiederum jagen nach Firmen, um diese zu zerlegen und mit Gewinn weiterzuverkaufen. Es reagierte an den Börsen der gefährlichste Glaube – die Gier nach dem schnellen Geld.

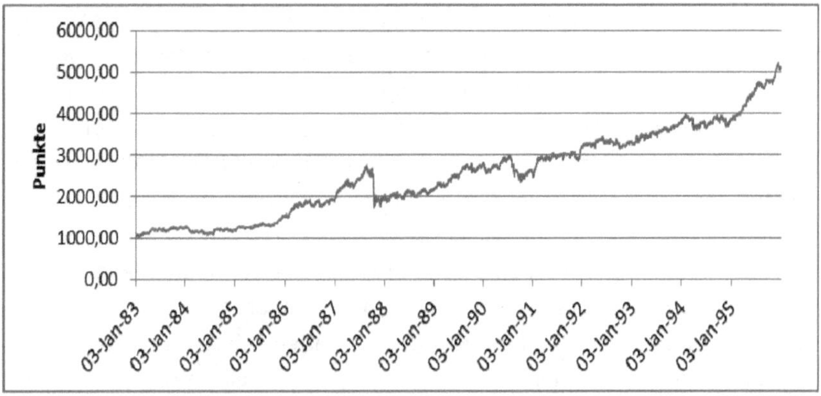

Abbildung 9: *Dow Jones* von 1983 bis 1995

Diese Gemengelage führte zu einer wahren Kursrallye an den Börsen. Der DAX stand Ende 1982 bei rund 500 Punkten (rückberechnet) und schaffte es bis 1995 auf ca. 2.000 Punkte, d. h. er vervierfachte sich. Ebenso beeindruckend ist die Entwicklung des *Dow Jones*. Er verfünffachte sich von Anfang 1983 bis Ende 1995.

Das war allerdings bei weitem noch nicht "das Ende der Fahnenstange". Allerdings erkennt man in Abbildung 9 doch einige scharfe Korrekturen. Was waren die Auslöser dieser Korrekturen?

3.5.3 Die wichtigsten Krisen innerhalb der Blütezeit der Börse

In diesen Abschnitt möchte ich ihr Augenmerk "nur" auf die meiner Meinung nach wichtigsten Krisen in den 1980er Jahren lenken. Daneben ereignete sich noch eine Vielzahl anderer Krisen.

3.5.3.1 US-Immobilienkrise 1.0 – Die Savings-and-Loan-Krise

Währung des 19. Jahrhunderts gründeten sich in den USA immer mehr kommunale Sparkassen (engl. *Savings and Loan Associations,* kurz S&Ls). Sie sollten dafür sorgen, dass die Amerikaner günstig zu ihrem Eigenheim kommen und ihr Erspartes sicher anlegen konnten. Darum hatten die Institute einen streng geregelten Aktionsradius, d. h. sie unterlagen bis Anfang der 1970er Jahre strengen Regulierungsvorschriften.

Dafür bekamen die S&Ls im Gegenzug umfangreiche staatliche Garantien. So wurden von der US-Regierung die Einlagen der S&Ls abgesichert, entweder über die *Federal Deposit Insurance Corporation* (kurz FDIC) oder die *Federal Savings and Loan Insurance Company* (kurz FSLIC). Allerdings war die Einlagensicherung nicht unbegrenzt, aber die Höchstgrenzen wurden schrittweise soweit angehoben, dass nahezu alle Einlagen von Privatpersonen durch die FDIC (für Geschäftsbanken und Sparkassen) oder die FSLIC (für S&Ls) abgesichert waren. Weiterhin wurden den S&Ls die Vergabe von Firmen- und Industriekrediten untersagt. Sie sollten ihre Einlagen nur für Hypotheken für Wohnimmobilien verwenden dürfen. Darüber hinaus gestattete die US-Regierung den S&Ls, höhere Zinsen für Spareinlagen zu bieten, als die anderen Geschäftsbanken. Überdies wurde ihnen erlaubt, eine niedrigere Mindestkapitalausstattung zu haben als vergleichbare Geschäftsbanken. So etablierte sich das Geschäftsmodell *borrow short / lend long* der S&Ls, d. h. kurzfristige Einlagen wurden hereingenommen und langfristige Kredite vergeben.
Als es in den 1970er Jahren zu einem starken Inflationsanstieg kam, traten erste Risse im Geschäftsmodell der S&Ls auf. Dies lag daran, dass der Großteil der Hypotheken, die die S&Ls vergeben hatten, festverzinsliche langfristige Kredite waren. Dies führte zu einem schwerwiegenden Problem, weil langfristig festverzinsliche Hypotheken über die Einlagen der S&Ls finanziert waren, deren Kosten von der kurzfristigen Zinsentwicklung abhängig waren. Durch die strikte Anti-Inflationspolitik der US-Notenbank der 1970er Jahre stiegen die kurzfristigen Zinsen nachhaltig. Dies zwang die S&Ls, die Zinsen auf ihre Einlagen deutlich zu erhöhen. Auf der anderen Seite konnten sie die Zinsen für die ausgegebenen Hypotheken nicht erhöhen, d. h. die S&Ls mussten mehr Geld für die Einlagen bezahlen, als sie durch die ausgegebenen Hypotheken verdienen konnten. Dies trieb viele S&Ls in die Verlustzone.
Um das Geschäftsmodell der S&Ls wieder zu stabilisieren (immerhin schrieben 3.300 von 3.800 Sparkassen rote Zahlen), wurde gegen Ende der 1970er Jahre die Verbriefung von Eigenheimhypotheken, zunächst über die *Government National Mortgage Association* (kurz *Ginnie Mae*), zugelassen. Später folgten als Verbriefungspartner die *Federal National Mortgage Association* (kurz *Fannie Mae*) und die *Home Loan Mortgage Corporation* (kurz *Freddie Mac*). Mithilfe der Verbriefungen der Kredite konnten nun Hypotheken ausgegeben werden, ohne dass die S&Ls sich einem erhöhten

Marktrisiko aussetzen mussten, weil die Hypotheken durch die Verbriefung aus ihren Bilanzen verschwanden.

Gegen die Vorbehalte der Bankenaufsicht und führender Vertreter der US-Notenbank setzte Ronald Reagan 1982 eine Lockerung der Bestimmungen bei der Kreditvergabe durch. Die S&Ls sollten höhere Renditen durch die Vergabe von Konsum-, gewerblichen Immobilien- und Firmenkrediten erwirtschaften dürfen. Die Idee dahinter war, dass hierdurch die Finanzlage der S&Ls nicht mehr so abhängig sein sollte von der Renditekurve. Eigentlich konnte das Geschäftsmodell nur bei einer normalen Zinskurve funktionieren, d. h. dann, wenn die langfristigen Zinsen höher sind als die kurzfristigen. Um den Einfluss der Renditekurve auf die Gewinne der S&Ls weiter zu senken, wurden die Hürden für die Vergabe von zinsvariablen Hypotheken deutlich gesenkt.

Die Öffnung der S&Ls für "neue" Märkte erwies sich allerdings als fatal. Losgelöst von ihren Fesseln finanzierten die S&Ls im großen Stil gewerbliche Immobilienentwicklungen, Energieprojekte und andere gewerbliche Transaktionen. Selbst vor Anlagen im sogenannten Junk-Bond-Markt schreckten sie nicht zurück. Vielmehr waren sie sogar einer der großen Player in diesem Markt. Im Junk-Bond-Markt werden hochriskante Unternehmensanleihen gehandelt. Wegen ihres hohen Ausfallrisikos hatten die Anleihen teilweise zweistellige Zinssätze.

Als Sahnehäubchen vergaben die Sparkassen immer mehr Immobilienkredite, weil scheinbar die Risikokosten sanken. Denn die US-Immobilienpreise zogen in den USA seit Jahren kräftig an, sodass die Sparkassen bei Immobilienkrediten der eigenen Einschätzung nach kein Risiko eingingen, weil sie als Sicherheit die hinterlegten Immobilien hatten. Durch die Wertsteigerungen und die Möglichkeit, sie ohne Probleme wieder verkaufen zu können, schien hier das Kreditrisiko gegen Null zu tendieren. Unterstützt wurde diese Entwicklung durch die Steuerpolitik *(Economic Recovery Tax Act,* 1981), die Immobilieninvestitionen steuerlich begünstigte.

Ein Orkan braute sich über den S&Ls zusammen, als die Energiepreise in den Jahren 1985-86 massiv abstürzten. In der Folge gingen viele Unternehmungen, die die S&Ls finanzierten, pleite. Ebenso zeichneten sich jetzt am US-Immobilienmarkt erste Abschwächungstendenzen ab. Die Lage der S&Ls wurde zusätzlich belastet, weil die Bankmanager überschuldeter Institute ein immer riskanteres Investitionsverhalten an den Tag legten in der Hoffnung, sich mit einem Erfolg doch noch retten zu können.

Schließlich haben die Eigentümer und die Manager einer vor der Insolvenz stehenden Bank nichts mehr zu verlieren. Sie können ihre Situation durch die riskante Geschäfte unter Umständen aber verbessern. Schlagen die Geschäfte fehl, so kommt die Einlagensicherung für die Verluste der Anleger auf. Macht dagegen die Bank durch die riskanten Geschäfte Gewinne, so erhöht sich die Überlebenschance der Bank, wovon die Eigentümer und die Manager profitieren. Hier liegt also ein Moral-Hazard-Problem vor[38].

Die Lage der Sparkassen war so bedrohlich geworden, dass massenhafte Insolvenzen drohten. Um dies zu verhindern, wurden Stützungsmaßnahmen in Milliardenumfang von der US-Regierung für die Sparkassen vorgenommen. Doch dies nutzte nichts, im März 1985 musste die *Home State Savings Bank* aus Cincinnati, Ohio Konkurs anmelden. Dies war Dominostein, der viele weitere Sparkassen mit in den Abgrund riss, weil sich die Sparkassen nicht mehr im ausreichenden Maß refinanzieren konnten. Denn die anderen Banken misstrauten den Sparkassen und gaben ihnen kein Geld mehr. Der Refinanzierungsmarkt für die Sparkassen trocknete aus. Besonders hart traf der Rückgang der Energiepreise die ölreichen US-Bundesstaaten wie Texas oder Oklahoma. So gingen zahlreiche S&Ls in Texas oder Oklahoma in den Bankrott und mussten von der Einlagensicherung übernommen werden. Wie dramatisch die Lage in diesen Bundesstaaten war, sieht man daran, dass die Leute Shirts mit dem Spruch trugen: "Meine Bank ist die FDIC". Die Lage der S&Ls spitzte sich weiter zu, als 1988 die Probleme des Immobilienmarktes auf das ganze Land übersprangen. Auf breiter Front sanken die Preise für Häuser und gewerbliche Immobilien, viele wurden sogar unverkäuflich. So gingen überall im Land immer mehr S&Ls in die Insolvenz, weil finanzierte Projekte scheiterten und ihre Eigenkapitaldecke zu niedrig war, um die Verluste auszugleichen. Die zunehmenden Insolvenzen brachte auch die Einlagensicherung die FSLIC in eine Schieflage.

Nach Beendigung des US-Präsidentschaftswahlkampfs im Jahr 1988 musste der Kongress zu einer Sondersitzung zusammentreten, um über Maßnahmen zur Abwehr der drohenden Finanzkrise zu beraten. Dabei stand außer Zweifel, dass die US-Regierung die volle Verantwortung für die von ihr ausgegebenen Einlagebürgschaften übernehmen musste. Die eigentliche Frage war nur noch, wie man möglichst kostengünstig aus der "Sache" heraus-

[38] Erst durch die Zusammenlegung von Einlagensicherung und Aufsicht in der FDIC im Jahr 1989 konnte dieses Gebaren gestoppt werden.

kam. Es genügte nicht mehr, nur Finanzmittel zur Rekapitalisierung der FSLIC zur Verfügung zu stellen. Es musste eine weitere Reform der S&Ls her. So wurde 1989 der *Financial Institutions Reform Recovery and Enforcement Act* (FIRREA) verabschiedet. Es sah u. a. eine Unterstützung der Einlagensicherung durch eine Kreditlinie von 50 Milliarden US-Dollar vor und eine stärkere Regulierung der S&Ls. Der wichtigste Teil dieses Gesetzes war die Gründung der *Resolution Trust Corporation* (RTC). Hierbei handelt es sich um staatliche Institute, die für eine begrenzte Dauer geschaffen werden. Ihre Aufgabe war es, die Aufrechterhaltung, Sanierung und Reform der S&Ls zu organisieren, ähnlich wie heute die *Bad Banks*[39]. Deswegen übernahmen die RTCs die faulen Kredite der Sparkassen, d. h. die Kredite, die von ihren Gläubigern nicht mehr zuverlässig bedient werden konnten. Die RTC wurde vom US-Finanzministerium finanziert, um günstige Kreditkonditionen zu erreichen. In den sieben Jahren ihrer Existenz übernahm die RTC die Aufsicht über 747 Geldinstitute und verwaltete Guthaben im Gesamtumfang von 394 Milliarden US-Dollar[40]. Nach sieben Jahren ging die RTC in der staatlichen Einlagensicherung FDIC *(Federal Deposit Insurance Corporation)* auf. Am Ende bilanzierte die RTC Verluste von 75 Milliarden US-Dollar zu Lasten der Staatskasse[41]. Zwischenzeitlich war es jedoch gelungen, zahlreiche ursprünglich als "faul" eingestufte Kredite so lange zu halten, dass sie sich wieder als rentabel erwiesen.

---

39 Eine *Bad Bank* übernimmt problematische bzw. toxische Kredite oder Wertpapiere von den Banken, restrukturiert diese und verwertet sie anschließend. Die Idee dahinter ist, dass wenn man die Banken von ihren Problemaktiva und dem stetig wiederkehrenden Wertberichtigungsbedarf befreit, sie ihre normale Geschäftstätigkeit wieder aufnehmen können. Zusätzlich sollten sie sich wieder am Markt refinanzieren können, weil das Vertrauen in ihre Solidität zurückkehrt.

40 Da die RTC nur über begrenzte Ressourcen verfügte, um die Vermögenswerte von insolventen Banken zu verwerten, wurde seit 1992 der Weg der *Public Private Partnerships* beschritten. Hierzu verkaufte die RTC die Vermögenswerte von insolventen Banken an ein *Joint Venture*, an dem ein privater Investor (Mehrheit) und die RTC beteiligt waren. Zudem refinanzierte das *Joint Venture* den Kauf der Vermögenswerte über Anleihen der RTC. Darum mussten die erwirtschafteten Erlöse aus dem verwerteten Vermögen als erstes zur Ablösung der Anleihen der RTC verwendet werden. Anschließend wurde der verbliebende Rest auf die Partner verteilt. Die RTC ging ca. 72 *Partnerships* ein, um Vermögenswerte mit einem Buchwert von ca. 21 Milliarden Dollar zu verwerten.

41 Nicht inbegriffen in diesen Kosten sind die Zinsen für die Anleihen, die die USA zur Finanzierung der RTC ausgeben mussten. Die Anleihen laufen teilweise bis ins Jahr 2019 und werden mit ungefähr sieben Prozent verzinst. Man schätzt, dass alleine die Zinsen dem Steuerzahler nochmals einen dreistelligen Milliardenbetrag kosten werden.

Letztlich leitete diese Krise eine Konsolidierung des Finanzsektors ein. Durch teilweise erzwungene Fusionen von S&Ls und anderen Banken entstanden die heutigen amerikanischen Großbanken. So sank die Zahl der S&L-Institute um die Hälfte. Beispielsweise entstand die größte Bank der USA, die *Bank of America,* aus ca. 3.000 Zusammenschlüssen von kleinen Banken. Um die Fusionen zwischen einem finanzstarken Institut und einer insolventen Bank zu ermöglichen, wurden von der Einlagensicherung umfangreiche Garantien vergeben. Üblich war es, dass die Käuferbank alle Einlagen, ausgewählte Verbindlichkeiten und liquides Vermögen der insolventen Bank übernahm. Das Kreditrisiko wurde üblicherweise von der Einlagensicherung getragen. Wegen der steigenden Anzahl von Vermögenswerten, die von den insolventen Banken auf die Einlagensicherung übertragen wurde, versuchte die Einlagensicherung, den Käufer der insolventen Bank dazu zu bewegen, alle Vermögenswerte zu übernehmen. Dafür räumte sie dem Käufer eine Verkaufsoption gegenüber der Einlagensicherung für notleidende Vermögensteile der insolventen Bank ein. Dieser Weg erwies sich allerdings als sehr steinig. So wurden von 40 Milliarden US-Dollar verkauften Vermögenswerten 20 Milliarden US-Dollar durch Ausübung der Verkaufsoption an die Einlagensicherung zurückgegeben. Darum wurde dieses Programm 1991 eingestellt. Die Auswirkungen an der Börse waren gering. De facto waren den Anlegern der Niedergang der Sparkassen und die Steuergelder, die zu deren Rettung aufgewendet werden mussten, völlig egal. Der Dow-Jones-Index stieg zwischen 1988 und Mitte 1990 um fast 50 % auf rund 2.900 Punkte.

3.5.3.2 Der schwarze Montag am 19. Oktober 1987

Am Montagabend, den 19. Oktober 1987, berichteten die Moderatoren im amerikanischen Fernsehen über einen gewaltigen Börsencrash, der scheinbar aus dem Nichts gekommen war. Über die Fernseher flimmerten Bilder von Aktienhändlern mit weit aufgerissenen Augen und zerzausten Haar, die von einem "Massaker" sprachen. Was war passiert?

Der Dow-Jones-Index sackte um ca. 22,6 % ab und notierte zu Handelsschluss nur noch bei 1.738 Punkten, d. h. um 508 Punkte niedriger als am Vortag (Stand 2.246,73). Das war der bislang größte Tagesverlust in der Geschichte des *Dow Jones*. Die amerikanischen Industriewerte verloren an diesem Tag auf einen Schlag 500 Milliarden US-Dollar an Marktkapitalisierung. Die Anleger trauten zunächst ihren Augen und Ohren nicht. Schließlich befand sich der *Dow Jones* in einem unglaublichen Bullenmarkt. So konnte er sich von 1983 bis Oktober 1987 fast verdreifachen. Ausgelöst wurde dies durch die Liberalisierung der Finanzmärkte durch US-Präsident Reagan in den 1980er Jahren.

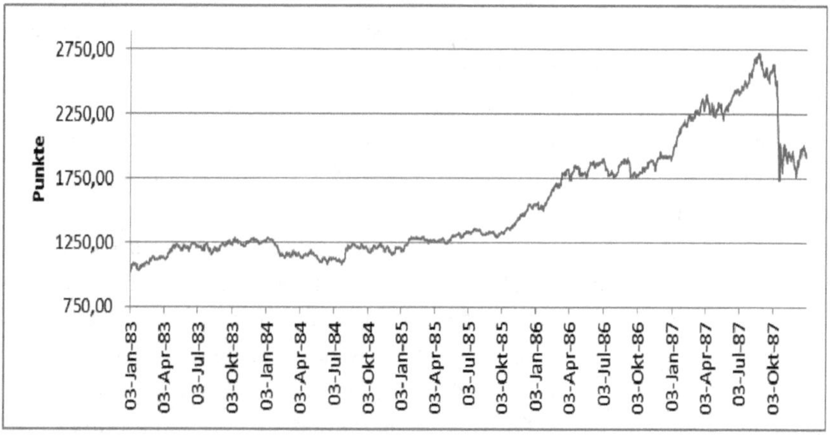

Abbildung 10: *Dow Jones'* schwarzer Montag, 19.Oktober 1987

Was hatte den Aktienkrach am 19. Oktober 1987 ausgelöst? Es war wohl folgende Gemengelage.

Am 22. Februar 1987 vereinbarten die führenden westlichen Industrienationen in Paris (sogenanntes Louvre-Abkommen) eine intensive Abstimmung der Wirtschafts- und Währungspolitik, um die immer weiter anwachsenden Ungleichgewichte und die Währungskurse zu stabilisieren. Mithilfe des Louvre-Abkommens konnte tatsächlich der US-Dollar auf einen Wechselkurs von 1,80 D-Mark je US-Dollar stabilisiert werden. Parallel dazu stieg die Börse und konnte im August 1987 neue Höchststände im *Dow Jones* (2.722,42 Punkte am 25. August 1987) erreichen.

Allerdings zeigten sich im August 1987 Anzeichen für einen wirtschaftlichen Abschwung, weil die amerikanische Regierung die Inflation und das überbordende US-Handelsdefizit nicht in den Griff bekam. Zu allem Überfluss kamen Ende September Gerüchte über einen Streit innerhalb der G7-Staaten auf. All dies führte zu einer Verunsicherung an den Märkten. So verlor der *Dow Jones* von August bis zum 13. Oktober 1987 in mehreren Schritten fast 475 Punkte. Am 17. Oktober 1987 kritisierte der US-Finanzminister James Baker öffentlich die geplante deutsche Quellensteuer und die kurz vorher erfolgte Anhebung des Zinssatzes für kurzfristige Wertpapieremissionsgeschäfte durch die *Bundesbank*. Durch diese Maßnahmen stieg der Kurs der D-Mark gegenüber dem US-Dollar weiter an. Deswegen kündigte Baker als Gegenmaßnahme eine überraschende Anhebung der amerikanischen Zinsen an.

Dies hatte zur Folge, dass es am darauffolgenden Montag, den 19. Oktober 1987, schon zu Handelsbeginn zu einem starken Verkaufsdruck an der *Wall Street* kam. Nach Erkenntnissen einer Untersuchungskommission unter dem ehemaligen Finanzminister Nicholas Brady trug zu dem Kurssturz ironischerweise eine Finanzstrategie bei, die den Investoren eigentlich Schutz vor Einbußen hätte gewährleisten sollen, die sogenannte *Portfolio Insurance*. Diese ermöglicht es, ein Aktienportfolio mit geringen Kosten so zu steuern, dass es fast vollständig an den Kurssteigerungen partizipiert, aber gleichzeitig gegenüber Einbußen nahezu abgesichert ist. Damit die *Portfolio Insurance* funktioniert, müssen die Manager der "versicherten" Portfolios Aktien nach einer bestimmten Formel (entwickelt von Fischer Black und Myron Scholes) im größeren Stil verkaufen, wenn die Kurse fallen. Üblich ist, dass die Steuerung dieser Portfolios weitgehend auf einen Computer übertragen wird. Der Computer überwacht fortlaufend die Börsenkurse und gibt gegebenenfalls automatisch Kauf- oder Verkaufsaufträge elektronisch an die Börse. Dies kann nur funktionieren, wenn die Aktienmärkte über ausreichend Liquidität verfügen, um die zu Absicherungszwecken durchgeführten Verkäufe aufzunehmen, ohne dass große Preisschwankungen auftreten. Dies war allerdings eine Illusion, weil die am 19. Oktober 1987 enorme Menge an simultan eingehenden Orders einen weiteren Verkaufsdruck erzeugte, der letztlich einen Kaskadeneffekt auslöste, d. h. die computergesteuerten Verkäufe zwecks Kursabsicherung führten zu einem sich selbst verstärkenden Preisverfall an der *Wall Street*. Denn die Verkäufe lösten beim Auslösen von Stoppmarken neue Verkaufsorders aus, die die Kurse wiederum unter die nächsten Stoppkurse drückten usw.

Weltweit zeigten sich die Anleger vom Crash des *Dow Jones* geschockt, sodass es auch an den internationalen Börsen zu kräftigen Kursverlusten kam. Um die Märkte zu beruhigen, sagte US-Präsident Reagan "there is nothing wrong with the economy". Um weiter die Märkte zu beruhigen, kündigte der im August 1987 ins Amt gekommene Chef der US-Notenbank Greenspan eine Senkung der Zinsen von 7,5 auf 6,75 % an. Zudem pumpte die US-Notenbank Liquidität in die Märkte, um den Crash abzufedern. Gleichzeitig

begannen viele US-Unternehmen damit, ihre eigenen Aktien zurückzukaufen, um so den Kurs zu stützen.
Als Folge des sogenannten Computercrashs führte die NYSE an der *Wall Street* Sicherheitsbremsen im Computerhandel ein. Falls der *Dow Jones* um mehr als 350 Punkte fällt, wird der Handel für 30 Minuten unterbrochen, bei einem Verlust von 550 Punkten sogar für eine Stunde. Trotz dieser Krise schloss der *Dow Jones* das Jahr 1987 mit einem "kleinen" Plus von 2,26 % ab. Nach 15 Monaten konnte der *Dow Jones* schließlich wieder sein Vorkrisenniveau erreichen.

3.5.3.3 Die Japan-Krise 1990

Im Jahr 1990 brach die "Japan AG" zusammen. Innerhalb eines Jahres verlor der *Nikkei* über 40 % und stürzte ganz Japan in eine schlimme Wirtschaftskrise, von der sich das Land bis heute nicht erholt hat. Was war geschehen im Reich der aufgehenden Sonne?
In den Jahrzehnten vor dem Crash stieg Japan zu einer der führenden Wirtschaftsmächte der Welt auf. Dazu hatten verschiedene Einflussgrößen ab den 1960er Jahren geführt. Sie bewirkten, dass Japan in die Weltwirtschaft integriert wurde. Obendrein lösten sie einen massiven Wandel im Land der aufgehenden Sonne aus.
Ähnlich wie heute China erzielte in den 1980er Jahren die japanische Wirtschaft teilweise zweistellige Zuwachsraten und galt wegen seiner Dynamik und Innovationsfähigkeit als Motor der weltwirtschaftlichen Konjunktur. Diese Entwicklung wurde durch drastische Wertzuwächse des Yen in den Jahren 1985-1989 sowie die Deregulierung des Außenhandels und der Finanzmärkte beschleunigt. Dabei verschob sich der industrielle Schwerpunkt von der Chemie- und Schwerindustrie auf die Hightech- und Elektroindustrie. Ebenfalls konnten die Japaner deutliche Exporterfolge im Automobil- und Schiffsbau erzielen. So stieg z. B. *Toyota* zu einem der größten Automobilhersteller der Welt auf. Zudem wurde die Produktivität ständig durch technische Innovationen gesteigert. So kam der berühmte US-Futurologe Herman Kahn in seinem Buch *The Emerging Japanese Superstate* zu dem Schluss, dass Japan im Jahr 2000 die führende Wirtschaftsnation der Welt sein werde.
Als Auslöser des Booms gilt vor allem die Zinspolitik der *Bank of Japan*. Sie reduzierte seit 1982 die Leitzinsen stetig. Beispielsweise fiel der Diskontsatz von 5,5 % im Jahr 1982 bis auf 2,5 % im Jahr 1987. Diese expansive Geldpolitik

der japanischen Notenbank, niedrige Inflation und ein dynamisches Wachstum der Weltwirtschaft führte zu einem konjunkturellen Aufschwung in Japan. Zudem führte die überhastete Deregulierung der Kapitalmärkte dazu, dass der Wettbewerbsdruck der Banken untereinander in einem Abschmelzen der Margen resultierte. Dies veranlasste die Banken ab Mitte der 1980er Jahre zu einer Ausweitung ihres risikoreicheren Kreditportfolios, insbesondere im Bereich Konsumenten- und Hypothekenkredite. Überdies versäumte der Staat, neue Kontrollinstanzen zur Überwachung des Risikomanagements der Banken zu schaffen. Die Folge war, dass die Banken zu dieser Zeit immer mehr Risiken in ihrer Bücher aufnahmen. So lag das Wachstum der Kredite an die Privatwirtschaft über Jahre hinweg deutlich über dem Wachstum des nominalen Bruttoinlandsprodukts. Demnach wurde der Aufschwung der Wirtschaft immer mehr durch Kredite ermöglicht, d. h. es lag ein kreditfinanzierter Aufschwung vor. Gleichzeitig war viel Liquidität am Markt vorhanden, weil immer mehr Ausländer Japan als Investitionsland wahrnahmen. Diese vagabundierende Liquidität führte zu einem Preisanstieg am Aktien- und Immobilienmarkt.

Richtig in Fahrt kam der Aktienmarkt durch die Börseneinführung der ersten Tranche des bis dahin staatlichen Telekommunikations-Unternehmens *Nippon Telephone & Telegraph* (NTT) im Jahr 1987. Der Run auf die NTT-Aktie führte auch zu massiven Preissteigerungen anderer Aktien. Es kam sozusagen zu einem Börsenfieber. Weiter angeheizt wurde das Fieber durch die Kreditwelle, die sich über Japan ergoss. Sie trieb die Aktienkurse und Landpreise in astronomische Höhen. So überstieg 1988 beispielsweise der Börsenwert von NTT alle an sämtlichen deutschen Börsen notierten Inlandsaktien. Die billigen Kredite, gepaart mit steigenden Aktienkursen, verleiteten immer mehr Unternehmen, Investitionen in den Aktienmarkt zu tätigen, anstatt in ihr eigentliches Geschäft. So versuchten z. B. Gesellschaften aus der Schwerindustrie, die sinkenden Geschäftsgewinne mit Aktiengewinnen aufzupeppen. Als Kreditsicherheit beliehen sie in der Regel ihren großen Immobilienbesitz.

Dieser Boom hatte gigantische Ausmaße angenommen. So hatte sich der Tokioter Aktienleitindex *Nikkei-225* innerhalb von nur drei Jahren mehr als verdoppelt. Zum Jahresanfang 1987 stand er bei 17.000 Punkten, und am 29. Dezember 1989 erreichte der Index den Höchststand mit 38.916 Punkten. Hand in Hand damit stieg auch das Volumen der gehandelten Aktien von 120 Milliarden im Jahr 1983 auf 280 Milliarden im Jahr 1989. (Zum Vergleich, der

Wert aller in Tokio gelisteten Unternehmen entsprach in etwa 40 % der gesamten Kapitalisierung aller Aktiengesellschaften der Welt! Das durchschnittliche Kurs-Gewinn-Verhältnis (KGV) überstieg den Wert von 60, die 1987 privatisierte Telekomgesellschaft NTT schaffte es gar auf 300.)
Vielleicht sogar noch extremer waren die Preissteigerungen für Wohnimmobilien. So stieg der Preisindex für Wohnimmobilien in sechs großen Städten von 5.800 Punkten im Jahr 1980 auf 20.600 Punkte im Jahr 1989. So stiegen die japanischen Immobilienpreise zwischen 1955 und 1990 um das 75-fache. (Zum Vergleich: Die japanische Landfläche beträgt 0,3 % der Weltbodenfläche. Ihr Wert betrug aber 60 % des Weltbodenpreises!)
Keiner glaubte, dass dieser Hype jemals enden würde. Deswegen war es möglich, z. B. ein Grundstück, welches einen Wert von einer Million Euro hatte, als Sicherheit für einen Kredit über 1,2 Millionen Euro oder mehr zu hinterlegen. Die Banken waren der Ansicht, die Lücke von 200.000 Euro innerhalb weniger Monate wegen der steigenden Immobilienpreise schließen zu können. Wie grotesk die Bewertungen waren, zeigt sich daran, dass allein die Grundstückswerte des Kaiserpalastes in Tokio mehr wert waren als der Grund des US-Staates Kalifornien.
Mit den steigenden Aktien- und Immobilienpreisen einher ging eine beachtliche Kreditexpansion. Da die für die in den Bilanzen stehenden Kredite bei den Banken und Kreditnehmern als Sicherheiten ausgewiesenen Wertpapiere und Häuser immer mehr "wert" wurden, konnten die Banken beständig mehr Geld verleihen bzw. die Kreditnehmer konnten immer mehr Geld leihen, um an dem Boom teilzunehmen. Gleichzeitig wurden die Standards bei der Vergabe von Krediten deutlich abgesenkt.
Völlig unbemerkt von der Öffentlichkeit nahmen zu dieser Zeit die Probleme der japanischen Wirtschaft zu. So stieg durch das ständige Rationalisieren in den Unternehmen die Arbeitslosigkeit langsam an. Zudem konnten sich viele Familien aufgrund der hohen Preise keine eigene Wohnung mehr leisten und mussten in teure Mietwohnungen ziehen, was die Kaufkraft schwächte. Auf Seiten des Staates wuchs die Verschuldung stetig an und erreichte bereits im Jahr 1988 die Hälfte des Bruttosozialproduktes. Allein die Bedienung der Zinsen erforderte damals schon fast ein Fünftel der Staatsausgaben. Während in aller Welt die Zentralbanken seit 1987 bzw. 1988 die Leitzinsen wieder anhoben, wartete die Zentralbank von Japan noch bis zur Ernennung des neuen Direktors Yasuki Mieno im Jahr 1989, um ebenfalls ihren Kurs zu ändern. Gleichzeitig sah sich Japan im Jahr 1989 gezwungen, seine

ausufernde Staatsverschuldung einzudämmen. Um Mehreinnahmen zu generieren, wurde eine Steuerreform durchgeführt. Auf der anderen Seite versuchte die *Bank of Japan* durch verschiedene geldpolitische Maßnahmen den Zugang zu Krediten, insbesondere für Immobiliengeschäfte, deutlich zu erschweren. Zu diesem Zweck hob sie binnen 15 Monaten den Leitzins von 2,5 % auf 6 % an. Ebenso beschränkte sie die Höhe der Kreditsumme, die die Banken für Immobiliengeschäfte ausgeben durften. Während noch die ersten beiden Leitzinserhöhungen (31. Mai 1989 auf 3,25 % und 11. Oktober 1989 auf 3,75 %) verpufften, zeigte die dritte Erhöhung auf 4,25 % am 25. Dezember 1989 Wirkung. Der steile Aufwärtstrend im *Nikkei* endete und der japanische Leitindex sank bis Mitte Februar 1990 auf 37.435 Punkte.

Dies war der Beginn des Platzens der Japan-Blase. Das Platzen vollzog sich allerdings langsam und in kleinen Schritten. So kamen kurz nach Ende der Hausse die ersten Gerüchte über Probleme im Finanzsektor auf. Denn auf einmal führten die Banken strenge Überprüfungen vor der Vergabe von Krediten durch. Dabei wurden ungedeckte Kredite häufig durch fantasievolle Buchführungen verschleiert. Der Aktienmarkt reagierte extrem verunsichert, der *Nikkei* fiel von 37.400 Punkten (Ende Februar) bis Anfang April um fast 10.000 Punkte auf einen Stand von 28.002 Punkten. Dies war allerdings erst der Anfang des Crashs. Urplötzlich sperrte bzw. erschwerten die Banken die Kreditvergabe und verweigerten den Firmen somit dringend benötigte finanzielle Mittel, da die Banken mehr als 800 Milliarden US-Dollar faule Kredite aufgetürmt hatten. Die Reduktion des Kreditgeschäftes führte zu einer temporären Kreditklemme für die japanische Wirtschaft. In der Folge mussten immer mehr Unternehmen Insolvenz anmelden, was wiederum einen erneuten Kreditausfall bei den Banken verursachte. Obendrauf erhöhte die *Bank of Japan* den Leitzins weiter (Ende März 1990 auf 5,25 % und Ende August 1990 auf 6 %).

Abbildung 11: *Nikkei* 225 von Januar 1970 bis Juni 2011

Dies führte dazu, dass auch der Immobilienmarkt deutlich unter Druck geriet. Auf der einen Seite nahmen wegen der schwindenden finanziellen Geldmittel die Transaktionsvolumen ab, und zum anderen kamen die Unternehmen, die ihre Grundstücke als Kreditsicherheit verpfändet hatten, immer häufiger in Schwierigkeiten und mussten die Grundstücke verkaufen. Der Verfall der Immobilienpreise setzte ein, aber nicht ganz so schnell wie der an den Aktienmärkten. Die Krise schlug nun von den Finanzmärkten auf die Realwirtschaft durch. Um der Krise wieder Herr zu werden, lockerte die japanische Notenbank ab Sommer 1991 die geldpolitischen Zügel und senkte die Zinsen, bis sie 1995 bei nahe null Prozent lagen.

Die japanische Wirtschaft musste nach dem Platzen der Blase zunächst ihre Überkapazitäten an Kapital und Arbeitskräften sowie ihren enormen Schuldenberg abbauen. Darum führten die Zinssenkungen nicht zu der erhofften Wende. Darum stützte die Fiskalpolitik ab 1993 massiv die Konjunktur. Hierzu legte das japanische Finanzministerium mehrere milliardenschwere Konjunkturpakete mit wachsenden Volumina auf. Die vielen Konjunkturpakete führten zu einer dramatisch anwachsenden Staatsverschuldung. Die Maßnahmen zur Belebung der Konjunktur wurden erschwert, weil sich am Horizont auch noch eine schwere Bankenkrise abzeichnete.

Die Banken saßen nämlich wegen des Rückgangs der Vermögenspreise auf einem riesigen Berg an faulen Krediten. Zudem wurden sie noch durch die Ratingagenturen herabgestuft. Hinzu kam, dass erstklassige Schuldner, wie

Großunternehmen, sich jetzt günstiger über die Kapitalmärkte refinanzieren konnten als über die Banken. Daher sank die Zinsmarge bedenklich. Die Folge: Die Banken schränkten trotz der massiven Leitzinssenkungen ihre Kreditvergabe dramatisch ein und unterliefen so geld- und fiskalpolitische Maßnahmen zur Stabilisierung der Konjunktur. Zusätzlich mussten die Banken, um ihre Kapitalbasis zu stärken, ihre im Ausland befindlichen Vermögenswerte verkaufen. Dies bewirkte eine dauerhafte Aufwertung des Yen, was wiederum die Exportwirtschaft belastete.

Angesichts dieser Gemengelage und der anhaltenden Wachstumsschwäche rutschte Japan 1995 in eine Deflation ab, d. h. die Preise sanken. Der Preisrückgang erhöhte zudem das reale Zinsniveau und drohte damit wiederum die Konjunktur zu belasten. Es folgte eine Periode des "Durchwurschtelns". In dieser Zeit legte die japanische Regierung immer wieder Konjunkturprogramme auf, um der kriselnden Wirtschaft auf die Füße zu helfen. Aber die Gesundung der japanischen Wirtschaft wurde immer wieder durch neue Krisen, wie z. B. das Erdbeben in Kōbe 1995, zurückgeworfen. Zu alledem fielen jetzt auch noch die Grundstückspreise dramatisch. Beispielsweise lagen im Jahr 1996 die Grundstückspreise in den Städten um über 50 % unterhalb ihrer Höchstmarken.

Außerdem drohte die Staatsverschuldung völlig aus dem Ruder zu laufen, darum erhöhte die japanische Regierung 1997 die Mehrwertsteuer von 3 auf 5 %. Ebenfalls wurde die staatliche Investitionstätigkeit deutlich zurückgefahren. Diese Maßnahmen sowie die Asienkrise (s. S. 165ff.) brachte die japanische Wirtschaft wieder unter Druck und verschärfte die Deflation. Zudem kam es im Jahr 1997 zu den ersten großen Pleiten im Finanzmarktsektor, wie z. B. der *Nissan Life Insurance, Sanyo Securities, Yamaichi Securities* oder *Hokkaido Takushoku Bank*.

Um ein gigantisches Bankensterben zu verhindern, verabschiedete das Finanzministerium 1998 ein Maßnahmenbündel. Dessen wichtigster Bestandteil war der Prompt-Corrective-Action-Rahmenplan. Die Banken wurden verpflichtet, ihr Vermögen realistisch anhand neuer und klarer Richtlinien zu bewerten. Diese Bewertung wurde von externen Gutachtern kontrolliert. Zusätzlich wurde ein 30 Billionen Yen großer Notfallplan verabschiedet, um vom Konkurs bedrohte Banken zu retten sowie die Sicherung der Spareinlagen der Bankkunden sicherzustellen.

Um einen weiteren Vertrauensverlust in das Bankensystem vorzubeugen, wurde weiterhin versucht, ein Absinken der Eigenkapitalquote zu verhindern. Dazu verabschiedete die japanische Regierung im Februar 1998 den *Financial Function Stabilization Plan*. Dieser Plan sah u. a. vor, dass den 21 größten Banken 1,8 Billionen Yen Eigenkapital in Form von Vorzugsaktien, nachrangigen Anleihen oder Krediten durch die japanische Einlagensicherung DICJ zur Verfügung gestellt wurde. Die Rückzahlung der Mittel war vertraglich unbegrenzt, aber es war eine Rückzahlung bis 2008 vorgesehen. (Bis zum 21.03.2006 wurden knapp 90 % der aufgenommenen Mittel von den Banken zurückgezahlt.) Zunächst zögerten die Banken, an dem Programm teilzunehmen, weil sie dieses als Eingeständnis finanzieller Schwierigkeiten werteten. Um ein negatives Signal zu verhindern, beantragten schließlich alle Banken gemeinsam denselben Betrag.

Nachdem sich abzeichnete, dass trotz der durchgeführten Kapitalmaßnahme die Eigenkapitalquote zum Geschäftsjahresende wegen des hohen Abschreibungsbedarfes auf notleidende Kredite und den Verfall der Aktien- und Immobilienmärkte bei vielen Banken deutlich absinken würde, verabschiedete die Regierung das *Early Strengthening Law* (ESL). Damit war die zweite Runde staatlicher Eigenkapitalzufuhr für die Banken in Höhe von 8,6 Billionen Yen eröffnet. Daneben wurden noch weitere Gesetzesinitiativen (u.a. das *Financial Reorganization Promotion Law* (FRPL) oder das *Financial Functions Strengthening Law* (FFStl)) verabschiedet, um es der japanischen Einlagensicherung zu ermöglichen, mit staatlichen Eigenkapitalhilfen notleidende Banken zu unterstützen. Das FRPL unterstützte z. B. im September 2003 den Zusammenschlusses der *Kanto Bank* mit der *Tsukuba Bank*. Im Rahmen dieses Zusammenschlusses gewährte die japanische Einlagensicherung einen nachrangigen Kredit über 6 Milliarden Yen.

Wegen des massiven Vertrauensverlusts in das Finanzministerium erfolgte im Juni 1998 eine Ausgliederung der Bankenaufsicht aus dem Finanzministerium in eine neu geschaffene Behörde, der *Financial Supervisory Agency*. Diese Behörde wurde im Juli 2000 durch die mit mehr Kompetenzen ausgestattete zentrale Aufsichtsbehörde für alle Geldinstitute, die *Financial Services Agency* (FSA), ersetzt.

Im Jahr 1999 senkte die *Bank of Japan* schließlich den Leitzins auf null Prozent. Außerdem versuchte sie über direkte Ausleihungen am Interbankenmarkt die Liquidität im Bankensektor zu erhöhen. Zusätzlich akzeptierte sie auch Papiere minderer Qualität als Sicherheit von den Geschäftsbanken, damit sie sich im Gegenzug von der japanischen Notenbank Geld ausleihen konnten. Die Nullzinspolitik der Notenbank zeigte erste Wirkung, weil sie sich langsam auf die Zinskurve auswirkte, d. h. die Kapitalmarktzinsen näherten sich dem Leitzinsniveau an. Dies senkte die Finanzierungskosten für Haushalte und Unternehmen deutlich, sodass sich eine temporäre Konjunkturerholung im Jahr 2000 abzeichnete. Diese nutzte die Notenbank, um den Leitzins moderat auf 0,25 % anzuheben. Diese Maßnahme war allerdings verfrüht, darum nahm die Notenbank die Zinserhöhung schon im folgenden Jahr zurück.

Im Großen und Ganzen waren die 1990er Jahre geprägt von Deflation und Nullwachstum. Diese Zeit wird in Japan auch als das "verlorene Jahrzehnt" bezeichnet.

Erst Anfang 2001 (11 Jahre nach der Krise) gelang es Japan mit der Einführung der quantitativen Liquiditätssteuerung, sich aus der Liquiditätsfalle zu befreien. Jetzt wurde nämlich die Nullzinspolitik mit einer deutlichen Ausweitung der Geldbasis unterstützt. Hierzu verlagerte die Notenbank ihr operatives Ziel von der Leitzinshöhe zu der Höhe der täglich fälligen Einlagen der Geschäftsbanken bei der Zentralbank. Ihr Ziel war es, diese Einlagen deutlich zu erhöhen. So wurde die Reserve von anfangs 5 Billionen Yen bis Januar 2004 schrittweise auf 30-35 Billionen Yen gesteigert. Dies gelang der Notenbank durch verschiedene Marktoperationen. So kaufte sie z. B. japanische Staatsanleihen mit langer Laufzeit oder ab 2003 strukturierte Kreditprodukte (ABS) von den Banken ab. Zusätzlich kaufte die japanische Notenbank im Zeitraum von November 2002 bis September 2004 den Banken Aktien aus dem Eigenbestand ab. Insgesamt wurden den Banken Aktien im Werte von 2,18 Billionen Yen abgekauft. Diese Aktien darf die Notenbank erst zwischen September 2007 bis September 2017 wieder verkaufen.

Das Ergebnis all dieser Marktoperationen war eine deutliche Ausweitung der Geldbasis. Diese führte schließlich zur erwarteten Inflation und bot damit den Anreiz, aktuelle Konsum- und Investitionsausgaben zu tätigen. So gelang es, die japanische Wirtschaft wieder in sichere Gewässer zu führen. Folglich erholte sich die japanische Wirtschaft schrittweise wieder. Dabei half ihr auch der Konjunkturboom im restlichen Asien (z. B. in China). Dies führte in den Jahren 2004 und 2005 zu einem starken Wachstum, welches die Notenbank dazu veranlasste, im Sommer 2006 die Nullzinspolitik und die quantitative Liquiditätssteuerung zu beenden und den Leitzins in kleinen Schritten wieder anzuheben.

Die Bilanz der Japan-Krise an den Finanzmärkten war verheerend. Der *Nikkei* verlor von seinen Hoch am 29. Dezember 1989 mit 38.916 Punkten in mehreren Schritten, mit zwischenzeitlichen mehr oder minder kräftigen Erholungen, bis zu seinem Tief am 6. März 2009 31.743 Punkte, d. h. er notierte am 6. März 2009 bei 7.173,1 Punkten (-82 %). Bis heute konnte der *Nikkei* die Rekordmarke von 38.916 Punkten nicht mehr erreichen, weil er immer wieder durch andere Krisen zurückgeworfen wurde, wie z. B. die Asienkrise, die New-Economy-Krise usw. Das Verhalten des *Nikkei* ist eher untypisch, weil die Aktienkurse normalerweise drei bis vier Jahre benötigen, um die Vorkrisenniveaus wieder zu erreichen. Dies kann man also als Indiz werten, wie schwer die Krise Japan getroffen hat. In der "neueren" Historie zeigt sich eigentlich nur eine Krise, in der die Aktienmärkte eine ähnliche bzw. längere Durststrecken hatten, nämlich die Weltwirtschaftskrise von 1930. Nach dieser Krise dauerte es knapp 24 Jahre, bis die Aktienkurse ihre Rekordmarken wieder erreichten. Ebenso konnten sich die Immobilienpreise nicht erholen. Sie notieren heute ca. bei einem Viertel des Wertes zum Höhepunkt des Booms.

Die Krise führte auch zu einer Konsolidierung im japanischen Finanzsektor. So sank die Zahl der Banken in Japan von 1990 bis 2005 von 1.069 auf 628 Banken. Außerdem zogen sich viele japanische Banken vom internationalen Geschäft zurück. Im Zuge der Konsolidierung wurden in Japan viele Tabus, wie z. B. feindliche Übernahmeangebote, gebrochen. Um die Übernahme eines insolventen Institutes zu erreichen, wurden Kapitalhilfen in Form von Zuschüssen, Krediten, Geldeinlagen, Garantien, Verlustbeteiligungen und Beteiligung an Kapitalerhöhungen gewährt. Hierzu gab die japanische Einlagensicherung DICJ über 18,6 Billionen Yen aus, zusätzlich übernahm sie noch notleidende Vermögenswerte in Höhe von 6,4 Billionen Yen. Zudem bekam die DICJ das Recht, eine *Bridge Bank* (ähnlich der RTC) als Tochterunternehmen zu gründen. Sie sollte nach Erhalt der Banklizenz und zusätzlicher Zustimmung von der FSA eine insolvente Bank vorübergehend übernehmen dürfen und die Geschäftstätigkeit fortführen, wenn sich abzeichnete, dass sich kein Käufer für die insolvente Bank findet. Die Laufzeit der *Bridge Bank* ist auf 2 Jahre begrenzt, mit der Möglichkeit einer Verlängerung um ein weiteres Jahr. So wurde am 11. März 2002 die *Bridge Bank of Japan* (BBJ) gegründet, um wenige Tage später, am 24. März, die insolvente *Ishikawa Bank* und am 28. März die *Chubu Bank* zu übernehmen. All die Rettungs- und Konjunkturpakete führten dazu, dass Japan einen Schuldenstand von 218 % (Stand: 09.12.2010) gemessen am Bruttoinlandsprodukt (BIP) aufweist. (Zum Vergleich: Deutschland hat einen Schuldenstand von 74 % (Stand: 09.12.2010))

3.5.4 Der Aufbruch in die Welt der *New Economy* (1995-2000)

"*Ja, wäre nur ein Zaubermantel mein! Und trüg' er mich in fremde Länder, mir sollt' er um die köstlichsten Gewänder, nicht feil um einen Königsmantel sein.*" (Goethe, Faust I). So ähnlich müssen sich wohl die beiden Studenten Marc Andreessen und Eric Bina von der Universität Illinois in Urbana-Champaign gefühlt haben. Sie tüftelten an einem Programm, mit dem das schwarz-weiße Internet plötzlich bunt wurde. Sie entwickelten den ersten Internetbrowser, die grafische Oberfläche für das World Wide Web. Diese bahnbrechende Innovation war zugleich der Startschuss für die bunte Welt der *New Economy* an den Börsen.

Die Aktie des Unternehmens von Andreessen und Bina, *Netscape*, wurde am 9. August 1995 (Geburtsstunde der *New Economy*) an der Börse (als erstes sogenanntes Dotcom-Unternehmen) eingeführt. Investmentbanken hatten die Aktie zu 14 US-Dollar angeboten. Doch schon am ersten Handelstag rissen sich die Anleger um die Aktie. Sie waren bereit, dafür erst 30, 40, 50 und sogar 70 US-Dollar zu zahlen. *Netscape* war also aus dem Stand mehr als 2 Milliarden US-Dollar wert. Selbst erfahrene Börsenhändler waren erstaunt über einen solchen Irrwitz. Wie konnte es sein, dass ein 16 Monate altes Unternehmen mit gerade hundert Beschäftigten, was zudem keinerlei Gewinn machte und nur 20 Millionen US-Dollar umsetzte, mehr wert war als ein profitables Unternehmen mit tausenden von Mitarbeitern. Ein Händler fasste es so zusammen: "*Es scheint so zu sein, als würde die alte Börsenordnung nicht mehr gelten. Es kommt nur noch auf die Story an, und Netscape hat zurzeit wohl die mit Abstand heißeste Börsenstory. Fakten sind nicht mehr gefragt. Sie sind langweilig und verstaubt. Darum wird der Aktienkurs von Netscape wohl noch weiter steigen, bis eine andere Story Netscape ablöst.*" Tatsächlich vervierfachte sich der Aktienkurs von *Netscape* in den nächsten Monaten. So betrug das Vermögen von Andreessen Ende des Jahres 1995 200 Millionen US-Dollar.

Viele Ökonomen sprachen von einem Zeitenwechsel, ähnlich der Industrialisierung im 19. Jahrhundert. Es begann eine Ära des Glücks und der Hoffnung. Die Erfindung des Internet sollte die Wirtschaft ähnlich fundamental verändern, wie in den 1920er Jahren die Erfindung des Radios oder des Flugzeugs. Niemand sah mehr Risiken, sondern alle nur noch Chancen, weil

die Menschen eine grenzenlose Euphorie erfasst hatte. Die Trends zu jener Zeit wurden nicht mehr von den großen, bekannten Technologiekonzernen wie *IBM* oder *Hewlett-Packard* bestimmt, sondern von jungen Garagenfirmen. Keine Idee schien zu kühn zu sein. Schnell wurde ein Start-Up gegründet, welches eine Idee vermarktete und zwei oder drei Jahre später an die Börse ging. Die *New Economy* entwickelte ein enormes Tempo. So ging bereits sechs Monate nach *Netscape* das zweite Dotcom-Unternehmen *Yahoo* an die Börse – damals ein noch unbedeutender Internetsuchdienst mit 46 Mitarbeitern, der von zwei Doktoranden der Universität Stanford gegründet wurde. Schon vier Jahre später sollte das Unternehmen 1.200 Mitarbeiter haben und an der Börse mit 97 Milliarden Euro bewertet sein, was in etwa dem Börsenwert von *Volkswagen, VEBA, BASF, Metro* und *Lufthansa* zusammen entspricht. Es folgten der Online-Buchhändler *Amazon* oder das Internetauktionshaus *EBay*. Vier Jahre später sollten die Unternehmen 23,5 Milliarden *(Amazon)* oder 15 Milliarden *(EBay)* wert sein.
Die Erfolge dieser Dotcom-Unternehmen inspirierten viele andere Unternehmen zu einem Börsengang. So kamen tausende von anderen Dotcom-Unternehmen erst in den USA, später in Europa und Asien an die Börse. Kritiker sagten damals schon, dass das einzige was die Unternehmen zu bieten hätten, eine "irre Idee" war, Sicherheiten und Gewinne suche man vergeblich. Wen interessierten schon die alten, traditionellen Bewertungsregeln und Bilanzen, sie waren überholt. Es gab noch niemals zuvor eine Ära, in der so schnell neuer Reichtum geschaffen wurde. Natürlich gab es auch zu anderen Zeiten Menschen, die aus einem kleinen Vermögen während ihres Lebens ein großes Vermögen machten, wie die Eisenbahnbarone oder die Stahl- und Ölmagnaten am Beginn des 20. Jahrhunderts. Doch das Menschen quasi aus dem Nichts, nur weil sie ihr Unternehmen an die Börse brachten, Milliardäre wurden, war neu.
Auch die Deutschen verfielen dem Wahnsinn. So stürzten sie sich wie besinnungslos auf Aktien. Doch wie wurde das Börseninteresse der Menschen geweckt? Im November 1996 ging die *Deutsche Telekom* an die Börse. Eine bis dahin noch nie gekannte Werbekampagne für die Telekom-Aktie überzog das Land. Man schätzt, dass die Werbekampagne mehrere 100 Millionen D-Mark gekostet hat. So konnten auch viele bisherige Nicht-Aktionäre für die Börse begeistert werden. U. a. pries der damals sehr beliebte Schauspieler Manfred Krug in vielen Zeitschriften und unzähligen Fernsehspots die Vorzüge der sogenannten T-Aktie an. Das Platzierungsvolumen konnte

zunächst von 400, dann 600 und schließlich auf 713 Millionen Aktien angehoben werden. Trotzdem war die T-Aktie hoffnungslos überzeichnet. So bekam jeder, der T-Aktien gezeichnet hatte, höchstens 300 Aktien zu einem Preis von je 28,50 D-Mark zugeteilt.

Niemals zuvor in der Geschichte fieberten in Deutschland so viele Menschen einer Erstnotiz entgegen. Die Medien bezeichneten die T-Aktie sogar als "Volksaktie". Tatsächlich konnte die T-Aktie am ersten Handelstag einen Kursgewinn von rund 16 % erzielen und erfüllte somit die Hoffnung von Millionen von Menschen. Bereits vor dem Börsengang der T-Aktie hatte das zunehmende Interesse an der Börse zu einem Aufschwung im DAX[42] geführt. So notierte der DAX am Erstnotiztag der T-Aktie (18. November 1996) schon bei 2.763 Punkten. Angespornt durch den Erfolg der T-Aktie kauften nun immer mehr Anleger auch Aktien von anderen Unternehmen, was dazu führte, dass der DAX erstmals in seiner Geschichte am 17. Januar 1997 die 3.000-Punkte-Marke überschritt. Langsam ergriff Deutschland ein Börsenfieber. Die Deutschen interessierten sich vermehrt für Aktiengeschäfte. So hörten die Menschen in den Medien immer öfter Geschichten mit "wundersamer" Geldvermehrung.

Im "stillen Kämmerchen" wurde an einem Plan für ein neues Börsensegment gearbeitet. Es sollte ähnlich wie die amerikanische Wachstums- und Technologiebörse NASDAQ jungen, erfolgversprechenden Unternehmen eine Plattform geben. Durch die gestiegene Aufmerksamkeit an der Börse fasste die *Deutsche Börse* den Mut, dieses Segment mit den Namen *Neuer Markt* am 10. März 1997 mit den Unternehmen *Bertrandt* und *MobilCom* zu starten. Einen phänomenalen Börsenstart legte das junge Telekom-Unternehmen *MobilCom* hin mit einem Zeichnungsgewinn von fast 50 %. Durch diesen Erfolg wurden immer mehr Anleger ans Börsenparkett gelockt, die noch nie zuvor Wertpapiere gekauft hatten. Zunächst konzentrierte sich das Hauptinteresse der Anleger auf die großen deutschen Standardwerte des DAXes. So konnte der DAX schon vier Monate später, am 8. Juli 1997, erstmals die 4.000er-Marke durchbrechen. Gleichzeitig gingen immer mehr Unternehmen an den *Neuen Markt.* Zum Jahresende 1997 waren bereits 15 weitere Gesellschaften in diesem Segment notiert, wie z. B. *BETA Systems, SCM Microsystems* usw. Ferner konnten sämtliche Unterneh-

[42] Der DAX (Abk. für *Deutscher Aktienindex)* wurde am 30. Dezember 1987 gegründet. Er startete mit 1.000 Punkten. Er sollte das deutsche Pendant zum Dow-Jones-Index werden. Heute zählt er zu den bedeutendsten Aktienindizes der Welt.

men mehr oder minder große Zeichnungsgewinne verbuchen, wie z.B. *SER Systeme* mit mehr als 100 %. Am 25. September 1997 wurde als erste ausländische Gesellschaft das niederländische Biotech-Unternehmen *Qiagen* am *Neuen Markt* notiert.

Auch im Jahr 1998 ging es zunächst stetig weiter nach oben. In Fernsehsendungen und Zeitungen wurden immer häufiger Interviews veröffentlicht von Vorstandsvorsitzenden wie Thomas Haffa *(EM.TV)*, Gerhard Schmid *(MobilCom)* oder Peter Kabel *(Kabel New Media)*, die von einer rosigen Zukunft ihrer Unternehmen sprachen. Da zu dieser Zeit kaum Widerworte Seitens der Medien zu verzeichnen waren, glaubten immer mehr Menschen an diese Versprechungen und sorgten so für ständig weiter steigende Kurse. Ebenfalls traten jetzt in den Medien immer mehr redegewandte "Börsen-Gurus" auf, die mit ihren optimistischen Aussichten zum weiteren Anstieg beitrugen. So sorgten Bernd Förtsch, Kurt Ochner oder Egbert Prior mit ihren Fernsehauftritten für Rekordeinschaltquoten in Sendungen wie der *3Sat-Börse*. Am Handelstag nach ihren Auftritten schossen die Umsätze bei den empfohlenen Aktien in die Höhe und ebenso ihre Kurse. Beispielsweise empfahl Förtsch innerhalb des *3Sat-Börsenspiels* die Aktien des Münchner Unternehmens *Morphyos* mit einem Kursziel von 1.000 Euro. Kurz darauf verdreifachte sich der Wert des Papiers.

Der Grund hierfür war, dass die vielen Börsenneulinge an den Lippen der Vorstände und Gurus hingen und "blind" alles kauften, was ihnen empfohlen wurde. Geschäftszahlen und reale Erfolgsaussichten waren für die meisten Anleger Fremdwörter, für sie spielte nur die Unternehmensstory eine Rolle.

Für kurzzeitige Irritationen sorgte die Asienkrise 1997/1998. Am 31. Dezember 1998 legte der Neue-Markt-Index immerhin trotz der Asienkrise (s. S. 165ff.) um satte 174,4 % auf 2.738,64 Punkte zu. Am *Neuen Markt* waren nun 64 Unternehmen mit einem Marktwert von rund 26 Milliarden Euro notiert. Wegen des Erfolgs des *Neuen Marktes* witterten die großen Banken und Emissionshäuser einen großen Reibach; sie schmissen nahezu jede halbwegs taugliche Firma ins kalte Fahrwasser der Börse, meist total überbewertet, aber ausgestattet mit großen Illusionen. Es entstand ein *Going Public Boom* (oder IPO-Boom, *Initial Public Offering)*, vergleichbar mit der Eisenbahnhausse 1842. Waren es 1997 nur 15, so waren es 1998 bereits 47 und 1999 sogar 140 Börsengänge, die zu verzeichnen waren. Dieser Boom wurde ausgelöst, weil fast alle IPOs Zeichnungsgewinne erzielten, die den

Investoren teilweise Rekord-Zeichnungsgewinne weit im dreistelligen Bereich bescherten (z.B. *Biodata* 433%, *Popnet* 340%, *Softline* 322%, *Pironet* 232%, *Varetis* 213% oder *OnVista* 195%).
Um Ordnung im *Neuen Markt* zu schaffen, kreierte die *Deutsche Börse* am 1. Juli 1999 ein Blue-Chip-Segment, das die 50 größten Unternehmen des *Neuen Marktes* zusammenfasste – den *Nemax 50*[43]. Zudem wurde der bisherige Neue-Markt-Index in *Nemax All Share* umbenannt. Zu diesem Zeitpunkt waren 124 Unternehmen mit einer Marktkapitalisierung von 56 Milliarden Euro im *Nemax All Share* vertreten.
1999 war noch kein Ende der Hausse in Sicht. Im Gegenteil, ab Ende Oktober 1999 begann der letzte und wahnsinnigste Kursanstieg in der deutschen Börsengeschichte. Dabei kannten die Aktienkurse kein Halten mehr. Beispielsweise versiebenfachte sich der Kurs der *Deutschen Telekom* in nicht einmal vier Jahren. Selbst die *Bild-Zeitung* riet ihren Lesern, in Aktien zu investieren. Die Anleger handelten nach der Devise: Kaufen, kaufen und nochmals kaufen! So schaffte es der *Nemax All Share Index* in diesem Jahr um 66,2 % auf 4.552 Zähler zuzulegen. Obendrein waren am Jahresende 201 Titel mit einer Marktkapitalisierung von 111,276 Milliarden Euro am *Neuen Markt* notiert.
Nochmals befeuert wurde der Börsenboom durch eine neue Art von Geldgebern – den Venture-Capital-Firmen. Diese Firmen statten die Firmengründer mit Millionenbeträgen aus, damit diese ihre Idee umsetzen können. Dabei stehen sie dem Unternehmen mit Rat und Tat zur Seite. Ihr Ziel ist es, die Unternehmen möglichst schnell an die Börse zu bringen, um Kasse zu machen. Dabei gehen die Venture-Capital-Firmen vor wie beim Roulette. Sie setzen auf Dutzende von jungen Unternehmen in der Hoffnung, dass am Ende zwei oder drei Erfolgsstorys übrig bleiben, die ihnen den großen Gewinn bringen.
Wie lohnend dieses Geschäft ist, sieht man daran, dass die besten Venture-Capital-Firmen auf Gewinne von 40 oder 50 % im Jahr kommen. 1990 investierten Venture-Capital-Firmen gerade einmal 3,5 Milliarden US-Dollar in junge Firmen, 1999 waren es schon über 104 Milliarden US-Dollar. In der Finanzwelt sagt man, Venture-Capital-Firmen sind die Trüffelschweine der *New Economy*. Eine Venture-Capital-Firma, die viele Trüffel gefunden hat, ist *Kleiner Perkins Caufield & Byers* (Abk. KPCB). Sie entdeckte u. a. *Amazon*,

[43] Als Basis wurde der 30. Dezember 1997 mit einem Wert von 1.000 Punkten festgelegt.

AOL, Compaq, Google, Lotus, Netscape oder *Sun Microsystems.* Die Umwälzungen der *New Economy* lösten auch in anderen Bereichen der Wirtschaft einen Produktivitätsschub aus. So investieren die "traditionellen" Unternehmen verstärkt in neue Rechner, neue Computerleitungen, neue Informationstechnologien. Dieser durch das Internet ausgelöste Produktivitätsschub brachte in den USA einen beispiellosen Aufschwung in Gang. So erreichte 1997 die Arbeitslosenzahl mit knapp 4 % den niedrigsten Stand seit Anfang der 1970er Jahre. Außerdem vermeldeten 1999 die Statistiker das neunte Boom-Jahr in Folge. Das war der längste Aufschwung in den USA seit der Weltwirtschaftskrise 1929. Zusätzlich stellten die Ökonomen etwas erstaunt fest, dass die Inflation verschwunden war. Normalerweise steigen bei einem Boom die Löhne und Preise, weil Arbeitskräfte knapp werden und Fabriken unter Volllast produzieren. Volkswirte versuchten dies mit dem weltweiten Wettbewerb zu erklären. Denn wenn ein Unternehmen für seine Produkte zu viel verlangt, laufen die Kunden sofort zu einem anderen über. Andere erklären dies durch den enormen Produktivitätssprung (ausgelöst durchs Internet), der es ermöglicht, immer mehr Waren zu produzieren. Andere Experten führten dagegen aus, dass die Inflation nicht besiegt sei, sondern sie sich von den Gütermärkten zu den Vermögens- bzw. Finanzmärkten verlagerte.

An den Börsen glaubte man, unter diesen Voraussetzungen in einer neuen wunderbaren Zauberwelt zu leben. Die Anleger befanden sich in einem kollektiven Rausch. In der Euphorie titelten die Zeitungen z. B. "Jetzt kommen die fetten Jahre". Gleichzeitig heizten die statistischen Zahlen das Börsenfeuerwerk an. So legte die deutsche Wirtschaft auf dem Höhepunkt der *New Economy* um 3 % zu. Daher war es nicht verwunderlich, dass der DAX und der *Nemax All Share* ein Wettrennen darum eröffneten, wer schneller die nächste 1.000er-Grenze erreichen würde.

Dagegen feierte man auf der anderen Seite des Atlantiks das denkwürdige Ereignis, dass der *Dow Jones* im März 1999 erstmals die 10.000-Punkte-Marke durchbrochen hatte. Er konnte sich innerhalb des Börsenjahrzehnts von 1990 bis 2000 mehr als verdreifachen.

Tabelle 3: Entwicklung des DAX und *Nemax All Share* seit dem 30. Dezember 1998

DAX		Nemax All Share	
30.12.1998	5006,57	30.12.1998	2744,45
27.10.1999	5363,86	06.01.1999	3197,82
03.12.1999	6119,17	13.12.1999	4150,08
30.12.1999	6958,14	30.12.1999	4572,18
14.01.2000	7173,22	19.01.2000	5030,33
07.03.2000	8064,97	18.02.2000	7224,74
		02.03.2000	8056,01
		10.03.2000	8559,32

Diese Entwicklung an den Börsen wurde unterstützt durch einen fundamentalen Wandel in der Unternehmensführung. So blühte der von Alfred Rappaport 1986 in seinem Buch *Shareholder Value: Wertsteigerung als Maßstab für die Unternehmensführung* propagierte *Shareholder Value* auf. Diese Lehre zwingt den Manager, sein gesamtes Handeln darauf auszurichten, den Wert des Unternehmens zu steigern, und das möglichst schnell. Dabei ist es unerheblich, was dem Arbeiter passiert. Das Hauptaugenmerk des Managers richtet sich darauf, den Aktienkurs nach oben zu treiben. Ein Mittel hierzu ist auch der populär gewordene Aktienrückkauf. Hierbei kauft ein Unternehmen seine eigenen Aktien zurück und vernichtet sie anschließend. Durch diese Maßnahme wird die Anzahl der Aktien verringert und somit verteilt sich der Gewinn auf weniger Aktien. Deswegen sollte die Aktie im Kurs steigen, allerdings ist dieser Effekt meistens nur kurzfristig. Kritiker sagen, dass die Aktienrückkäufe nichts anderes als Geldverschwendung sind, weil die Unternehmen die Gelder besser in ihr Unternehmen investieren sollten und durch die Entwicklung neuer Produkte usw. einen dauerhaften Mehrwert für die Aktionäre schaffen sollten.

Besonders populär machte den Shareholder-Value-Gedanken der Chef von *General Electric,* Jack Welch, der *General Electric* nach dem Motto "Fix it, sell it or dose it" (zu Deutsch: Bring das Geschäft auf Vordermann, verkauf es oder mach es dicht) managte. Welch selbst sagte: "Wenn Sie ihren Laden nicht rechtzeitig in Ordnung bringen, fliegt er ihnen um die Ohren." So krempelte er *General Electric* wie kein anderer um. Er machte aus 350 Geschäftsbereichen 12. Zudem trug er seinen Managern auf, jedes Jahr 10 % ihrer Leute zu entlassen und durch neue Köpfe zu ersetzen, damit immer die Besten für *General Electric* arbeiteten. So ist von den gut 400.000 Mitarbeitern, die bei seinem Amtsantritt für *General Electric* arbeiteten, fast die Hälfte verschwunden. Darum nennen die Kritiker ihn auch "Neutronen-Jack", weil er in den Fabriken wie eine Neutronenbombe gewütet hat und die Menschen hinweggefegt hat, sodass nur noch die Mauern zurückgeblieben sind. Dagegen sagen seine Bewunderer "Jack Welch ist unsere Messlatte". Gleichzeitig beobachtete man eine wahre Explosion der Managergehälter. Jahrzehntelang galt die Regel, dass der oberste Chef nicht mehr als das 20- bis 30-fache eines gewöhnlichen Arbeitnehmers verdienen sollte. Dies war einmal. Beispielsweise verdiente Jack Welch nach Schätzungen über 30 Millionen US-Dollar im Jahr (zum Vergleich: Dies ist 700- bis 800-mal so viel wie ein Fabrikarbeiter bei *General Electric*). Hinzu kamen Aktienoptionen. Jack Welch rechtfertigte sein hohes Gehalt damit, dass jeder so viel bekomme, wie er verdiene. "Wir gehen doch nicht auf die Straße und zwingen die Arbeiter mit vorgehaltener Pistole, in die Fabrikhalle zu gehen und für uns zu arbeiten."

Im Prinzip beugten sich die Manager dem Diktat der Finanzmärkte. So mischten sich die großen Fonds oder Analysten immer mehr in die Geschäfte der Unternehmen ein. Darum werden die Manager immer atemloser und brutaler. Sie unternehmen fast alles, um ihre Zahlen aufzubessern und die hohen Renditeforderungen der Börse zu erfüllen. Dazu kaufen und verkaufen sie Firmenanteile im Monatstakt. Ein besonders schillerndes Beispiel dieses Typs von Manager ist der Franzose Jean-Marie Messier. Er baute den Mischkonzern *Generale des Eaux* zum zweitgrößten Medienunternehmen der Welt, der *Vivendi Universal*, um, u. a. kaufte er das Hollywood-Studio *Universal*. Doch im Juli 2002 musste er seinen Posten verlassen, nachdem er 70 Milliarden Euro an Börsenwert vernichtet hatte. Sein Retortenimperium zerfiel schnell unter dem Druck der enormen Schulden, die durch die Zukäufe aufgetürmt wurden. Joachim Starbatty kommentierte den *Shareholder Value* so:

> "Das Denken auf den Chefetagen hat sich seit der Orientierung am Shareholder-Value-Prinzip grundlegend gewandelt. Wenn das Einkommen und das kollegiale Ansehen vom aktuellen Börsenstand abhängig sind, dann werden Entscheidungen immer unter dem Aspekt der Auswirkung auf den Börsenkurs getroffen. Andernfalls werden die Manager abgestraft. Daher fühlen sie sich geradezu gedrängt, kurzfristig ertragreiche, auf lange Sicht aber riskante Investitionen solchen vorzuziehen, die den Bestand des Unternehmens nachhaltig sichern, deren Erträge aber erst ihren Nachfolgern zugutekämen."[44]

---

[44] Kamp, L.: Finanzkrise – Ursachen, Wirkungen, Rettungspakete und Regulierung – Langfassung, Hans-Böckler Stiftung, September 2009 S. 523.

Meiner Ansicht nach verliert ein Unternehmen, das alleine versucht, der Börse zu gefallen, den eigentlichen Auftrag des Unternehmens aus den Augen. Dieser lautet, gute Produkte zu liefern und Arbeitsplätze zu bieten bzw. zu sichern. Schließlich sind gute Produkte der Schlüssel zum Erfolg, d. h. zu guten Umsätzen und Gewinnen. So freut sich auch der Aktionär, denn irgendwann schlägt sich dies in Form guter Dividenden und steigender Aktienkursen nieder. Ebenso sind für den Erfolg eines Unternehmens die Beschäftigten entscheidend. Erst durch ihre Tatkraft können die Umsätze erwirtschaftet und neue Produkte entwickelt werden.

Etwa gleichzeitig mit dem Aufkommen des *Shareholder Values* kam es an den Börsen zum Fusionsfieber. Dieses Fusionsfieber trieb die Aktienkurse zusätzlich in die Höhe. Dabei kam eine neue Währung ins Spiel – der Aktientausch.

Am 10. Januar 2000 verkündeten *AOL* und *Time Warner* einer erstaunten Öffentlichkeit ihre Fusion. Dabei übernahm das ungefähr sechsmal kleinere *AOL* den Riesen *Time Warner* mit einem Umsatz von ca. 26,8 Milliarden US-Dollar. Den Kaufpreis von 162 Milliarden US-Dollar musste *AOL* nicht in bar bezahlen oder sich von der Bank leihen, sondern es bezahlte mit eigenen Aktien. Das heißt, diese Mega-Fusion wurde durch einen Aktientausch möglich. Denn *AOL* (163 Milliarden Börsenwert) war an der Börse zweimal so viel wert, wie der große Medienkonzern *Time Warner* (83 Milliarden Börsenwert). Im Rahmen des Aktientausches erhielten die Time-Warner-Aktionäre je Aktie von *Time Warner* 1,5 Anteile am neuen Unternehmen, und die AOL-Anteilseigner konnten eins zu eins tauschen. Somit hielten die ehemaligen AOL-Aktionäre 55 % der Aktien des fusionierten Konzerns, während die Time-Warner-Aktionäre 45 % bekamen. Weiterhin erkennt man aus der Betrachtung dieser Fusion, dass das übernehmende Unternehmen *(AOL)* den Anteilseignern des zu übernehmenden Unternehmens *(Time Warner)* eine Prämie bezahlen musste. An dem Tag, an dem die Fusion bekanntgegeben wurde, betrug die Prämie 71 %, d. h. *AOL* bot für die Time-Warner-Aktie, die zu 64,75 US-Dollar gehandelt wurde, ca. 110 US-Dollar.

Diese neue Form des Bezahlens verschiebt das Machtgefüge an den Finanzmärkten. Es gilt: Wer seinen Aktienkurs schnell steigert, kann alles und jeden kaufen. Die Kehrseite der Medaille ist, dass Unternehmen, die sich vor feindlichen Übernahmen schützen wollen, ebenso nach einem hohen Börsenkurs schielen müssen, um unattraktiv zu sein. Durch diese neue Form des Zahlungsmittels – eigene Aktien – können die Unternehmen neue Märkte erobern, ohne sich zu verschulden. Dies führte dazu, dass sich um die Jahrtausendwende das Übernahmekarussell richtig schnell zu drehen begann. So zählen die Statistiker 1999 insgesamt 476 sogenannte Mega-Deals (Fusionen im Werte von mehr als einer Milliarde US-Dollar) im Werte von insgesamt 3,8 Billionen US-Dollar. Damit hatte sich die Zahl der Mega-Deals innerhalb von nur drei Jahren fast verdoppelt. So stieg allein zwischen 1990 und 1999 die Zahl der Fusionen weltweit von ca. 9.000 auf über 25.000.

Drei Wochen nach dem AOL-Time-Warner-Deal kündigte am 5. Februar 2000 *Vodafone AirTouch* an, *Mannesmann*[45] für sagenhafte 372 Milliarden D-Mark (umgerechnet 188 Milliarden US-Dollar) zu übernehmen. Danach ging es Schlag auf Schlag weiter. Für die Übernahmen machten sich die Manager die *Economies of Scale* zunutze, d. h. dass man mehr Waren zu geringeren Kosten produzieren kann. Außerdem kann man leichter Konkurrenten aus dem Markt verdrängen, wenn man einen höheren Marktanteil hat. Zusätzlicher Vorteil ist, dass man, wenn man Fabriken rund um die Welt hat, seine Produkte schnell zu den Kunden befördern kann. Allerdings funktionieren die Fusionen meist nicht so perfekt, wie es sich die Vorstände, Berater und Investmentbanker (Fusionen werden von Investmentbanken eingefädelt) vorstellen, z. B. wird häufig nicht richtig eingeschätzt, wie viel Geld durch den Zusammenschluss eingespart wird. Meistens fällt es nämlich in der Praxis schwer, die unterschiedlichen Firmenkulturen zu vereinigen. Studien belegen, dass die meisten Fusionen floppen. Ein Beispiel hierfür ist die im September 1998 von Daimler-Chef Jürgen Schrempp verkündete "Hochzeit im Himmel" zwischen *Daimler-Benz* und *Chrysler*. Die Folge war, dass *DaimlerChrysler* in den folgenden fünf Jahren drei Viertel seines Wertes verlor. Darum wurde die Ehe nach neun Jahren endgültig geschieden. *Daimler-Benz* heißt nun nur noch *Daimler* und *Chrysler* wurde an den Finanzinvestor *Cerberus* verkauft. Ebenso erging es *AOL Time Warner*. Die Manager von *Time Warner* und *AOL* verstanden es einfach nicht, die unterschiedlichen Firmenkulturen zu vereinigen. So wurde *AOL* von *Time Warner* wieder abgespalten.

Zudem übernahmen die Investmentbanken jetzt endgültig das Ruder an den Börsen. Am besten kann man die Investmentbanker mit einem Begriff aus Tom Wolfes berühmtem Roman *Fegefeuer der Eitelkeiten* beschreiben. Sie verstehen sich als die *Master of the Universe*. Es gibt nichts, was sie nicht

---

[45] Für eine Aktie der *Mannesmann AG* erhielten die Aktionäre 58,9646 Aktien der *Vodafone AirTouch*.

können. Ähnlich wie Sherman McCoy, die Romanfigur von Tom Wolfe, wickeln die Investmentbanker die großen Deals ab, wie z. B. Mega-Fusionen. Einer der Stars der Branche war Frank Quattrone. In der zweiten Hälfte der 1990er Jahre kam in *Silicon Valley* kaum jemand an ihm vorbei. Er machte aus einem kleinen Start-Up in kürzester Zeit einen Börsenstar. Dennoch passte Quattrone nicht zu seinen Arbeitgeber, der *Deutschen Bank*, weil er blitzschnell und in den Augen eines klassischen Bankers oftmals ohne Bedacht handelte. Doch er brachte der *Deutschen Bank* satte Gewinne und gleichzeitig öffnete er eine Tür, die lange verschlossen war – das Investmentbanking[46] (heute ein bedeutender Geschäftszweig der *Deutschen Bank*).

Das Investmentbanking ist aber kein sicherer Hafen für Gewinne, denn Investmentbanken arbeiten vor allem mit fremdem Kapital. Dies liegt daran, dass sie keine Kunden haben, die ihnen ihre Spareinlagen überlassen. Deswegen besorgen sich Investmentbanken ihr Kapital auf den Finanzmärkten. Üblicherweise kommt auf einen eigenen US-Dollar ungefähr zwischen 10 bis 40 geliehene US-Dollar, d. h. die Investmentbanker arbeiten mit einem extrem hohen *Leverage*, um ihre Gewinne nach oben zu hebeln. Darum sind sie auch extrem gefährdet, wenn etwas an den Finanzmärkten schief läuft.

Entstanden sind die Investmentbanken als Folge der Weltwirtschaftskrise 1929, weil in der großen Depression haufenweise Bankhäuser bankrottgingen. Dies führte zum *Glass-Steagall Act.* Dieses Gesetz zwang die großen Universalbanken, die ihren Kunden alles aus einer Hand anboten, sich aufzuspalten in eine Bank, die "nur" das normale Bankgeschäft mit Einlagen und Krediten übernahm, sowie eine Bank, die riskante Investments an den Finanzmärkten tätigte (Investmentbanking). Hierdurch sollte verhindert werden, dass die Banken nochmals das Geld ihrer Kunden an der Börse verspielten. Dieses Gesetz hatte allerdings eine entscheidende Schwachstelle. Das Investmentbanking musste keine Rücksicht auf Kleinsparer nehmen und konnte so ohne jegliche Hemmung an der Börse spekulieren und neue Produkte entwickeln. Außerdem unterlagen sie, anders als die Geschäftsbanken mit Kundeneinlagen, keiner Kontrolle durch die amerikanische Notenbank. Das heißt, Investmentbanken können ihrem Geschäft mit minimalen Auflagen nachgehen.

---

[46] Lange wurde das Geschäft im Investmentbanking von den angelsächsischen Investmentbanken, wie *Goldman Sachs, Morgan Stanley, Merrill Lynch, J. P. Morgan, Salomon Smith Barney* oder *Bear Stearns*, beherrscht.

Der *Glass-Steagall Act* wurde erst 1999 durch US-Präsident Bill Clinton im Zuge der großen Deregulierungswelle abgeschafft, d. h. ab 1999 existierte die Trennung zwischen Geschäfts- und Investmentbanking nicht mehr. Dies löste einen neuen Fusionsschub aus. So griffen die großen Geschäftsbanken nach amerikanischen Investmenthäusern, z. B. übernahm *Chase Manhattan J. P. Morgan*. Dies zwang die etablierten Investmentbanken zu noch riskanteren Geschäften, um den Aktienkurs in die Höhe zu treiben. Dazu richteten sie Abteilungen für den Eigenhandel ein und spekulierten nicht mehr nur mit dem Geld ihrer Kunden, sondern auch mit eigenem Geld, um ihre Gewinne zu steigern. Gleichzeitig entwickelten sie immer neue, strukturierte Produkte, um hohe Gebühren zu kassieren. Tatsächlich scheint die Strategie aufzugehen. Investmentbanken sind hoch profitabel, aber auf der anderen Seite auch hoch riskant (was damals der Mehrzahl der Anleger verborgen blieb).
Auf der anderen Seite gewannen die "Goldjungen der *Wall Street*" immer mehr an Einfluss in Washington. Denn sie versorgten die amerikanische Wirtschaft großzügig mit Kapital, welches das Wirtschaftswachstum beschleunigte. Außerdem spenden die Banken reichlich an die Politiker und sichern sich so einen guten Draht in die Politik. So können sie über ihre Lobbys Einfluss nehmen auf die Gesetzgebung und ihren Geschäften ungestört nachgehen bzw. weitere Deregulierungsschritte erreichen. Ferner schickt die *Wall Street* gerne ihre Manager nach Washington, wenn sie gerufen werden, z. B. holte Ronald Reagan als Finanzminister Donald Regan von *Merrill Lynch*, George Bush senior holte Nicolas Brady von *Dillon, Read & Co.*, George Bush junior holte Henry Paulson von *Goldman Sachs* und Bill Clinton holte Robert Rubin, ebenfalls von *Goldman Sachs*.
Durch die Übernahme von *Bankers Trust* und *Morgan Grenfell* (1989) stieg in den 1990er Jahren auch die *Deutsche Bank* groß ins Investmentbanking ein. Eine weitere Strategie war die aggressive Abwerbung von hochkarätigen Bankern von der Konkurrenz. Häufig verdoppelte die *Deutsche Bank* die ohnehin schon üppigen Gehälter der Banker. Beispielsweise wurde so Edson Mitchell mit einer beinahe 50-köpfigen Truppe von *Merrill Lynch* abgeworben. Er brachte die *Deutsche Bank* beim Handel mit Anleihen, Devisen (größter Devisenhändler der Welt 2008), Derivaten und Edelmetallen an die Weltspitze. Ebenso erreichte die *Deutsche Bank* in der Beratung von Fusionen einen Spitzenplatz in der Weltliga der Investmentbanken. Hinter vorgehaltener Hand wird deswegen auch gesagt, die Investmentbanker sind die heimlichen Herrscher der *Deutschen Bank*. Aber nicht nur die *Deutsche Bank*

versuchte Fuß zu fassen in der Welt der Investmentbanker. So kaufte sich die *Dresdner Bank Kleinwort Benson* und *Wasserstein Perella.* Und auch die deutschen Landesbanken, wie die *WestLB,* kauften sich mehrere hundert Investmentbanker ein.

So ist es kein Wunder, dass sich die Gehälter der Investmentbanker zwischen 1990 und 1998 verdreifacht, in Deutschland sogar versiebenfacht haben. Dabei beträgt das Grundgehalt meist "nur" ein paar Hunderttausend US-Dollar, hinzukommen noch üppige Boni. So verteilten allein die amerikanischen Banken 2000 unter ihren Investmentbankern mehr als 13 Milliarden US-Dollar. Deswegen produziert diese Branche jedes Jahr neue Millionäre, Multimillionäre oder gar Milliardäre. Kritiker dieser Entwicklung sagen deswegen auch, die Investmentbanker seien moderne Söldner. Ihre Loyalität gelte nicht mehr ihren Arbeitgebern, sondern verhalte sich proportional zur Höhe des Kurses der Aktien der Banken, von denen ein Großteil ihres Gehaltes abhängig ist. Ihre Loyalität gelte alleine dem Gehalt.

Noch eine Entwicklung dieser Zeit sind die mächtig gewordenen Finanzinvestoren[47], die Franz Müntefering als Heuschrecken titulierte. Die Finanzinvestoren suchen gezielt nach unterbewerteten Unternehmen oder nach Familienbetrieben, die keinen Nachfolger für den Chefsessel haben. Ist eine solche Firma gefunden, wird der Kauf zu zwei Dritteln bis drei Vierteln auf Kredit finanziert. Die Schulden werden dann dem gekauften Unternehmen aufgebürdet. Nach drei bis sechs Jahren versuchen die Finanzinvestoren dann, die Firma zu verkaufen oder an die Börse zu bringen. Im Frühjahr 2005 erstellte die SPD-Bundestagsfraktion eine Liste, die zeigt, an welchen Firmen die Finanzinvestoren beteiligt sind. Die Liste zeigt, dass die Finanzinvestoren einige 1.000-mal zugeschlagen haben, wie z. B. beim Brillenhersteller *Rodenstock, Autoteile Unger, ProSiebenSat1* oder beim Chemieunternehmen *Celanese.* In Summe beschäftigen sie knapp 400.000 Arbeiter in Deutschland. Beispielsweise hat der amerikanische Investor *Blackstone* weltweit 400.000 Mitarbeiter unter seiner Obhut, d. h. mehr als *Siemens.*

Dabei gehen manche Finanzinvestoren äußerst rüde vor. Beispielsweise wurde im November 2000 die *Bundesdruckerei* für eine Milliarde Euro an den britischen Fonds *Apax* verkauft. Dabei wurde der Großteil des Kaufpreises, man schätzt rund 725 Millionen Euro, der *Bundesdruckerei* aufgebürdet,

---

47 Viele diese Finanzinvestoren wurden durch dieses Geschäft reich. So verdienen die Private-Equity-Manager Stephen Schwarzman *(Blackstone)* oder Henry Kravis *(KKR)* mehrere 100 Millionen US-Dollar im Jahr und haben ein Vermögen in Milliardenhöhe angehäuft.

d. h. das verkaufte Unternehmen bezahlte seine Übernahme fast komplett selbst. Im Sommer 2002 brach die *Bundesdruckerei* unter der Last der Schulden zusammen. Von den ehemals 4.000 Beschäftigten war noch etwa ein Drittel übrig geblieben. Im September 2008 übernahm der Staat die *Bundesdruckerei* wieder. Andere wiederum sanierten die Unternehmen erfolgreich und brachten sie später an die Börse. Zum Beispiel wurde 1999 der Computerhersteller *Wincor Nixdorf* von der amerikanischen Beteiligungsgesellschaft *KKR* und der Investmentbank *Goldman Sachs* übernommen. Unter ihrer Obhut schuf *Wincor Nixdorf* 1.600 neue Arbeitsplätze und notiert heute als erfolgreiches Unternehmen im MDAX. All dies trug zu der unglaublichen Hausse in den 1990er Jahren bei. Sie gilt als eines der besten Börsenjahrzehnte in der Geschichte. Diese Entwicklung konnte auch nicht durch "kleine" Störfeuer nachhaltig beeinträchtigt werden.

3.5.5 Die ersten dunkeln Wolken am Horizont – Die wichtigsten Krisen von 1990 bis 2000

Die Börsianer waren wie im Rausch. Viele Anleger bekamen von den Krisen, die im Folgenden beschrieben werden, gar nichts mit. Viele diese Krisen machten sich in den Aktiencharts nur in einem Zacken nach unten bemerkbar.

3.5.5.1 Die Asienkrise (1997/1998)

Mitte der 1990er Jahre galt Asien als das Wachstumszentrum der Welt. Aber hier stand nicht Japan, das immer noch unter den Folgen der Krise von 1990/1991 litt, im Fokus, sondern vielmehr die Länder in Südost-Asien.
Der Aufstieg der asiatischen Boom-Länder begann Mitte der 1980er Jahre, als Japan seine Währung deutlich aufwerten musste. Dies ermöglichte es den Japanern, mehr Waren als bisher bei ihren asiatischen Nachbarn einzukaufen. Zusätzlich führten die im Vergleich zu Europa und Amerika billigen Arbeitskräfte dazu, dass Anfang der 1990er Jahre immer mehr europäische und amerikanische Unternehmen ihre Fabriken in diese Region auslagerten, um ihre Lohnkosten zu senken. Dies führte zu einem massiven Aufschwung in Hong Kong, Indonesien, Malaysia, den Philippinen, Singapur, Südkorea, Taiwan, Thailand (den sogenannten Tigerstaaten). Plötzlich waren die Tigerstaaten bei den westlichen Anlegern "hip". Es flossen immer mehr Gelder in die Region. Allerdings waren diese Länder nicht auf einen solchen Zustrom von Milliarden aus dem Westen vorbereitet. Ihre Banken waren

schwach und die Aufsichtsbehörden unterbesetzt. Gleichzeitig hoben sie auf Drängen des Westens ihre Devisenkontrollen auf, mit denen sie sich bislang vor Währungsspekulanten schützten. Weiterhin wurden die Finanzmärkte auf Drängen des *Internationalen Währungsfonds* grundlegend dereguliert. Damit lockten die Tigerstaaten vor allem Anleger an, die das schnelle Geld suchten und es ohne Rücksicht, sobald Ungemach drohte, wieder abzogen. Wegen der guten Wirtschaftszahlen verfünffachte sich binnen fünf Jahren die Summe der ausländischen Anlagen in die Schwellenländer. Sie pumpten ihre Investments von 42 Milliarden US-Dollar im Jahr 1990 auf 256 Milliarden US-Dollar im Jahr 1997 auf. Davon konzentrierten sich fast zwei Drittel auf die Tigerstaaten. Somit eilten die Börsen von einem Rekord zum nächsten. Ein Börsianer sagte dazu: "*Zurzeit erleben die Tigerstaaten eine moderne Version des kalifornischen Goldrausches.*"

Obwohl die Tigerstaaten oberflächlich gesunde wirtschaftliche Daten aufwiesen (u. a. sinkende Inflation, hohe Sparquoten und z. T. öffentliche Haushaltsüberschüsse), brodelte es gefährlich unter der Oberfläche. Es drohte ein "Finanz-Vulkan" auszubrechen.

Denn viele Währungen der Tigerstaaten waren künstlich an den US-Dollar geknüpft, ähnlich wie die europäischen Währungen vor dem Ende von *Bretton Woods*. Außerdem wurden ab Anfang der 1990er Jahre immer mehr Immobilien und Wertpapiere auf Kredit gekauft, wobei die Kreditvergabe immer großzügiger gehandhabt wurde, je länger der Aufschwung dauerte. Zusätzlich schossen Investitionsprojekte im vorherrschenden Optimismus weit über jedes realistische Maß hinaus. Dieses Brodeln unter dem Vulkan nahm bis 1996 niemand wahr. Vielmehr wollten auch die europäischen Banken einen Teil vom Boom abhaben. Auch sie unterschätzten das Risiko der Tigerstaaten gewaltig. So schafften es die europäischen Banken erstmals 1996 den japanischen Finanzinstituten den Rang als größter Geldgeber Südostasiens streitig zu machen. So vergaben z. B. *WestLB, Deutsche Bank, Commerzbank* oder *Dresdner Bank* bis Mitte 1997 allein in Südkorea Darlehen in Höhe von über 6 Milliarden Euro. Nach Schätzungen der *Bank für Internationalen Zahlungsausgleich* (BIZ) in Basel sind bis Mitte 1997 Kredite in Höhe von 389,4 Milliarden US-Dollar nach Asien geflossen. Dabei waren die größten Geldgeber vor allem deutsche und japanische Banken.

Ab Mitte der 1990er Jahre zeigten sich erste deutliche Indizien für ein baldiges Ende der Aufwärtsbewegung in den Tigerstaaten. Das Hauptindiz war die Währung. Die Wechselkurse spiegelten nicht mehr die tatsächlichen wirtschaftlichen Verhältnisse wider. Die immer stärker werdende US-Wirtschaft und die damit einhergehende US-Dollar-Aufwertung machte es den Tigerstaaten zunehmend schwerer, mit den USA Schritt zu halten. Denn durch die Aufwertung des US-Dollars wurden auch ihre Währungen indirekt aufgewertet. Somit wurde der Export in den wichtigen Nicht-US-Dollar-Raum (z. B. Europa und Japan) für die Tigerstaaten immer schwieriger. Dennoch hielten die meisten Tigerstaaten ihre Währung weiter fest an den US-Dollar gekoppelt. Deshalb verzichteten viele ausländische Kreditgeber auf eine eigene Wechselkursabsicherung bei der Vergabe von Krediten.

Nahezu unbemerkt breitete sich die Krise in Asien aus. Seit Ende 1996 war der thailändische Aktienindex SET von der Öffentlichkeit kaum bemerkt in einen Abwärtstrend umgeschlagen. Der Auslöser war der Preisverfall am Halbleitermarkt. Er säte Zweifel unter den Anlegern, dass Thailand sein Wirtschaftswachstum durchhalten könne. Hinzu kamen noch Zweifel ausländischer Anleger über die Bonität der Finanzhäuser. Die Folge war eine langsame aber stetige Umkehr der Kapitalströme. Weiter verschlechtert wurde die Lage im Mai 1997 durch die Zahlungsunfähigkeit der größten thailändischen Nicht-Bank-Finanzinstitution *Finance One.*

Wegen dieser fundamentalen Daten wurden die Spekulanten hellhörig. In der Nacht zum 13. Mai 1997 attackierten die globalen Devisenhändler den thailändischen Baht. Ihr Gegenspieler war der Gouverneur der *Bank of Thailand* Rerngchai Marakanond. Mit Schrecken beobachtete er die Computerbildschirme, auf denen zunächst die Zahlen 50, 100, 200 Millionen Baht auftauchten. Die Spekulanten fingen an, die thailändische Währung zu verhökern. Ihr Ziel war es, den Wechselkurs des Baht zu drücken und so die feste Bindung des Baht an den US-Dollar zu sprengen – den Anker, der Thailand so lange Sicherheit und vor allem Stabilität verliehen hatte. Die Spekulanten versuchten dabei in die Fußstapfen von George Soros zu treten, der das britische Pfund aus dem europäischen Währungssystem herauskatapultierte und Milliarden verdiente. Dies war das erste Mal, dass sich Spekulanten gegen die bis dahin allmächtigen Notenbanken durchsetzen konnten. Von da an hatten diese ihren Schrecken verloren. Kritiker sagen auch, dass dies der größte Fehler ist, den die Notenbanken jemals gemacht haben, weil sie durch ihre Niederlage die Spekulanten ermutigt haben, gegen Währungen zu spekulieren.

Die thailändische Notenbank hatte zur Verteidigung ihrer Währung nur 36 Milliarden US-Dollar als Devisenreserven zur Verfügung. Auf der anderen

Seite hatten die Angreifer aus dem Westen, die Hedgefonds, Investmentbanken usw. ein Vielfaches davon zur Verfügung. Allein beim ersten Angriff in der Nacht zum 13. Mai 1997 mussten die thailändischen Notenbanker 6,3 Milliarden US-Dollar zur Verteidigung ihre Währung aufwenden, sie konnten die Angreifer damit aber nicht in die Flucht schlagen. Am nächsten Tag erfolgte schon der nächste Angriff. Die Angreifer kannten keine Gnade. Sie warfen noch mehr Baht auf den Markt. Um die Attacke abzuwehren, musste die thailändische Notenbank fast 10 Milliarden US-Dollar aufwenden. Jetzt ahnte der Notenbankchef Rerngchai Marakanond, dass er alleine diesen Kampf nicht gewinnen konnte. Er brauchte Verbündete. Darum bat er Alan Greenspan, den Chef der amerikanischen Notenbank, um Hilfe mit dem Hinweis, dass ein Kollaps der thailändischen Währung weitreichende Folgen haben könnte. Kurzzeitig atmeten die Thailänder auf, in der Hoffnung, dass ihnen Hilfe gewährt werde. Doch dann kam die enttäuschende Antwort aus Amerika: Man solle die Lösung dieses Problems den Märkten überlassen.

Sechs Wochen dauerte der verzweifelte Kampf der thailändischen Notenbank gegen die Attacken der Spekulanten. Die Notenbank schränkte den Handel mit dem Baht ein. Überdies verbot sie heimischen Banken, thailändische Banknoten und Münzen an Ausländer auszugeben. Tatsächlich schaffte sie es an manchen Tagen, den Hedgefonds Verluste beizubringen, aber es waren nicht genug. Langsam breitete sich in Thailand Angst aus, sodass viele Thailänder aus ihrer Währung in den US-Dollar flüchteten. Sie wollten verhindern, dass sich ihr Vermögen in Luft auflöst. Diese Entwicklung beschleunigte den Preisverfall des Bahts.

Am 2. Juli musste die thailändische Notenbank ihren Abwehrkampf schließlich verloren geben, weil beinahe die gesamten Devisenreserven verbraucht waren. Morgens um drei Uhr bestellte Rerngchai Marakanond die wichtigsten Banker des Landes ein. Er teilte ihnen mit, dass die Notenbank bankrott sei und mit ihr das Land. Weiterhin musste der Wechselkurs freigegeben werden[48]. Daraufhin stürzte der Baht binnen weniger Stunden um fast 20 % gegenüber dem US-Dollar ab. Die Angreifer in London und New York freuten sich über Milliardengewinne. Sie hatten wieder einmal gezeigt, dass sie mächtiger sind als die meisten Notenbanken und Regierungen. Ihre Taschenspielertricks hatten wieder einmal funktioniert und eine Währung in

---

[48] Eine Folge ist, dass die Schwellenländer (allen voran China, Russland, Indien, Brasilien usw.) enorme Devisen-Reserven aufgebaut haben, um ihre Währungen zu schützen.

die Knie gezwungen. Sie hatten erfolgreich Analystenberichte gestreut, die aussagten, dass Thailand ernste Probleme habe. Danach wurden gezielt Gerüchte verbreitet, dass eine Abwertung der Währung bevorstehen könnte. So konnten sie immer mehr Spekulanten anlocken, die auch vom Absturz der Währung zu profitieren hofften.
Doch zunächst passierte etwas Verwunderliches: Viele ausländische Spekulanten nutzten die Gunst der Stunde und deckten sich mit günstig gewordenen thailändischen Aktien ein. Das eigentliche Problem für Thailand war, dass durch die massive Abwertung des Baht die Auslandsschulden in US-Dollar sprunghaft angestiegen waren, was sich natürlich auch auf die Zinszahlungen auswirkte. So musste die thailändische Notenbank Stützungskredite vergeben für in Schwierigkeiten geratene Finanzierungsgesellschaften und Unternehmen, um den drohenden Kollaps abzuwehren. Doch die Lawine war schon ins Rollen geraten und ließ sich nicht mehr so einfach aufhalten. Als an den Börsen das Gerücht aufkam, dass Stützungskäufe für die malaysische und philippinische Währung durchgeführt wurden, gerieten auch andere Währungen unter Druck, wie der Singapur- oder der Hong-Kong-Dollar. Gleichzeitig zogen immer mehr ausländische Banken die zumeist kurzfristig gewährten Kredite zurück. Dieser massive Geldabfluss aus den Tigerstaaten verschlimmerte die Situation nochmals. Jetzt saßen die Tigerstaaten auf Bergen von Auslandsschulden, z. B. hatte Thailand 90 Milliarden US-Dollar oder Indonesien 113 Milliarden US-Dollar Schulden im Ausland.
Viele Banken und Unternehmen der Tigerstaaten konnten ihre ausländischen Kredite jetzt nicht mehr bedienen. Die Folge waren massenhafte Konkurse und Zahlungseinstellungen. So konnte z. B. die koreanische Automobil-Holding *Kia Motors* nur durch ein umfangreiches staatliches Hilfsprogramm in letzter Sekunde vor dem Ruin bewahrt werden. Dies führte auf der anderen Seite dazu, dass viele ausländische Banken urplötzlich auf einer großen Menge fauler Kredite saßen.
Wegen dieser schlechten Nachrichten reagierten die Börsen in den Tigerstaaten immer nervöser. Ab Sommer 1997 mussten vom koreanischen *SE Composite Price Index* über den malaysischen *Kuala Lumpur Composite Price Index* und den philippinischen *Jakarta SE Composite Price Index* bis hin zum *Taiwan SE 100 Price Index* oder dem *Singapore Straits Times Price Index* viele in Südost-Asien notierte Indizes starke Kursrückgänge im zweistelligen Bereich hinnehmen. Es wird geschätzt, dass die Asienkrise ungefähr 1 Billion

US-Dollar an Vermögen vernichtet hat. Die Währungen der Tigerstaaten haben 1997/98 zwischen 20 % (Singapur) und 80 % (Indonesien) an Wert verloren.

Tabelle 4: Die wichtigsten Indizes der Tigerstaaten im Crash 1997/98

Index	Höchstkurs (Datum)	Tiefstkurs (Datum)	Veränderung in %
SET (Thailand)	1412,61 (02.02.96)	207,65 (03.09.98)	- 85,30 %
Korea Composite Index	842,28 (14.10.96)	280,00 (16.06.98)	- 66,76 %
KLSE (Malaysia)	1265,37 (26.02.97)	286,20 (02.09.98)	- 77,38 %
Taiwan Weighted Index	10116,84 (26.08.97)	5474,79 (05.02.99)	- 45,88 %
Jakarta SE (Indonesien)	742,09 (09.07.97)	256,06 (22.09.98)	- 65,49 %
Hang Seng (Hong Kong)	16673,30 (07.08.97)	6660,42 (13.08.98)	- 60,05 %
Nikkei 225 (Japan)	20679,00 (25.06.97)	12880,00 (09.10.98)	- 37,67 %
DAX	6186,09 (20.07.98)	3861,89 (08.10.98)	- 37,57 %
Dow Jones	9338,00 (17.07.98)	7539,10 (31.08.98)	- 19,26 %

Plötzlich war der Traum vom ewigen Wachstum in den Tigerstaaten ausgeträumt. Die Länder standen vor einem Scherbenhaufen. Nur durch das entschiedene Eingreifen des *Internationalen Währungsfonds* sowie der *Weltbank* konnte ein weiteres Abdriften der Wirtschaft verhindert werden. Dazu wurden mehrere Rettungspakete geschnürt. Denn es drohte der Zusammenbruch des weltweiten Finanzsystems, weil die westlichen Banken über jedes vertretbare Maß Kredite in diese Region gepumpt hatten und die Gefahr bestand, dass die Banken auf einem gigantischen Haufen fauler Kredite sitzen bleiben würden, deren Ausfälle sie nicht verkraftet hätten. Tausenden von Banken drohte der Ruin. Darum reagierte die *Weltbank* auf die Asienkrise mit der höchsten Kreditzusage ihrer Geschichte von 28,6 Milliarden US-Dollar. Diese Hilfspakete konnten die trudelnden Währungen in Asien und die fallenden Aktienkurse jedoch nicht stoppen, weil die Konjunktur einbrach. So ging z. B. in Thailand die Wirtschaftsleistung innerhalb eines Jahres um 10 %, in Indonesien sogar um 14 % zurück. Infolge der ökonomischen Verflechtung war der Einbruch in Laos weitaus größer als in Thailand, weil Laos über 80 % seines Außenhandels mit Thailand abwickelt.

Die Folge der Asienkrise war eine deutliche Zunahme der sozialen Not in den Tigerstaaten. Denn Hunderte von Banken und Zehntausende von Unternehmen gingen in den Bankrott. Minister und sogar ganze Regierungen mussten gehen. In den Augen vieler Asiaten sind die Banken und Fonds (Spekulanten) die Kolonialherren der Neuzeit, eine Truppe von Ausbeutern, die das schnelle Geld sucht und dazu die besetzten Länder brutal auspresst, ohne Rücksicht auf Verluste.

Millionen von Menschen verloren ihre Arbeit, z. B. verdoppelte sich die Arbeitslosenrate in Indonesien von rund 5 (1996) auf fast 10 % (1998). Aber auch die Industriestaaten waren von den Turbulenzen betroffen. So fiel das Wirtschaftswachstum im Jahr 1997 durchschnittlich um 0,3 und 1998 um 0,9 Prozentpunkte. Besonders hart von der Krise in den Tigerstaaten war Japan betroffen, hier drohte ein erneuter Rückfall in die Rezession. Außerdem zeigte die Asienkrise, wie verwoben das globale Finanzsystem inzwischen geworden war und wie schnell eine Krise von einem Land zum nächsten springen kann, sogar von den Schwellenländern auf die Industriestaaten. Denn für die großen Anleger, wie Banken oder Versicherungen sowie Fonds, gibt es längst keine Grenzen mehr. Sie agieren auf der ganzen Welt. Außerdem hat die Asienkrise erneut gezeigt, dass Anleger und Kreditgeber bei ihrem Streben nach höheren Renditen oftmals dazu neigen, in einer Hausse die Risiken deutlich zu unterschätzen.

Ebenfalls von der Krise betroffen war Russland. 1997 konnte die russische Wirtschaft erstmals seit dem Zusammenbruch der Sowjetunion wieder leicht zulegen. Die Wirtschaftsprognosen gingen von einer weiteren Steigerung aus, sodass die russische Börse sich 1997 verdoppelte. Doch plötzlich, ab Oktober 1997, fielen an der Moskauer Börse die Aktienkurse in den Keller, weil viele Anleger ihre Gewinne glattstellten, um so die Verluste in Asien kompensieren zu können. Außerdem litt Russland unter einem immensen Haushaltsloch, dem niedrigen Rohölpreis sowie unter den gesundheitlichen Problemen des Präsidenten Jelzin.

Alles keine guten Vorzeichen. So verlor der russische Aktienmarkt bis Mitte 1998 fast vier Fünftel seines Wertes. Wieder trat der *Internationalen Währungsfonds* auf den Plan und gewährte Russland im Juli 1998 zunächst Kredite in Höhe von 22,6 Milliarden US-Dollar und wenig später weitere 4,8 Milliarden US-Dollar. Allerdings kam diese Hilfe zu spät. Auf Druck der Finanzmärkte musste Moskau den Rubel freigeben. Es folgte eine beispiellose Abwertung des Rubels um über 50 % in der Spitze. Dies ließ die gesamte russische Wirtschaft kollabieren, was wiederum dazu führte, dass Russland zahlungsunfähig wurde und ein einseitiges Drei-Monats-Moratorium für die Bedienung ausländischer Kredite erklären musste.

Genau diese Asien- und Russlandkrise befeuerte nun nochmals die Aktienhausse in den Industrieländern, weil die enttäuschten Anleger nun ihr Glück in den heimischen Aktienmärkten suchten. Somit verstärkte sich der Run auf die Internet- und Technologiewerte 1998 und 1999. Doch die Krisen der

Finanzmärkte rückten immer näher an die *Wall Street* und die westlichen Aktienmärkte heran.

3.5.5.2 Der Fall des größten Hedgefonds der Welt

Der LTCM *(Long-Term Capital Management)* war, wenn man es überspitzt ausdrückt, ein Zockerklub von vermögenden Privatleuten, Banken und Versicherungen, die auf eine Extra-Rendite spekulierten. Wer als Anleger diesem Hedgefonds sein Geld anvertraute, bekam das Versprechen, dass daraus sehr viel mehr werden sollte. Wie das Geld investiert werden sollte, wurde nicht verraten, um zu verhindern, dass andere die Strategie nachahmen und so die Rendite zurückgeht.

Das Ziel jedes Hedgefonds ist es, schnell sehr viel Gewinn zu erzielen. Um dies zu bewerkstelligen, leihen sich die Fonds bei Banken ein Mehrfaches ihres Eigenkapitals (dies ist das Geld, was sie bei Investoren eingesammelt haben). Hierdurch können sie für ihre Anleger sagenhafte Renditen erwirtschaften. Angelockt von den Renditen sprangen immer mehr Anleger auf den Zug Hedgefonds auf. So gab es Ende der sechziger Jahre gerade 140 Hedgefonds, Ende der neunziger Jahre waren es bereits rund 3.000 und im Jahr 2008 über 10.000.

Besonders aggressiv ging der LTCM-Hedgefonds seinen Geschäften nach. So verfügte der Fonds im Jahr 1998 über Einlagen von 4,7 Milliarden US-Dollar und Schulden von 120 Milliarden US-Dollar. Diese gewaltige Summe von knapp 125 Milliarden US-Dollar steckte der Begründer des Hedgefonds John Meriwether wiederum in hochkomplexe Finanzinstrumente im Wert von bis zu 1,5 Billionen US-Dollar. Damit war der LTCM mit Abstand der größte Hedgefonds der Welt. Anfangs waren die Investitionen sehr erfolgreich. Meriwether[49] wurde in den Medien als der Super-Händler oder Archimedes gefeiert. Hauptsächlich wettete er darauf, wie sich die Kurse von zwei Wertpapieren zueinander entwickelten. Zeigten die Computerdaten, dass sich zwei Anleihen, deren Kurse sich in der Vergangenheit immer in einem bestimmten Abstand voneinander bewegt haben, auseinander bewegen, schlug Meriwether zu. Er spekulierte darauf, dass sich der alte Abstand wieder einstellt. Nach Ansicht von Meriwether kann man mit den richtigen Computerprogrammen dieses Geschäftsmodell auf jede Art von Anlagen

---

[49] Meriwether heuerte die besten Investmentbanker und Finanzprofessoren zur Verwaltung des Fonds an, u. a. die beiden Nobelpreisträger Myrton Scholes und Robert Merton.

übertragen, z. B. auf Swaps, verbriefte Kredite oder Aktien. Überall driften die Wertpapiere um ein paar Zehntel auseinander. Gerade weil diese Differenz so klein ist, muss der Fonds mit einem hohen Hebel arbeiten, um nach Kosten auf eine auskömmliche Rendite zu kommen.

Hedgefonds-Manager erwecken den Eindruck, mit ihren Computerprogrammen die Entwicklung der Börse vorhersagen und die Risiken beherrschen zu können. Damit gehen sie bisweilen ein Risiko ein, dass sie nicht mehr kontrollieren können, in der Hoffnung, das ganz große Geld zu machen. Vier Jahre lang ging das Spiel von Meriwether gut. Er erwirtschaftete eine Rendite von um die 40 % pro Jahr. Doch dann passierte etwas, was Meriwether und seine Spezialisten nicht mit ihren Formeln vorhergesehen haben: Russland wurde in den Strudel der Asienkrise hineingezogen. Als Russland seine Schulden nicht mehr bedienen konnte, flüchteten die Anleger panikartig von riskanten Wertpapieren in sichere Staatsanleihen. Damit geschah genau das Gegenteil von dem, was Meriwethers Computerprogramme vorhergesagt hatten. So verlor der LTCM-Hedgefonds bis Mitte August 1998 eine Milliarde US-Dollar. Meriwether versucht nun alles, um frisches Geld aufzutreiben. Doch als die Börsen am 31. August nochmals abstürzten, verlor LTCM nochmals über 2 Milliarden US-Dollar. Fast das gesamte Eigenkapital des Fonds war aufgebraucht.

Besorgt von diesen Ereignissen versuchte die *Federal Reserve Bank of New York* (Ableger der amerikanischen Notenbank) Mitte September zu ermitteln, wie viel Meriwether den einzelnen Banken schuldete. Niemand war bis zu diesem Zeitpunkt in der Lage, dies genau zu quantifizieren. Im Raum stand letztlich die Frage, welche Auswirkungen ein Kollaps des LTCM-Hedgefonds hätte.

Am Abend des 22. September 1998 war klar, dass der LTCM-Hedgefonds selbst dann, wenn er alle seine Wertpapiere verkaufen würde, seine Verpflichtungen nicht mehr würde erfüllen können. Um einen Zusammenbruch des Hedgefonds und den Ausfall von mehreren hundert Milliarden US-Dollar zu verhindern, wurde ein Rettungspaket in Höhe von 3,6 Milliarden US-Dollar unter Aufsicht der Notenbank und Beteiligung von 10 Banken (u. a. der *Deutschen Bank*) zusammengestellt. Zugleich wurde Meriwether beauftragt, den Rest seines Fonds abzuwickeln.

Die von US-Präsident Clinton eingesetzte Arbeitsgruppe *President's Working Group on Financial Markets* kam ein halbes Jahr später in einem 140-Seiten-Bericht über den Zusammenbruch des Fonds u. a. zu dem Schluss: Die Banken haben dem LTCM-Hedgefonds blind vertraut. Sie haben den Fonds über die Maßen mit Krediten versorgt, obwohl sie das Risikoprofil des Fonds nicht bzw. nicht voll verstanden. Außerdem stellte der Bericht klar, dass Hedgefonds den Markt als Ganzes bedrohen können. Außerdem unterliegen Hedgefonds, anders als Banken und Investmentfonds, keinerlei staatlicher Aufsicht. Allerdings rät der Bericht davon ab, Hedgefonds stärker an die Kandare zu legen, weil diese dann ins Ausland abwandern könnten und man nichts gewonnen hätte. Stattdessen sollten die Banken genauer darauf achten, wie viel Geld sie an Hedgefonds verleihen. Außerdem sollten regelmäßig aussagekräftige Informationen über Hedgefonds veröffentlicht werden.

Einige Experten sagen, die Krise um den LTCM-Hedgefonds sei eine Warnung, wie gefährlich es sei, im hohen Maß auf Pump zu spekulieren. Andere wiederum vertreten die These, dass gerade dieser Sündenfall (Rettungsaktion) das genaue Gegenteil bewirken wird. Bei Banken und Fonds könnte sich der Eindruck einstellen, dass sie am Ende immer vom Staat wieder herausgekauft werden – es kommt nur auf die Größe an. Je größer, desto wahrscheinlicher ist es, dass der Staat seine rettende Hand nach einer Fehlspekulation ausstreckt. Eigentlich hätten die vielen Rettungsaktionen in den 1990er Jahren zu einer Zeit des Innehaltens führen sollen, in der neue Regeln für das Weltfinanzsystem aufgestellt werden. Tatsächlich waren Bestrebungen dazu da. So sagte US-Präsident Bill Clinton auf der Jahrestagung von *Weltbank* und IWF im Oktober 1998: "Wir haben eine globale Marktwirtschaft, die das Leben von Milliarden Menschen besser gemacht hat. Die ökonomische und politische Freiheit hat sich in der ganzen Welt ausgebreitet. Doch jetzt ist diese Freiheit in Gefahr. Ganze Volkswirtschaften sind ins Straucheln gekommen und Millionen von Menschen in Asien sind in die Armut zurückgefallen. Daher ist es Zeit, das Finanzsystem zu modernisieren." Bundeskanzler Schröder forderte: "Die Wirtschaft benötigt neue 'Leitplanken', um wieder Vertrauen und Verlässlichkeit zu schaffen."

Aber niemand konnte sich dazu durchringen, wirklich Änderungen im Finanzsystem durchzuführen, weil die Börsen sich relativ schnell von den Krisen erholten und zu alten Wachstumspfaden zurückkehrten. Man betrachtete die Krisen der 1990er Jahre als "Grippe" des Finanzsystems, die passieren kann, aber auch wieder abheilt. Der Nobelpreisträger Paul Krugman (1999) formulierte seine Kritik an den tatenlosen Regierungen so: "*Der Drang zur Reform des Weltfinanzsystems hat sich auch diesmal wieder ganz schnell verflüchtigt. Die Regierungen und die internationalen Organisationen haben nichts unternommen, um die Grundregeln entscheidend zu ändern. Deshalb ist die Wahrscheinlichkeit, dass wir weitere Krisen erleben werden, sehr groß.*" Wie Recht er haben sollte, zeigten die nächsten Jahre.

3.5.6 Das Ende der New Economy (2001-2002)

Wo stehen wir? Der DAX und der *Neue Markt* konnten nach der letzten Krise 1998 ihre Verluste 1999 wieder ausgleichen und mit alter Dynamik auf den alten Wachstumspfad zurückkehren.
Der DAX konnte also im goldenen Börsenjahrzehnt (1990-2000) von 1.466 Punkten im November 1990 auf in der Spitze 8.136 Punkte (7. März 2000), d. h. um satte 450 % oder ca. 18 % p. a. zulegen. Noch erstaunlicher ist die Entwicklung, wenn man bedenkt, dass der DAX am 31. Dezember 1987 mit 1.000 Punkten an den Start ging, d. h. er verachtfachte sich innerhalb von nur 12 Jahren. Dies ist ein Spitzenergebnis in der Börsengeschichte.
Noch etwas anderes zeigt sich, wenn man sich den *Dow Jones* ansieht. Das durchschnittliche Wachstum der Jahre von 1896 bis 1980 betrug 3,9 Prozent p. a. Von 1980 bis 1995 *(Reaganomics)* stieg das jährliche Wachstum auf beachtliche 10,4 Prozent, während das US-Inlandsprodukt nur um 5,9 Prozent p. a. wuchs. Auf einen fantastischen Wert von 31,6 Prozent stieg das jährliche Wachstum in der Zeit von 1995 bis 2000. Somit zeigen die Wachstumsraten des *Dow Jones* eine hyperbolische Funktion, wie sie in der Natur bei der plötzlichen Massenvermehrung bestimmter Krankheitskeime oder der Heuschrecken vorkommt. Doch irgendwann kommt es zum Einbruch der Population.

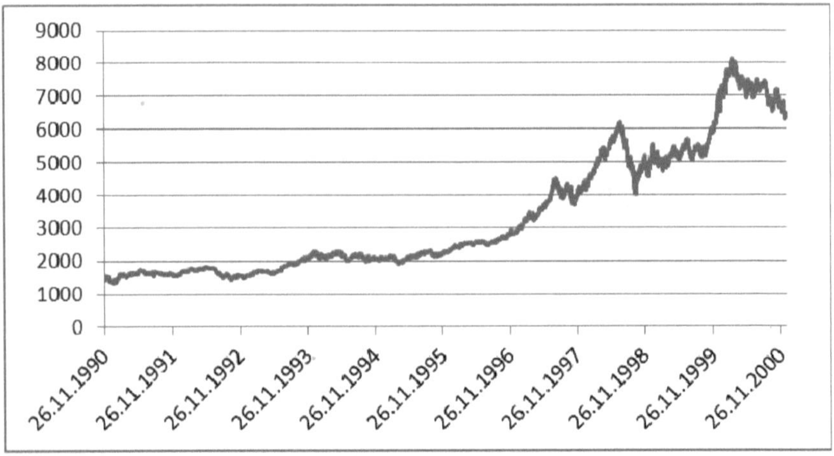

Abbildung 12: DAX-Entwicklung von November 1990 bis November 2000

Dennoch hielt das Kurswachstum Anfang 2000 an. Niemand glaubte ernsthaft, dass der Boom enden könnte. Über die Anleger prasselte ein wahres Trommelfeuer von Nachrichten über Aktien nieder. So riefen die Zeitungen den letzten noch nicht im Aktienmarkt engagierten Menschen zu, endlich Aktien zu kaufen. Jeder könne mit Aktien reich werden. Die Hausse näherte sich ihrem Höhepunkt, weil immer mehr Menschen Aktien kauften, die nichts davon verstanden. Börsenexperten nennen diesen letzten Sprung auf die Höchstmarke der Hausse auch Dienstmädchen-Hausse. Dabei drehen die Anleger ein immer größeres Rad, weil sie zunehmend auf Kredit spekulieren, d. h. sie leihen sich Geld, um weitere Aktien kaufen zu können, und verpfänden dazu einen Großteil ihres Depots. In den USA und Europa borgten sich die Anleger fast so viel wie vor dem Crash 1929. Dies trieb die Aktienkurse zusätzlich in die Höhe. An der Börse reagierte nicht mehr die Vernunft, sondern nur noch die Gier. Sie sorgte dafür, dass winzige Unternehmen an der Börse mehr wert waren als große, stattliche Konzerne mit mehreren Hunderttausend Beschäftigten. Hierzu stellte John Kenneth Galbraith fest: "*Bei jedem Boom werden an einem bestimmten Punkt alle Grundsätze über Bord geworfen (...). Es gilt ausschließlich die Spekulation auf einen raschen Preisanstieg.*" Besonders schön zeigt sich dies beim *Nemax-All-Share*.

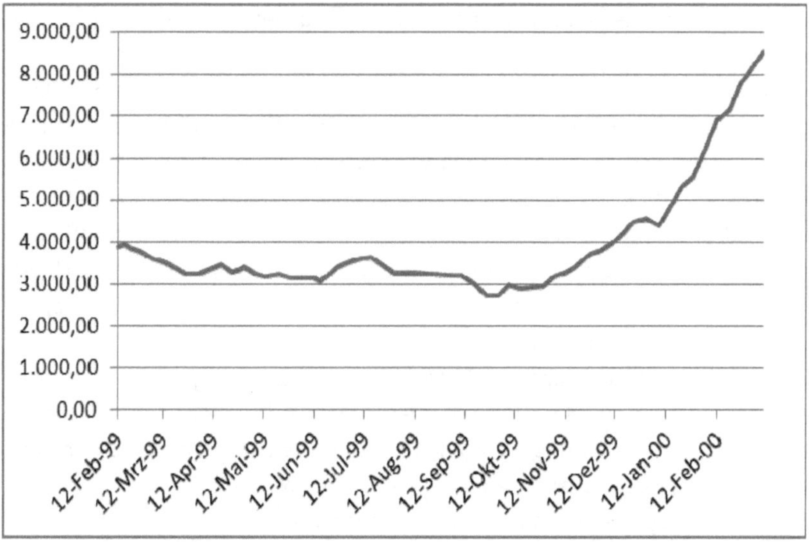

Abbildung 13: *Nemax All Share* bis zum Höhepunkt Mitte März 2000

Auf dem Höhepunkt der Party kamen langsam erste Ermüdungserscheinungen auf. Dies zeigte sich zunächst beim Neuemissionen-Boom am *Neuen Markt*. Für viele Anleger völlig unerwartet gab es bei der Emission der *Lycos Europe AG* (22. März 2000) keinen Zeichnungsgewinn und bei *ProDV*, die am gleichen Tag an die Börse ging, sogar einen Zeichnungsverlust von 4,35 %. Noch schlimmer traf es wenig später die am 6. April an die Börse gegangene *Jobs&Adverts*. Sie musste einen Verlust von über 17 % hinnehmen. Daraufhin zogen viele andere Unternehmen ihre Börsenpläne ganz zurück, um keine Bruchlandung zu erleben. Ein Grund hierfür waren u. a. die überzogenen Schätzungen und Erwartungen der Konsortialbanken, die immer dünner werdenden Unternehmensstories und die Preise der Aktien.

Einige Experten führen diese Ermüdungstendenzen darauf zurück, dass wie bei eigentlich jeder Hausse irgendwann nicht mehr genügend Vermögen zur Verfügung steht, um langfristig die extremen Bewertungen aufrechtzuerhalten. So ist es nur eine Frage der Zeit, bis der Hausse das Geld ausgeht und deswegen der Absturz folgen muss. So ist z. B. der Wert des Unternehmens *AOL* innerhalb von acht Jahren um knapp 55.000 % gestiegen. Ein kleines süddeutsches Unternehmen wie *Brokat* hatte einen Wert von 4 Milliarden D-Mark erreicht. Den Vogel abgeschossen hatte vermutlich das Medienunternehmen *EM.TV*, das sagenhafte 26 Milliarden D-Mark wert war.

Dies kommentierte Helmut Thoma mit den Worten: "*Entweder ist das ein Weltwunder oder die größte Seifenblase der Welt.*"
Der für lange Zeit letzte große Börsengang, der die Anleger in seinen Bann zog, war der Börsengang der Siemens-Tochter *Infineon*. Vielleicht erinnern sie sich noch, als am 13. März 2000 vor der *Frankfurter Börse* aus einem silbernen Porsche Ulrich Schumacher (Vorstandschef von *Infineon)* in Montur eines Autorennfahrers lächelnd ausstieg, um die Erstnotiz der Infineon-Aktie gebührend zu feiern. Schließlich war die Aktie 33-fach überzeichnet. Demzufolge war es nicht überraschend, dass die Infineon-Aktie um sagenhafte 115 % zulegen konnte.
Geblendet von diesem Ereignis hatten die meisten Anleger noch gar nicht realisiert, dass am 10. März 2000 der gewaltige Aktienboom der letzten Jahre still und leise zu Ende gegangen war. An diesem Tag erreichte der *Neue Markt* seinen Höchststand *(All-Time-High)*. Der *Nemax All Share* stieg auf 8.533,34 und der *Nemax* 50 auf 9.694,07 Punkte. Der Börsenwert der 229 Unternehmen betrug ca. 234,25 Milliarden Euro, d. h. sie waren doppelt so viel wie der gesamte MDAX wert. Welche Blüten dieser Boom trieb, zeigt sich am Netzwerkausrüster *Cisco*, der mit 579,12 Milliarden US-Dollar das "kapitalisierteste Unternehmen der Welt" war. Doch am Himmel zogen dunkle Wolken auf. So erhöhte die US-Notenbank unbemerkt von den meisten Anlegern schon seit Juni 1999 kräftig die Leitzinsen. Sie stiegen von 4,75 % bis zum November 1999 auf 5,5 %. Im Februar 2000 folgte eine weitere Zinserhöhung auf 5,75 % und am 21. März gar auf 6 %. Die letzte Zinserhöhung zeigte an den Märkten ihre Wirkung. Plötzlich und völlig unerwartet für die meisten Anleger kam es zu einer zunehmenden negativen Berichterstattung in den Medien. Den Beginn machte das renommierte amerikanische Finanzmagazin *Barron's*. Es veröffentlichte eine Studie unter dem Titel *Burning Up*, in der 207 Unternehmen der Internet-Branche untersucht und eine Todes-Rangliste aufgestellt wurde (inklusive Unternehmen des *Neuen Marktes)*. Dieser Bericht offenbarte die erschreckenden Lücken, die zwischen den hohen Bewertungen, den Erwartungen und dem tatsächlichen Börsenwert klafften. Obendrein wurde aufgedeckt, dass die laufenden Kosten dieser Unternehmen höher seien als die Mittel, die zur Verfügung standen. So rechnete *Barron's* mit etwa 51 Firmenpleiten in den folgenden Monaten. Einige Tage nach der Studie des US-Magazins veröffentlichte eine große deutsche Tageszeitung die Story mit dem Titel *Die Todesliste der Internet-Firmen* und brachte somit die Angst vor dem Geldverlust in die deut-

sche Öffentlichkeit. Der Artikel löste eine Welle von Folgeartikeln über Todeslisten und negative *Cashflows* aus. Experten rieten erstmals dazu, Internetaktien teilweise zu verkaufen.

Immer mehr Anleger wurden nervös. Folglich erfasste den internetlastigen *Neuen Markt* eine Verkaufswelle. Denn als bekannt wurde, dass es erste Firmenpleiten in den USA und Großbritannien[50] gab, erkannten viele Anleger schlagartig, dass etwas an den veröffentlichten "Todeslisten" dran sein musste. Außerdem reagierten die Anleger geschockt, als erste Unternehmen wie *Deja.com, iCast* oder das Internet-Portal *Altavista* große Teile ihrer Belegschaft entließen, um Kosten zu sparen. So fiel der *Neue Markt* von Ende März bis zum 5. April 2000 um annähernd 30 % auf ca. 5.731 Punkte. Dagegen konnte sich der DAX mit einen Rückgang um 9 % auf 7.330 Punkte im selben Zeitraum gut behaupten. Unter besonderer Beobachtung der Anleger im DAX standen die High-Tech Werte, wie *Infineon, Siemens, SAP* oder *Deutsche Telekom.* Sie hatten die stärksten Kursrückgänge im DAX zu verzeichnen.

Anfang August blendete ein Ereignis die Börsen: Die Versteigerung der UMTS-Lizenz. Nach 173 Bieterrunden gingen die UMTS-Lizenz bzw. zwei Frequenzblöcke für über 16 Milliarden D-Mark über den Tisch; jeder der sechs Bieter zahlte an den deutschen Staat 16 Milliarden D-Mark. Da neben den Lizenzkosten auch noch immense Investitionen für den Aufbau der nötigen Infrastruktur bezahlt werden mussten, gerieten insbesondere die kleineren Bieter wie *MobilCom* und *Viag Interkom* in Bedrängnis. Außerdem merkten warnende Stimmen an, dass für viele internationale Konzerne in anderen Ländern ebenfalls noch einmal hohe Kosten für die Lizenzen und den Netzaufbau fällig werden würden. Diese Ereignisse brachten die ehemalige Erfolgsbranche Telekommunikation aus dem Tritt. Die Kurse gaben mehr oder minder stark nach.

---

[50] Zu den ersten Unternehmen der *New Economy,* die ihre Geschäftstätigkeit einstellen mussten, gehörten der britische Mode- und Sporthändler *Boo.com,* der Internet-Möbelhändler *Homeportfolio* oder der Medien-Händler *Pseudo.com.*

Tabelle 5: Aktienkursentwicklung der Bieter auf die UMTS-Lizenzen in Deutschland

Bieter auf die UMTS-Lizenzen	Aktie	Kurs am 11.08.2000	Kurs am 18.10.2000	Performance
E-Plus Hutchison	Hutchison	16,25 €	13,30 €	-18,15 %
Group 3G	Telefonica	24,06 €	19,66 €	-18,29 %
	Sonera	33,45 €	17,70 €	-47,09 %
Mannesmann Mobilfunk	Vodafone	252,00 €	126,00 €	-50,00 %
MobilCom Multimedia	MobilCom	132,50 €	52,60 €	-60,30 %
	France Telekom	135,60 €	98,00 €	-27,73 %
T-Mobil	Deutsche Telekom	48,30 €	37,22 €	-22,94 %
Viag Interkom	British Telecom	12,54 €	10,32 €	-17,70 %

Außerdem geriet die *Deutsche Telekom* wegen der Meldung, das Unternehmen stehe kurz vor der Übernahme des amerikanischen Mobilfunkunternehmens *VoiceStream* unter Druck. Die Börse bzw. die meisten Analysten sahen den Kaufpreis von 50,7 Milliarden US-Dollar[51] als viel zu hoch an und empfahlen deswegen die Aktie massiv zum Verkauf.
Dies sorgte dafür, dass aus dem Börsengewitter langsam ein Sturm wurde. So sahen sich die Aktionäre immer häufiger Bilanzmanipulationen bzw. -täuschungen gegenüber. Beispielsweise teilte der Vorstandsvorsitzende der Telekommunikationsfirma *Gigabell*[52] seinen Aktionären im Juli 2000 via Adhoc Meldung mit, dass *Gigabell* einen Umsatz von 127 Millionen D-Mark machen würde. Wenig später kamen die Halbjahreszahlen heraus: Sie wiesen lediglich Erlöse von 22,5 Millionen D-Mark aus, bei einem Verlust von 24 Millionen D-Mark. Für die arg gebeutelten Aktionäre kam es wenige Monate später sogar noch schlimmer. *Gigabell* ging am 15. September 2000 als erstes gehandeltes Unternehmen des *Neuen Markt* in Konkurs. Dieser und weitere Verunsicherungsfaktoren sowie weitere drohende Insolvenzen drückten bei den Anlegern gewaltig die Stimmung. Die Verkaufsflut verschärfte sich. Ab Mitte Oktober 2000 hatte sich der Kurs des neuen Marktes schon fast halbiert (verglichen mit seinem Hoch im März) und lag nur noch bei 4.000 Punkten. Von dieser dramatischen Entwicklung wurde der DAX noch nicht erfasst, er lag Mitte Oktober nur 20 % unterhalb seines *All-Time-High*.

---

[51] Die VoiceStream-Aktionäre sollten 3,2 Telekom-Aktien und 30 US-Dollar in bar je VoiceStream-Aktie bekommen.

[52] In der allgemeinen Euphorie stieg *Gigabell* auf weit über 100 Euro (dies entspricht einer Marktkapitalisierung von 600 Millionen Euro). Doch durch die veröffentlichten Todeslisten, bei denen *Gigabell* auf den vordersten Plätzen lag, rutschte der Kurs auf unter 3 Euro ab.

Gleichzeitig traten Analysten auf die Tagesordnung, die den Anlegern Hoffnung machten. So sagten Analysten der *WestLB* mit Blick auf die Todeslisten: "Seit langem ist bekannt, dass einige Unternehmen Probleme haben. Jetzt sind alle negativen Nachrichten vom Markt..." Doch schlimmer geht's immer.

So titelte die *Bild-Zeitung* nach der Durchsuchung der Geschäftsräume des "Börsengurus" Bernd Förtsch, Herausgeber der Zeitschrift *Der Aktionär* und Berater vieler Aktienfonds, "Riesen-Börsen-Betrug". Zusätzlich wurden der stellvertretende Chefredakteur der Anlegerzeitschrift, Sascha Opel, sowie ein Stuttgarter Finanzdienstleister mit Verdacht auf Insiderhandel und Verstoß gegen das Kreditwesengesetz festgenommen. Kurz darauf legten Sascha Opel und sein Kompagnon ein Geständnis ab. Sie hatten einen ausgeklügelten Plan entwickelt, der auf die Bekanntheit von Förtsch setzte. Hierzu warben sie Anleger mit dem Versprechen von sicheren und hohen Gewinnen. Dazu empfahl Opel, waren die Anleger in die entsprechenden Aktien eingestiegen, sie massiv in Printmedien und über Anleger-Hotlines. Zusätzlich wurden die Aktien "befeuert" durch die Aufnahme in Fonds und durch Fernsehauftritte in der *3Sat-Börse* oder *Telebörse*. Der Gewinn wurde dann "brüderlich" zwischen den Anlegern und Opel geteilt.

Dagegen führten die Ermittlungen gegen Bernd Förtsch zu keinem Ergebnis, d. h. der Anfangsverdacht bestätigte sich nicht. Diese Ereignisse führten trotzdem dazu, dass viele Aktien, die Förtsch empfohlen hatte, einen deutlichen Kursrückgang verzeichnen mussten. Dies löste eine ganze Welle von Kritik an dem Verhalten der ehemaligen Börsengurus, wie z. B. Kurt Ochner oder Egbert Prior, aus, sodass die von den Gurus hochgelobten Aktien (u.a. *ComROAD, Biodata* oder *caatoosee*) gewaltig unter Druck standen und den Kurs des Wachstumsindizes tiefer in den Keller zogen. Diese Abwärtsspirale wurde noch durch die zweite Insolvenz am *Neuen Markt – Teamwork Information Management* – am 3. November 2000 beschleunigt.

Richtig geschockt wurden die Anleger Anfang Dezember 2000 durch die drastische Gewinnwarnung des Neuen-Markt-Flaggschiffes *EM.TV*. Somit drohten jetzt die letzten sicheren Häfen in der Abwärtsspirale am *Neuen Markt* unterzugehen, die sogenannten *Blue Chips* des *Nemax 50* (wie *EM.TV, MobilCom, Intershop, ComROAD, Met@box, Phenomedia* oder *Prodacta*). Gleichzeitig vermeldete der *Neue Markt* den ersten *Penny-Stock* mit *LetsBuyIt.com.* Aufgrund dieser Horrormeldungen fiel der *Neue Markt* bis zum Jahresende nochmals um fast 2.000 Punkte und beendete das Horrorjahr

2000 bei 2.743 Punkten. Dies ist der bis jetzt größte Kursverfall in der deutschen Börsengeschichte innerhalb eines Jahres. Dagegen konnte der DAX sich auf seinem Niveau von Mitte September 2000 halten (Jahresschlusstand 6.433 Punkte). Die Anleger gingen mit der Hoffnung auf bessere Zeiten ins neue Jahr 2001. Es drohten zwar weitere Insolvenzen, doch gingen die meisten Analysten und Anleger davon aus, dass diese bereits in den Kursen enthalten seien. Lediglich die Sorgen um die US-Konjunktur und die anhaltenden Gewinnwarnungen bereiteten den Anlegern Kopfzerbrechen. Doch sie klammerten sich an den Strohhalm, dass der US-Notenbankchef Alan Greenspan die Möglichkeit von Zinssenkungen in Aussicht gestellt hatte, was die Konjunktur beleben sollte. Ebenfalls machte Hoffnung, dass sich der DAX im letzten Quartal 2000 relativ gut im Börsensturm halten konnte. Und die Aktien des *Neuen Marktes* waren jetzt extrem billig, schließlich waren sie um im Schnitt mehr als 50 % gefallen. Alles in allem hoffte man auf steigende Kurse im Jahr 2001.

Doch das Börsenjahr 2001 begann mit einem Paukenschlag. Das "Star-Unternehmen" des *Neuen Marktes*, der Softwareanbieter *Intershop*, gab eine Reduzierung seiner Umsatz- und Ertragserwartungen für das vierte Quartal 2000 bekannt. Zu allem Überfluss tauchten Gerüchte auf, dass das nächste Unternehmen kurz vor der Insolvenz stehe. So setzte sich die Abwärtsspirale mit ungebremster Geschwindigkeit fort. Der *Neue Markt* verlor gleich am ersten Börsentag des neuen Jahres 8,2 %, in den ersten drei Handelstagen sogar fast 20 %. Daher waren die Hoffnungen der arg gebeutelten Anleger auf ein besseres Börsenjahr 2001 im Keim erstickt. Doch die erhoffte Zinssenkung von Alan Greenspan sorgte sowohl beim DAX als auch am *Neuen Markt* für eine deutliche Kurserholung. Doch bereits Ende Januar 2001 holten die Märkte Konjunkturängste sowie die nicht enden wollenden Gewinnwarnungen der Unternehmen wieder ein. Die Baisse kehrte also an die Märkte zurück. Die Unternehmen reagierten auf die veränderte Situation durch massive Kostenreduktionsmaßnahmen, um das Überleben zu sichern. Die Palette reichte dabei von der Reduzierung der Aktivitäten aufs Kerngeschäft über den Verkauf oder die Schließung von verlustbringenden Geschäftsbereichen oder Auslandsniederlassungen bis hin zum massiven Abbau von Arbeitsplätzen.

Gleichzeitig wurde der Markt immer volatiler. Jede schlechte Nachricht wurde mit massiven Kurseinbrüchen bedacht und umgekehrt jede gute mit Kurssteigerungen. Zudem verlor der *Neue Markt* immer mehr Vertrauen bei

den Anlegern, weil die Reihe der Skandale nicht abriss. Zusätzlich beobachtete man eine massive Zunahme der Zockerei mit den immer zahlreicher werdenden *Penny-Stocks.* Hier wurden Kurssteigerungen am Tag von teilweise mehr als 100 % beobachtet, ohne irgendeinen erkennbaren Grund. Gleichzeitig wurde von vielen Aktionären solider Unternehmen immer offener der Wunsch an die Vorstände herangetragen, den Skandalmarkt *Neuer Markt* zu verlassen. Die folgenden Monate waren durch Lustlosigkeit und das ängstliche Warten auf neue Schreckensmeldungen gekennzeichnet. Bis Juni 2001 erhöhte sich die Zahl der Insolvenzen am *Neuen Markt* auf neun, und auch die Anzahl der *Penny-Stocks* wurde immer größer. Der *Neue Markt* dümpelte bei 1.779,5 Punkten und der DAX bei 6.125 Punkten. Zur Rettung des *Neuen Marktes* präsentierte die *Deutsche Börse* neue Regeln. Im Kern ging es darum, die immer zahlreicher werdenden *Penny-Stocks* aus dem *Neuen Markt* auszuschließen. Die neuen Regeln sollten am 31. Oktober 2001 in Kraft treten. Doch von Unternehmensseite führten diese einseitigen Regelwerksänderungen zu einem Proteststurm. Es kam zu einem mehrmonatigen Rechtsstreit zwischen den Unternehmen und der *Deutschen Börse,* den die *Deutsche Börse* letztendlich verlor. Somit blieben dem *Neuen Markt* die *Penny-Stocks* und die Skandale vorerst erhalten. So meldete z. B. *Kabel New Media* noch im Februar Zuwachsraten von 40 bis 70 %, musste aber im Juli den Gang zum Insolvenzrichter antreten. Außerdem kam der IPO-Bereich fast zum Erliegen. Es wagten bis Juli 2001 nur noch 12 Neuemissionen den Sprung an die Börse. Der vorerst letzte Börsengang an den *Neuen Markt* fand am 24. Juli 2001 mit dem Softwarespezialisten *Init* statt. Viele Anleger hofften nach der turbulenten ersten Jahreshälfte auf eine versöhnlichere zweite. Doch die Anleger sollten keine Verschnaufpause bekommen. Der Niedergang der Börsen sollte sich sogar noch beschleunigen.
Am Anfang stand ein einschneidendes Ereignis – die Anschläge vom 11. September 2001 in den USA (New York) mit der Zerstörung des *World Trade Centers.* Der Anschlag versetzte die Börsen in Panik. Viele Börsen registrierten in Folge der Anschläge die größten Verluste ihrer Geschichte. An diesem Tag wagte kein Analyst eine Prognose über die Zukunft der Märkte. Der DAX beendete den Handel bei 4.273 Punkten, d. h. er verlor über 8,5 % bzw. 56 Milliarden Euro Marktkapitalisierung. Auch der *Nemax 50* fiel kräftig auf 837 Punkte, der *Nemax All Share* auf 867 Zähler. Ebenso brach der US-Dollar ein, während Öl und Gold massive Kursgewinne verbuchten. Die *New Yorker Börse,* die eigentlich um 9:30 öffnen sollte, blieb geschlossen, da der gesam-

te *Financial District* in New York evakuiert wurde. Im stillen Kämmerchen wurde zwischen den europäischen Finanzministerien und den Banken eine Rettungsaktion für das globale Finanzsystem erdacht, deren wahres Ausmaß bis heute noch nicht bekannt geworden ist. Allerdings wird vermutet, dass die Finanzministerien einen Bankenrettungsplan aufgestellt hatten.
Eine der Maßnahmen war, dass die europäischen und wichtige asiatische Börsen solange wie möglich offen gehalten werden sollten, weil Frankfurt, London und Tokio für die *Wall Street* einspringen mussten. Ansonsten wären Millionen von offenen Geschäften (Derivaten) geplatzt, was den Ruin ganzer Banken hätte bedeuten können. So wurde der Handel von New York nach Europa und später nach Asien verlagert. Nur so konnte eine Krise verhindert werden, die durch Derivate ausgelöst worden wäre.
Die Anschläge hatten auch Auswirkungen auf die reale Wirtschaft. So stellten z. B. am 11. September die Filmstudios in Hollywood die Dreharbeiten ein, die Vergnügungsparks des Disney-Konzerns ins Los Angeles und Florida schickten ihre Besucher nach Hause, die *Mall of America* in Minneapolis, das größte Einkaufszentrum des Landes, sperrte seine Läden zu usw. Die Wirtschaft drohte in eine schwere Rezession abzurutschen. In den folgenden Tagen waren die Börsen orientierungslos, weil die *Wall Street* auf unbestimmte Zeit geschlossen war. Darum reagierten DAX und *Nemax* äußerst labil und verbuchten weitere leichte Verluste.
Erst am Montag, den 17. September 2001, nahm die *Wall Street* den Handel wieder auf. Allerdings galten Sonderregeln, um einen möglichen Kursrutsch zu verhindern. Mit der Eröffnung der Börse gab die US-Notenbank eine Senkung des Leitzinses um 50 Basispunkte auf 3 % bekannt. Gleichzeitig verständigten sich die Analysten darauf, keine negativen Ratings an diesem Tag zu veröffentlichen, und die Unternehmen wollten ebenfalls keine negativen Meldungen veröffentlichen. Außerdem kündigte die Rentenkasse des Bundesstaates New York zwecks Marktberuhigung an, für eine Milliarde US-Dollar Aktien zu kaufen. Dennoch stürzte der *Dow Jones* kurz nach Handelsstart ab. Er schloss mit einem Minus von rund 7 % auf 8.920 Punkte.
Die nachfolgenden Tage brachten auch keine Entspannung an der Börse. Der *Dow Jones* rutschte weiter ab. Am 21. September 2001 stand der *Dow Jones* bei 8.235, der DAX bei 3.787 und der *Nemax All Share* bei 724 Punkten. Die USA waren nun endgültig in eine Rezession geschlittert.
Um zu verhindern, dass aus der Rezession vielleicht sogar eine Depression wie 1929 werden würde, gaben die Amerikaner eine Menge Geld aus. Dazu

peitschte die US-Regierung eine gewaltige Steuersenkung durch den Kongress, die Amerikaner sollten um 1,35 Billionen US-Dollar entlastet werden. Es folgten noch weitere Steuersenkungen. Dabei ließ sich US-Präsident George W. Bush durch Ronald Reagan inspirieren. Man helfe der Wirtschaft am besten, wenn man den Begüterten mehr Geld in die Hand drückt. Sie schafften durch Investition in neue Fabriken dann zusätzliche Arbeitsplätze. Dies ist allerdings ein Irrglauben. Nach Ansicht vieler kritischer Ökonomen entstehen neue Arbeitsplätze nur, wenn die Produkte, die an den neuen Arbeitsplätzen hergestellt werden, auch am Markt abgesetzt werden können. Das heißt, dass die neu geschaffenen Arbeitsplätze Profite abwerfen müssen. Dies ist allerdings nur dann der Fall, wenn die Konsumenten in der Summe mehr Geld haben. Man sagt, dass eine birnenförmige Einkommensverteilung am besten sei, weil so die breite Masse der Konsumenten über Geld für den Konsum verfüge. So sagte Jean-Paul Fitoussi (Präsident des *Observatoire Français des Conjonctures Economiques* (OFCE)):

> "Der Kern des Problems liegt darin, dass weltweit zu viel gespart worden ist, nicht zu wenig. Und dieses Problem ist dadurch entstanden, dass es über zweieinhalb Jahrzehnte eine Umverteilung der Einkommen von unten nach oben gab. Damit haben jene plötzlich viel mehr Geld gehabt, die angesichts der Höhe ihres Einkommens ohnehin nur einen relativ kleinen Teil ihres Geldes ausgeben und einen hohen Teil sparen. Mit diesen Ersparnissen haben sie Vermögenswerte gekauft. Diese Umverteilung nach oben war ein weltweit sehr tief greifendes Phänomen. Hier liegt die Wurzel der heutigen Krise, nicht in der Finanzwelt."[53]

Durch diese Politik schaffte es Bush, in seinen acht Amtsjahren so viele Schulden (von 3 Billionen US-Dollar auf über 6,2 Billionen US-Dollar) anzuhäufen, wie die ersten 41 US-Präsidenten von George Washington bis George Bush senior zusammen. So verschwanden auch die Überschüsse sehr schnell, die sein Vorgänger Bill Clinton in den letzten Jahren seiner Amtszeit gemacht hatte.

Natürlich könnte es der Welt egal sein, wie die USA wirtschaften. Weil aber die USA nicht in der Lage sind, ihre Schulden selbst zu finanzieren, müssen sie sich das Geld weltweit leihen. Denn auch privat geben die Amerikaner mehr Geld aus, als sie verdienen. Insofern rutschte die Sparquote ins Minus, auf den niedrigsten Stand seit der großen Depression (zum Vergleich: In den 1990er Jahren betrug die Sparquote noch 4 %). Beispielsweise kauften Russ-

---

[53] Bispinck, R. und Schulten, T.: Was hat die aktuelle Wirtschaftskrise mit der Einkommensverteilung zu tun? WSI-Sommerschule 2009 Berlin, 7-11. September 2009, www.wsi.de

land oder die arabischen Staaten für mehrere Hundert Milliarden US-Dollar amerikanische Staatsanleihen. Doch den Vogel schießt sicherlich China ab. Es bunkert in seinen Tresoren 1,8 Billionen US-Dollar.

Um eine Rezession zu verhindern, senkte die US-Notenbank im atemberaubenden Tempo den Leitzins – allein sieben Mal in den ersten acht Monaten des Jahres 2001 und nach den Anschlägen des 11. September 2001 noch viermal bis Ende 2001. So fiel der Leitzins in den USA innerhalb eines Jahres von 6 auf 1,75 %. Eineinhalb Jahre später lag der Leitzins nur noch bei 1 %. Die Notenbank ließ ihn bis Sommer des Jahres 2004 bei diesem niedrigen Stand. Eine solch lange Phase niedrigster Zinsen hat es in den USA seit den 1945er Jahren nicht mehr gegeben. Tatsächlich schaffte es die Notenbank, mit dem billigen Geld die Konjunktur zu stützen bzw. wieder zu beschleunigen. Hierdurch konnten die schlimmsten Auswirkungen auf die reale Wirtschaft durch das Ende der *New Economy* und die Anschläge vom 11. September 2001 abgefedert werden. Gleichzeitig senkte die *Europäische Zentralbank* (EZB) ihre Zinsen, allerdings nicht ganz so kraftvoll wie die amerikanische Notenbank. Doch dieser Sieg über die drohende Rezession sollte sich als Pyrrhussieg herausstellen – wie wir später feststellen werden. Trotz der dramatischen Ereignisse an den Börsen waren die bestimmenden Themen der Krieg gegen den Terror und die Milzbrandattacken, die die USA wochenlang in Atem hielten. Zudem erklärte die NATO am 2. Oktober 2001 erstmals in ihrer Geschichte den Bündnisfall. Die Mitglieder der NATO wurden aufgefordert, die USA im Kampf gegen den Terror zu unterstützen. Am 7. Oktober begann der Krieg gegen die in Afghanistan herrschenden Taliban.

Die Börsen reagierten mit Kursgewinnen auf diese Nachrichten. Denn es mehrten sich die Stimmen, die niedrigen Kurse zum Einstieg zu nutzen. So sagte die Investment-Legende Warren Buffet, er würde die Kursstürze für Investments nutzen. Als sich die Börsen dann tatsächlich am 22. September 2001 aus ihrer Abwärtsspirale lösten und kräftige Anstiege verzeichneten, stiegen viele Anleger ebenfalls in die "ausgebombten" Werte ein. Für wenige Monate ignorierten die Anleger ihre Sorgen um die US-Konjunktur und die Skandale an den Börsen, insbesondere am *Neuen Markt*.

Am 2. November 2001 wurde die insolvente *Kabel New Media* als erstes Unternehmen aufgrund der neuen Delisting-Regeln vom *Neuen Markt* ausgeschlossen. Am 20. November 2001 wurde der *Neue Markt* nochmals richtig durchgeschüttelt, als mit den IT-Sicherheitsspezialisten *Biodata Information Technology* erstmals ein Unternehmen aus dem Blue-Chip-Sektor des *Neuen*

Markt, dem *Nemax 50*, Insolvenz anmelden musste. Am 22. November 2001 teilte die *Deutsche Börse* mit, dass sie ihr Finanzportal neuermarkt.com (gegründet im Juni 2000) zum Jahresende vom Netz nehmen würde. Die ersten Stimmen erhoben sich, die das Ende dieses Marktsegmentes als Ganzes vorhersahen. Einen weiteren Schock erlebte der *Neue Markt*, als das ehemalige Star-Unternehmen *Brokat Technologies* am 23. November 2001 Insolvenz beantragen musste. Nochmals in die Schlagzeilen kam der *Neue Markt* am 19. Dezember 2001, weil erstmals gegen einen Analysten wegen Verdacht auf Insiderhandels ermittelt wurde. Es stand der Vorwurf im Raum, dass der Analyst zusammen mit dem Vorstandschef der Aktiengesellschaft *CPU* an Kursmanipulationen beteiligt war.
Als die *New Economy* zusammenbrach, zeigte sie ihren janusköpfigen Charakter. Hinter den angeblichen Erfolgsgeschichten lauerte oftmals leider nur Lug und Trug. Einer der größten Betrugsfälle war das texanische Unternehmen *Enron*. Die USA erlebten am 2. Dezember 2001 den gewaltigsten Bankrott eines Industrieunternehmens ihrer Geschichte. Der Kurs der Enron-Aktie stürzte von 90 US-Dollar auf wenige Cents innerhalb kurzer Zeit ab. Dabei hatte *Enron* (siebtgrößtes Unternehmen der USA) sich mit waghalsigen Finanzgeschäften verzockt und seine Zahlen gefälscht. Es wurden Gewinne ausgewiesen, die keine waren, Geschäfte gebucht, die es nie gegeben hat, und Schulden in ein Schattenreich von Zweckgesellschaften verschoben, sodass sie in der offiziellen Bilanz nicht mehr auftauchten. Kritiker bezeichnen Zweckgesellschaften auch als die schwarzen Löcher des Finanzsystems, weil sie vor allem dem Zweck dienen, Geld aus dem offiziellen Finanzsystem in ein kaum durchschaubares Unternehmensdickicht zu überführen. Bei Zweckgesellschaften gilt das Motto: Was nicht in der Bilanz auftaucht, kann nicht kontrolliert und nicht als Risiko wahrgenommen werden. Darum werden Zweckgesellschaften hauptsächlich in Regionen gegründet, in denen es keine staatlichen Kontrollen gibt, z. B. in abgelegenen Steueroasen wie den Cayman Islands.
Amerikanische Zeitungen kommentierten die Pleite mit den Worten "Watergate des Kapitalismus". Immerhin war *Enron* bis zu seiner Pleite Liebling der Börse. Es stand für Erfolg. So schaffte es der Konzernlenker Kenneth Lay den biederen Transporteur für Strom und Gas in eine Geldmaschine zu verwandeln. Sein Ziel war es, *Enron* zum größten Unternehmen der Welt zu machen.

Die Händler von *Enron* spekulierten dazu nicht nur mit Öl, Gas oder Strom, sondern mit allen möglichen Derivaten. Dies kommentierte eine amerikanische Zeitung später so: "Wir dachten, wir kaufen ein Unternehmen, aber tatsächlich hatte man eine Zockerbude im Depot." Besonders erschütterte die Amerikaner die enge Verbindung zwischen *Enron* und dem Washingtoner Regierungsapparat, so hatte z. B. seit 1990 jeder zweite Abgeordnete im Repräsentantenhaus und drei Viertel aller Senatoren Geld von *Enron* erhalten. Leider blieb *Enron* kein Einzelfall. Es scheint so zu sein, dass illegale Geschäfte und Bilanztricks in der *New Economy* eher die Regel als die Ausnahme waren. So mussten im Jahr 2002 mehrere hundert amerikanische Unternehmen zugeben, ihre Bilanzen frisiert zu haben. Auch einer der Helden des Kommunikationszeitalters, der Chef von *MCI Worldcom* (zweitgrößter Telefonkonzern der USA), Bernie Ebbers[54], musste zugeben, sich um 3,8 Milliarden US-Dollar verrechnet zu haben. Kurze Zeit später brach *MCI Worldcom* zusammen. Einige Tage später wurde der Unternehmer John Rigas verhaftet, weil er *Adelphia* (sechstgrößte Kabelfernsehgesellschaft der USA) ausgeplündert haben soll. Selbst ein Idol der amerikanischen Hausfrauen, Martha Stewart, die mit ihren TV-Sendungen, Zeitschriften und Produkten den Stil in Amerikas Vororten geprägt hatte, flog wegen Insidergeschäften auf.
Auch auf der anderen Seite des Atlantiks, in Europa, erschlichen sich viele Manager mit windigen Geschäften ein Vermögen. So schaffte es z. B. das Unternehmen *ComROAD*, lange Zeit ein Star am *Neuen Markt*, fast seine gesamten Umsätze zu erfinden. Auch zahlreiche Geschäfte der *Infomatec* erwiesen sich als Luftnummern. Damit schaffte sie es, den Aktienkurs bis in der Spitze auf 290 Euro hochzutreiben. Als der Bluff aufflog, stürzte die Aktie auf 4 Cent ab. Alexander Häfele, einer der Gründer, wurde zu einer Freiheitsstrafe von zwei Jahren und neun Monaten verurteilt. Glimpflicher kamen die Gründer der Film- und Fernsehfirma *EM.TV*, die Brüder Thomas und Florian Haffa, davon. Sie wurden wegen Kursbetrugs und unrichtiger Darstellung der Unternehmensverhältnisse zu einer Strafe von 1,2 Millionen Euro (Thomas Haffa) bzw. 240.000 Euro (Florian Haffa) verurteilt.
Die USA reagierten am 30. Juni 2002 mit dem *Sarbanes-Oxley Act* auf die Betrügereien. Dieses Gesetz sieht u. a. vor, dass amerikanische Konzernchefs

---

[54] Bernie Ebbers wurde zu 25 Jahren hinter Gittern verurteilt, John Rigas zu 15 Jahren und Jeffrey Skilling, Finanzchef von *Enron*, zu 24 Jahren.

selbst für die Richtigkeit von Jahresabschlüssen haften. Sie können ihre Verantwortung nicht mehr auf Angestellte oder Wirtschaftsprüfer abwälzen. Gleichzeitig wurden die Strafen für solche Betrügereien deutlich erhöht. In anderen Staaten folgten ähnliche Regelungen auf gesetzlicher oder freiwilliger Basis. Beispielsweise verständigten sich in Deutschland die großen Aktiengesellschaften auf den sogenannten Corporate-Governance-Kodex, eine Leitlinie für gute Unternehmensführung.
Des Weiteren wurde nach Schuldigen an der Horrorbaisse gesucht. In den Medien tauchten immer mehr negative Berichte über die Analysten auf. Es wurde der Vorwurf erhoben, dass die Empfehlungen der Analysten eher den Wünschen des Arbeitsgebers entsprachen als eine objektive Meinung wiederzugeben. So waren noch im Oktober 2000 zwei Drittel aller Neuer-Markt-Aktien "ein klarer Kauf", und nur 6 % wurden skeptisch beurteilt. Auch noch im Sommer 2001 gab es für 54 % aller Wachstumswerte eine positive Einschätzung. Beispielsweise empfahl Henry Blodget von *Merrill Lynch* Aktien zum Kauf, die er intern als "Piece of Shit" titulierte. Die Folge dieser massiven Kritik an den Analysten war, dass neue Regeln zum Aktienresearch erlassen wurden. So endete eines der aufregendsten Börsenjahre der deutschen Börsengeschichte[55].

[55] Im Frühjahr 2000 widmete sich die *Bank für Internationalen Zahlungsausgleich* (BIZ) in ihren Jahresbericht 2000/2001 dem Thema "Zyklen und das Finanzsystem". Sie kommt zu dem Schluss: "Ihren Ursprung haben Finanzzyklen in der Regel in einer Woge von Optimismus, die von günstigen Entwicklungen in der Realwirtschaft ausgelöst wird. Folgen dieser optimistischen Erwartungshaltung sind die Unterschätzung von Risiken, eine überhöhte Kreditgewährung, ein übermäßiger Anstieg der Preise von Vermögenswerten, Überinvestitionen in Sachanlagen und in einigen Fällen ein allzu ausgabefreudiges Verbraucherverhalten. Wenn sich dann schließlich realistische Erwartungen durchsetzen, müssen die während des Booms entstandenen Ungleichgewichte wieder korrigiert werden, was manchmal sowohl im Finanzsystem als auch in der Realwirtschaft zu erheblichen Störungen führt." (Filc, W.: Stabilität des internationalen Finanzsystems, Aus Politik und Zeitgeschichte (APuZ), 11. 02.2008, S. 6.)

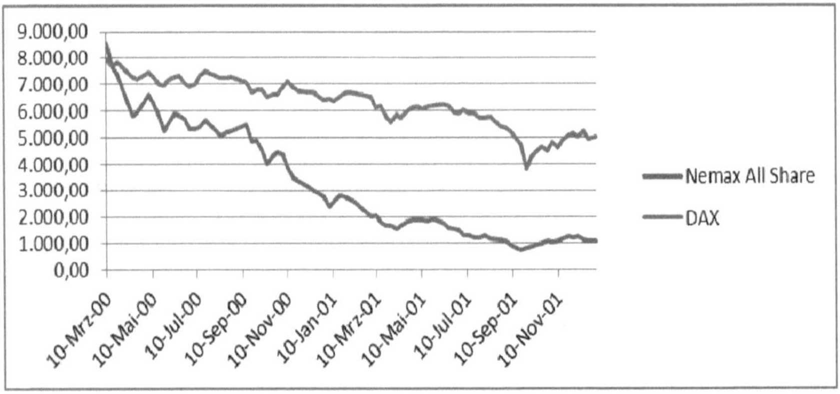

Abbildung 14: *Nemax All Share* und DAX von ihrem Höhepunkt im März 2000 bis Ende 2001.

Der *Nemax All Share* verlor unglaubliche 1.279,21 Punkte und fiel von 2.375,04 auf 1.095,03 Punkte (31. Dezember 2001) ab, d. h. um fast -54 % - einer der größten Jahresverluste in der Geschichte. Zwischenzeitlich tauchte er fast um 70 % ab. Dagegen konnte sich der DAX im Jahr 2001 relativ gut behaupten. Er fiel von 6.433,61 auf 5.160,10 Punkte, also "nur" um -20 %. Allerdings lag er zwischenzeitlich mit knapp 40 % im Minus. Im Vergleich zum DAX oder *Nemax All Share* konnten Anleger, die im *Dow Jones* investiert waren, gelassen den Jahresausklang feiern. Sie verloren nur knapp 5 %, d. h. der *Dow Jones* fiel von Jahresbeginn mit 10.646,20 Punkten zum Jahresende auf 10.021,60 Punkte. Zwischenzeitlich tauchte er auch um knapp 25 % ab, aber nichts im Vergleich zum DAX und *Nemax All Share.* Hier zeigt es sich wieder einmal: Es kommt auch bei Indizes auf die Zusammensetzung an. So werden der DAX und *Nemax All Share* von den Technologie- und Medien-Konzernen dominiert, während der *Dow Jones* eher von der klassischen "Old Economy" dominiert wird.

Das Jahr 2002 wurde geprägt von der Sorge um die US-Konjunktur und die großen Skandale, wie *Enron, MCI Worldcom* usw. An den Börsen machte das Wort "Enronitis" die Runde. So mündete der DAX in einen Seitwärtstrend im Bereich von 4.900-5.200 Punkten und der *Nemax All Share* zwischen 1.000-1.250 Punkten. Im Frühjahr 2002 schwappte die Welle der Skandale immer mehr auf die bisher als sichere Häfen geltenden Segmente wie DAX oder MDAX über. So geriet der DAX-Wert *MLP* in den Strudel der Skandale. Der Aktienkurs sackte allein zwischen April und August 2002 um fast 90 % von 74 Euro auf nur noch 8 Euro ab. Zusätzlich musste der MDAX-Bau-Konzern *Phi-*

lipp Holzmann eine massive Gewinnwarnung veröffentlichen. Am 21. März 2002 musste *Holzmann* den Insolvenzantrag stellen. Ebenso mussten der traditionsreiche Schreibwarenhersteller *Herlitz* und *CargoLifter* den bitteren Gang in die Insolvenz antreten. Im Juli 2002 gingen weitere Traditionsunternehmen mit *Babcock Borsig* und *Fairchild Dornier* in die Insolvenz. Dies alles drückte den DAX am 24. Juli 2002 sogar deutlich unter die Tiefststände vom September 2001 mit 3.265 Punkten. Der *Nemax All Share* ging ungebremst nach unten und fiel auf einen Kurs von 525 Punkten. Zu dieser Zeit war er schon fast in die Bedeutungslosigkeit versunken. Die Medien berichteten nur noch am Rande über ihn, obwohl der *Neue Markt* noch einige Skandale lieferte – und man glaubt es kaum, auch etwas Positives. So mussten wegen Insolvenz den *Neuen Markt* die Firmen *Biodata* und *Lobster* zum 27. März verlassen. Außerdem gelang aber am 26. März 2002 der Börsengang des Hamburger Windenergiespezialisten *Repower Systems AG* am *Neuen Markt,* dem ersten im Jahr 2002. Im April wurde *ComROAD* aus dem *Neuen Markt* verbannt. Nach dem Rückzug des Großaktionärs *France Telecom* kam *MobilCom* in finanzielle Schwierigkeiten. Die Aktie wurde zum Spielball der Spekulanten, nur durch das Eingreifen der Bundesregierung konnte ein Insolvenzantrag vorerst abgewendet werden. Dies verunsicherte die Anleger immer mehr. Sie bezweifelten, dass überhaupt noch seriöse Unternehmen am *Neuen Markt* tätig waren. So fiel der *Nemax* 50 am 24. September 2002 mit 325,45 Punkten und der *Nemax All Share* mit 375,13 Zählern auf ein neues Allzeittief. Die *Deutsche Börse* sah sich zum Handeln gezwungen. Der *Neue Markt* galt bei vielen Anlegern nunmehr als Zockerbude. Darum kündigte die *Deutsche Börse* das Ende des *Neuen Marktes* bis Dezember 2003 an. Bis Ende Dezember 2002 kamen auch noch weitere Insolvenzen hinzu, u. a. die *SZ Testsysteme AG*. Der DAX schloss am Jahresende 2002 bei 2.892,63 und der *Nemax All Share* bei 405,62 Punkten. Wegen der Sorgen über die US-Konjunktur musste jetzt auch der "sichere Hafen" *Dow Jones* kräftig Federn lassen. Er fiel innerhalb eines Jahres um knapp 17 % auf 8.341 Punkte am Jahresende. Zwischenzeitlich ging der *Dow Jones* sogar um knapp 27 % in die "Knie" (Jahrestiefstand: 7.286 Punkte).

Eine alte Börsenweisheit lautet: "*Kaufen, wenn die Kanonen donnern.*" Doch nicht immer stimmen solche Börsenweisheiten. So stürzte der DAX kurz vor Ausbruch der Kampfhandlungen im Irakkrieg bis auf 2.203 Punkte am 12. März 2003 ab. Die Zeitungen fingen in dieser Megabaisse an zu spekulieren, ob der deutsche Leitindex auf 0 Punkte fallen könnte. Schließlich war er von seinem Rekordniveau des 7. März 2000 und 8.065 Punkten um fast 72 % abgestürzt. Doch beinahe unbemerkt von der Mehrheit der Anleger bahnte sich auf den Märkten eine neue Hausse an. Dagegen erlebte der *Neue Markt* am 21. März 2003 kurz nach seinem sechsten Geburtstag den letzten Handelstag. Ein Anleger stellte dazu fest: "*Wir werden ihn nicht vermissen. Manche haben mit ihm Geld verdient, andere mit ihm viel Geld verloren – doch die breite Masse der Anleger trauert diesem Zockermarkt keine Träne nach.*" Der *Nemax 50*[56] schloss am letzten Handelstag bei 351 Punkten (-95 % vom *All-Time-High*) und der *Nemax-All-Share* bei 403 (ebenfalls -95 % vom *All-Time-High*) Zählern. An die Stelle des *Neuen Marktes* trat ein neues Segment. Am 24. März wird der TecDAX aus der Taufe gehoben. Wegen des raschen Endes des Irakkrieges und dem einsetzenden Konjunkturaufschwung sprang der DAX noch bis Jahresende auf 3.965,16 Punkte. Er beendete das Jahr mit einem stolzen Gewinn von fast 28 %. Ebenso schloss der *Dow Jones* das Jahr 2003 mit einem Jahresgewinn von 21 % ab. Die Krise der *New Economy* schien überwunden zu sein. Die Aktienkurse kehrten nach einer fast 2-jährigen Baisse mit Kursverlusten im DAX von in der Spitze über 70 % und im *Dow Jones* von knapp 40 % wieder zurück auf ihren Wachstumspfad.

3.5.7 Der große Bang – US-Immobilienkrise 2.0, Bankenkrise, Staatsschuldenkrise

3.5.7.1 Die Ouvertüre (2003 bis März 2007)

Wie bereits erwähnt, wurden zur Überwindung der New-Economy-Krise die Leitzinsen massiv gesenkt. Die Niedrigzinspolitik sollte die Konjunktur stimulieren. So senkte die US-Notenbank im Juni 2003 z. B. den Leitzins auf 1 %. Ferner wurde das gigantische US-Außenhandelsdefizit durch Kapital finanziert, welches auf dem US-Kapitalmarkt angelegt wurde. Letztlich führte diese vagabundierende Liquidität auf den Kapitalmärkten dazu, dass sich im Jahr 2004 die Aktienmärkte erholen konnten. So schloss der DAX das Jahr 2004 immerhin mit einem Plus von 7 % bei 4.256 Punkten ab. Dennoch gab es still und leise eine entscheidende Wende in der Welt. Die Schwellenländer wie Brasilien, Russland, Indien und China – die sogenannten BRIC-

---

[56] Das Handelssegment *Neuer Markt* wurde im Juni 2003 endgültig geschlossen. Wegen der Kontinuität vor allem bei der Wertwicklung von Derivaten wurde der *Nemax 50* bis zum 30. Dezember 2004 weiter berechnet.

Staaten – erlebten einen kräftigen wirtschaftlichen Aufschwung, der China sogar unter die Top-Drei der Wirtschaftsmächte der Welt führen sollte. Dies honorierten die Börsen in den Schwellenländern mit kräftigen Aufschlägen von teilweise mehr als 100 %.

Freude machte das Jahr 2005 den Börsianern. Der nachhaltige Wirtschaftsaufschwung in den Schwellenländern führte zu einer erhöhten Nachfrage nach Rohstoffen wie Rohöl oder Industriemetallen. Infolgedessen zogen die Rohstoffnotierungen kräftig an. Die Aktienmärkte ignorierten die Rohstoffhausse und erlebten ihre eigene Hausse. So kletterte der DAX im Jahresverlauf um 27 % auf 5.408 Punkte.

Das Jahr 2006 war geprägt von Übernahme-Fantasien im DAX. Die Börsen erlebten eine Wiederholung der biblischen Geschichte von David und Goliath. So staunten viele Anleger, als der "kleinste unabhängige Autohersteller der Welt" *Porsche* seinen Anteil am Volkswagen-Konzern (Nummer 1 in Europa) auf über 27 % schraubte. Die VW-Aktie schoss um 92,3 % auf 85,96 Euro in die Höhe. Die nächste Übernahme-Fantasie entstand rund um den Berliner Pharmakonzern *Schering*. Die Darmstädter *Merck KGaA* bot im Rahmen einer feindlichen Übernahme 77 Euro pro Aktie an. Dies sah jedoch das Management des Berliner Pharmaspezialisten als zu gering an. Sie flüchteten sich in die Arme des Bayer-Konzerns. Für den DAX war das Jahr 2006 ein gutes, er konnte immerhin um 22 % auf 6.597 Punkte zulegen.

Das Jahr 2007 begann für die Börsianer erfreulich. So konnte der DAX am 26. Februar 2007 erstmals seit sechs Jahren wieder die 7.000-Punkte-Marke durchbrechen. Schon am 15. Juni 2007 fiel die nächste 1.000er-Marke mit 8.031 Punkten. Der DAX erreichte sogar am 16. Juli ein neues *All-Time-High* bei 8.106 Punkten, d. h. der DAX konnte von Anfang 2003 bis Ende 2007 um fast 160 % zulegen.

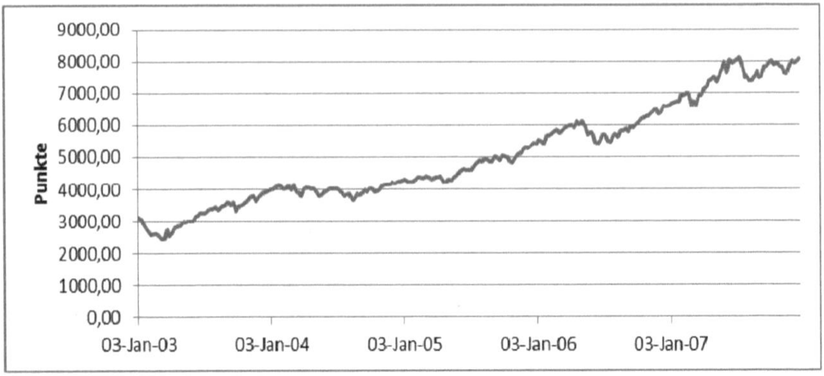

Abbildung 15: DAX-Entwicklung zwischen Januar 2003 bis Dezember 2007

Ebenfalls konnte der *Dow Jones* im Juli 2007 erstmals die 14.000 Punkte-Marke durchbrechen. Er konnte also das Niveau vor der New-Economy-Krise wieder erreichen bzw. überschreiten. Der *Dow Jones* legte zwischen Anfang 2003 bis Ende 2007 um knapp 54 % zu.

Diese sogenannte Liquiditätshausse an den Aktienmärkten wurde auf das billige Geld der Notenbanken zurückgeführt. So stellte die *Bank für Internationalen Zahlungsausgleich* (BIZ) in ihrem Jahresbericht vom Juni 2008 fest, dass die meisten Zentralbanken angesichts ungewöhnlich niedriger Inflationsraten sehr lange an niedrigen Leitzinsen festhielten.

Völlig unbemerkt von den meisten Anlegern entstand ein Monster, das wenige Jahre später drohte, die Finanzmärkte zu verschlingen. Die niedrigen Leitzinsen führten nämlich auch dazu, dass die Zinssätze für US-Hypothekenkredite seit 2000 deutlich zurückgingen. Dies kuppelte die Nachfrage nach Immobilien in den USA kräftig an. Flankiert wurde diese Entwicklung durch das amerikanische Bauministerium *(United States Department for Housing and Urban Development, HUD)* im November 2000. Es verlangte von *Fannie Mae*[57], dass 50% aller Kredite an Familien mit niedrigem und mittlerem Einkommen vergeben werden müssten. Ermutigt durch den niedrigen Leitzins und durch die Politik vergaben die US-Banken Kredite mit

[57] *Fannie Mae* wurde 1938 und *Freddie Mac* 1970 gegründet, um das Funktionieren des Hypothekenmarktes zu verbessern. Hierzu sollten die beiden Unternehmen den Hypothekenmarkt mit Liquidität versorgen. Darum sind sie im großen Stil im Sekundärmarkt tätig, d. h. sie vergeben selber kaum Hypotheken. Dafür können private Kreditgeber, wie Banken usw., ihre Hypotheken an die beiden Institute weiterverkaufen. Damit sich die beiden Institute besonders günstig am Finanzmarkt refinanzieren können, besitzen ihre Anleihen eine Staatsgarantie.

variablem Zinssatz an Schuldner mäßiger Bonität. Die anfänglichen Zinsen bzw. Raten waren wegen des niedrigen Zinsniveaus nicht besonders hoch. Den Schuldnern war nicht klar, dass sie das Risiko einer Zinserhöhung, in Form von steigenden Raten für ihre Hypotheken, trugen.

Diese Hypothekenvergabe führte zu einer steigenden Zahl von Hauseigentümern, was die Preise für Immobilien zusätzlich in die Höhe trieb. Dies nutzten die US-Banken aus, um den Schuldnern Zusatzkredite zu verkaufen. Von den verkauften Hypotheken war allerdings ein zunehmender Anteil Subprime-Kreditnehmer, d. h. zweitklassige Kreditnehmer mit schlechter Bonität. Sowohl die Banken als auch die Schuldner gingen davon aus, dass sie kein Risiko trügen. Ein Hauskäufer sagte dazu: "Die Banken haben uns die Kredite praktisch aufgedrängt. Es gab kein Risiko für beide Seiten, weil die Preise stiegen und es keine Probleme beim Verkauf einer Immobilie gab. Es gab zu jeder Zeit stets einen Käufer." [58] Angelockt von den niedrigen Zinsen kündigten viele Amerikaner ihre alte Hypothek und refinanzierten sie zu niedrigerem Zins. Die Folge: Die Haushalte hatten jetzt jeden Monat mehr Geld für ihren Konsum zur Verfügung. Eine andere Variante war, dass die Amerikaner die Hypothek auf ihr Haus erhöhten und mit diesem zusätzlichen Kredit kräftig einkauften. Deswegen boomte auch die US-Wirtschaft.

Der Marktwert der bestehenden Wohnimmobilien stieg von 2000 bis 2005 um über 50 %. Nach Schätzungen von *Merrill Lynch* steht etwa die Hälfte des gesamten US-Bruttoinlandsprodukt-Wachstums in der ersten Jahreshälfte 2005 im Zusammenhang mit Wohnimmobilien, entweder direkt, durch den Bau von Eigenheimen und damit verbundenen Käufen (z. B. Einrichtungsgegenstände), oder indirekt, durch mit Refinanzierungen von Hypotheken verfügbar gewordenen Geldern, die ausgegeben wurden. Nach einer Schätzung von Martin Feldstein nahmen die Amerikaner zwischen 1997 bis 2006 mehr als 9 Billionen US-Dollar in bar aus Beleihungen ihrer Eigenheime in Anspruch. Beispielsweise machten im ersten Quartal 2006 diese Einnahmen aus dem Wohnungseigentum knapp 10 % des verfügbaren privaten Einkommens aus. Überdies reizten die seit 2000 zweitstelligen Steigerungen

[58] Sie nahmen Folgendes an: Das Haus kostet 100.000 US-Dollar. Der Käufer finanziert es zu 25.000 US-Dollar mit eigenem Geld (Eigenkapital) und zu 75.000 US-Dollar durch einen Bankkredit. Der Wert des Hauses steigt binnen fünf Jahren auf 150.000 US-Dollar (tatsächlich passiert). Das Haus wird verkauft, der Eigentümer bekommt die 150.000 US-Dollar. Davon zahlt er seine Schulden von 75.000 US-Dollar zurück und macht dadurch 75.000 US-Dollar aus seinen ursprünglich eingesetzten 25.000 US-Dollar, eine traumhafte Rendite.

der Hauspreise viele Amerikaner zur Spekulation. Sie erwarteten, dass der Wert ihrer Häuser stärker steigen werde als die Fremdmittelkosten, darum war es ihrer Meinung nach sinnvoll, mehr Eigentum zu besitzen, als man eigentlich bewohnen wollte. Die Folge dieser Einstellung war, dass im Jahr 2005 bis zu 40 % aller erworbenen Wohnimmobilien nicht als dauerhafter Wohnsitz, sondern als Anlageobjekt diente.
So kam es zu einem kreditfinanzierten Konsum- und Immobilienrausch, wobei die Sparquote gegen null strebte. Mitte 2004 war die Konjunktur so gefestigt, dass die US-Notenbank den Leitzins wieder anhob. Doch anders als beabsichtigt gingen die langfristigen Zinsen nicht mit nach oben. Dies lag daran, dass vor allem die asiatischen Notenbanken den Markt deutlich verzerrten. Nach der Asienkrise 1997/98 wollten die großen asiatischen Länder ihren Export – den Motor ihrer Volkswirtschaften – wieder in Gang bringen, dazu hielten sie ihre Währungen künstlich niedrig bewertet. Um dies zu erreichen, kauften die asiatischen Notenbanken im großen Stil US-Dollars. Beispielsweise kaufte Japan in den Jahren 2003 und 2004 ca. 300 Milliarden US-Dollar, China 2007 460 Milliarden US-Dollar. So schwellten die Währungsreserven der Japaner auf eine und die der Chinesen auf 1,6 Billionen US-Dollar an. Diese Eingriffe verhinderten, dass die globalen Waren- und Kapitalströme wieder ins Gleichgewicht kamen. So kauften die Amerikaner mit dem künstlich überbewerteten US-Dollar kräftig im Ausland ein, sodass das Leistungsbilanzdefizit auf 6 % der Wirtschaftsleistung stieg. Außerdem hielt Japan seine Leitzinsen seit Jahren nahe Null, um den japanischen Yen niedrig zu halten. Hierdurch sollte die japanische Exportwirtschaft gegenüber dem erstarkenden Rivalen aus China gestützt werden. Eine weitere Folge der niedrigen japanischen Zinsen war, dass Investoren aus aller Welt billige Yen-Kredite aufnahmen und damit rund um die Welt auf "Shoppingtour" gingen. Dies trieb rund um den Globus die Aktien, Immobilien, Unternehmens- und Schwellenländeranleihen in die Höhe, besonders aber in den USA. Wegen des beinharten Wettbewerbs im Neugeschäft akzeptierten die Banken in aller Welt die erhöhten Preise z. B. von Immobilien als Sicherheit und gewährten darauf weitere Kredite. Letztlich pumpte sich so das Finanzsystem mit Krediten voll. Die Hausse nährte die Hausse. Darüber hinaus legten die asiatischen Länder – und später die in Petro-Dollars schwimmenden Ölländer – ihre US-Dollars vorwiegend in langlaufende amerikanische Staatsanleihen und ähnliche Papiere an. Dies führte zu einer steigenden Nachfrage nach langlaufenden US-Staatanleihen, was zu steigenden Kursen

der Anleihen führte, d. h. ihre Renditen sanken. Darum verpufften die Leitzinserhöhungen der US-Notenbank am Anleihemarkt wirkungslos.
Allmählich gerieten die Dinge in den USA aus dem Lot. So liefen vielen Millionen junger Amerikaner, die ihren Traum vom Eigenheim noch nicht verwirklicht hatten, die Immobilienpreise davon. Jetzt boten die US-Banken Hilfe an. Sie offerierten Subprime-Hypothekenkredite. Mit deren Hilfe konnten sich auch schwache Schuldner, die eigentlich nicht kreditwürdig waren, ein Haus leisten. Die Subprime-Hypotheken haben in den ersten Jahren niedrige Zinsen, die erst später angehoben werden. Oftmals waren die Verträge hanebüchen und die Kreditvergabe sträflich lax. Ebenso drückten die Aufsichtsbehörden regelmäßig die Augen zu.
Um das notwendige Kapital für neue Kredite aufzutreiben, musste eine zündende Idee gefunden werden. So wurden Kredite verbrieft und auf dem Finanzmarkt zum Kauf angeboten. John Kenneth Galbraith stellte dazu fest: "*Die Regel ist, dass Finanzmärkte sich nicht für Innovationen eignen (...) Die Finanzwelt feiert die Erfindung des Rades immer wieder, oft in einer nur weniger stabilen Variante. Jegliche Finanzinnovation beinhaltet in irgendeiner Form die Schaffung von Schulden, die durch mehr oder weniger adäquate Sicherheiten gedeckt sind.*"
Mithilfe der Verbriefung[59] kann eine Bank, die Kredite verkauft, wieder neue Kredite vergeben. Hierzu wurden die Kredite aus der Bilanz einer Bank ausgegliedert und in einer Zweckgesellschaft *(Special Purpose Vehicle* oder *Conduit)* rechtlich verselbstständigt, d. h. die Ansprüche und Risiken aus den Hypotheken gingen in das *Special Purpose Vehicle* über. Anschließend wurde die Zweckgesellschaft als *Mortgage Backed Securities* (kurz MBS; Wertpapiere, die forderungsbesichert sind, hier durch die in den *Conduit* enthaltenen Hypotheken) an die Anleger weitergegeben. So konnten die Banken die Auflagen der Aufsichtsbehörden umgehen. Diese fordern u. a., dass für jeden verliehenen Euro in der Bilanz ein Eigenkapitalpolster von ca. 8 Cent gebildet werden müsse. Wenn eine Bank also 10 Milliarden US-Dollar als Kredit in ihrer Bilanz verbucht, muss sie dafür ein Eigenkapital von mindestens 800.000 Millionen US-Dollar als Puffer, falls Kredite ausfallen, bereithalten. Für die in die Zweckgesellschaft ausgelagerten Kredite müssen die

---

[59] Somit hatte sich das Geschäft der Banken völlig verändert. Früher standen fast 90 % der Kredite, die sie vergeben hatten, in ihren Büchern. Heute sind fast 80 % auf den Kapitalmarkt (in Form von Kreditpaketen) ausgelagert.

Banken kein Eigenkapital zurücklegen. Auf diese Weise konnten sie ihre Eigenkapitalrenditen deutlich steigern – und somit auch ihre Aktienkurse.
Um die MBS besser bei den Anlegern platzieren zu können, wurden diese Wertpapiere von Ratingagenturen bezüglich ihrer Bonität beurteilt. Um möglichst gute Bonitätsnoten zu bekommen, werden die MBS als tranchierte Anleihen mit unterschiedlicher Nachrangigkeit verkauft. Dabei hat jede Tranche ein anderes Risiko- und Ertragsprofil. Fällt nun ein Kredit aus, so wird der Verlust von der untersten Tranche aufgefangen. Nur diese Tranche erleidet damit einen Wertverlust, welchen sich alle Investoren dieser Tranche teilen müssen.

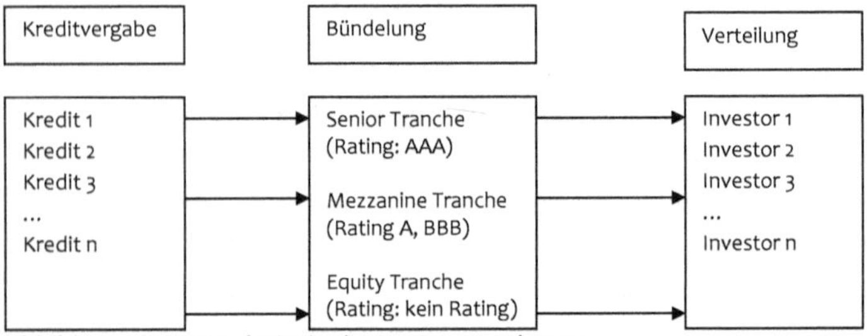

Abbildung 16: Grundprinzip der MBS-Vermarktung

Die Tranchen mit dem höchsten Rang bekamen ein AAA-Rating[60], weil sie ein Erstzugriffsrecht auf alle zugrunde liegenden Cashflows hatten. Die nachfolgenden Tranchen boten zwar kaum Rechte, sondern vor allem Risiken, versprachen jedoch Renditen im zweistelligen Bereich. Somit schafften die Investmentbanker etwas, was die Alchemisten seit Jahrhunderten versucht hatten: Aus Blei Gold zu machen, sprich aus Subprime wurde Prime. Diese sogenannten *Mortgage Backed Securities* verkauften die Investmentbanker anschließend rund um die Welt an Versicherungen, Fonds oder andere Banken. Die Käufer gierten nach diesen vermeintlich sicheren Produkten wegen der hohen Zinsen, weil es in der Niedrigzinsphase kaum Zinsen von anderen sicheren Anleihen gab.

[60] Das Rating wird derzeit dominiert von den drei großen angelsächsischen Agenturen *Moody's*, *Standard & Poor's* und *Fitch Rating*. Diese Agenturen erzielten von 2002 bis 2006 ein Drittel ihrer Gewinne mit dem Rating von verbrieften Kreditprodukten. Die Ratingagenturen werden von den Emittenten der verbrieften Produkte bezahlt. Hier besteht ein eklatanter Interessenkonflikt (Geld gegen gutes Rating).

Der Wahnsinn ging weiter. In einem nächsten Schritt wurden die so gebildeten MBS-Tranchen wieder in eine andere Zweckgesellschaft eingebracht. Anschließend wurden sie erneut verbrieft und die entsprechenden Tranchen bewertet. Es entstanden *Collateralized Debt Obligation* (CDO) (Verbriefungen zweiter Stufe) [61] [62]. Hier gelang es jetzt sogar, ein Portfolio aus verschiedenen MBS-Tranchen mit einem eher schlechten Rating (Bonität) durch die Verbriefung in eine *Collateralized Debt Obligation* in Wertpapiere mit einer erstklassischen Bewertung umzuwandeln, weil wiederum die höchstrangige Tranche der CDO eine erstklassige Bewertung von AAA erhielt. Aus der *Mezzanine Tranche* entstanden dann die CDO^2, die wiederum als Grundlage für CDO^3 dienten, nach einem ähnlichen Prinzip wie die CDOs. Ein Kritiker dieser Praxis sagte dazu spitz: "*Diesen Clowns ist es doch tatsächlich gelungen mehr AAA-Verbindlichkeiten zu schaffen, als es tatsächlich AAA-Vermögenswerte in der realen Welt gibt. Wie blöd sind eigentlich die Leute, die solche Produkte kaufen. Das kann auf Dauer nicht gut gehen.*"
Besonders bei europäischen Banken waren Verbriefungen der zweiten Stufe ein Mittel, um an den provisionsträchtigen Verbriefungsgeschäften teilhaben zu können. Denn die meisten europäischen Banken haben keinen direkten Zugang zu amerikanischen Hypothekenkrediten.
Zusätzlich wurden Programme (wie die Emission kurzfristiger *Asset Backed Commercial Paper*, ABCP) erfunden, bei welchen die in den Zweckgesell-

---

[61] Für die Subprime-Marktkrise gab es schon einen Präzedenzfall. In den 1980er Jahren entwickelte sich der Markt für *Collateralized Mortgage Obligations* (CMO) (Hierbei handelt es sich um ein Finanzschuldensicherungskonstrukt in Form einer Zweckgesellschaft, die als rechtlicher Eigentümer einer Reihe von Hypotheken auftritt). Im Jahr 1994 brach der Markt für die Tranchen mit den niedrigsten Ratings zusammen, als ein 2 Milliarden US-Dollar schwerer Hedgefonds seine Nachschussforderung nicht erfüllen konnte. Für den Fonds *Kidder Peabody* war es das Ende, und die Verluste für die übrigen Anleger beliefen sich auf schätzungsweise 55 Milliarden Dollar. Besorgt von den Ereignissen warnte im Jahr 2000 das frühere Vorstandsmitglied der US-Notenbank Edward M. Gramlich Alan Greenspan vor den Missbräuchen an den Subprime-Hypothekenmärkten. 2007 veröffentlichte er ein Buch, in dem er die Öffentlichkeit noch kurz vor dem Platzen der Blase warnte. Ebenso warnte Charles Kindleberger 2002 vor einer Immobilienblase und 2006 sagte Nouriel Roubini voraus, die Immobilienblase werde eine Rezession zur Folge haben.

[62] Aber auch in Deutschland wurde das Geschäft mit Finanzinstrumenten befördert. Hierzu unterstützte das Finanzministerium 2003 die deutschen Banken bei der Gründung des Unternehmens *True Sale Initiative GmbH.* Das Ziel des neuen Unternehmens war es, die Kreditbündel zu verkaufen, und zwar nicht in aller Welt, sondern in Deutschland. Auch die öffentlich-rechtliche KfW-Bankengruppe half tatkräftig beim Handel mit Derivaten und *Credit Default Swaps* mit. Außerdem befreite der Bundestag mit dem Kleinunternehmerfördergesetz am 7.7.2003 den Handel mit Kreditpaketen von der Gewerbesteuer.

schaften eingebrachten Aktiva mit kürzerer Frist rollierend refinanziert werden konnten. Mit diesen Programmen sollten auch Anleger gewonnen werden, die ihr Kapitel eher kurzfristig anlegen wollen, wie z. B. Geldmarktfonds. Durch diese Fristentransformation bestand die Gefahr, dass bei Fälligkeit der ABCP keine Anschlussfinanzierung möglich war (Liquiditätsrisiko). Um dieses Risiko zu umgehen, mussten die Banken Garantien in Form von Liquiditätslinien bereitstellen, die die Investoren der ABCP-Papiere bei Fälligkeit vor Verlusten schützte. Für diese Garantien verlangten die Banken natürlich Gebühren. Üblicherweise wurde die Garantie rollierend mit einer Laufzeit von 364 Tagen ausgesprochen, weil die bankaufsichtsrechtlichen Vorschriften für solche außerbilanziellen Verpflichtungen mit einer Laufzeit unter einem Jahr keine Eigenkapitaldeckung vorsah.

Überdies wurden im Jahr 2004 *Fannie Mae* und *Freddie Mac* angewiesen, ihre Wohnbauförderungskredite auf 56 % ihres gesamten Kreditgeschäfts zu erhöhen. Folglich kauften diese Institute durch Subprime-Hypotheken besicherte Wertpapiere im Wert von 81 Milliarden US-Dollar im Jahr 2003 und für weitere 434 Milliarden US-Dollar zwischen 2004 und 2006. So signalisierten sie deren vermeintliche Sicherheit und hielten damit die Nachfrage nach diesen Wertpapieren hoch.

Zudem hob im Jahr 2004 die amerikanische Börsenaufsicht SEC die sogenannte *Net Capital Rule* für die fünf großen Investmentbanken (wie *Lehman Brothers, Goldman Sachs* usw.) auf. Sie sollten die Möglichkeit erhalten, ihren Verschuldungsgrad durch die Emission von Subprime-Hypotheken und ähnlichen Wertpapieren noch weiter zu erhöhen[63]. Hiervon machten die Investmentbanken reichlich Gebrauch. Die Fremdkapitalquote stieg auf bis zu 40:1, d. h. einem US-Dollar Eigenkapital standen 40 US-Dollar Fremdkapital gegenüber. In den Jahren von 2002 bis 2006 wurde die Verbriefung von Hypothekenkrediten zu einer der größten Gewinnquellen der Investmentbanken. Allein im Jahr 2006 konnten die großen amerikanischen Investmentbanken damit Provisionen in Höhe von 2,6 Milliarden US-Dollar einstreichen. Aus diesem Grund waren sie daran interessiert, dass es einen stetigen Nachschub an Krediten gab, die sie zu *Mortgage Backed Securities* verpacken konnten. Urplötzlich wurde aus Krediten ein Rohstoff für die *Wall Street*,

[63] Als Folge diese Regeländerung hatte *Lehman Brothers* lediglich 3 % Eigenkapital. Der Schwerpunkt des Fremdkapitals war in hypothekengesicherte Wertpapiere angelegt. Somit wurde die Bank einer der führenden Anbieter im Subprime-Mortgage-Markt (Markt für zweitklassige Hypotheken).

den es gut zu vermarkten galt. So wurden jetzt zwecks Beschaffung des Rohstoffs Kredit Hypotheken in großem Stil von Maklern bzw. Hypothekenbanken mit dünner Kapitaldecke akquiriert.
Sie übernahmen die Darlehen nur vorübergehend in den eigenen Bestand *(Warehousing)*, um sie en bloc an Investmentbanken zu verkaufen. Diese konstruierten dann CDOs und verkauften diese an institutionelle Anleger. Diese Kette war durchzogen von Provisionen, angefangen von der ursprünglichen Akquisition bis hin zum letzten Finanzkonstrukt. Die Aussicht, üppige Provisionen verdienen zu können, ohne Risiken zu übernehmen, förderte laxe Geschäftspraktiken, die letztlich zu den sogenannten Nina-Darlehen führten. Das Kürzel Nina steht für *No Income, No Asset* – man leiht Geld, ohne zu überprüfen, was der Schuldner verdient (Income) oder über welches Vermögen (Asset) er verfügt. So verdreifachte sich die Vergabe der minderwertigen Hypothekenkredite von 2004 bis 2007 auf 2 Billionen US-Dollar. Dies entspricht in etwa der Hälfte des gesamten hypothekengesicherten Wertpapierhandels der USA. Meistens wanderten die Kreditpakte (CDOs) von einer Zweckgesellschaft in die nächste, sodass sie gar nicht in der Bilanz der Banken auftauchten. Die Finanzwirtschaft glaubte, durch den Handel mit komplizierten Kreditderivaten das globale Finanzsystem stabiler gemacht zu haben, weil die Risiken auf mehrere Schultern verteilt wurden. Doch in Wahrheit wurden die Risiken nur unter den Teppich gekehrt.
Dieses Spiel konnte nämlich nur so lange gut gehen, wie die Immobilienpreise stiegen. Dabei gilt ein einfacher Zusammenhang: Je mehr die Häuser wert werden, desto mehr Geld können die Hypothekenbanken ihren Kunden leihen und umso mehr Kredite können zu Kreditpaketen verpackt und weiter verkauft werden. Man glaubte, ein Perpetuum mobile der Finanzindustrie gefunden zu haben. Doch die Geschichte lehrt: Es gibt keine perfekte Geldmaschine, irgendwann kommt der Zusammenbruch. Je toller man es vorher getrieben hatte, umso heftiger ist der Einbruch.
Dieses Gebilde erinnerte stark an ein Kartenhaus. Laut Duden ist ein Kartenhaus "ein aus Spielkarten aufgebautes Gebilde, das beim kleinsten Anstoß oder Luftzug in sich zusammenfällt". Der Luftzug, der das Kartenhaus zum Einsturz bringen sollte, war folgende Tatsache: Obwohl die Häuserpreise durch die Decke gingen, verdienten die Leute nicht mehr Geld. Das durchschnittliche US-Haushaltseinkommen blieb zwischen 2000 und 2007 nahezu unverändert. Je stärker also die Häuserpreise stiegen, desto dünner wurde das Eis. Ganz egal, wie lax die Vergaberichtlinien wurden; ganz egal, wie vie-

le exotische Hypothekenprodukte ersonnen wurden, um die Leute zum Kauf von Häusern zu bewegen; ganz egal, was die Hypothekenmaschine auch ausprobierte: Die Leute konnten das Steuer nicht mehr herumreißen. Das Geld war einfach nicht mehr da. So kostete 2006 ein durchschnittliches Eigenheim fast das Vierfache des durchschnittlichen Jahreseinkommens einer Familie. Einige Jahre zuvor war es noch das Zwei- bis Dreifache. Das Ende der Fahnenstange war erreicht. Folglich erreichten die Häuserpreise im Juli 2006 ihre Höchststände. Danach fingen die Immobilienpreise an zu stagnieren bzw. zu fallen.

Das Problem bestand nämlich darin, dass sinkende Immobilienpreise eine umgekehrte Kettenreaktion auslösten, das Gegenteil von dem, was in der Blase geschehen war. Je mehr Leute ihre Hypothek nicht mehr bezahlen konnten, desto mehr Häuser kamen auf den Markt, die keine Käufer fanden. So fielen die Preise weiter. Somit blieb vielen frustrierten und enttäuschten Amerikanern nichts anderes übrig, als ihr Haus zu verlassen und die Schüssel der Bank zu überlassen. Sie luden also ihre Schulden bei der Bank ab, weil das Haus die einzige Sicherheit war, die die Bank hatte. Die im Juni 2006 auf 5,25 % erhöhten US-Leitzinsen entfalteten jetzt ihre verhängnisvolle Wirkung, weil immer mehr einkommensschwache Amerikaner sich die gestiegenen Raten für ihre variabel verzinslichen Hypotheken nicht mehr leisten konnten und ihre Häuser aufgeben mussten. Obendrein hatten die Banken und Anleger durch die fallenden Immobilienpreise zunehmend ungesicherte Kreditforderungen in ihren Portfolios. So sagte ein Investmentbanker im Dezember 2006: "*Ich bin sehr erstaunt, mit welcher Dynamik sich das entwickelt. Einfach unglaublich.*"

Doch immer schneller entwich die Luft aus der Kreditblase. So musste z. B. schon im Februar 2007 die drittgrößte Bank der Welt, *HSBC* mit Sitz in London, mehrere Milliarden US-Dollar als Risikopolster zurücklegen, weil Zehntausende von Immobilienbesitzern ihre Kredite nicht mehr zurückzahlen konnten, die die Bank aufgekauft hatte. Welche Dramatik sich an den Finanzmärkten entwickelte, zeigt folge E-Mail eines Mitarbeiters einer Ratingagentur: "Wir züchten hier das nächste Monster heran. Hoffentlich sind wir alle reich und in Pension, bevor dieses Kartenhaus zusammenbricht."

3.5.7.2 Das Monster US-Immobilienblase 2.0 schlägt zu (ab März 2007)

Am 13. März 2007 tauchten Berichte auf, dass Zahlungsrückstände auf Hypotheken und Zwangsversteigerungen von Eigenheimen neue Höhen erklommen hatten. Die Folge war, dass die US-Immobilienwerte selbst in ehemaligen Boom-Gebieten absackten. Darum verloren viele Finanzpapiere, wie CDOs, die sich von US-Hypotheken ableiteten, schlagartig an Wert. Dies war der Beginn der sogenannten Subprime-Krise.

Schon am 2. April 2007 forderte die Subprime-Krise ihr erstes Opfer mit dem US-Hypothekenfinanzierer *New Century Financial*, der sich stark auf den Sektor mit schlecht besicherten Immobilienkrediten in den USA spezialisiert hatte.

In den folgenden Monaten begannen die Ratingagenturen eine große Anzahl von Wertpapieren, die mit Forderungen aus Hypothekenkrediten besichert waren, herabzustufen. Wegen dieser Abstufung verloren viele Vermögenstitel, die auf Kreditforderungen beruhten, nochmals deutlich an Wert, und zwar sowohl in den USA als auch in Europa. Der Handel mit einigen kreditbesicherten Wertpapieren kam sogar fast zum Erliegen. Dies lag daran, dass potenzielle Käufer dieser Wertpapiere auch bei niedrigen Kursen nicht mehr kaufen wollten. Zu diesem Käuferstreik trug die Komplexität und Intransparenz dieser Wertpapiere bei, sowie dass viele Wertpapiere außerbörslich gehandelt wurden, was die Marktpreisbildung und damit eine Bewertung der Papiere schwierig machte.

Dies brachte die IKB *(Deutsche Industriebank)* in arge Bedrängnis. Sie musste bekanntgeben, dass viele Finanzpapiere der IKB von einer Herabstufung betroffen seien. Somit war die IKB das erste deutsche Kreditinstitut, das infolge der Krise am US-Hypothekenmarkt Verluste bekanntgab. Sie hatte, um im Hypotheken-Monopoly mitspielen zu können, in der Steueroase Delaware eine Zweckgesellschaft mit den Namen *Rhineland Funding* gegründet. Wie viele andere riss sich auch die IKB um diese Kreditpakete, weil sie mehr als die üblichen Zinsen abwarfen. So pumpte die IKB zu Anfang gut 3 Milliarden Euro in dieses Geschäft, kurz vor der Pleite waren es 10 Milliarden Euro. Die IKB erkannte nicht, dass sie sich nur mit Risiken vollgesogen hatte, weil viele der amerikanische Immobilienkredite, die sie gekauft hatte, sich als faul erwiesen. Letztlich verzockte sich die IKB. Es drohte am 28. Juli 2007 die Insolvenz, als die *Deutsche Bank* den Geldhahn als erste Bank zudrehte, d. h. die IKB konnte sich am Interbankenmarkt nicht mehr mit Kapital refinanzieren[64].

---

[64] Am Interbankenmarkt handeln die Banken untereinander. Sie helfen sich mit Krediten aus. Meist kurzfristig, oftmals nur für einen Tag, und stets ohne Sicherheiten. Hier gilt das eherne Gesetz des Vertrauens. Ohne die kurzfristigen Kredite währen viele Banken zahlungsunfähig. Man schätzt, dass Interbankenkredite bis zu 30 % der Bilanzsumme einer Bank ausmachen können.

Die BaFin *(Bundesanstalt für Finanzdienstleistungsaufsicht)* warnte, dass wenn die IKB zusammenbreche, in Deutschland der größte Bankenkrach seit 1931 drohe. Um dies zu verhindern, wurde das bis dahin größte Rettungspaket von mehr als 10 Milliarden Euro für eine bundesdeutsche Bank geschnürt. Ein Jahr später wurde die IKB für gerade einmal 100 Millionen Euro an den amerikanischen Finanzinvestor *Lonestar* verramscht.
Zu allem Überfluss müsste die US-Investmentbank *Bear Stearns* Anfang August 2007 für zwei in Subprime-Krediten investierte Hedgefonds Insolvenz anmelden und Kunden daran hindern, aus einem dritten Fonds Barmittel abzuziehen.
All dies führte zu einer Abnahme der Risikobereitschaft bei den Anlegern. Angst machte sich breit. Die Anleger zogen deswegen innerhalb kurzer Zeit erhebliche Beträge aus dem Kapitalmarkt ab oder hielten sich mit neuen Investments zurück. An den Börsen hörte man den Spruch "King is Cash". Diese abnehmende Risikobereitschaft der Anleger brachte die Refinanzierung der von den Banken gegründeten Zweckgesellschaften fast zum Erliegen. Zudem ging der Wertverlust der kreditbesicherten Wertpapiere unmittelbar in die Bankbilanzen ein und schmälerte deren Eigenkapital. Um nun noch genügend Eigenkapitalreserven zu haben bzw. das Verhältnis von Eigenkapital zu Forderungen in etwa stabil zu halten, waren viele Banken auf einmal gezwungen, entweder neues Eigenkapital zu beschaffen (Ausgabe von neuen Aktien) oder andere Vermögenswerte zu verkaufen, was natürlich deren Preise senkte. Dies *Deleveraging* führte im August 2007 fast zur Implosion des Finanzsystems. Die Krise wurde offenkundig, als im August 2007 die Inhaber der *Commercial Paper* nicht mehr bereit waren, diese nach Fälligkeit in neue zu tauschen, d. h. die kurzfristigen Kredite wurden nicht mehr verlängert. Hierdurch gerieten die Zweckgesellschaften enorm unter Druck. Sie konnten keine Käufer für ihre strukturierten Wertpapiere mehr finden. Um den Zusammenbruch zu verhindern, mussten die Zweckgesellschaften jetzt auf die Garantien der Banken zurückgreifen.
In den USA brachen zudem immer mehr Hypothekenbanken zusammen, wie z. B. die *American Home Mortgage*, eines der größten unabhängigen US-Eigenheim-Hypothekeninstitute. Jetzt ging es Schlag auf Schlag. Nur drei Tage später musste die französische Großbank *BNP Paribas* drei ihrer Investmentfonds im Wert von 2 Milliarden Euro aussetzen, wegen Problemen im amerikanischen Subprime-Hypothekensektor. Die *BNP Paribas* begründete

diesen Schritt damit, dass sie die in den Fonds enthaltenen Vermögenswerte nicht mehr bewerten könne, da der Markt verschwunden sei.

Die Folge war, dass die Banken sich untereinander nicht mehr trauten. Es herrschte Angst in den Chefetagen der Banken. Sie wussten einfach nicht, wie stark eine Bank über ihre Zweckgesellschaften im Subprime-Markt engagiert war. Darum waren sie nicht mehr bereit, anderen Instituten Geld zu leihen, weil sie befürchteten, diese könnten pleitegehen.

Um ein Zusammenbrechen des Interbankenmarktes zu verhindern, pumpte die *Europäische Zentralbank* Mitte August 2007 95 Milliarden Euro in das Bankensystem des Euroraumes, so viel wie noch nie bei einer Krise. Ähnliche Schritte unternahmen die US-Notenbank und die *Bank of Japan*. Um die Märkte zu stabilisieren, mussten die Notenbanken im August noch mehrmals Geld in die Finanzmärkte pumpen. Wegen der Zuspitzung der Krise senkte die US-Notenbank am 17. August 2007 den Diskontsatz (zu dem sie Geld an Banken verleiht) um einen halben Prozentpunkt.

Die Krise nahm auch Deutschland immer stärker in den Würgegriff. Jetzt geriet die *SachsenLB* in Schieflage. Auch sie hatte sich am amerikanischen Immobilienmarkt verzockt. Dazu gründete sie Zweckgesellschaften im Schattenreich der Steueroasen mit den Namen *Ormond Quay, Georges Quay* und *Sachsen Funding*. In diese Fonds investierte sie alles in allem rund 65 Milliarden Euro. Als am 17. August auch hier der Traum vom schnellen Geld ausgeträumt war, musste der Freistaat Sachsen mit einer Bürgschaft von 17,3 Milliarden Euro der Bank zur Seite stehen. Anschließend wurde die *SachsenLB* eilig an die *Landesbank Baden-Württemberg* verkauft.

Im September 2007 kollabierte in England die Hypothekenbank *Northern Rock*. Als die Nachricht verbreitet wurde, stürmten die Kunden zur Bank, um ihre Ersparnisse in Sicherheit zu bringen, ganz nach alter Schule. Es bildeten sich lange Schlangen vor den Filialen der *Northern Rock*. Dies schaute sich die englische Regierung ein paar Wochen lang an, dann wurde *Northern Rock* verstaatlicht.

Im Herbst 2007 kam das wirkliche "Übel" über die *Wall Street*, als der Markt für Kreditderivate gänzlich zum Stillstand kam. Niemand wollte diese Wertpapiere noch kaufen. Man sah sie jetzt plötzlich wieder als das an, was sie die ganze Zeit waren, hoch riskante Wertpapiere, einige sagten sogar Giftmüll.

Wer jetzt denkt, im Herbst 2007 sei der gesamte Subprime-Bereich in einem Schlag zusammengebrochen, der irrt. Die Ausfallraten der Hypotheken im

Subprime-Bereich lagen im Herbst 2007 unter 5 %. Das Schockierende ist, dass eine so geringe Ausfallrate einen so hohen Schaden nach sich ziehen kann. Zu allem Überfluss mussten die Banken in immer größerem Stil die ausgelagerten Zweckgesellschaften zurück in ihre Bilanz nehmen, d. h. die Kreditrisiken, die ausgelagert waren, landeten plötzlich wieder bei ihnen – wegen der ausgesprochenen Garantien. Denn die Banken müssen im Fall des Falles für die Zweckgesellschaften haften. So entstand ein enormer Abschreibungsbedarf bei den Banken, der das Eigenkapital schmälerte. Wie groß dieses Schattenreich geworden war, zeigt sich daran, dass nach Schätzungen die Hälfte aller Kredite zwischen 2005 bis 2007, die in den USA vergeben wurden, aus dem Schattenreich stammten. Das sind mehrere Billionen US-Dollar[65].

Als die Kreditkrise Anfang Dezember 2007 in den USA ganz aus dem Ruder zu laufen drohte, zwang die US-Regierung die Banken, die Zinsen für alle Hausbesitzer, die noch nicht in Verzug geraten waren, für fünf Jahre einzufrieren.

Insgesamt gesehen kamen die Anleger noch einmal mit einem "blauen Auge" davon. Der DAX konnte sich bis Jahresende auf 8.067 Punkte erholen, dies entsprach immerhin einer Jahresperformance von 22 %. Damit waren die schönen Zeiten an der Börse vorbei. Es sollten Horror-Jahre folgen.

Das Jahr 2008 sollte die Anleger wieder aus allen Träumen reißen. Anfang 2008 mussten viele Banken Milliardenabschreibungen vornehmen, z. B. musste die *Citigroup* (damals noch die größte Bank Amerikas) bis Januar 2008 über 24 Milliarden US-Dollar abschreiben. Bei der UBS (eine der wichtigsten Banken der Schweiz) waren es 18 Milliarden US-Dollar. Ebenfalls musste eine Ikone der Investmentbanken, *Bear Stearns,* im Dezember 2007 den ersten Verlust ihrer 85-jährigen Geschichte einräumen. Darum mussten sich viele Banken frisches Kapital besorgen. Dies kam vor allem aus den Staatsfonds aus Asien und der arabischen Welt.

Am 11. Januar musste die US-Bank *Countrywide* für vier Milliarden Euro von der *Bank of America* übernommen werden, um die Pleite abzuwenden. In Deutschland erhielt die *WestLB* durch ihre Eigentürmer – das Land NRW und

[65] Das heißt auch, dass die Finanzwirtschaft nicht auf Dauer mehr verdienen kann, als die reale Ökonomie. So zeigen langfristige Durchschnitte über mehrere Jahrzehnte, dass die Anleger bei Banken nicht mehr Kapitalrendite erhalten als bei Industrieunternehmen bzw. dem gesamten Markt. Dies ist nur über wenige Jahre möglich. Meistens kommt danach eine Krise und führt die Rendite wieder aufs normale Maß zurück.

die Sparkassenverbände – eine Kapitalspritze in Milliardenhöhe. Diese Gemengelage führte dazu, dass der DAX am 21. Januar 2008 den größten Kurseinbruch seit dem 11. September 2001 erlebte. Um die Märkte zu beruhigen, senkte die US-Notenbank den Leitzins früher und deutlicher als von den Finanzmärkten erwartet.

Im Februar 2008 legte die Bush-Regierung in den USA ein Konjunkturprogramm *(Economic Stimulus Act of 2008)* im Umfang von 150 Milliarden *US-Dollar* auf, um die im Schlitterkurs befindliche US-Wirtschaft zu stabilisieren. Doch schon im März 2008 kamen die nächsten Hiobsbotschaften aus dem Bankensektor.

An der *Wall Street* tauchten Gerüchte auf, dass die Investmentbank *Bear Stearns* stark im US-Hypothekenmarkt engagiert sei und deswegen ernsthafte Probleme habe. Die verängstigten Kunden begannen immer verstärkter, ihre Einlagen abzuziehen. *Bear Stearns* drohte die Insolvenz. Nur die Übernahme Mitte März durch *J.P. Morgan Chase* verhinderte diese. Allerdings übernahm *J.P. Morgan Chase* nicht die Finanzierungslinie in Höhe von 29 Milliarden US-Dollar, sondern die amerikanische Notenbank. Dies war das erste Mal seit der Weltwirtschaftskrise 1929, dass die USA den Zusammenbruch einer Bank verhinderte. Trotzdem gingen die Aktienmärkte auf Talfahrt, der *Dow Jones* verlor bis zum 31. März 7,6 % und der DAX 19 %. Die Krise begann nun erst richtig Fahrt aufzunehmen. Es sollte sich der Vorhang zu einer der größten Bankenkrisen seit der großen Depression 1930 heben.

3.5.7.3 Die große Bankenkrise (ab März 2008)

Ein weiterer schwerer Schlag ereignete sich, als eine der weltweit größten Investmentbanken, *Merrill Lynch*, im ersten Quartal 2008 nochmals sechs Milliarden US-Dollar abschreiben musste. Die Gesamtverluste der Bank aus der Finanzmarktkrise stiegen damit auf ca. 24 Milliarden US-Dollar an. Um Luft zu bekommen, gab *Merrill Lynch* Kostensenkungen bekannt, u. a. die Entlassung von 4.000 der weltweit 63.000 Mitarbeiter. Gleichzeitig gibt die *Deutsche Bank* bekannt, dass sie zum ersten Mal seit fünf Jahren wieder in die roten Zahlen gerutscht sei, mit einem Nettoverlust von 141 Millionen Euro. Weiterhin teilte die Bank mit, dass sie die Finanzkrise bis jetzt ca. fünf Milliarden Euro gekostet habe.

Zudem wurde bekannt, dass alleine von April bis Juni 2008 739.714 Häuser in den USA zwangsversteigert wurden, vor allem in den Bundesstaaten Nevada, Kalifornien, Florida, Ohio, Arizona und Michigan. So kam z. B. in Kalifornien jedes 65. Haus unter den Hammer, in Las Vegas sogar jedes 43. Einen solchen Exodus gab es selbst während der großen Depression Anfang der 1930er Jahre nicht. Die Zeitungen in Amerika sprachen davon, dass der amerikanische Traum zwangsversteigert werde. Letztlich führte dies dazu, dass im Juli der größte US-unabhängige börsennotierte Hypothekenfinanzierer, *Indy Mac*, zusammenbrach. Vor dem Hintergrund einer der größten Bankenpleiten in der Geschichte der USA verabschiedete im Juli 2008 der Kongress die *Housing Bill* (300 Milliarden schwerer Fonds für notleidende Hausbesitzer).

Im Sog der Subprime-Krise gerieten im Sommer 2008 dann auch zwei Dinosaurier des US-Finanzmarktes in Schwierigkeiten: Die zwei halbstaatlichen Hypothekenbanken *Fannie Mae* und *Freddie Mac*. Beide Hypothekenbanken verfügten im Sommer 2008 über rund 5.000 Milliarden US-Dollar an ausstehenden Hypothekendarlehen. Jetzt sahen sie sich einer großen Anzahl von Ausfällen gegenüber. Es drohte der Ruin.

Würden *Fannie Mae* und *Freddie Mac* fallen, hätte dies das Weltfinanzsystem mit in den Abgrund gerissen, weil sich die beiden Hypothekenfinanzierer in der ganzen Welt Billionen US-Dollar geliehen hatten. So halten z. B. ausländische Notenbanken wie die *Europäische Zentralbank* Anleihen der beiden Hypothekenbanken im Werte von ca. einer Billion US-Dollar, da diese Papiere als sehr sicher galten. Darum beschlossen die amerikanische Regierung und die US-Notenbank am 13. Juli 2008, die beiden Hypothekenbanken durch staatliche Hilfen zu retten. Es galt das Motto: "too big to fail" (zu Deutsch: zu groß, um unterzugehen). Insgesamt wurden Hilfszusagen von bis zu 400 Milliarden US-Dollar ausgesprochen. Um die Institute wieder in ruhiges Fahrwasser zu bringen, wurden sie am 5. September 2008 verstaatlicht.

An den immer höher werdenden Summen, die zur Rettung der Banken aufgewendet wurden, kam immer mehr Kritik auf. Sie wurden als ordnungspolitischer Sündenfall dargestellt. Es wurde vom Problem des *Moral Hazard* gesprochen (Vollkaskomentalität). Hierunter versteht man, dass, wenn Banken damit rechnen können, dass sie gerettet werden, sobald sie in Schwierigkeiten geraten, es sie dazu verführt, immer größere Risiken einzugehen. Falls sich die Risiken auszahlen, bleiben die Profite in privater Hand und werden in Form von großzügigen Dividenden für die Aktionäre und hohen Boni für die Manager ausgeschüttet. Auf der anderen Seite muss der Steuerzahler für Verluste aufkommen.

Durch diese massive Kritik geriet die US-Regierung zunehmend unter den Druck der Öffentlichkeit. Beim nächsten drohenden Bankenkollaps sollte, so die Forderung, mehr Härte gezeigt und nicht in die Steuerkasse gegriffen werden. Schon im Sommer 2008 kam die nächste große Investmentbank, *Lehman Brothers*, ins Straucheln, weil sie einen Großteil ihres Vermögens in hypothekenbesicherte Papiere investiert hatte, die zurzeit schwer verkäuflich waren. Um die daraus resultierenden Verluste auszugleichen, führte *Lehman Brothers* im April und Juni zwei Kapitalerhöhungen über 4 bzw. 5 Milliarden US-Dollar durch. Dennoch reichte dieses Geld nicht aus. Am 10. September mussten für das dritte Quartal des Geschäftsjahres Verluste in Höhe von 3,9 Milliarden US-Dollar eingeräumt werden. Daraufhin geriet die Bank in ernste Liquiditätsschwierigkeiten, die durch den Verkauf von Vermögenswerten und durch die Übernahme durch die britische *Barclays Bank* aufgefangen werden sollten. Allerdings verzögerte sich die Übernahme durch die *Barclays Bank*. In den folgenden Tagen versuchte der Chef von *Lehman Brothers*, Richard Fuld, alles, um einen Bankrott zu verhindern. Dazu versuchte er sein Unternehmen an Staatsbanken aus Korea und China, diverse Finanzinvestoren zu verkaufen, doch alle winkten ab. Somit war am Freitag, dem 12. September 2008 klar: *Lehman Brothers* kann nicht einen Tag länger ohne fremde Hilfe überleben.

So kam es zu einer verhängnisvollen Konferenz zwischen Timothy Geithner (Chef des New Yorker Ablegers der *Federal Reserve*), Henry Paulson (dem Finanzminister), Ben Bernanke (dem Chef der Notenbank) und Vertretern der wichtigsten Wall-Street-Banken. Dabei machte Timothy Geithner von Anfang an klar, dass die Fälle von *Lehman Brothers* und *Bear Stearns* nicht vergleichbar seien. Außerdem gebe es wegen der massiven Kritik an den Rettungspaketen für die Banken keinen politischen Willen mehr, die Banken herauszukaufen. Der Staat nehme nur eine Vermittlerrolle zwischen den Banken ein. Sie sollten selbst eine Lösung für *Lehman Brothers* finden.

Die Anspannung der Regierungsvertreter war besonders groß, weil sie vorab informiert wurden, dass auch der größte Versicherungskonzern, *AIG*, in Not geraten war. Eine Unterabteilung in London hatte sich mit *Credit Default Swaps* (Abk. CDS) (s. S. 213ff.) und anderen Derivaten verzockt und Verluste von mehr als 20 Milliarden US-Dollar eingefahren. Denn seit die Gerüchte über Bankeninsolvenzen durch die Finanzwelt geisterten, spielte der Markt für CDS verrückt.

Am nächsten Morgen, einem Samstag, wurde die Konferenz fortgesetzt. Die Wall-Street-Bosse hofften, dass die Regierung einspringen und die Kastanien aus dem Feuer holen werde. Doch Finanzminister Paulson bleibt hartnäckig bei seinem Nein. Die bisherigen Hilfsaktionen hätten das falsche Signal ausgesendet, es komme nicht mehr auf solides Geschäftsgebaren an, weil der Staat immer als Retter parat stehe. Es begann eines der größten Pokerspiele der Geschichte. Paulson forderte die Wall-Street-Bosse auf, ein eigenes Hilfspaket zu schnüren. Doch die Bosse konnten sich nicht einigen.
In der Zwischenzeit kämpfte in den Hinterzimmern der New Yorker *Federal Reserve* eine weitere Investmentbank ums Überleben – *Merrill Lynch.* John Thain, Chef dieser Investmentbank, war sich bewusst, dass wenn *Lehman Brothers* pleitegeht, ein solcher Orkan über die Finanzmärkte hereinbrechen wird, der sein Institut hinwegfegen wird – der große Crash war zu erwarten. Um sein Institut zu retten, bot John Thain es zum Kauf an. Doch auch der Samstag verstrich ohne Lösung, für *Merrill Lynch, Lehman Brothers* und *AIG.*
Am Sonntag sprang der letzte Interessent für *Lehman Brothers* ab, die britische *Barclays Bank.* Da die anderen Wall-Street-Banken kein Hilfspaket für *Lehman Brothers* aufsetzen wollten, wurde die Bank in den Konkurs geschickt. Dies ist der erste Bankrott einer Investmentbank seit 1990, als *Drexel Burnham Lambert* zusammenbrach. Doch für *Merrill Lynch* gab es ein Happy-End, sie wurde von der *Bank of America* übernommen.
Am Montag, den 15. September musste *Lehman Brothers* nach US-Recht *(Chapter 11)* Insolvenz anmelden. *Lehman Brothers,* das 2007 etwa 28.000 Mitarbeiter hatte und 59 Milliarden US-Dollar umsetzte, verfiel innerhalb weniger Tage. Wenige Wochen später waren nur noch 170 Mitarbeiter bei dem insolventen Unternehmen tätig, um die Bank abzuwickeln. Mit dem Konkurs von *Lehman Brothers* brach ein gewaltiger Orkan über das Finanzsystem herein, so wie es John Thain geahnt hatte.
Angesichts des Lehman-Brothers-Desasters und des drohenden Zusammenbruchs des Finanzsystem stellte Peer Steinbrück (Bundesfinanzminister) Folgendes fest: "*Es ist Gefahr im Verzug. Es geht nur noch darum, Schaden abzuwenden.*" Von einem Moment auf den anderen schwand das Vertrauen im ganzen Finanzsystem. Niemand konnte sich mehr darauf verlassen, dass der Staat im schlimmsten Fall zu Hilfe eilen und die Pleite abwenden werde. Niemand wusste, wie es wirklich um die anderen Banken bestellt war. Das Misstrauen lag vor allem in der Unsicherheit darüber begründet, wie viele giftige Wertpapiere noch offengelegt werden mussten bzw.

noch abzuschreiben waren. Darum liehen die Banken sich kein Geld mehr untereinander und trieben sich so gegenseitig in den Bankrott. Die Finanzmärkte stellten sich nur noch eine Frage: Welche Bank wird die nächste sein?

In der Folge brachen zunächst der Handel mit Derivaten zusammen und anschließend die Aktienmärkte. Rund um den Erdball erlebten die Aktienmärkte einen Ausverkauf, wie es ihn seit dem 24. Oktober 1929 nicht mehr gegeben hatte. Jeder wollte seine Aktien loswerden. Um die Märkte zu beruhigen, musste Russland die Börse schließen und mehrere Dutzend Milliarden Euro in den Aktienmarkt pumpen. Gleichzeitig gerieten immer mehr Banken in Großbritannien, Deutschland und den Benelux-Staaten ins Wanken. Die Aktienkurse der Banken stürzten förmlich ab, teilweise sogar in den Cent-Bereich.

Der Niedergang des Finanzsystems beschleunigte sich sogar noch, als die Pleite des größten Versicherungskonzerns der Welt, *AIG*, im Raum stand. Geithner, Bernanke und Paulson mussten also schon kurz nach dem Aus von *Lehman Brothers* erkennen, dass sie ihre harte Linie nicht werden durchhalten können. Denn die *AIG* brauchte jetzt ganz schnell Geld.

Abbildung 17: Aktienchart der *Commerzbank* von Anfang 2007 bis Ende 2008

Am 19. September 2008 wurde *AIG* ein Notkredit von anfangs 85 Milliarden US-Dollar zugesagt, zwei Wochen später waren es sogar 123 Milliarden US-Dollar. Doch es wurde ein für viele Wall-Street-Banker unglaublicher Preis eingefordert: Die *AIG* wurde verstaatlicht. Selbst diese Rettungsaktion konnte die Anleger aber nicht mehr beruhigen. Sie verkauften geradezu panisch alles, was nur einen Hauch von Risiko enthielt.

Um ein Inferno an den Finanzmärkten zu verhindern, kündigte die US-Regierung am 20. September ein 700-Milliarden-Dollar-Rettungspaket für die Finanzbranche (*Troubled Asset Relief Program*, TARP) an. Es sah u. a. einen Fonds vor, der den Banken ihre vergifteten Hypothekenpapiere abkaufte, um so das Übel an der Wurzel zu packen. Nach Ansicht von Finanzminister Paulson sollte dies die Märkte insgesamt beruhigen. Mittlerweile war das Subprime-Virus längst mutiert. Es war überall an den Finanzmärkten zu finden, auch in Produkten, die nichts mit dem Immobilienmarkt zu tun hatten, wie z. B. bei Unternehmensanleihen, deren Renditen sich fast verdoppelt hatten. Obendrein wurde die Finanzierung der Unternehmen über Kredite oder Unternehmensanleihen immer schwieriger und teurer. Vor der Krise lag der Risikoaufschlag für Unternehmensanleihen bei ca. 1 % gegenüber Bundesanleihen. Dieser Sicherheitsaufschlag stieg z. B. für BMW-Anleihen im Winter 2008 auf 6,1 %, d. h. die BMW-Anleihe bot 6,1 % mehr Zinsen als eine vergleichbare Bundesanleihe. Darum fuhren viele Unternehmen ihre Investitionen zurück und begannen mit dem Abbau von Arbeitsplätzen. Die Finanzkrise nahm langsam die reale Wirtschaft in den Schwitzkasten.

Dennoch zögerten die Abgeordneten, das Rettungspaket durchzuwinken. Am 29. September scheiterte die erste Version des Rettungspakets. Postwendend fiel der *Dow Jones* um 777 Punkte und zog die Weltbörsen mit nach unten. Nur vier Tage später schickte Paulson seine zweite Version des Rettungspakets in den Kongress, ergänzt um Steuererleichterungen für Familien und Geringverdiener in Höhe von 150 Milliarden US-Dollar. Dies Paket wurde Anfang Oktober vom Kongress als *Emergency Economic Stabilization Act of 2008* beschlossen. Ferner mussten die beiden verbliebenen US-Investmentbanken *Goldman Sachs* und *Morgan Stanley* am 21. September auf ihren Sonderstatus verzichten und wurden gewöhnliche Geschäftsbanken. Sie unterstehen damit der Aufsicht der US-Notenbank und erhalten Zugang zu einem breiteren Refinanzierungsspektrum und dem Einlagensicherungsfonds. Die Lage wurde immer prekärer, als am 25. September bekannt wurde, dass die größte US-Sparkasse *Washington Mutual* vom Finanzkonzern *JPMorgan Chase* übernommen wird, da ihr sonst der Zusammenbruch drohte.

Die Anleger vertrauten nur noch wenigen Staaten (wie z. B. Kanada, Deutschland, Frankreich, USA usw.) und kauften Regierungsanleihen oder

Gold. Dies drückte das Zinsniveau auf ein historisch niedriges Niveau von teilweise unter einem Prozent und schob den Goldpreis in Schwindel erregende Höhen. Im Oktober 2008 mussten die Fondsanbieter *Frankfurter KanAm, AXA, Pramerica* und die SEB-Gruppe ihre offenen Immobilienfonds schließen, weil die Anleger ihre Anteile massenhaft verkauften. *KanAm* sollte im Jahr 2009 sogar zum ersten Mal in Deutschland einen offenen Immobilienfonds ganz auflösen, mit schmerzhaften Verlusten für die Anleger.

Um den notleidenden Banken weiter zu helfen, traten am 2. November 2008 neue Bilanzierungsregeln in Kraft, mit denen sich die Banken schönrechnen konnten. Jetzt durften die Banken die sogenannten "faulen Kredite" zum Einkaufspreis in die Habenseite buchen, was den optischen Verlust erheblich verminderte.

Die Krise hinterließ Spuren in der gesamten Wirtschaft. Ganze Staaten gerieten in Schieflage, erst Island, dann die Ukraine, Ungarn, Pakistan, Weißrussland usw. Als Retter in der Not musste wieder einmal der *Internationale Währungsfonds* mit milliardenschweren Notkrediten zur Hilfe eilen, um sie vor einem Staatsbankrott zu bewahren. China, Russland oder Indien wurden ebenfalls mehr oder minder stark von der Krise erfasst. Selbst die reichen Ölstaaten am Persischen Golf bekamen die Folgen des Börsenbebens zu spüren. Was im Frühjahr 2007 als Krise am amerikanischen Immobilienmarkt begonnen hatte und eher als regionales Problem betrachtet wurde, entwickelte sich im Herbst 2008 binnen weniger Monate zu einer weltumspannenden Wirtschaftskrise.

3.5.7.3.1 Die heimliche Bombe an den Finanzmärkten – *Credit Default Swaps*

Doch die eigentliche Gefahr für die Finanzmärkte lauerte in den obskuren Papieren – den *Credit Default Swaps* (Abk. CDS). Mit CDS sichern sich Banken gegen den Ausfall eines Kredits ab. Sie wurden im Dezember 1997 von *J. P. Morgan* erfunden. Damals hießen sie noch Bistro-Papiere *(Broad Index Secured Trust Offering)*. Stellen Sie sich Folgendes vor: Sie kaufen eine 5-jährige Anleihe von der *Deutschen Bank* über 1.000 Euro Nennwert, d. h. Sie leihen der *Deutschen Bank* für eine Zeitdauer von fünf Jahren 1.000 Euro. Dafür bekommen Sie jedes Jahr 5 % Zinsen und am Ende der Laufzeit das Geld zurück. Wegen der Bankenkrise machen Sie sich Sorgen über die Zahlungsfähigkeit der *Deutschen Bank*. Deswegen treffen Sie (wird als Sicherungsnehmer bezeichnet) mit einer weiteren Partei (z. B. Versicherung wie der *AIG*, wird als Sicherungsgeber bezeichnet) eine Vereinbarung: Ich gebe dir 2 oder 3 % im Jahr auf die 1.000 Euro, wenn du mir im Gegenzug Schutz gewährst. Falls die *Deutsche Bank* insolvent wird, bekommst du von mir diese nun wertlose Anleihe, und du gibst mir dafür die 1.000 Euro zurück. So funktionieren CDS.

Die Idee, Kreditrisiken zu verkaufen, elektrisierte die Banker. Schließlich musste man für diese verkauften Kreditrisiken keine Reserven mehr vorhalten und konnte so weitere Kredite vergeben. Man konnte also mit diesem Produkt sein Kreditvolumen steigern und somit mehr Gewinn erwirtschaften und das (so dachten die Manager) alles risikolos. *Credit Default Swaps* werden außerhalb der Börse gehandelt, d. h. keine Behörde überwacht diesen Markt. Die Händler zocken untereinander, mittels Computer, Zuruf oder Telefon.

Das entscheidende Gesetz in den USA, was den zügellosen Handel mit *Credit Default Swaps* erst ermöglichte, ist der am 15. Dezember 2000 verabschiedete *Commodity Futures Modernization Act*. Dies ist nichts anderes als ein Freibrief zum Zocken. Das Gesetz garantiert nämlich, dass die Investmentbanken und Hedgefonds von jeglicher Regulierung ausgenommen sind. Die Spekulanten müssen also keinerlei Aufsichtsbehörden bei ihren Geschäften fürchten. Außerdem ermöglichen CDS das Verstecken von Risiken vor den Märkten, weil sie nicht in der Bilanz auftauchen. Deswegen explodierte ab der Jahrtausendwende der Handel mit CDS. Hierzu trug eine weitere verhängnisvolle Entwicklung bei: Die Ablösung eines realen Kredits als Unterlegung der CDS. Deshalb konnten Finanzakteure, die gar keinen Kredit vergeben haben, jetzt trotzdem eine Kreditausfallversicherung darauf abschließen. Dies ist so, als wenn man eine Feuerversicherung auf das Haus seines Nachbarn abschließen kann. Da man nur Geld bekommt, wenn das Haus des Nachbarn abbrennt, hat man ein Interesse daran, dass es tatsächlich abbrennt. Dies ist auch der Unterschied zu einer Kreditversicherung. Sie versichert nur Kreditnehmer oder Kreditgeber, keinen Dritten.

Welche Folgen diese Entwicklung hat, erkennt man an folgenden Zahlen. So beträgt der Wert aller Unternehmensobligationen auf der Welt ungefähr 5.000 Milliarden US-Dollar, aber die Finanzakteure haben 60.000 Milliarden US-Dollar auf diese Obligationen gewettet. Auf jede Anleihe kommen also im Durchschnitt zehnmal so viele Leute, die versprochen haben, den vollen Nennwert dieser Obligation auszuzahlen, falls die entsprechende Firma pleitegeht. Was für eine Gefahr hieraus für den Schuldner erwächst, erfahren gerade die Euro-Staaten Griechenland, Portugal, Irland, Italien, Spanien usw. Je mehr CDS gegen ein Land gewettet werden, umso höher steigen erst die Prämien der CDS und dann die Kreditzinsen für die entsprechenden Länder. Ein Teufelskreis entsteht. Dies führt wiederum dazu, dass der Verschuldungsgrad der Staaten drastisch ansteigt, weil sie mehr Zinsen für ihre Schulden bezahlen müssen. Dies führt dazu, dass das Rating schlechter wird. Infolgedessen müssen sie noch höhere Zinsen für ihre Anleihen bezahlen. Irgendwann kommt der Punkt, an dem sich der Schuldner bzw. Staat nicht mehr zu einigermaßen bezahlbaren Bedingungen am Kapitalmarkt refinanzieren kann. Die Pleite droht.

Kritiker sagen, dass die CDS-Papiere nur gut funktionieren, solange alles rund läuft. Dies liegt daran, dass die Risikoprämien für CDS in "guten" Zeiten (d. h. bei geringen Kreditausfällen) sehr gering sind und keine bzw. kaum finanzielle Puffer für spätere Verluste gebildet werden. Fallen eine Vielzahl von Basiswerten der CDS (Pleiten von Unternehmen oder Ländern) aus, wird es aufgrund des großen Volumen der CDS und des zu erwartenden Herdenverhaltens massive Markteinbrüche geben. Denn unabhängig von den tatsächlichen Schulden wird im virtuellen Raum ein Vielfaches davon gehandelt. Als beispielsweise der Autozulieferer *Delphi* bankrottging, standen bei ihm Schulden von 5 Milliarden US-Dollar in den Büchern. Dagegen waren auf *Delphi* CDS in Höhe von über 28 Milliarden US-Dollar abgeschlossen. Genau dieser verwettete Schaden[66] bringt das Finanzsystem jetzt an den Rand des Zusammenbruchs, weil immer mehr Unternehmen im Rahmen der Wirtschaftskrise in Konkurs gehen. Solange nur eine einzelne kleine Bank oder ein Unternehmen von einer Insolvenz betroffen war, funktionierte der CDS-Markt in der Vergangenheit einwandfrei und war eine Berei-

---

[66] Dies liegt daran, dass viele Kreditrisiken an Hedgefonds verkauft werden. Die Hedgefonds übernehmen die Kreditrisiken für eine deftige Gebühr von den Banken. So landen die Risiken in einem unregulierten Reich von Schattenbanken. Doch woher haben die Hedgefonds das Geld für solche Geschäfte? Häufig von den Banken (deren Risiken sie gekauft haben), denn die Hegefonds versprechen hohe Rendite. Kritiker sagen, dass dies volkswirtschaftlich überhaupt keinen Sinn macht, weil hier jemand von Banken Kreditrisiken mit Geld kauft, was er sich vorher von den Banken geliehen hat, d. h. die Risiken für die Banken steigen, anstatt geringer zu werden.

Fällt jetzt tatsächlich ein Kredit aus und das Risiko wird Wirklichkeit, besteht für beide Seiten eine hohe Wahrscheinlichkeit, dass sie die Sache nicht überstehen. Kann der Hedgefonds nämlich nicht seine Verpflichtungen erfüllen, so steht die Bank mit dem Kreditrisiko da und zusätzlich noch mit Risiko aus den Krediten, die sie den Hedgefonds zum Kauf der Kreditrisiken gegeben hat. Dennoch boomt dieses Geschäft. So haben die Schattenbanken in den USA ein Volumen von 16 Billionen Dollar erreicht und sind fast größer und mächtiger geworden als der eigentlich US-Bankensektor.

cherung für die Investmentlandschaft. Fällt nun eine große Bank oder ein wichtiger Marktteilnehmer aus, kann er damit auch andere Banken oder Marktteilnehmer mitreißen, siehe *AIG*[67] oder *Lehman Brothers.* Denn, wenn die Kette an einer Stelle bricht und eine Partei ihre Verträge nicht einhält, multiplizieren sich die Verluste schnell. Alle sind in einer unheiligen Allianz miteinander verknüpft, d. h. sobald einer ein Problem hat, haben alle ein Problem. Ein weiteres gewaltiges Problem der Krise 2008 war ein Mangel an Information, was zu Misstrauen führte, was letztlich dazu führte, dass die Banken keine Geschäfte mehr miteinander machen wollten. Sie wussten einfach nicht, welche Wetten der andere eingegangen war. Niemand wusste schlussendlich, was im CDS-Markt genau vor sich ging.

Hierzu ein frei erfundenes Beispiel: Griechenland kann seine Schulden nicht mehr vollständig zurückzahlen. Darum geht der größte private Gläubiger pleite, die *National Bank of Greece.* Die *Commerzbank* hält Anleihen im Wert von einer Milliarde Euro von der *National Bank of Greece* in ihren Büchern. Sie ist aber wegen der Insolvenz nicht beunruhigt, weil sie sich gegen deren Ausfall bei der US-Investmentbank *Goldman Sachs* über CDS versichert hat. Den Schaden muss nun also *Goldman Sachs* tragen. Allerdings kommt *Goldman Sachs* mit einem "blauen Auge" davon, weil sie sich wiederum über CDS gegen diesen Fall versichert hat, bei der *Deutschen Bank.* Somit ist im Voraus bei einem solchen Schwarze-Peter-Spiel nicht vorherzusehen, wo der Schaden am Ende landen wird. Das Ganze geht nur dann gut, wenn das letzte Glied in der Kette auch wirklich zahlen kann.

---

[67] *AIG* ist größter Anbieter von CDS. Man schätzt, dass die *AIG* allein 441 Milliarden US-Dollar CDS in ihren Büchern hat. Deswegen wäre sie fast an den Forderungen der Gegenparteien der CDS Pleite gegangen. Dies lief in etwa so ab: 1. Die *AIG* musste Wertverluste von hypothekenbasierten Wertpapieren hinnehmen. 2. Dies führte zu bilanziellen Wertberichtigungen. 3. Das wiederum führte zu einer Erosion der Eigenkapitalbasis. 4. Daraufhin wurden die Ratings der AIG-Anleihen herabgestuft. 5. Die *AIG* musste laut Verträgen bei vielen laufenden CDS mehr Sicherheiten bieten. 6. Dies führte zu Zahlungsverpflichtungen im Herbst 2008 von ca. 90 Milliarden US-Dollar. Davon kamen 22 Milliarden aus CDS. Der *AIG* drohte der Konkurs, weil sie die Gelder nicht mehr aufbringen konnte. Nur wegen der Rettung von *AIG* durch die US-amerikanische Regierung erhielten 16 Banken (Gegenpartei von CDS-Kontrakten) hohe Beträge aus amerikanischen Steuermitteln (z. B. *Deutsche Bank* mehr als 10 Milliarden US-Dollar). Insgesamt zahlte die US-Regierung bis Oktober 2009 62 Milliarden US-Dollar an die AIG-Gegenparteien aus. Wäre die *AIG* nicht gerettet worden, wäre das CDS-System wahrscheinlich zusammengebrochen

3.5.7.3.2 Die Vertrauenskrise der Banken spitzt sich zu (Ende September 2008)

Ende September 2008 geriet der Geldmarkt völlig aus dem Tritt. So verdoppelte sich der *London Interbank after Rate* (Libor) (Zinssatz, zu dem sich Banken untereinander Geld leihen) binnen weniger Stunden von 3,11 auf 6,44 %. Der Geldmarkt wurde schließlich zum Gradmesser für das wachsende Misstrauen zwischen den Banken. Rund um die Welt ging den Kreditinstituten langsam das Geld aus. Um den Zusammenbruch der Hypothekenbank *HBOS* zu verhindern, kam es zur Zwangsfusion mit dem Rivalen *Lloyd*. Jede dieser Schreckensmeldungen führte dazu, dass der Geldmarkt zwischen den Banken immer kleiner wurde, bis gar kein Handel mehr stattfand. Um noch mehr Bankenzusammenbrüche zu verhindern, sprangen jetzt die Notenbanken ein. Sie liehen den Banken Geld und pumpten Hunderte von Milliarden in den Geldmarkt. In ihrem Geschäftsbericht 2008 stellt die *Deutsche Bundesbank* fest, dass es seit Bestehen der Europäischen Währungsunion keine größeren Refinanzierungsangebote als in diesem Jahr gegeben hat.

All dies zeigt, dass die wichtigste Währung des modernen Finanzsystems nicht US-Dollar oder Euro ist, sondern Vertrauen. So vertrauten die Banken darauf, dass ihnen andere Banken Geld leihen, deswegen haben sie ihr Eigenkapital deutlich reduziert. Die Kunden der Banken vertrauten darauf, dass ihre Einlagen sicher sind und dass die Bank sie jederzeit auszahlen kann. Die Anleger vertrauten darauf, dass die Banken ihren Verpflichtungen aus Derivaten und anderen Produkten uneingeschränkt nachkommen können. Die Unternehmen vertrauten darauf, dass die Banken ihnen Geld leihen, um ihre Aufträge vorzufinanzieren und dass sie jederzeit in der Lage sein werden, alle ihre Aufträge auszuführen. Ohne dieses Vertrauen funktioniert das Finanzsystem nicht. Letztlich ist das Finanzsystem das Herz-Kreislauf-System einer Volkswirtschaft. Ausgetrocknete Geldflüsse kommen daher einem Herzinfarkt einer Volkswirtschaft gleich. Aus diesem Grund versuchen die Notenbanken mit allen Mitteln (z.B. verleiht die US-Notenbank direkt Geld an Großunternehmen) die Geldflüsse in Bewegung zu halten, um die Wirtschaft mit Liquidität zu versorgen. Die Bankenkrise führte nämlich zu einer abnehmenden Bereitschaft der Banken, Kredite zu vergeben. Es drohte eine Kreditklemme, weil jedes Geldinstitut seine Milliarden beisammen hielt, da keiner mehr keinem traut. Dies führte fast zum Untergang der *Hypo Real Estate* (HRE). Ihr Chef versuchte tagelang Geld zu leihen, um die Liquidität seiner Bank sicherzustellen. Doch er blitzte bei allen Banken ab. Darum geriet die *Hypo Real Estate* am 28. September 2008 in arge Bedrängnis. Sie wurde in Deutschland zum Symbol für die Bankenkrise. Viele Gesetze zur Rettung von Banken in Deutschland wurden speziell für die Rettung der HRE verabschiedet. Darum sehen wir uns jetzt die Rettungsaktion der HRE im Detail an. Danach werfen wir einen Blick darauf, wie die Bankenkrise in Amerika und Europa gewütet hat.

3.5.7.3.2.1 *Die* Hypo Real Estate – *Das Symbol der Bankenkrise in Deutschland*

Die *Hypo Real Estate* entstand im Jahr 2003, als die *HypoVereinsbank* ihr gewerbliches Immobilienfinanzierungsgeschäft abspaltete. Im Oktober 2003 ging die HRE an die Börse und schaffte knapp zwei Jahre später den Aufstieg in den DAX.

Die HRE entwickelte sich zu einem der größten Finanzierer von gewerblichen Immobilien in Deutschland mit einem Volumen von 63 Milliarden Euro. Ebenso war die HRE mit ca. 146 Milliarden Euro im Jahr 2007 ein bedeutender Emittent von Pfandbriefen. Die Bilanzsumme lag 2006 bei 161 Milliarden Euro und 2007 bei ca. 400 Milliarden Euro.

Um das Geschäft auszuweiten, wurde Ende 2007 für 5,7 Milliarden Euro die in Irland angesiedelte *Depfa Bank* gekauft. Mit der Übernahme wollte die HRE Zugang zu staatlichen Infrastrukturprojekten bekommen, auf die die *Depfa* spezialisiert war, wie z. B. Schulen, Klinken, Brücken usw. Die HRE ritt bis Ende 2007 auf einer Erfolgswelle. Mit Beginn der Finanzkrise sollte sich das Blatt wenden.

Am 15. Januar 2008 gab die HRE völlig überraschend bekannt, dass sie eine außerordentliche Abschreibung über 390 Millionen Euro auf amerikanische CDOs in ihrem Portfolio vornehmen müsste. Diese Nachricht führte zu einem Tagesverlust der Aktie von 35 %. Die verunsicherten Anleger trauten den Vorständen der HRE nicht mehr. So fiel die Aktie von 33,52 Euro (14.01.2008) bis zum 28.01.2008 auf 13,96 Euro. Den vermeintlich günstigen Kurs nutzte der US-Investor Christopher Flowers und stieg bei der *Hypo Real Estate* im Juni 2008 mit 24 % ein.

Wegen der hohen Abschreibung der HRE auf ihr Portfolio begann am 18.02.2008 durch die BaFin/*Deutsche Bundesbank* eine Prüfung des Geschäftsmodells der HRE. Allerdings konnte die Überprüfung der HRE nur in eingeschränkter Form durchgeführt werden. Die deutschen Bestimmungen des Kreditwesengesetzes (KWG) erlauben der BaFin bei der Überprüfung einer Finanzholding, wie der HRE, nur, eine sogenannte konsolidierte Gruppenaufsicht durchzuführen. Dies schloss u. a. eine Prüfung der Liquidität des systemrelevanten Finanzkonstrukts aus[68].

Dabei untersuchte das Prüfungs-Team bei der *Depfa* den Bestand an problembehafteten Wertpapieren und deren Geschäftsmodell. Das Geschäftsmodell der *Depfa* bestand darin, langfristige Kredite durch die Aufnahme kurzfristiger Darlehen zu finanzieren. Der Gewinn resultierte aus dem Zinsunterschied zwischen den unterschiedlichen Laufzeiten. Letztlich wettete die *Depfa* darauf, dass kurzfristige Kredite über die gesamte Laufzeit der langfristigen Kredite verfügbar sind und auch billig bleiben. Geht diese Annahme nicht auf, drohten die Verluste schnell ins Uferlose zu gehen.

Der Depfa-Prüfbericht wurde der BaFin am 27. Juni 2008 zugestellt. Der Abschlussbericht stellte bei der *Depfa* eine umfangreiche kurzfristige unbesicherte Refinanzierung fest. Beispielsweise sollte die *Depfa* Staatsanleihen mit Laufzeiten von bis zu 30 Jahren im Werte von 200 Milliarden Euro vergeben haben, von denen sie die Hälfte mit Krediten vom Interbankenmarkt (Laufzeiten wenige Monate) refinanzierte. Folglich kamen die Prüfer zu dem Schluss, dass, falls die kurzfristige Refinanzierung plötzlich ins Stocken kommen sollte, die HRE insolvent wäre.

Ferner listet der Prüfbericht insgesamt 49 Verstöße gegen das ordnungsgemäße Betreiben der Geschäfte und die Funktionsfähigkeit des Risikomanagements auf. Dazu passt die Aussage des Aufsichtsratschef Michael Endres (2009), die Bank sei keinesfalls nur durch die Turbulenzen auf dem Markt im September 2008 in Schwierigkeiten geraten, dies sei nur der sprichwörtliche Funke am Pulverfass gewesen. Beispielsweise habe die Bank Immobilienkredite in Länder vergeben, in denen sie sich nicht auskannte bzw. vertreten war. Es wurde sogar Millionenkredite an kleine GmbHs mit 100.000 Euro Kapital gegeben, ohne dass es weitere Sicherheiten gab. Deswegen bestanden schon vor der Krise enorme Probleme im Kreditbuch der Bank. Diese Probleme mussten nach Ende der Preissteigerungen auf den Immobilienmärkten irgendwann zum schwerwiegenden Problem werden. Am 18. August 2008 wurde der Abschlussbericht dem Bundesfinanzministerium übergeben. Er blieb folgenlos, weil ihn angeblich

---

[68] Die BaFin hatte auf diese Gesetzeslücke schon im Frühling 2007 hingewiesen und gefordert, dass Finanzholdings voll unter der Aufsicht der BaFin gestellt werden. Erst im Februar 2009 im Rahmen der Fortentwicklung des Pfandbriefrechts wurde diese Aufsichtslücke geschlossen.

ein Sachbearbeiter abgelegt hatte und er so weder der Leitungsebene noch dem Bundesfinanzminister vorgelegt wurde.

Am 28. September 2008 wurde die Notlage der HRE einer breiten Masse von Anlegern bekannt. Die *Bundesbank* und die BaFin fürchteten, dass bei einem Zusammenbruch der HRE eine Kettenreaktion folgen werde und weitere Banken kippen könnten, insbesondere die Landesbanken. Die *BayernLB* hatte beispielsweise offene Geschäfte mit der HRE über eine Milliarde Euro in ihren Büchern stehen.

Um den Kollaps zu verhindern, schnürten Bund und Banken eilig ein erstes Rettungspaket über 35 Milliarden Euro. Doch schon am 5. Oktober 2008 ging der HRE wieder das Geld aus, weil sich die Liquiditätslage der *Depfa* dramatisch verschlechtert hatte. Darum vereinbarten die Bundesregierung und die Finanzindustrie, das Rettungspaket auf 50 Milliarden Euro aufzustocken. Um besser mit der Schieflage der HRE und vieler anderer deutscher Banken umgehen zu können, wurde am 17. Oktober das Finanzmarktstabilisierungsgesetz durch die Bundesregierung beschlossen.

Es sah u. a. den Aufbau einer *Bundesanstalt für Finanzmarktstabilisierung* (FMSA) sowie die Einrichtung eines *Sonderfonds Finanzmarktstabilisierung* (SoFFin) vor. Dieser Fonds kann bis zu einem Volumen von 400 Milliarden Euro Bürgschaften abgeben und sich mit bis zu 80 Milliarden Euro an der Eigenkapitalbasis von Banken beteiligen. Des Weiteren wurde jetzt offensiver vorgegangen. Wie schon 1929 sollten bei Bedarf wichtige deutsche Geldhäuser teil- oder ganz verstaatlicht werden. Obendrein mussten die Banken, die Hilfsgelder in Anspruch nahmen, die Gehälter ihrer Manager auf maximal 500.000 Euro begrenzen, keine Boni ausschütten und keine Dividende auszahlen[69].

Am 28. Oktober beantragte die HRE, um ihren kurzfristigen Liquiditätsbedarf zu decken, eine Garantie für eine Liquiditätsbereitstellung durch die *Deutsche Bundesbank* in Höhe von 15 Milliarden Euro. Weiterhin stellte sie einen Antrag auf eine umfassende Unterstützung durch den Finanzmarktstabilisierungsfonds SoFFin.

Jetzt ging es Schlag auf Schlag. Am 31. Oktober 2008 teilte die HRE mit, dass der Finanzmarktstabilisierungsfonds den Antrag auf Kreditgarantien in Hö-

[69] Am 21. Oktober musste die *BayernLB* als erste Bank die Milliardenhilfen des Rettungspakets in Anspruch nehmen. Bis Ende November 2008 waren 20 deutsche Banken (u.a. die *Commerzbank)* in Schwierigkeiten und stellten Anträge für das Rettungspaket des Bundes.

he von bis zu 20 Milliarden Euro genehmigt hatte. Am 21. November vermeldete die HRE eine Aufstockung der Garantie durch den SoFFin um 10 Milliarden Euro auf 30 Milliarden Euro, am 20. Januar 2009 eine um weitere 12 Milliarden Euro auf 42 Milliarden Euro. Am 11. Februar 2009 musste der Bürgschaftsrahmen um weitere 10 Milliarden Euro auf 52 Milliarden Euro erweitert werden. Insgesamt hat die HRE somit 102 Milliarden Euro Beihilfen und Garantien erhalten (direkt vom Staat 87 Milliarden und 15 Milliarden von anderen Banken). Wegen dieser Schieflage übernahmen die Bundesregierung und ein Bankenkonsortium die Aufsicht über die HRE. Dazu wechselten sie am 17. November 2008 fast den gesamten bisherigen Aufsichtsrat der HRE aus, gleich sieben neue Mitglieder zogen in das Kontrollgremium ein. Neuer Aufsichtsratsvorsitzender wurde Michael Endres.

Im Zusammenhang mit den bereits abgegebenen Garantien und Beihilfen von 102 Milliarden Euro setzte Anfang 2009 eine Diskussion darüber ein, ob die HRE verstaatlicht werden sollte. Schließlich würde durch Insolvenz oder Verkauf dieses Geld verloren gehen. Doch die Diskussion wurde von den aktuellen Ereignissen überrollt. Ende März 2009 musste die HRE für das Geschäftsjahr 2008 einen Rekordverlust von mehr als 5 Milliarden Euro einräumen. Demzufolge sackte die Kernkapitalquote der HRE von 8,7 % (Ende 2007) auf 3,4 % (Ende 2008) ab und damit unter die gesetzlich vorgeschriebene Mindestgrenze von 4 %. Folglich hätte die BaFin die HRE eigentlich schließen müssen. Um dies zu verhindern, stieg der Staat zunächst mit einer Minderheitsbeteiligung ein. Dazu führte die HRE am 28. März 2009 eine Kapitalerhöhung durch. Der Bund (bzw. der SoFFin) kaufte im Rahmen dieser Kapitalerhöhung 20 Millionen Aktien der Bank für einen Preis von 3 Euro pro Stück. Hierfür erhielt der SoFFin einen Anteil an der HRE von 8,7 %. Durch diese Maßnahme konnte der Fortbestand der HRE zunächst gesichert werden.

Als Folge der HRE-Sanierung trat am 7. April 2009 das Finanzmarktstabilisierungsergänzungsgesetz in Kraft. Es ermöglicht u. a. die Ausdehnung der maximalen Laufzeit für SoFFin-garantierte Wertpapieremissionen von 36 auf 60 Monate. Daneben enthält es noch das Rettungsübernahmegesetz (RettungsG). Dieses Gesetz regelt die vollständige Übernahme angeschlagener Finanzinstitute durch den Staat (kam aber nicht zur Anwendung), d. h. die Enteignung der Aktionäre.

Um das Überleben der HRE zu sichern, wurde durch die SoFFin der Bürgschaftsrahmen von 52 Milliarden Euro um vier Monate verlängert, bis zum

19. August 2009. Obendrein reifte der Plan, die HRE zu verstaatlichen, um sie in ruhiges Fahrwasser zu bringen.
Schon am 17. April 2009 teilte die SoFFin mit, dass die BaFin das Übernahmeangebot der Bundesrepublik Deutschland an alle Aktionäre der HRE in Höhe von 1,39 Euro pro Aktie genehmigt hatte. Die Annahmefrist lief vom 17. April bis zum 4. Mai 2009. Sollten die Aktionäre dieses Angebot nicht annehmen, würde der Bund bis spätestens zum 30. Juni 2009 eine Enteignung gemäß des Rettungsübernahmegesetzes durchführen, und zwar zu dem gesetzlichen Mindestpreis von 1,26 Euro je Aktie[70].
Allerdings konnte der Bund durch das Übernahmeangebot keine Kontrollmehrheit erreichen, weil insbesondere der US-Investor Christopher Flowers keine Bereitschaft zeigte, sein 21,7-Prozent-Paket zu verkaufen. Aber es gelang durch weitere Aktienkäufe an der Börse 47,3 % der Aktien zu erwerben.
Dennoch ging der Bund das Risiko ein, zum 2. Juni 2009 eine außerordentliche Hauptversammlung einzuberufen mit dem Ziel, eine gigantische Kapitalerhöhung durchzuführen. Diese sollte anders als eine gewöhnliche Kapitalerhöhung nur vom Bund gezeichnet werden können. Dies war möglich, weil das Gesetz zur Stabilisierung der Banken eine Sonderregel für Banken, die Staatshilfen in Anspruch genommen haben, vorsieht. Normalerweise müssen 75 % der anwesenden Aktionäre für eine solche Maßnahme stimmen. Nach dieser Sonderregel sind es allerdings nur 50 % der anwesenden Aktionäre, wenn die einfache (=absolute) Mehrheit des Grundkapitals vertreten ist. Auf der außerordentlichen Hauptversammlung der HRE waren 74,06 % des Grundkapitals durch die Aktionäre vertreten. Der Kapitalerhöhung stimmten neben dem Bund noch viele weitere Aktionäre zu. So konnte die SoFFin kurz darauf ihren Anteil an der HRE auf 90 % ausbauen.
Am 10. Juli 2009 nahm das umstrittene Bad-Bank-Gesetz in Deutschland die letzte Hürde. Dieses Gesetz ermöglicht es den Banken, ihre Bilanzen im großen Umfang von Risikopapieren zu befreien. Ziel der Auslagerung der "Schrottpapiere" bzw. sogar ganzer Geschäftsfelder in eine *Bad Bank* ist es, das schleppende Kreditgeschäft wieder anzukurbeln und die Sanierung der teils maroden Banken voranzutreiben.
Auf der ordentlichen Hauptversammlung der HRE am 13. August 2009 wurde ein neuer Aufsichtsrat gewählt, weil die bisherigen Aufsichtsräte, die ihre

[70] Der Mindestpreis ergibt sich aus dem durchschnittlichen Börsenkurs in den zwei Wochen vor Bekanntgabe des Enteignungsbeschlusses.

Posten im Herbst 2008 übernommen hatten, gingen. Überdies wurde der Aufsichtsrat von 12 auf 6 Mitglieder verkleinert.

Auf einer außerordentlichen Hauptversammlung am 5. Oktober 2009 beschloss der Bund mit seiner Stimmenmehrheit den Zwangsausschluss (*Squeeze Out*) der letzten Aktionäre, um sich 100 % an der HRE zu sichern. Den verbleibenden Aktionären wurde eine Barabfindung in Höhe von 1,30 Euro je Stückaktie angeboten. Durch die vollständige Übernahme der HRE wollte der Bund sicherstellen, dass seine Milliardenhilfen der Gesellschaft und nicht den Aktionären zugutekommen. Viele Experten sind der Ansicht, dass nur die vollständige Übernahme der HRE durch den Bund die Insolvenz verhindert hat. Nur hierdurch konnte das Vertrauen der anderen Banken in die Solidität der HRE zurückgewonnen werden. So konnte sie sich wieder am Interbankenmarkt zu bezahlbaren Bedingungen refinanzieren.

Abbildung 18: Aktienchart der *Hypo Real Estate* vom 6. Oktober 2003 bis 13. Oktober 2009

Am 4. November 2009 gab die HRE bekannt, dass sie eine weitere Finanzspritze von 3 Milliarden Euro erhalten habe, zusätzlich zu den im Sommer erhaltenen 3 Milliarden Euro. Zudem verlängerte die SoFFin die Liquiditätsgarantien in Höhe von 52 Milliarden Euro bis zum 30. Juni 2010. Die jetzt beschlossene 3-Milliarden-Euro-Hilfe verteilte sich auf die *HRE Holding* und deren Tochter *Deutsche Pfandbriefbank*. Gleichzeitig wurde beschlossen, dass die *Deutsche Pfandbriefbank* das Kerngeschäft der HRE übernehmen sollte, welches fortgeführt werden sollte. Mit diesen Maßnahmen gelang es, die Kernkapitalquote auf 10,7 % zu erhöhen.

Am 10. September 2010 teilte die SoFFin mit, dass der HRE Bürgschaften in Höhe von 40 Milliarden Euro über die bisherigen 103,5 Milliarden Euro hinaus gewährt werden müssen, um eine wegen massiver Liquiditätsprobleme drohende Insolvenz Ende September abzuwenden. Ein Teil des Geldbedarfs entstand, weil die Risikoaufschläge bei Anleihen kriselnder Euro-Staaten (d. h. Anleihen verloren an Wert) größer wurden. Zudem benötigte die Bank ca. 20 Milliarden Euro wegen Transaktionsrisiken. Diese sollten entstehen, wenn, voraussichtlich Ende September, eine Auslagerung von sehr risikoreichen Wertpapieren zu einer *Bad Bank* erfolgt war.
Denn am 22. September beschloss die SoFFin die Abspaltung umfangreicher Risikopositionen und nicht strategienotwendiger Geschäftsbereiche von der HRE auf die *FMS Wertmanagement* (eine sogenannte *Bad Bank*) zum Stichtag 30. September 2010. Das zu übertragende Portfolio von Krediten, Wertpapieren und Derivaten bestand aus mehr als 12.500 Einzelpositionen und hatte einen Wert von ca. 173 Milliarden Euro. Durch die Übertragung der Vermögenswerte wurde ein wichtiger Schritt vollzogen, um die strategische Kernbank *pbb Deutsche Pfandbriefbank* neu aufzustellen und durch die verbesserte Bilanzstruktur vollständig unabhängig von Liquiditätshilfen zu machen.
Überdies wurden alle durch die SoFFin garantierten und von der HRE zur Liquiditätsbeschaffung emittierten Wertpapiere im Volumen von rund 124 Milliarden Euro vollständig auf die *FMS Wertmanagement* übertragen[71].
Um dieses zu ermöglichen, wurde eine weitere Kapitalisierung der HRE beschlossen. Hierzu bekam die HRE die bereits in der Sitzung des Lenkungsausschusses der SoFFin vom 29. April 2010 genehmigten 450 Millionen Euro, die der *pbb Deutsche Pfandbriefbank* zur Verfügung gestellt werden sollten. Weitere ca. 2,08 Milliarden EUR sollten über die HRE der *FMS Wertmanagement* zugutekommen. Zusammen mit einer weiteren Kapitalzufuhr durch die HRE in Höhe von bis zu 1,79 Milliarden Euro verfügt die *FMS Wertmanagement* über ein Eigenkapital in Höhe von bis zu 3,87 Milliarden Euro. Die-

[71] Sie wurden bis Mitte 2011 abgebaut und ersetzt durch Anleiheemissionen der *FMS Wertmanagement* ohne SoFFin-Garantien. Durch diese Maßnahme konnten schrittweise die bisherigen Garantien des SoFFin für die *FMS Wertmanagement* (Garantien wurden von der HRE übernommen) bis Ende 2010 auf 15 Milliarden Euro reduziert werden. Allerdings ist dies kein Erfolg der *FMS Wertmanagement*. Die Bürgschaften sind für viele Wertpapiere schlicht nicht mehr notwendig, weil die SoFFin nach den Statuten der *FMS Wertmanagement* ohnehin für deren Verluste haftet. Die Rückführung der Garantie bedeutet also keine Reduzierung des staatlichen Risikos.

ses Eigenkapital dient der Bank zur Abdeckung erwarteter Verluste aus der Abwicklung des übertragenen Portfolios. Darüber hinausgehende Verluste trägt laut den Statuten der *FMS Wertmanagement* der SoFFin, also Deutschland.

Die von der *FMS Wertmanagement* übernommenen Wertpapiere und Darlehen sollen in einem Zeitrahmen von 10 Jahren abgewickelt werden – in der Hoffnung, so möglichst gute Verkaufserlöse erzielen zu können, um die Verluste zu minimieren. Zur Refinanzierung war die *FMS Wertmanagement* zunächst von der *Europäischen Zentralbank* abhängig. Allerdings konnte das dort beschaffte Volumen von 93 Milliarden Euro bis Ende 2010 auf 55 Milliarden Euro reduziert werden. Es ist geplant, bis Herbst 2012 den EZB-Anteil durch Marktmittel zu ersetzen. Als ersten Schritt in dieser Richtung gab die *FMS Wertmanagement* eine Anleihe im Volumen von bis zu 3 Milliarden Euro[72] aus. Am 24. Mai 2011 musste die *FMS-Wertmanagement* mitteilen, dass sich bis Ende Dezember 2010 Verluste von rund drei Milliarden Euro angehäuft hatten. Ferner zeigte sich im Mai 2011, dass es mit der HRE aufwärts ging. So konnte die *Pfandbriefbank*, in der das HRE-Kerngeschäft weiterläuft, Gewinne ausweisen. Vorstandschefin Manuela Better geht davon aus, dass die *Pfandbriefbank* auch im Gesamtjahr profitabel sein wird.

Mitte Juli 2011 genehmigte die Europäische Kommission den Umbauplan der HRE unter Auflagen. Das Institut sollte demnach bis Ende 2011 auf 15 % seiner einstigen Größe schrumpfen und sich auf wenige Geschäftsfelder zurückziehen. Ende 2008 hatte die HRE eine Bilanzsumme von 420 Milliarden Euro. Die *Depfa* sollte abgewickelt werden. Das Nachfolgeinstitut, die *Pfandbriefbank*, hatte Ende März 2011 eine Bilanzsumme von 102 Milliarden Euro, die laut EU-Vorgabe weiter verkleinert werden muss auf 63 Milliarden Euro. In diesem Zusammenhang sprach der EU-Kommissar für Wettbewerb, Joaquín Almunia, von *"einem der bedeutendsten Beihilfefälle der Finanzkrise"*.[73]

---

[72] Somit ist die *FMS Wertmanagement* nach der KfW die zweitgrößte Agentur Deutschlands, welche über das AAA-Rating Deutschlands verfügt und als Daueremittent auftreten darf.

[73] Zur Aufarbeitung der Krise um die HRE wurde z. B. von der *Deutsche Schutzvereinigung für Wertpapierbesitz* am 14. Oktober 2008 bei der Staatsanwaltschaft München I Strafanzeige gegen die Verantwortlichen der *Hypo Real Estate* gestellt. Hierzu wurden im Rahmen einer Großrazzia von 65 BKA-Ermittlern, 15 Staatsanwälten und zwei Beamten der Finanzaufsicht BaFin die HRE-Zentrale in München sowie die Privaträume einiger Vorstandsmitglieder am 16. Dezember 2008 durchsucht. Der eigentliche Prozess, in dem et-

Natürlich erfasste die Bankenkrise auch viele andere deutsche Banken. So mussten den Landesbanken durch ihre Eigentümer – die Sparkassen und Bundesländer – mit Milliardenbeträgen unter die Arme gegriffen werden. Besonders hart traf es hier die *WestLB.* Sie bekam Garantien in Höhe von 23 Milliarden Euro, die Risiken aus dem Wertpapierportfolio abschirmen sollten. Am 11. Dezember 2009 errichtete die FMSA die *Erste Abwicklungsanstalt* als *Bad Bank* für die *WestLB.* In der *Erste Abwicklungsanstalt* wurde ein Wertpapierdepot von 80 Milliarden Euro ausgelagert, wofür neue Garantien nötig wurden. Als Folge der Krise wurde die *WestLB,* ähnlich wie die HRE, auf einen Bruchteil ihres früheren Geschäfts gestutzt.

Die *Landesbank Baden-Württemberg* erhielt von ihren Trägern, vor allem Baden-Württemberg und den Sparkassen im Land, fünf Milliarden Euro. Obendrein übernahm das Land für fünf Jahre Garantien von knapp 13 Milliarden Euro für Risiko-Papiere, welche in eine Zweckgesellschaft ausgelagert wurden.

Ebenso kam die *BayernLB* unter die Räder. Um sie zu retten, bekam die Bank 10 Milliarden Euro vom Freistaat Bayern sowie eine Garantie über 4,8 Milliarden Euro für Ausfälle komplexer Wertpapiere. Überdies gewährte die SoFFin der Bank eine Garantie für die Emission von Anleihen und den Interbankenhandel über 15 Milliarden Euro.

Im Privatbankensektor wurde besonders die *Commerzbank* hart von der Bankenkrise erfasst. Wegen der Übernahme der hochverschuldeten *Dresdner Bank* erhielt sie im November 2008 eine Eigenkapitalspritze vom Staat in Höhe von 8,2 Milliarden Euro. Diese Einlage wird jährlich mit 9 % verzinst. Außerdem erhöht sich der Zinssatz bei künftiger Ausschüttung von Dividenden, das heißt bei 50 Cent Dividende je Aktie erhöht sich der Zinssatz um einen weiteren Prozentpunkt. Diese erste Einlage musste am 8. Januar 2009

---

wa 80 Altaktionäre etwa eine Milliarden Euro Schadensersatz fordern, ist für das Jahr 2012 geplant (Stand Juli 2011).

Überdies ordnete die HRE eine interne Überprüfung an. Hierzu hat der Aufsichtsrat der HRE die Anwaltskanzlei *Milbank Tweed Hadley & McCloy* beauftragt. Sie sollen nach Beweisen suchen, die auf mögliche Pflichtverletzungen des ehemaligen Vorstandschefs Georg Funke und des Vorstandsmitglieds Bo Heide-Ottosen hindeuten. Je nach Ausgang der Untersuchung drohen strafrechtliche Konsequenzen. Zudem hat dies auch Auswirkungen auf die Ausbezahlung der Bezüge der beiden Vorstände nach Auflösung des Arbeitsverhältnisses.

Außerdem wurde noch am 23. April 2009 ein parlamentarischer Untersuchungsausschuss eingesetzt, der vor allem die Kommunikationswege zwischen den beteiligten Regierungsstellen unter die Lupe nehmen sollte.

nochmals durch weitere 10 Milliarden Euro Garantien auf insgesamt 18,2 Milliarden Euro aufgestockt werden. Zusätzlich kaufte die SoFFin 295 Millionen Stammaktien der Bank zu je 6 Euro, also zu 1,77 Milliarden Euro, und hält damit eine Sperrminorität von 25 % plus eine Aktie.

Im Mai 2009 endete die 137jährige Geschichte der hochverschuldeten *Dresdner Bank AG* offiziell, als ihre Verschmelzung mit der *Commerzbank* ins Handelsregister eingetragen wurde. Zudem führte die *Commerzbank* im Mai 2011 eine milliardenschwere Kapitalerhöhung erfolgreich durch, um ca. 14 Milliarden Euro an Staatshilfen zurückzuzahlen.

Wie stark die Bankenrettung die öffentliche Hand in Deutschland belastet, zeigt sich daran, dass die Staatsschulden bis zum 31. Dezember 2010 auf insgesamt 1.988,8 Milliarden Euro angestiegen sind. Dies entspricht einem Anstieg der Verschuldung um 18 % bzw. 304,4 Milliarden Euro. gegenüber dem 31. Dezember 2009. Dies war der höchste absolute Zuwachs des Schuldenstandes in einem Jahr seit Bestehen der Statistik. Im Wesentlichen rührt der Anstieg auf die im Jahr 2010 in Betrieb gegangene *Bad Bank FMS Wertmanagement* zurück. Zudem schlugen auch die Stützungsmaßnahmen der *Ersten Abwicklungsanstalt* für die *WestLB* zu Buche. Diese Maßnahmen erhöhten den Schuldenstand alleine schon um ca. 232 Milliarden Euro. Deswegen wurde am 1. Januar 2011 mit Inkrafttreten des Restrukturierungsgesetzes ein Restrukturierungsfonds errichtet. Dieser Fonds dient zur Vermeidung bzw. Bewältigung von Bankenkrisen und finanziert sich durch die Beiträge der Kreditwirtschaft – der sogenannten Bankenabgabe.

Tabelle 6: Maßnahmen Deutschlands gegen die Finanz-und Wirtschaftskrise

Datum	Was	Beträge
Oktober 2008	Sonderfonds Finanzmarktstabilisierung (SoFFin)*	400 Mrd. € Garantien 80 Mrd. € Kapitalhilfen für notleidende Banken
November 2008	Konjunkturpaket 1 Das Paket enthält u.a. Steuererleichterungen, Förderungen von Investitionen, Verlängerung des Kurzarbeitergeldes	30 Mrd. €
Januar 2009	Konjunkturpaket 2 Das Paket enthält u.a. Abwrackprämie für Autos, Investitionen in Forschung, Bildung, Infrastruktur	50 Mrd. €
Januar 2009	Wirtschaftsfonds Deutschland*	75 Mrd. € Bürgschaften 40 Mrd. € Kredite für durch die Finanzkrise in Not geratene Unternehmen

*Von diesen Fonds wurden nicht alle zur Verfügung stehen Mittel angefordert.

In den anderen europäischen Staaten waren die Kosten der Bankenkrise ebenfalls immens, was letztlich in die europäische Staatsschuldenkrise (s. S. 238ff.) führte.

3.5.7.3.2.2 *Wie die Bankenkrise ihr Unwesen in der Welt trieb*

Ebenso wie Deutschland sah auch das übrige Europa im September 2008 seine Banken schwanken. Vor welcher Herkules-Aufgabe die Staaten standen, zeigt folgende kleine Zusammenstellung: So betrugen die Aktiva von den drei größten Banken, die von den jeweiligen Staaten garantiert bzw. gerettet wurden, im Verhältnis zum BIP: 130 % des jährlichen BIP für Deutschland; 142 % für Italien; 147 % für Portugal; 218 % für Spanien; 257 % für Frankreich; 253 % für Irland; 317 % für Großbritannien; 409 % für die Niederlande (2 der größten Banken); 528 % für Belgien-Luxemburg; 773 % für die Schweiz (2 der größten Banken) und 1079 % für Island (Stand 30. September 2008).

Tabelle 7: Auswahl der Banken in Not

Datum	Name der Bank	Hilfe von
28.09.2008	Fortis	Niederlande, Belgien, Luxemburg kaufen für 11,2 Mrd. € 49 % an den Fortis-Aktivitäten in ihren Ländern.
28.09.2008	Bradford & Bingley	Englische Regierung verstaatlicht das Institut.
30.09.2008	Dexia	Belgien, Frankreich, Luxemburg nehmen Kapitalerhöhung von 6,4 Mrd. € vor.
08.10.2008	Kaupthing Bank	Island verstaatlicht die Bank.
16.10.2008	UBS	Schweiz gewährt Hilfen von 60 Mrd. Franken für die Auslagerung fauler Kredite und 6 Mrd. Franken Eigenmittel.
30.10.2008	Erste Group Bank AG	Österreich hilft der Bank mit ca. 2,3 Mrd. € aus.
09.11.2008	Parex Bank	Die lettische Regierung verstaatlicht die Bank.
24.11.2008	Citigroup	US-Regierung muss mit einem 300 Mrd. $ Kreditpaket aus der Patsche helfen.
24.12.2008	American Express	USA erwerben für 3,4 Mrd. $ Vorzugsaktien.
Dezember 2008	BNP Paribas	Frankreich kauft nachrangige Schuldtitel über 2,55 Mrd. €.
16.01.2009	Bank of America	USA vergeben 20 Mrd. $ frisches Geld und Garantien von bis zu 118 Mrd. $.
16.01.2009	Anglo Irish Bank	Irland verstaatlicht die Bank.
Januar 2009	Internationale Nederlanden Groep (ING)	Niederländische Regierung gewährt nochmals Bürgschaften in Höhe von 27,7 Mrd. €.
06.03.2009	Lloyds TSB Bank	Der britische Staat übernimmt 75 %.

Die Verunsicherung der Bevölkerung war spürbar. Die Leute begannen, ihr Geld von den Banken abzuheben. Dies hatte zur Folge, dass die Liquidität der Kreditinstitute sank, was wiederum das Vertrauen in die Banken untergrub. Es drohte ein Teufelskreis. Schließlich beruht die Stabilität des Bankensystems auf Vertrauen. Deswegen musste die Politik reagieren. Am 2. Oktober 2008 sprachen z. B. Griechenland und viele andere europäische Staaten eine unbegrenzte Garantie für Bankeinlagen aus. Am 5. Oktober 2008 verkündet die Bundesregierung, dass sie für alle Guthaben auf Sparbücher und Girokonten geradesteht – insgesamt über eine Billion Euro.
Trotzdem verloren die Aktienmärkte das Vertrauen. In Tokio begann in der Nacht zum 6. Oktober 2008 der große Crash. In Panik verkauften die Anleger ihre Aktien. An den Börsentafeln leuchteten in ganz Asien nur noch tiefrote Zahlen auf. Als am 7. Oktober um 9 Uhr die Börsen in Frankfurt, London und Paris ihre Pforten öffneten, ging es sofort kräftig in den Keller. Der DAX verlor an diesem Tag 7 %, der Londoner FTSE-Index 8 % und der CAC in Paris 9 %. Ebenfalls ging der *Dow Jones* mit einem Minus von 800 Punkten (ca. -8,51 %) aus dem Handel. Und das, obwohl die Finanzmärkte eigentlich alles von den Regierungen und Notenbanken bekommen hatten, was sie wollten. Gigantische Rettungspakete und Leitzinssenkungen, das reichte nicht mehr.
So folgte auf den schwarzen Montag ein ebenso schwarzer Dienstag. Um die Märkte zu beruhigen, führten die Zentralbanken eine Leitzinssenkung durch, woran sich sogar erstmals die chinesische Notenbank beteiligte. Doch auch diese Maßnahme konnte die Märkte nicht beruhigen. So sank der *Dow Jones* über 5 % ab, in seinem Schlepptau die Börsen der Welt. Der *Dow Jones* fiel in den nächsten Tagen erst unter die Marke von 9.000 Punkten, dann unter 8.000 Punkte. Die Börsenkurse spielten Jo-Jo, d. h. sie schwangen wild auf und ab. Die Volatilität erreichte historische Rekordmarken. In ihrer Verzweiflung schlossen Russland, Island und Indonesien ihre Börsen, um die Panik zu bremsen. In Frankreich, Ungarn oder Rumänien wurden die Geschäfte zumindest vorübergehend oder mit bestimmten Aktien ausgesetzt. Der deutsche Finanzminister Peer Steinbrück beschrieb im Oktober 2008 die politische Herangehensweise an die Krise so: "*Wenn es auf den Weltfinanzmärkten brennt, dann muss gelöscht werden. Auch wenn es sich um Brandstiftung handelt.*"
Außerdem schlug die Krise jetzt voll auf die reale Wirtschaft durch. So sanken im Oktober 2008 die deutschen Exporte im Vergleich zum Vorjahr um

2,5 %. Am 10. Oktober brach der DAX im Tagesverlauf zeitweise um bis zu 10 % ein.
Schnell wurde den internationalen Regierungen klar, dass sie gegen diese Krise nur etwas ausrichten können, wenn sie gemeinsam handeln. Doch angesichts der großen Probleme preschte am Mittwoch, den 11. Oktober 2008 der britische Premierminister Gordon Brown vor. Er kündete ein Rettungspaket über 400 Milliarden Pfund, welches aus einem Mix von Finanzspritzen für die Banken und staatlichen Garantien bestehen sollte, an. Schnell wurde die Idee eines solchen Rettungspaketes von den EU-Staaten und den USA übernommen.
Am 13. Oktober 2008 machte sich an den Weltbörsen in Reaktion auf die großen Rettungspakete eine Euphorie breit. Der Hangseng-Index startete mit bis zu 10 % Plus in den Tag. DAX und *Dow Jones* schlossen mit über 11 % im Plus. Dennoch verloren die Weltbörsen in dieser schwarzen Woche gut ein Fünftel ihres Wertes, z. B. der *Dow Jones* -21 %, der DAX -22 % oder der *Nikkei* -24 %.
Als am Freitag die Finanzminister der G7-Staaten in Washington zusammenkamen, wussten sie, dass nun ein Befreiungsschlag erfolgen musste. Sie veröffentlichten den Grundriss für einen umfassenden Rettungsplan für das globale Finanzsystem. Doch zunächst hörten die Börsen überhaupt nicht zu. Zu allem Überfluss begann jetzt nämlich auch noch der Ausverkauf der Hedgefonds. So nahm beispielsweise der Übernahmeversuch von *VW* durch *Porsche* immer groteskere Züge an und sorgte für Kurskapriolen nie gekannten Ausmaßes im DAX. Auslöser der Kurskapriolen war eine Mitteilung *Porsches* am 26. Oktober, seinen Aktien-Anteil an *VW* auf 42,6 % erhöhen zu wollen. Weiterhin teilte *Porsche* mit, weitere 31,5 % über Optionen zu kontrollieren. Damit wäre *Porsche* mit insgesamt 74,1 % an *VW* beteiligt. Somit waren nicht einmal 6 % der VW-Aktien am Markt frei verfügbar, weil das Land Niedersachen gleichzeitig 20 % der Aktien hält. Insofern verringerte sich das Angebot deutlich und ließ den Preis der VW-Aktie steigen. Auf der anderen Seite hatten Leerverkäufer zwischen 12 und 15 % der verfügbaren VW-Aktien von Banken geliehen und verkauft und darauf spekuliert, sie zu einem günstigeren Kurs zurückkaufen zu können. Doch die Ankündigung von *Porsche* machte ihnen einen Strich durch die Rechnung. Es breitete sich Panik unter den Leerverkäufern aus. Diese Panik ließ den Aktien-Kurs von VW drastisch ansteigen: Am Montag, den 27. Oktober 2008 kletterte die Aktie zeitweise auf 635 Euro und schloss bei 520 Euro. Am Dienstag, den 28.

Oktober schoss die Aktie schon eine halbe Stunde nach Handelsbeginn auf 1.005,01 Euro. Am Ende des Tages lag der Kurs bei 901 Euro. Diese Megarallye war jedoch nur von kurzer Dauer. Denn eine Woche später, am 3. November 2008, lag der Aktienwert wieder bei 385 Euro. Die VW-Aktie schloss am Jahresende knapp unter 250 Euro. Schlussendlich wurde *Porsche* von VW übernommen. Diesmal siegte David nicht über Goliath.

Dennoch hatte diese groteske Woche dramatische Folgen. Nach Presseberichten verloren alleine die Hedgefonds fast 15 Milliarden Euro. Ebenso hatte sich der deutsche Großunternehmer Adolf Merckle mit rund einer Milliarde Euro verspekuliert. Hierdurch geriet sein gesamtes Privatvermögen und seine Unternehmensgruppe, zu der unter anderem auch der DAX-Konzern *HeidelbergCement* gehörte, in finanzielle Schieflage.

Nicht nur dieses Desaster der Hedgefonds stürzten die Finanzmärkte im Herbst 2008 ins Chaos. Ihre riskanten Wetten, die auf winzige Kursunterschiede setzen, brachen in sich zusammen, weil ihre Computermodelle nicht mehr funktionierten.

Eines der beliebtesten Geschäfte von Hedgefonds war: Sie kauften gleichzeitig Aktien und *Credit Default Swaps* von ein und demselben Unternehmen. Diese Kombination galt lange als ein sicheres Geschäft, weil entweder die *Credit Default Swaps* oder die Aktien stiegen.[74] Wenn allerdings der Markt für CDS-Papiere zusammenbricht, so wie 2008 geschehen, gehen diese Wetten nicht mehr auf. Um den Schaden in Grenzen zu halten, mussten die Hedgefonds viele *Carry Trades*[75], mit denen sie sich billiges Geld geliehen hatten, abwickeln. Da jetzt zahlreiche Hedgefonds Milliardenbeträge bewegten, kam es an den Devisenmärkten zu extremen Verwerfungen. So stieg der japanische Yen steil nach oben und die Währungen anderer Länder fielen nach unten.

Die Verluste der Hedgefonds führten dazu, dass die Kunden ihre Einlagen vermehrt abzogen. So zogen im September 2008 die Anleger 31 Milliarden US-Dollar von den Hedgefonds ab. Dies führte dazu, dass etliche Fondsmanager die Summe, die Anleger auf einen Schlag abrufen durften, beschrän-

---

[74] Fällt beispielsweise der Aktienkurs eines Unternehmens, steigen oftmals die *Credit Default Swaps* überproportional an, sodass sie die Verluste mit den Aktien ausgleichen können und ein hübscher Gewinn übrigbleibt. Denn wenn es dem Unternehmen schlecht geht, steigen die *Credit Default Swaps* an und der Aktienkurs fällt.

[75] *Carry Trades* sind grenzüberschreitende Kredite. Hedgefonds leihen sich Geld in Ländern mit extrem niedrigen Zinsen, wie Japan und Schweiz, und investieren es in Euro oder US-Dollar.

ken mussten. Sie hofften so den Bankrott zu vermeiden. Doch viele Kunden forderten ihr Geld zurück, weil auch sie von der allgemeinen Panik erfasst wurden. Mahnende Stimmen befürchteten schon einen Ausverkauf von Anlagen, die Hedgefonds besitzen, und das Zusammenbrechen von Hunderten von Hedgefonds. Gleichzeitig verkauften die Anleger immer stärker Aktien und andere Beteiligungen, die in größeren Umfang von Hedgefonds gehalten wurden, weil sie den Ausverkauf der Hedgefonds fürchteten.
Um dieser Krise Herr zu werden, verabschiedeten die USA im Oktober 2008 ein Konjunkturprogramm über eine Billion US-Dollar. Am 31. Oktober tauchten an den Finanzmärkten die ersten Gerüchte auf, dass wegen der immensen Rettungspakete für Banken und Konjunkturpakete eine Welle von Staatsinsolvenzen drohe. So stiegen die *Credit Default Swaps* für Staaten deutlich an. Beispielsweise bezahlte man für isländische Staatsanleihen 2006 eine Versicherungsprämie von ca. 5 Euro für 10.000 Euro-Nennwert, im Oktober 2008 lag sie bei 1.000 Euro. Statt zwei Euro mussten Anleger im Oktober 2008 31 Euro für eine Absicherung gegen einen möglichen Bankrott Deutschlands bezahlen. Um den Druck von den Bilanzen der Banken zu nehmen, trat am 2. November ein neues Bilanzrecht in Kraft. So können z. B. Banken die sogenannten "faulen" Kredite zum Einkaufspreis nunmehr in der Habenseite buchen, was den optischen Verlust erheblich vermindert.
Infolge der immer trüberen Konjunkturaussichten fiel der *Dow Jones* zunächst unter 8.000 Punkte (-5 %) und bis zum 20. November auf 7.555 Punkte. Auch China wurde von der Krise getroffen. So berichtete Anfang Dezember die *China Daily*, dass über 20 Millionen Arbeitnehmer in China ihre Stellen infolge der Finanzkrise verloren hätten. Daraufhin leiteten die chinesischen Behörden Maßnahmen ein, um die wachsende Arbeitslosigkeit unter Kontrolle zu bekommen.
Am 4. Dezember beschloss der Deutsche Bundestag ein Konjunkturpaket mit einem Umfang von 30 Milliarden Euro für die nächsten beiden Jahre. Danach sollte u. a. der Steuerbonus für Handwerkerleistungen auf 1.200 Euro verdoppelt werden. Am 9. Dezember 2008 senkte die *Weltbank* ihre Prognose für das globale Wirtschaftswachstum im Jahr 2009 auf nur noch 0,9 % (zum Vergleich: Im Jahr 2008 betrug das Wachstum 2,5 %).
Am 16. Dezember 2008 senkte die FED die Zinsen auf ein Rekordtief von Null bzw. 0,25 %. Die Folge war, dass am 17. Dezember der Euro zum US-Dollar auf sagenhafte 1,41 US-Dollar anstieg, das bedeutete ein Plus zum Vortag von 5 Cent. Am 19. Dezember 2008 gewährte die US-Regierung Ge-

neral Motors und *Chrysler* einen Notkredit von insgesamt 17 Milliarden US-Dollar, um einen unkontrollierten Zusammenbruch der Autoindustrie in den USA zu vermeiden. Langsam merkten auch die Menschen, dass die Krise auf die reale Wirtschaft überschlug. So stieg die Arbeitslosenquote in den USA auf 7,2 % (Zahl der Beschäftigungslosen stieg um 3,6 Millionen) und in Deutschland auf 7,4 % (+ 114.000 Arbeitslose) im Dezember 2008. Obendrein wurde bekannt, dass der Welthandel und die Industrieproduktion deutlich zurückgegangen waren. Gleichzeitig brachen die Auftragseingänge in ganzen Industriezweigen ein.
So ging das Jahr 2008 als eines der schwärzesten Jahre in die Börsengeschichte ein, z. B. beklagte der DAX einen Gesamtverlust von ca. 40 % und schloss bei 4.810 Punkten. In der Spitze verlor er fast 50 %. Ebenso verlor der *Dow Jones* ca. 32 % in diesem Jahr und in der Spitze fast 42 %.

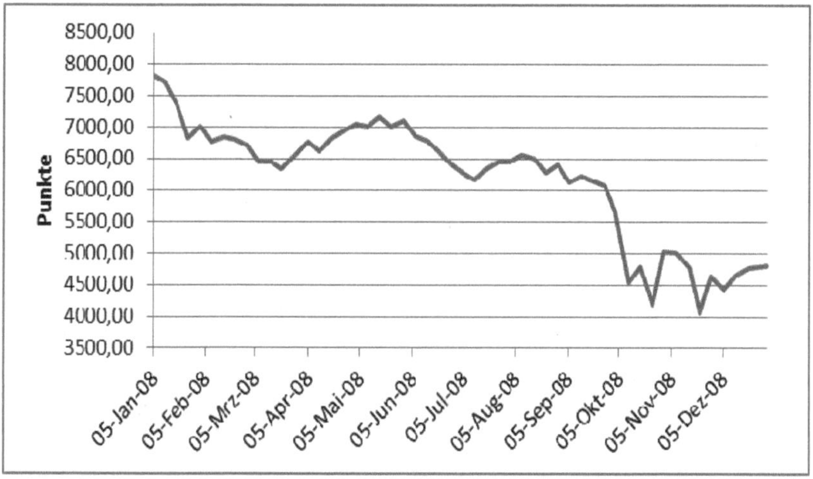

Abbildung 19: DAX-Entwicklung im Jahr 2008

Die Bankenkrise schlug immer stärker auf die Wirtschaft durch. So klagten viele Unternehmen seit Monaten über eine drohende Kreditklemme, weil ihre Hausbanken kein frisches Geld bereitstellten oder die Zinsen stark angehoben wurden. Zudem senkten die Banken in der Krise schneller den Daumen, wenn die Firmen über keine ausreichenden Sicherheiten verfügten. Einige Banken stoppten die Vergabe von Krediten an Unternehmen sogar gänzlich. Die Wirtschaft drohte in eine Liquiditätsfalle zu tappen. Um dies zu verhindern, wurde im Januar 2009 der *Wirtschaftsfonds Deutschland* ins Leben gerufen. Der Fonds umfasst 115 Milliarden Euro. Davon entfallen 40 Milliarden Euro auf Kredite sowie 75 Milliarden Euro auf Bürgschaften. Der Fonds hilft nur Firmen, die allein durch die Finanz- und Wirtschaftskrise in Schieflage geraten sind. Allein im Jahr 2009 sollten 9.100 Unternehmen Staatshilfen in Höhe von 9,7 Milliarden Euro abrufen. Um die Wirtschaft zusätzlich zu unterstützen, legte Deutschland am 13. Januar 2009 ein zweites Konjunkturprogramm mit 50 Milliarden Euro auf. Dessen wichtigste Bestandteile waren Steuererleichterungen und eine Verschrottungsprämie für ein mindestens neun Jahre altes Auto beim Kauf eines Neuwagens.

In dieser Zeit stürzte Ungarn ab. Das Land erhielt zwar schon Ende 2008 20 Milliarden Euro Finanzhilfen von der EU und dem IWF, aber jetzt benötigte es weitere. Die Krise forderte am 14. Januar 2009 ein weiteres prominentes Opfer mit dem kanadischen Netzwerkausrüster *Nortel Networks*. Überdies musste der US-Einzelhandel trotz Weihnachtsgeschäft schlechte Zahlen veröffentlichen. Am 20. Januar 2009 vermeldete Spanien einen Anstieg der Arbeitslosenzahl auf 3 Millionen (13,4 % Arbeitslosenquote). Außerdem kündigte VW Kurzarbeit vom 23. bis 27. Februar 2009 an.

Der neugewählte US-Präsident Barack Obama brachte am 14. Februar ein neues Konjunkturprogramm in Höhe von 790 Milliarden US-Dollar auf den Weg. Davon waren 507 Milliarden US-Dollar für staatliche Investitionen vorgesehen und 283 Milliarden US-Dollar für Steuererleichterungen. Trotzdem mussten viele Unternehmen in den USA "die Segel streichen", wie z. B. die bekannte Casino-Gesellschaft *Trump Entertainment Resorts*. Überdies führten viele schlechte Unternehmensnachrichten, wie z. B. der Verlust der *AIG* von 99 Milliarden US-Dollar oder die Bekanntgabe von Kapitalerhöhungen, z. B. *HSBC* um 12,5 Milliarden Pfund, dazu, dass DAX und *Dow Jones* Anfang März 2009 einbrachen. Der *Dow Jones* schloss bei 6.723 Punkten (-4,23 %) mit einem 12-Jahres-Tief und der DAX fiel auf 3.675 Punkte (-3,83%). Gleichzeitig verlor der Euro seit September 2008 (1,55) 30 % gegenüber dem US-Dollar (4. März 2009 -1,25). Der Grund: Es mehrten sich Zweifel an der Kreditwürdigkeit vieler europäischer Staaten, wie Griechenland, Spanien usw. Die wirtschaftliche Talfahrt in Deutschland zeigt sich daran, dass im Februar 2009 ca. 17.000 Betriebe für ca. 700.000 Arbeitnehmer Kurzarbeit ankündigten.

Auf der anderen Seite des Atlantiks vermeldete die USA für Januar 2009 ein Minus von 681.000 Arbeitsplätzen. Dies war die größte Einbuße in einem Monat seit 1949. Seit dem Beginn der Rezession Ende 2007 hatte die US-

Wirtschaft damit insgesamt 4,4 Millionen Stellen abgebaut. Nach Statistiken von *Eurostat* ging die Industrieproduktion in der Euro-Zone von ihrem Höhepunkt im Frühjahr 2008 bis zum Frühjahr 2009 um fast 20 % zurück. Im März 2009 wurden Schätzungen veröffentlicht, wonach das deutsche Bruttoinlandsprodukt in diesem Jahr um 6 bis 7 % einbrechen sollte. Diese Prognose wurde durch die *Creditreform* gestützt, die bis zum Jahresende 2009 einen Zuwachs der Insolvenzen von 10 bis 15 % vorhersagte.

Um Rumänien zu stützen, erhielt es 12,95 Milliarden Euro Kredit von *Weltbank*, IWF und EU. Am 26. März 2009 gab es für ungarische Staatsanleihen fast keine Käufer mehr. Daraufhin erhielt Ungarn milliardenschwere Notkredite von IWF, Weltbank und EU.

Ende April 2009 vermeldete *Daimler* einen Verlust von 1,4 Milliarden Euro. Daraufhin wurde die Kurzarbeit ausgeweitet. Im Mai 2009 verdoppelte die EU wegen der schweren Wirtschaftskrise die potenzielle Krisenhilfe für die osteuropäischen Mitgliedstaaten von 25 Milliarden auf 50 Milliarden Euro. Ebenfalls senkte die EZB im Mai den Leitzins auf 1,0 %. Gleichzeitig nahm die EZB den Banken sogenannten *Covered Bonds* (Pfandbriefe - staatlich gesichert) in Höhe von 60 Milliarden Euro ab, um so zusätzliche Liquidität sicherzustellen.

Ein Paukenschlag erfolgte im Juni 2009, als *General Motors* den Insolvenzantrag stellte und gleichzeitig ankündigte, 38.000 Menschen zu entlassen. In Deutschland meldete am 9. Juni 2009 *Arcandor* (Muttergesellschaft von *Karstadt* und *Quelle*) Insolvenz an. Um die Liquidität zwischen den Banken weiter zu unterstützen, pumpte die *Europäische Zentralbank* mehr als 440 Milliarden Euro in den Markt – für gerade einmal ein Prozent Zinsen. Trotzdem gaben die Banken kaum Kredite an Firmen weiter, sodass sich die Liquiditätslage der Unternehmen weiter zuspitzte.

Deswegen versuchten die großen europäischen Unternehmen ihr Glück an den Börsen, durch die Emission von Anleihen. So verdoppelte sich z. B. im Januar 2009 das Anleihevolumen im Vergleich zum Januar 2008 auf 261 Milliarden US-Dollar. Allerdings mussten die Unternehmen den Anlegern hohe Zinsen bieten, damit sie Geld bekamen. So brachte z. B. *Daimler* eine Anleihe mit einem Zinssatz von 7,875 % auf den Markt.

Die Nachrichtenagentur *Bloomberg* schätzt die Verluste der Weltfinanzbranche bis Juni 2009, das heißt bilanzierte Wertberichtigungen und Kreditausfälle, auf 1.471 Milliarden US-Dollar. Hinzu kommen noch enorme Verluste aus CDS-Geschäften. Welche Dimensionen hier auf dem Spiel stehen, zeigt die Mitteilung der ISDA, dass die Sicherungsgeber (d.h. Anbieter von CDS-Policen) wegen der Pleite von *Lehman Brothers* 8,625 Cents je versicherten US-Dollar bezahlen müssen. Man schätzt das CDS-Volumen auf Lehman-Brothers-Anleihen auf ca. 400 Milliarden US-Dollar. Folglich ergibt sich eine Summe von schätzungsweise rund 35 Milliarden US-Dollar, die Versicherer, Banken und Vermögensverwalter an die Käufer der CDS auszahlen müssen.

Für viele überraschend hieß es Mitte August 2009, die Rezession sei beendet, weil Deutschland nach einem BIP-Minus von fast 7 % einen minimalen Zuwachs von 0,3 % erzielt habe. Die Börsen konnten sich aufgrund der sich verbessernden wirtschaftlichen Lage von ihren Tiefstständen im März deutlich erholen.

Im September 2009 kaufte China IWF-Anleihen, damit der IWF flüssig bleibt. Andere Staaten folgten. Nach Erwartung der EU-Kommission sollte die deutsche Wirtschaft im dritten Quartal um 0,7 % und im vierten um 0,1 % wachsen. Kurz darauf meldete der US-Hypothekenkreditfinanzierer *Fannie Mae*, dass die Zahlungsausfälle bei Hypothekenkrediten im Monat Juli auf ein neues Allzeithoch gestiegen seien. In Folge der Insolvenz von *Arcandor* musste im Oktober *Quelle* abgewickelt werden. Weiterhin wurde bekannt, dass die deutschen Steuereinnahmen wegen des Wirtschaftsabschwungs gegenüber 2008 im Jahr 2009 um 37 Milliarden Euro zurückgegangen waren.

Trotz der vielen negativen Nachrichten aus der Wirtschaft, gelang es durch die Konjunkturprogramme, eine Depression wie 1929 zu verhindern. Laut einer Studie der *Deutschen Bank Research* betrug das Volumen der weltweit aufgelegten Konjunkturprogramme etwa 2.000 Milliarden US-Dollar über mehrere Jahre verteilt.

Aber die Staaten haben sich durch ihre Rettungsaktionen erhebliche Folgeprobleme – Überschussliquidität und Staatsschulden – eingehandelt. So beobachtet man eine massive Überschussliquidität im Finanzsystem. Zuletzt gab es 2001/2002 eine ähnliche Überschussliquidität, deren Folge die US-Immobilienkrise war. Doch zunächst beflügelte die Überschussliquidität die Aktienmärkte. So erlebte der DAX in der zweiten Jahreshälfte 2009 ein wahres Revival. Er konnte seine Verluste ausgleichen und sogar um fast 20 % im Vergleich zum Jahresbeginn zulegen. Ebenfalls im Jahr 2009 konnte der

Goldpreis deutlich zulegen. Denn viele Anleger flüchteten in den vermeintlich sicheren Hafen Gold.

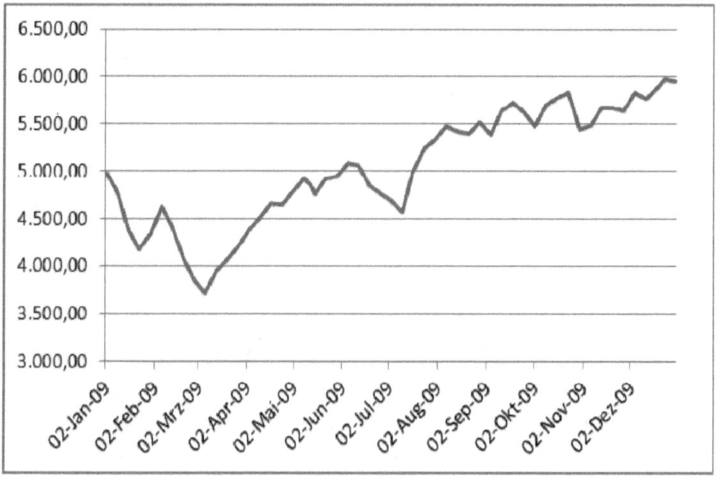

Abbildung 20: DAX-Entwicklung im Jahr 2009

Zudem erlebte der Euro in der zweiten Jahreshälfte ein Revival gegenüber dem US-Dollar. Er konnte im November 2009 fast seine alten Höchststände mit 1,51 US-Dollar wieder erreichen. Die US-Dollarschwäche ist darauf zurückzuführen, dass die USA zur Überwindung der Wirtschaftskrise die Finanzpresse angestellt hatten. So wurden z. B. alleine im September 2009 112 Milliarden USD-Staatsanleihen platziert – eine Rekordsumme.

Allerdings drohte nun eine weitere Gefahr: Die Staatsschuldenkrise. So mussten die Regierungen der USA, der Euro-Zone, Großbritannien und Japan im Jahr 2009 Anleihen von über 4 Billionen US-Dollar auflegen, das waren eine Billion mehr als in 2008. Dies lag daran, dass alleine die europäischen Banken von Oktober 2008 bis März 2010 ca. 4 Billionen Euro Staatshilfen bekommen hatten, davon drei Viertel in der Form von staatlichen Garantien. Die Banken nahmen von den Staatsgarantien 994 Milliarden Euro in Anspruch. Die USA gaben ebenfalls Billionen für die Bankenrettung aus. Trotzdem sind in den USA bis Juli 2011 ca. 380 Banken pleitegegangen. England hat schätzungsweise 850 Milliarden Pfund (in den ersten 15 Monaten der Finanzkrise) in Rettungsprogramme investiert. Beispielsweise erhielt alleine die teilverstaatlichte *Royal Bank of Scotland* (RBS) bis zu 36,5 Milliarden Pfund. Man schätzt, dass die Summe aus Kapitalspritzen, Garantien,

Bürgschaften und sonstigen Hilfen in Deutschland 19 % des Bruttoinlandsproduktes, in den USA 18 %, in England 68,7 % und in Irland sogar 263,6% ausmachten.

3.5.7.3.3 Wie eine Staatsschuldenkrise aus der Bankenkrise entsteht (2010)

Das Jahr 2010 wurde von einer Horrormeldung eröffnet. Die Europäische Statistikbehörde *Eurostat* teilte mit, dass die Arbeitslosenquote in der Euro-Zone auf den höchsten Stand seit elf Jahren gestiegen war. In Deutschland war die Kurzarbeit für viele Millionen von Arbeitnehmern der Rettungsanker vor der Arbeitslosigkeit.

Am 3. Januar sprach sich knapp ein Viertel aller Wahlberechtigten Isländer in einer Petition gegen die Rückzahlung ausländischer Sparguthaben in Milliardenhöhe aus, die beim Zusammenbruch der isländischen Banken verloren gegangen waren. Als Folge dieser Petition weigerte sich der isländische Präsident Ólafur Ragnar Grímsson, seine Unterschrift unter ein Gesetz zu leisten, das die Entschädigung für ausländische Anleger insolventer isländischer Banken regeln sollte. Jetzt musste eine Volksbefragung die Entscheidung bringen. Am 7. Januar zeigte sich, dass der deutsche Einzelhandel wegen der Wirtschaftskrise die kräftigsten Umsatzeinbußen seit sieben Jahren hinnehmen musste. Dies ist nicht verwunderlich, weil nach Angaben des *Bundesamts für Statistik* das deutsche BIP im Krisenjahr 2009 um ca. 5 % gefallen war.

Allerdings zeigte sich Ende Januar 2010 der erste Silberstreif am Horizont. Das Bruttoinlandsprodukt der USA legte im vierten Quartal 2009 um sagenhafte 5,7 % zu. Außerdem stieg die Arbeitslosigkeit in Deutschland im Januar "nur" um 342.000 auf 3,617 Millionen an, also um weniger als zunächst befürchtet. Zudem veröffentlichten *Microsoft, Amazon* und *Infineon* gute Geschäftszahlen.

Ein weiteres Problem zeichnete sich am Horizont ab – die Staatsverschuldung. Langsam wurde deutlich, dass die Bankenkrise in eine Staatsschuldenkrise münden würde. Als 2007 die Banken reihenweise zu kollabieren begannen, lag das Staatsdefizit im Euroraum bei gerade einmal ca. 2 % des BIPs im Durchschnitt. So konnte Spanien seine Staatsschuldenquote auf 40 %, Irland sogar unter 30 % drücken. Erst durch die in den vorherigen Kapiteln erläuterten Rettungspakete (Konjunktur-, Liquiditätshilfen für die Banken usw.) nach der Lehman-Pleite schnellte die Schuldenquote in der Euro-Zone von durchschnittlich 66 % auf 85 % in die Höhe. Letztlich bedeutet dies, dass sich alle Euro-Staaten am Kapitalmarkt regelmäßig Geld leihen müssen, um ihre Schulden zu bezahlen. Einige Euro-Staaten sind mittlerweile so hoch verschuldet, dass ihnen kaum noch jemand Kredit geben will. Wenn das Land dennoch Kredit bekommt, sind die Zinsen als Ausgleich für das Risiko des Zahlungsausfalles relativ hoch. Daher ist die Kreditaufnahme für die Staaten, die hoch verschuldet sind, besonders teuer. An dieser Schwelle stand Griechenland Anfang Februar 2010.

Am 3. Februar zeichnete sich ab, dass Griechenland kurz vor der Pleite steht. Darum zwang die EU-Kommission Athen zu größeren Sparanstrengungen. Um seine maroden Staatsfinanzen wieder in den Griff zu bekommen, wird Griechenland zwei Jahre Zeit gegeben. Deswegen kündigte die griechische Regierung Sparmaßnahmen in Höhe von 4,8 Milliarden Euro an (das entspricht rund 2 % des griechischen BIPs). Obendrein wird Griechenland von Brüssel intensiv überwacht.

Ebenfalls teilte die Wirtschaftsauskunftei *Creditreform* mit, dass im Jahr 2009 185.000 Betriebe in Europa pleitegegangen sind, das bedeutete einen Anstieg der Insolvenzen um 22 % im Vergleich zu 2008. Außerdem beschloss das Bundeskabinett strengere Regeln für Boni von Bank- und Versicherungsmanagern.

Am 10. Februar legte als Folge der Sparmaßnahmen ein Streik der Staatsbediensteten den Flugverkehr und die Behörden in Griechenland lahm. Auf einem EU-Sondergipfel entschlossen sich die EU-Staaten, Griechenland kein Geld auszuzahlen, sondern "nur" politische Unterstützung zu gewähren. In Deutschland mehrte sich die Hoffnung, dass die Krise zu Ende gehe, weil die Zahl der offenen Stellen in den letzten Monaten des vergangenen Jahres leicht gestiegen war. Dies wurde als Hinweis gedeutet, dass die Firmen ihre Lage wieder positiver einschätzen. Um die Staatsverschuldung in den Griff zu bekommen, musste das von der Finanzkrise schwer getroffene Irland einen rigiden Sparkurs einschlagen.

Der Autobauer *Daimler* musste einen unerwartet hohen Verlust für 2009 verbuchen und strich daher die Dividende. Auch andere promiente deutsche Unternehmen kürzten die Dividende. Obendrein wurde das britische Pfund immer schwächer, weil die englische Staatsverschuldung kräftig anstieg. Die Ratingagenturen drohten Großbritannien gar mit einer Herabstufung, wenn nicht gespart werde. Überdies erwartete man für England einen Wirtschaftseinbruch von über 10 %.

Im März gab das *Statistische Bundesamt* bekannt, dass erstmals seit Gründung der Bundesrepublik Deutschland als Folge der rezessionsbedingten Kurzarbeit die Bruttoverdienste der Arbeitnehmer im Jahr 2009 gesunken seien. In Portugal streikten die Beschäftigten des öffentlichen Dienstes gegen die Sparmaßnahmen der Regierung. Spanien vermeldete eine Arbeitslosigkeit auf Rekordhoch. Am 18. März wurde die Lage in Griechenland immer verzweifelter. Im Markt kursierten Gerüchte, dass sich das griechische Staatsdefizit für 2009 auf 13,6 % der Wirtschaftsleistung belaufe. In seiner Not forderte Griechenland von der EU Gewissheit über mögliche Hilfen bei der Sanierung seiner maroden Staatsfinanzen. Weniger Tage später regte der EU-Kommissionspräsident José Manuel Barroso an, dem hoch verschuldeten Griechenland mit bilateralen Krediten helfen zu wollen. Bundeskanzlerin Angela Merkel und Frankreichs Präsident Nicolas Sarkozy spielten ein Szenario zur Hilfe von Griechenland durch, bei dem der *Internationale Währungsfonds* eine wichtige Rolle einnehmen sollte. Zu allem Überfluss stufte die Ratingagentur *Fitch* nach Griechenland nun auch die Kreditwürdigkeit von Portugal herab. Am 25. März einigte man sich auf einem EU-Gipfel darauf, dass einzelne Euro-Länder und der *Internationale Währungsfonds* Griechenland freiwillig finanzielle Hilfen leisten würden. Allerdings sind die Hilfen an Bedingungen geknüpft, welche Griechenland mit der sogenannten Troika aus *Europäischer Zentralbank*, IWF und EU-Kommission in einem Sanierungsprogramm festlegte. Die Troika überprüft alle drei Monate, ob die Bedingungen eingehalten werden. Dabei geht es um Reformen des Steuersystems, Einsparungen, Privatisierungen usw.

Anfang April traf in Griechenland ein Beraterstab des *Internationalen Währungsfonds* ein. Er sollte der griechischen Regierung helfen, den Staatshaushalt wieder in den Griff zu bekommen. In Deutschland hellte sich der Konjunkturhimmel immer mehr auf. So konnten die deutschen Exporte im Vergleich zum Vormonat um 5,1 % zulegen, was der kräftigste Zuwachs seit acht Monaten war.

Um Griechenland aus der Schuldenmisere zu helfen, einigten sich die Euroländer am 11. April auf Details für ein Rettungspaket für Griechenland, an dem sich der IWF und alle Eurostaaten beteiligten. Um die Zahlungsfähigkeit Griechenlands zu gewährleisten, werden 110 Milliarden Euro über drei Jahre zur Verfügung gestellt. Hiervon geben die Mitglieder der Euro-Zone bis zu 80 und der IWF bis zu 30 Milliarden Euro. Der deutsche Anteil an dem Hilfspaket beträgt rund 22,4 Milliarden Euro. Im Gegenzug muss sich Grie-

chenland zu umfänglichen Sparmaßnahmen und regelmäßigen Berichten über den Stand der Umsetzung in engen zeitlichem Abstand verpflichten. Trotzdem stufte *Standard & Poor's* griechische Anleihen als hochspekulativ (B) ab.
Am 7. Mai stimmten Bundestag und Bundesrat dem Rettungspaket für Griechenland zu. In der Debatte sagte Finanzminister Wolfgang Schäuble: "Jede andere Alternative würde viel teurer, wäre viel gefährlicher, würde viel größere Risiken haben." Daraufhin erhält Griechenland am 12. Mai die ersten 5,5 Milliarden Euro aus dem Rettungspaket vom IWF. Wegen des dramatischen Sparpaketes rufen die großen griechischen Gewerkschaften zum Streik auf. Wegen der europäischen Schuldenkrise fällt der Euro auf den tiefsten Stand seit 2006 mit 1,21 je US-Dollar, während der Goldpreis gleichzeitig auf ein Rekordniveau steigt. Obendrein verhängt die BaFin kurzfristig ein Verbot für ungedeckte Leerverkäufe vom 19. Mai 2010 bis zum 21. März 2011. Hierunter fallen auch die Wetten mit Staatsanleihen und CDS.
Am 9. Mai 2010 beschlossen die EU-Finanzminister einen Europäischen Rettungsschirm mit einem Gesamtvolumen von 500 Milliarden Euro[76]. Dieser setzt sich zusammen aus einem EU-Gemeinschaftsinstrument, dem Europäischen Finanzstabilisierungsmechanismus (EFSM - 60 Milliarden Euro) und einer noch zu gründenden zwischenstaatlichen Zweckgesellschaft (EFSF - 440 Milliarden Euro). Dadurch sollte sowohl die Zahlungsfähigkeit der einzelnen Mitgliedsländer des Eurogebietes als auch die Stabilität des Euroraums als Ganzes gesichert werden. Mithilfe des IWF wurden die Mittel des EFSF im Bedarfsfall auf bis zu 750 Milliarden Euro hoch geschraubt.
Ebenfalls kündigte die *Europäische Zentralbank* an, Staatsanleihen kriselnder Staaten aufzukaufen. Hierdurch wollte sie verhindern, dass die Länder ihre Schulden nicht mehr bedienen können, weil die Zinsen immer weiter steigen. Allerdings verbieten die Statuten der EZB, Anleihen direkt von den Emittenten zu erwerben. Darum kauft die EZB die Anleihen am öffentlichen und privaten Anleihemarkt – dem sogenannten Sekundärmarkt. Mit dieser Ankündigung brach die EZB mit einem Tabu. Schließlich war bis jetzt ein derartiges Mittel zur Krisenbekämpfung verpönt.

---

[76] Der Rettungsschirm ist sehr umstritten, weil es in der EU die No-Bail-out-Klausel gibt, d. h. ein Staat haftet nicht für die Schulden eines anderen Staates. Dagegen führen die Befürworter der Rettungsschirme an, dass falls ein Euro-Land zahlungsunfähig werden würde, der Euro als Ganzes in Gefahr geriete.

Am 21. Mai billigten Bundestag und Bundesrat die deutsche Beteiligung am milliardenschweren Euro-Schutzschirm. Am 24. Mai kündigte die neu gewählte britische Regierung massive Einsparungen an, um die Staatsverschuldung in den Griff zu bekommen. Auch Italien beschloss ein Sparprogramm zur Schuldensenkung. Am 25. Mai 2010 musste Spanien seine Sparkassen retten und verstaatlichen. Die Sparkassen gerieten durch den Zusammenbruch des spanischen Immobilienmarktes in Schieflage. Weiterhin kündigte Spanien harte Sparmaßnahmen (ca. 15 Milliarden Euro im Jahr) an, z. B. müssen die Spanier mit Lohneinbußen rechnen.
Am 8. Juni wurde in Luxemburg von den Euro-Finanzministern eine Zweckgesellschaft gegründet, die im Notfall den Rettungsschirm über wankende Euro-Staaten öffnen soll. Die sogenannte *Europäische Finanzstabilisierungsfazilität* (EFSF) nahm somit ihre Arbeit auf. Letztlich ist die EFSF nichts anderes als ein Fonds, aus dem Kredite gewährt werden können. Bevor Gelder vom EFSF fließen, müssen strenge Bedingungen erfüllt sein. So muss ein Euro-Mitgliedsland soweit im Schlamassel stecken, dass es sich nicht mehr zu akzeptablen Zinssätzen an den Märkten finanzieren kann. Außerdem muss das Land einen formellen Antrag stellen. Daraufhin wird ein Hilfsprogramm (u.a. Sparauflagen, Kredithöhe usw.) mit der EU-Kommission und dem *Internationalen Währungsfonds* ausgehandelt. Erst wenn die Euro-Finanzminister dem ausgehandelten Hilfsprogramm zugestimmt haben, kann der Fonds aktiv werden. Die ganze Prozedur kann mehrere Wochen dauern.
Das Volumen des EFSF beträgt insgesamt 750 Milliarden Euro. Es setzt sich zusammen aus Garantien der Euro-Länder in Höhe von 440 Milliarden Euro, weiteren 60 Milliarden von der Europäischen Union und 250 Milliarden vom *Internationalen Währungsfonds*. Das nötige Geld für Hilfsaktionen beschafft sich der EFSF, indem er Anleihen an die Börse bringt. Da die Euro-Staaten für ihn garantieren, gilt der EFSF als erstklassiger Schuldner. Darum gaben ihm die Ratingagenturen auch Bestnoten. Dazu hat auch beigetragen, dass die tatsächliche Kreditvergabe deutlich unter dem Garantierahmen von 750 Milliarden Euro liegt, nämlich bei ca. 440 Milliarden Euro. Zudem ist der EFSF bis Ende Juni 2013 begrenzt. Außerdem soll wegen des Skandals um jahrelange Manipulationen der Schuldenstatistiken Griechenlands das europäische Statistikamt *Eurostat* mehr Rechte bei der Überwachung der Haushaltsdaten erhalten.

Im Juli 2010 zeigten in Deutschland immer mehr konjunkturelle Indikatoren eine Erholung der Wirtschaft an. Beispielweise sank die Arbeitslosigkeit auf 3,153 Millionen. Zudem wurden zum ersten Mal seit April 2009 weniger Firmenpleiten gezählt als im Vormonat.
Im August kamen gute Nachrichten aus Griechenland. EU, EZB und IWF waren mit den bisherigen Reformen zufrieden und gaben grünes Licht für die zweite Tranche des Hilfspakets. Obendrein wuchs die deutsche Wirtschaft so stark wie schon seit Jahren nicht mehr. So wuchsen die deutschen Exporte stärker als die Weltwirtschaft.
Der schon totgesagte Autobauer *General Motors* machte ein Jahr nach der Insolvenz wieder Milliardengewinne – nur nicht in Europa. Dort krankt die Tochter *Opel* immer noch.
Aber Ende August zogen in den USA wieder dunkle Wolken am Konjunkturhimmel auf. Bei den Menschen wuchs die Angst vor einem Rückfall in die Rezession, weil jetzt immer mehr und mehr Menschen auch aus der Mittelschicht betroffen waren. Daraufhin kündigte die Notenbank an, die Konjunktur in den USA notfalls weiter zu stützen, also neues Geld in die Märkte zu pumpen.
In Deutschland wurde im September 2010 durch die Bundesregierung ein 80-Milliarden-Euro-Sparpaket für die kommenden vier Jahre verabschiedet. Beispielsweise erhalten Hartz-IV-Empfänger künftig weder Elterngeld noch Beiträge zur Rentenversicherung. Es wird außerdem eine Luftverkehrsabgabe (eine Sondersteuer für die Luftfahrtbranche) eingeführt.
Am 6. September kündigte US-Präsident Barack Obama ein weiteres Milliardenprogramm an, um neue Arbeitsplätze zu schaffen. Am folgenden Tag beschlossen die EU-Finanzminister die Gründung von drei zentralen Aufsichtsbehörden für Banken, Börsen und Versicherungen. Ferner wurde ein System der frühzeitigen Kontrolle der nationalen Haushaltspläne eingeführt. Am 12. September wurde nach langem Tauziehen *Basel III* (s. *Basel I* und *II*, S. 121ff.) aus der Taufe gehoben. *Basel III* sieht strengere Eigenkapitalvorschriften für die Kreditwirtschaft vor. So soll von 2013 bis 2019 das Eigenkapital der Banken von 2 auf 7 % erhöht werden, um diese krisenfester zu machen.
Irland musste überraschend noch mehr Geld in sein Bankensystem pumpen. Es drohte eine ähnliche Entwicklung wie in Griechenland. In Irland reagierten die Menschen wütend auf das neue, milliardenschwere Bankenrettungspaket. Am 29. September 2010 präsentierte EU-Währungskommissar

Olli Rehn Vorschläge zur Krisenbewältigung. Er zielte darauf ab, die EU finanzpolitisch besser zu steuern. Dazu sollen etwa Sanktionen bei Verstößen gegen die Maastricht-Kriterien[77] [78] künftig automatisch verhängt werden und nicht erst, wie jetzt, wenn die Mitgliedsländer darüber entschieden haben. Zusätzlich sollen die Schuldenstaaten bei der Eröffnung eines Defizitverfahrens ein Strafpfand in Höhe von 0,2 % des Bruttoinlandsproduktes hinterlegen. Über diese Pläne soll im nächsten Jahr entschieden werden. Einen Tag später schlug wieder einmal die Ratingagentur *Moody's* zu und stufte Spanien ab. Der spanische Ministerpräsident Rodríguez Zapatero bestritt, finanzielle Hilfe der EU zu brauchen. Zur Unterstreichung seiner Worte gab er einen rigorosen Sparkurs bekannt.

Zu allem Überfluss tat sich gegen Ende September ein neuer Krisenherd auf – der Krieg der Währungen. Angesichts eines Abwertungswettlaufs großer Volkswirtschaften mehrten sich die Stimmen, die von einem Währungskrieg mit unkalkulierbaren Folgen für die Weltkonjunktur sprachen. So mahnten der *Internationale Währungsfonds* und die *Weltbank* bei ihrer Jahresversammlung, Währungsdispute nicht eskalieren zu lassen. Dennoch verabschiedete das US-Repräsentantenhaus ein Gesetz, mit dem gegen Staaten Strafzölle erhoben werden dürfen, die aus Rücksicht auf ihre Exportwirtschaft den Wechselkurs ihrer Landeswährung künstlich niedrig halten. Dieser "Krieg der Währungen" und die konjunkturelle Erholung Deutschlands führten zu einem Revival des Euro.

---

[77] Die wichtigsten Maastricht-Kriterien sind: Haushalsdefizit max. 3 % des BIPs, Staatsverschuldung max. 60 % des BIPs, Inflationsrate höchstens 1,5 Prozentpunkte über dem Inflationsdurchschnitt von den drei Ländern mit der niedrigsten Inflation sowie ein Zinssatz für langfristige Staatsanleihen von nicht mehr als zwei Prozent über den durchschnittlichen Zinssätzen.

[78] Im Laufe der ersten 10 Jahre der Euro-Zone gab es 97 Verstöße gegen die Maastricht-Kriterien. Dennoch wurde kein einziges Land bestraft.

Abbildung 21: Euro/US-Dollar-Wechselkurs vom 23. Mai 2010 bis zum 18. November 2010

Wie Herkules in der griechischen Mythologie beim Kampf mit der Hydra (einem neunköpfigen Schlangenungeheuer), müssen sich derzeit die Politiker in der EU beim Kampf gegen die Schuldenkrise vorkommen. Kaum wird der Hydra ein Kopf abgeschlagen, wachsen im selben Augenblick zwei neue nach. So ist es nicht verwunderlich, dass die Sorgenfalten wegen Griechenland innerhalb der EU immer größer werden, weil das Staatsdefizit für 2009 mit 15,1 % des BIP noch höher sein soll als bisher bekannt. Am 19. Oktober 2010 einigten sich die EU-Finanzminister auf neue Regeln und Zulassungsverfahren für Hedgefonds. Außerdem einigten sich die Finanzminister der 20 führenden Industrie- und Schwellenländer im südkoreanischen Gyeongju auf eine Reform des *Internationalen Währungsfonds* und neue Bankenregeln. Ende Oktober verkündete die *Bundesagentur für Arbeit*, dass die Arbeitslosigkeit mit 2,945 Millionen Menschen so niedrig liege wie seit fast 20 Jahren nicht mehr.

Die US-Notenbank gab Anfang November 2010 bekannt, dass sie bis Mitte des kommenden Jahres weitere Staatsanleihen für 600 Milliarden US-Dollar kaufen und damit indirekt Bankenkredite für Firmen und Bürger verbilligen wolle. Dagegen stieg *General Motors* wie der Phoenix aus der Asche auf und ging am 17. November 2010 wieder an die Börse. Die Aktie war mehrfach überzeichnet. Wegen der hohen Nachfrage verlangte *General Motors* den maximal möglichen Preis für seine Aktien, d. h. 33 US-Dollar. Der Autobauer konnte bei dem Börsengang mehr als 23 Milliarden US-Dollar einnehmen.

Gegen Ende November lief die Bankenkrise in Irland völlig aus dem Ruder. Die irische Regierung teilte mit, dass nun endgültig große Teile des Finanzsystems verstaatlicht werden. Aller Voraussicht nach wird auch das bislang größte und stabilste Institut, die *Bank of Ireland*, verstaatlicht. Dies zeigt, wie durch das Platzen der amerikanischen und irländischen Immobilienblase das irländische Bankensystem zusammengebrochen ist. So musste Irland den Bankensektor mit rund 70 Milliarden Euro stützen. Davon bekamen allein die *Anglo Irish Bank* und die *Irish Nationwide Building Society* (INBS) 34,7 Milliarden Euro an Kapitalspritzen. Darum werden diese beiden Banken binnen zehn Jahren aufgelöst. Diese riesigen Summen konnte Irland nicht mehr alleine stemmen. Darum bat das Land am 21. November 2010 offiziell um Finanzhilfe aus den Mitteln des EFSF. Wegen des Hilfsgesuches schnürten die Europäer und der IWF ein Hilfspaket von 85 Milliarden Euro für Irland. Die Hilfe[79] ist allerdings – ähnlich wie bei Griechenland – an harte Sparmaßnahmen geknüpft. Wie gut die Rettungsaktion an den Märkten ankommt, zeigt sich an Risikoaufschlägen für irische Staatsanleihen. Sie sanken am Montag, den 22. November 2010 deutlich, z. B. kletterte der Kurs der zehnjährigen Staatspapiere um 1,235 Punkte auf 81,76 Zähler. Hierdurch sank die Rendite wieder unter die Rekordmarke von 8 %. Sie liegt mit 7,69 % aber noch immer deutlich über dem Wert für deutsche Staatsanleihen, die pro Jahr eine Rendite von 2,713 % abwerfen. Auch die Aktienmärkte reagierten erleichtert, der DAX stieg auf 6.894 Punkte, d. h. er notierte so hoch wie seit Juni 2008 nicht mehr. Gleichzeitig zeigte die Bilanzsaison, dass die deutsche Wirtschaft – egal ob Fluggesellschaften, Autohersteller oder Maschinenbauer – die Krise hinter sich gelassen hatte.

Aber auch auf der anderen Seite der Welt, in China, drohte langsam ein Problem. Da die chinesische Regierung Angst vor Aufständen von hungrigen Massen hatte, machte sie ernst im Kampf gegen steigende Verbrau-

---

[79] Der ersten EFSF-Kredite in Höhe 3,6 Milliarden Euro sollten Anfang Februar 2011 an Irland ausgezahlt werden, zu einem Zins von 5,9 % mit einer Laufzeit bis Mitte 2016. Am Finanzmarkt hätte Irland zu diesem Zeitpunkt ca. 9 % Zinsen bezahlen müssen. Somit erhielt Irland durch den EFSF-Kredit eine Zinsersparnis von ca. 3,1 %. Auf der anderen Seite musste der EFSF sich das Geld für den Irlandkredit selbst am Kapitalmarkt leihen. Dafür muss der Fonds einen Zins von nur 2,89 % bezahlen. Die Differenz zwischen 2,89 und 5,9 % von knapp 3 Prozent kommt dem EFSF zugute und damit auch seinen Bürgschaftsgebern wie Deutschland.

cherpreise. So müssen Spediteure von frischen Lebensmitteln ab 1. Dezember 2010 keine Mautgebühren mehr bezahlen. Zudem wurden die Transportkosten für Düngemittel gesenkt. Außerdem mussten die regionalen Verwaltungen die Versorgung mit Kohle und Öl sicherstellen. Sie sollten darüber hinaus Preise rasch korrigieren und vorübergehend Preiskontrollen für wichtige Waren des täglichen Bedarfs durchführen. Dies geschah vor dem Hintergrund, dass die Inflationsrate im Oktober mit 4,4 % den höchsten Stand seit mehr als 2 Jahren erreicht hatte. Dabei waren Lebensmittel die Preistreiber Nummer eins, ihre Preise waren binnen eines Jahres um mehr als 10 % gestiegen.

Am 28. November einigten sich die EU-Finanzminister auf einen ständigen Rettungsschirm, der den EFSF 2013 ablösen soll. Die Bundeskanzlerin erklärte dazu: "Wir haben wesentliche Entscheidungen gefällt, so dass wir die Stabilität des Euro auf Dauer garantieren können." Damit wurde der *European Stability Mechanism* (ESM) aus der Taufe gehoben. Der ESM soll mit Mitteln in Höhe von 700 Milliarden Euro ausgestattet werden, von denen maximal 500 Milliarden an Not leidende Staaten verliehen werden können. Der Rest dient als Sicherheitseinlage, damit der ESM Bestnoten von den Ratingagenturen bekommt. Im Gegensatz zum EFSF wird der ESM mit einer Bareinlage in Höhe von 80 Milliarden Euro ausgestattet. Davon trägt Deutschland 22 Milliarden Euro Kapitaleinlage und garantiert weitere 168 Milliarden. Der ESM gewährt Hilfen nur im Notfall, sofern der Empfängerstaat sich zu sparen verpflichtet. Um den Einsatz des ESM effektiver zu gestalten, wird die bisher nötige Einstimmigkeit für Beschlüsse durch eine qualifizierte Mehrheit von 85 % ersetzt. Die großen Euro-Länder Deutschland, Frankreich und Italien behalten damit aber faktisch ihr Vetorecht, weil sie mehr als 15 % der ESM-Anteile halten. Bei Staatspleiten soll nun künftig nach den Regeln des IWF vorgegangen werden, d. h. es wäre vom Einzelfall abhängig, ob es zu einem Schuldenschnitt kommt und nicht von festen, vorgegebenen Regeln, wie es Deutschland ursprünglich erreichen wollte. Ansonsten kann der ESM alles das, was auch der EFSF kann bzw. darf.

Anfang Dezember 2010 wurde darüber diskutiert, ob Portugal[80] als nächstes Land unter den Euro-Rettungsschirm gehen muss. So teilte die Notenbank

---

[80] Allerdings lassen historische Vergleiche darauf hoffen, dass die Schuldenstaaten wie Griechenland, Portugal, Spanien oder Irland die Wende schaffen. So erreichte die dänische Verschuldung 1993 rund 80 % des BIP. Daraufhin legte das Land einen bühenreifen Turnaround hin. Es konnte bis 2008 die Staatsverschuldung auf 22 % des BIPs drücken.

in ihrem Finanzstabilitätsbericht am 30. November 2010 mit, dass, sollte Portugal nicht Maßnahmen angehen, die die Staatsfinanzen glaubwürdig und nachhaltig konsolidierten, das Risiko für die Banken untragbar werde. Und auch Italien und Spanien rückten zunehmend in den Fokus. Die Investoren waren verunsichert und flohen aus Papieren der Krisenstaaten in deutsche Bundesanleihen. Auch der Euro geriet unter die Räder. Er rutschte im Zuge der anhaltenden Spekulationen gegen Mitgliedstaaten weiter ab und fiel erstmals seit Anfang September wieder unter 1,30 US-Dollar.

Ebenso wurde Anfang Dezember zur Bekämpfung der Euro-Schuldenkrise im Euro-Rettungsschirm ein Umschuldungsmechanismus verankert. Dieser sieht vor, dass europäische Staaten, die zu hohe Schulden angehäuft haben, einen Teil der Schulden erlassen bekommen können. Den Ausfall sollen alle Gläubiger gleichermaßen tragen, d. h. Privatanleger genauso wie Banken oder Fonds. Dazu wird in die Bedingungen aller Staatsanleihen der Euroländer, die ab Juni 2013 ausgegeben werden, eine Umschuldungsklausel aufgenommen. Diese Klausel (*Collective Action Clauses* (CAC)) definiert rechtlich verbindlich, was passiert, wenn ein Staat seine Schulden nicht mehr zahlen kann.

Hat ein Land einen kurzfristigen Liquiditätsengpass, ist aber nach Ansicht der *Europäischen Zentralbank* und des *Internationalen Währungsfonds* in der Lage, seinen Verpflichtungen nachzukommen, kann es Hilfen aus dem EU-Rettungsfonds abrufen. Obendrein werden die Gläubiger ermuntert, ihre Schulden später als vereinbart zurückzufordern, um den Schuldendienst des Staates zu entlasten. Das heißt, der einzelne Anleger kommt vorerst nicht an sein Geld ran.

Hat dagegen das Land tiefgreifende Strukturprobleme, d. h. es kann seine Verpflichtungen nicht zurückzahlen, wird eine Gläubigerversammlung einberufen. Diese kann mit einer qualifizierten Mehrheit über Maßnahmen einer Umschuldung abstimmen. Welche Mehrheit notwendig ist, steht noch nicht fest. Zum Vergleich: In der Privatwirtschaft sind 66 oder 75 % üblich. Kommt es zu einer Umschuldung, stehen im Prinzip drei Möglichkeiten zur

---

Ähnliche Erfolge feierten z. B. Schweden, hier fiel die Staatsverschuldung von 1996 bis 2008 von 73 auf 38 %, oder die Niederlande, die die Staatsverschuldung von 1994 bis 2007 von 79 auf 46 % drückten. Die Schuldenstaaten haben dabei eigentlich nur zwei Möglichkeiten, ihre Verschuldung im Verhältnis zum BIP zu drücken. Entweder durch eine geringere Verschuldung (Auflegung von Sparprogrammen) oder durch eine Steigerung des BIPs.

Wahl. Erstens können die Gläubiger die Laufzeiten ihrer Anleihen verlängern. Zweitens können sie Zinsen und drittens einen Teil der Schulden erlassen *(Haircut)*.

Am 1. Dezember 2010 nahm die Angst um die Zukunft der Euro-Zone schon fast irrationale Züge an. Die Risikoaufschläge für Anleihen mehrerer europäischer Länder gingen rasant auf und ab, neben den bekannten Ländern Portugal und Spanien traf es nun auch Italien und Belgien. Der Euro verlor binnen einer Woche im Vergleich zum US-Dollar rund acht Cent an Wert. Deswegen wurde in den Medien der Vorschlag von Euro-Bonds aufgebracht. Das sind Staatsanleihen, die die EU-Mitgliedstaaten gemeinsam herausgeben. Aber Deutschland stellte sich quer, die Kanzlerin will die Wirtschaftspolitik der EU-Staaten stattdessen enger verzahnen. Dagegen schlug der deutsche Sachverständigenrat einen Schuldenfonds vor, in den die Krisenstaaten all jene Schulden auslagern können, die 60 % der Wirtschaftsleistung übersteigen. Dieser Fonds könnte dann für diesen Teil der Staatsschuld gemeinsame Anleihen – also Euro-Bonds – ausgeben, für die alle Staaten der Euro-Zone gemeinsam haften. Aber jedes Land müsste seine Verbindlichkeiten gegenüber dem Fonds einzeln zurückzahlen. Zusätzlich müsste jedes Land der Euro-Zone eine Schuldenbremse einführen.

Am 3. Dezember wurde eine neue Runde in der Euroschuldenkrise eingeläutet. Spaniens Ministerpräsident Rodriguez Zapatero versuchte, mit Notverkäufen die Schulden zu reduzieren. Dennoch war fraglich, ob diese Bemühungen ausreichen. Denn die Finanzmärkte entkoppelten sich zunehmend von der Realität in der Euro-Zone.

Darüber hinaus beschloss der *Baseler Ausschuss der Bankenaufseher* aus 27 Ländern am 1. Dezember, dass die Inhaber von Vorzugspapieren, Stillen Einlagen oder Nachranganleihen einer Bank ihre Einlagen verlieren sollten, wenn das Institut zusammenbricht. Der Grund für diese Maßnahme war, dass in der jüngsten Krise die Banken vom Steuerzahler gerettet werden mussten, während ihre Fremd- und Hybridkapitalgeber nicht bluten mussten.

Am 7. Dezember 2010 musste die *Europäische Zentralbank* wegen erneuten Spannungen an den Finanzmärkten wieder vermehrt Staatsanleihen kaufen (innerhalb einer Woche Staatstitel im Wert von 1,965 Milliarden Euro). Insgesamt hielt die EZB jetzt Staatstitel für 69 Milliarden Euro in ihrer Bilanz.

Mitte Dezember 2010 sagte der EZB-Präsident Jean Claude Trichet, die EU-Staaten müssten sich angesichts der Staatsschuldenkrise auf zusätzliche fi-

nanzielle Lasten einstellen. Der EZB-Präsident befürchtete offenbar Verluste aufgrund der gekauften Ramsch-Anleihen von gefährdeten EU-Staaten. Deswegen sollten die Euro-Staaten das EZB-Grundkapital auf 10,8 Milliarden Euro erhöhen. Bislang lag das Grundkapital der EZB bei knapp 5,8 Milliarden Euro, wovon nur ein Teil eingezahlt ist. Das Grundkapital besteht aus Einzahlungen der an der EZB beteiligten Notenbanken der 16 Euro-Länder und ebenso der anderen elf EU-Länder, die bislang die Gemeinschaftswährung nicht eingeführt haben. Wegen der beschlossenen Grundkapitalerhöhung müssen die nationalen Zentralbanken weitere Beträge einzahlen, und zwar in drei Schritten bis 2012. Die erste Rate wurde am 29. Dezember 2010 fällig. Die Bundesbank muss ihren Anteil an der EZB auf etwas mehr als zwei Milliarden Euro aufstocken – und dafür rund eine Milliarde Euro einzahlen.
Außerdem erlitt die spanische Regierung im Kampf gegen die Schuldenkrise einen weiteren Rückschlag. Die Ratingagentur *Moody's* erwog, die Kreditwürdigkeit des Landes erneut zu senken. Die Märkte reagierten nervös. In der Folge musste Spanien für zehnjährige Staatsanleihen einen Zins von 5,49 % im Jahr zahlen. Das sind 0,86 Prozentpunkte mehr als bei der letzten Auktion vor einem Monat. Zu allem Überfluss stufte die Ratingagentur *Moody's* die Kreditwürdigkeit von Irland gleich um fünf Noten herunter. Obendrein warnte die Ratingagentur vor einer weiteren Herabstufung, falls das Land seine Schuldenentwicklung nicht auf absehbare Zeit unter Kontrolle bringe.
Laut der *Internationalen Arbeitsorganisation* (ILO) kostete die Krise 27,6 Millionen Menschen (weltweit) den Job. Besonders in den Industriestaaten seien zahlreiche Stellen weggefallen, hier ist die Arbeitslosenquote von 5,8 % auf 8,8 gestiegen. Immerhin gab es in Sachen Jobentwicklung von der ILO Lob für Deutschland. Hier hätten Kurzarbeit und andere Maßnahmen einen Anstieg der Arbeitslosigkeit erfolgreich entgegenwirkt. Zudem konnten sich am 16. Dezember die EU-Staaten auf eine Änderung des EU-Vertrages einigen, um den ESM implementieren zu können.
Der DAX konnte das Jahr 2010 trotz alledem mit einen Plus von fast 14 % beenden, weil die deutschen Unternehmen gute Geschäftszahlen präsentierten. Dagegen konnte der *Dow Jones* nur um 9 % zulegen, weil sich die konjunkturelle Lage in den USA noch nicht entspannt hatte.
Im Januar 2011 nahmen die neu geschaffenen europäischen Aufsichtsbehörden für Banken, Börsen und Versicherungen ihre Arbeit auf. Allerdings blieb die Wirtschaftslage in den USA wegen der hohen Staatsschulden, ho-

her Arbeitslosigkeit und den immer wiederkehrenden Problemen am Immobilienmarkt schwierig. Die deutsche Wirtschaft hatte dagegen die Krise endgültig hinter sich gelassen. Sie konnte 2010 um fast 3,6 % wachsen. Zudem erhöhte die Bundesregierung ihre Wachstumsprognose für 2011 von 0,5 auf 2,3 %. Am 25. Januar 2011 stieß die erste Anleihe des Euro-Rettungsschirms EFSF (für Hilfsgelder für Irland) auf starke Nachfrage bei den Anlegern. Es wurden mehr als 500 Gebote von institutionellen Investoren mit einem Ordervolumen von insgesamt 44,5 Milliarden Euro für die Anleihe (Volumen 5 Milliarden Euro) entgegen genommen. Allerdings lag der Zinssatz für die Anleihe mit 2,70 % etwas höher als der von vergleichbaren deutschen und französischen Anleihen.

Im Februar 2011 suchten die Euro-Staaten nach mehr Stabilität für ihre Gemeinschaftswährung. Dazu schlugen Deutschland und Frankreich vor, die Wirtschaftspolitik der Euro-Staaten besser zu koordinieren. Zudem wurde bekannt, dass die Mitarbeiter der großen US-Finanzfirmen der *Wall Street* 2010 so viel wie noch nie verdienten, so als hätte es die Krise nicht gegeben. Obendrein vermeldete die Schweizer Großbank *UBS* den ersten Gewinn seit Beginn der Finanzkrise. Dagegen vermeldete die irische *Anglo Irish Bank* einen Rekordverlust von 17,6 Milliarden Euro.

Griechenlands und Spaniens Kreditwürdigkeit wurde durch die Ratingagentur *Moody's* erneut herabgestuft. Darum suchten die Euro-Länder nach Möglichkeiten, um den Euro zu stabilisieren. Auf einem Treffen in Brüssel am 24/25. März 2011 einigten sich die Staats- und Regierungschefs der 17 Euro-Staaten auf einen "Pakt für den Euro". Dieser Pakt sieht vor, dass die Euro-Länder die Schlagkraft des Euro-Rettungsfonds (EFSF) erhöhen. Dazu wurde die Kreditvergabekapazität des Fonds auf 440 Milliarden Euro erweitert. Alle Euro-Staaten mussten dazu ihre Garantiesumme erhöhen. Außerdem verpflichteten sich die Länder zu geringeren Staatsausgaben und zu einer engeren Abstimmung ihrer Haushalts-, Steuer- und Sozialpolitik. Zusätzlich wurde die Einrichtung des ESM (s. S. 247) endgültig beschlossen. Ferner gewährten die Euro-Staaten Griechenland niedrigere Zinsen und eine längere Laufzeit für seine Milliardenkredite. Dafür sagte Griechenland Privatisierungen in Höhe von 50 Milliarden Euro zu. Diese Maßnahmen entlasteten den griechischen Staatshaushalt und gaben dem Land die Möglichkeit, langfristig Schulden abzubauen. Dagegen bekam Irland keine Zinsentlastung, weil die Bedingungen nicht erfüllt wurden.

Am 7. April 2011 hob die *Europäische Zentralbank* zum ersten Mal seit Beginn der Finanzkrise den Leitzins auf 1,25 % an. Darüber hinaus wurde am 8. April bekannt, dass für Portugal ein 80 Milliarden Euro schweres Hilfspaket geschnürt wird. Doch die Sorgenfalten den Euro betreffend wurden größer, weil Griechenland seine Staatsschulden nicht in den Griff bekommt. Es wurde nämlich bekannt, dass Griechenland und Portugal ein deutlich höheres Haushaltsdefizit für 2010 hatten als bislang angenommen. Darum kündigte der griechische Ministerpräsident Giorgos Andrea Papandreou am 15. April 2011 das nächste Sparpaket an.

Am 18. April senkte die Ratingagentur *Standard & Poor's* wegen des riesigen Haushaltsdefizits und der scheinbaren Hilflosigkeit der Politik, dieses einzudämmen, den Ausblick für die Kreditwürdigkeit der USA. Ebenfalls wurde bekannt, dass das US-Wirtschaftswachstum im ersten Quartal 2011 schlechter ausfällt als im Vorquartal. Um die Konjunktur anzukurbeln, beließ die US-Notenbank die Zinsen auf dem Tiefstand.

Im Mai 2011 wurden die Sorgen über die Finanzlage Griechenlands immer größer, weil die Ratingagentur *Standard & Poor's* die Kreditwürdigkeit Griechenlands um weitere Stufen absenkte. Damit hatten griechische Staatsanleihen nun eine schlechtere Bonität als etwa die Staatstitel von Ecuador. Sie warfen teilweise zweistellige Renditen ab. In Griechenland wurde der Verkauf von Flughäfen und Häfen diskutiert, um Gelder zur Reduktion der drückenden Schuldenlast zu erlösen. So verkaufte Griechenland z. B. einen weiteren 10 % Anteil an der griechischen Telefongesellschaft *OTE* an die *Deutsche Telekom*. Gleichzeitig taumelte Griechenland in eine Liquiditätskrise, weil immer mehr Griechen ihr Geld von den Banken abhoben. Zudem demonstrierten Tausende gegen den Sparkurs der Regierung.

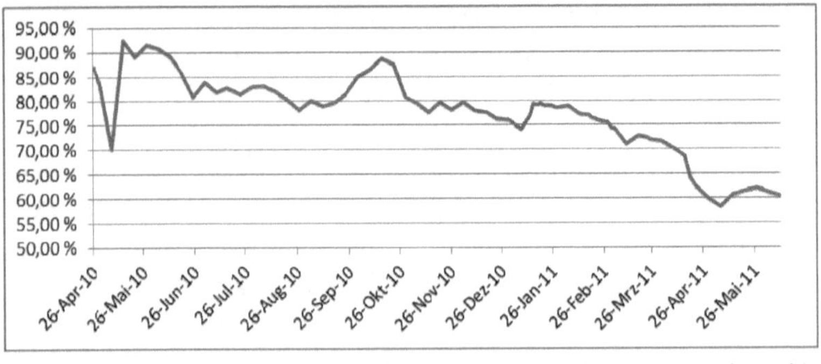

Abbildung 22: Kursverlauf der 6,10 % Griechenland EO-Bonds 2010 von April 2010 bis Juni 2011

Erschwerend kam hinzu, dass das griechische Finanzministerium vermelden musste, dass die Staatseinnahmen in den ersten fünf Monaten des Jahres 2011 auf rund 18 Milliarden Euro einbrachen, das waren 7,1 % weniger als im entsprechenden Vorjahreszeitraum. Geplant waren Einnahmen in Höhe von mehr als 20 Milliarden Euro. Auf der anderen Seite liefen die Staatsausgaben in den ersten fünf Monaten 2011 aus dem Ruder. Angesichts dieser Tatsache erklärte die Ratingagentur *Fitch*, dass sie eine weiche Umschuldung nicht mehr als Zahlungsausfall bewerten wolle. Dabei werde ein Tausch alter gegen neuer griechischer Anleihen als letzte Vorstufe für einen Zahlungsausfall angesehen. Dabei sollten fällige griechische Staatsanleihen nicht in bar zurückgezahlt werden, sondern in neue Schuldtitel getauscht werden. Dies hätte den Vorteil, dass es der *Europäischen Zentralbank* weiterhin erlaubt wäre, griechische Staatsanleihen im Refinanzierungsgeschäft mit den griechischen Banken zu akzeptieren. Angesichts dieser Aussichten verkauften immer mehr große Anleger griechische Staatsanleihen. Den Anfang machen die deutschen Banken und Versicherungen. Im Juni 2011 verkaufte die größte griechische Bank – die *National Bank of Greece* (NBG) – für mehrere Milliarden Euro griechische Staatsanleihen. Zu allem Überfluss erlebte Griechenland im Juni 2011 auch noch eine schwere Regierungskrise. Trotzdem gelang es der griechischen Regierung, ein weiteres Sparpaket und Steuererhöhungen (wie z.B. eine Krisensteuer) auf den Weg zu bringen. Dafür wurde sie mit weiteren Milliardenhilfen der EU und des IWF zur Überwindung der Schuldenkrise belohnt. Ein Bericht der Troika (EZB, IWF, Kommission) kam zu dem Schluss, dass Griechenland auch über 2012 hinaus finanzielle Unterstützung brauche.
Am 21. Juni 2011 beschlossen die EU-Finanzminister endgültig eine Ausweitung des EFSF. Deutschlands Anteil stieg von 123 auf 211 Milliarden Euro. Damit bis zu 440 Milliarden Euro an Krediten gezahlt werden können, mussten die Euro-Länder ihre Garantien auf 780 Milliarden Euro erhöhen. Kanzlerin Merkel verteidigte diesen Schritt mit den Worten: "Scheitert der Euro, scheitert Europa."
Im Juli 2011 verschärfte sich die europäische Schuldenkrise nochmals. Nun wetteten Spekulanten gegen Italien (Schuldenstand ca. 120 % des BIP). Deswegen musste Italien für seine zehnjährigen Staatsanleihen (über 6 %) so viel Zinsen zahlen wie seit 14 Jahren nicht mehr. (Zum Vergleich: Für Griechenland, Irland und Portugal, also für die Länder, die bereits unter den Euro-Rettungsschirm geflüchtet waren, liegen die zehnjährigen Zinsen aktuell

bei 16 %, 12,7 % und 12,2 %). Dagegen flüchteten die Anleger in den sicheren Hafen deutsche Staatsanleihen, deren Rendite kräftig auf 2,5 % sank. Allerdings konnte Italien sich trotz der turbulenten Märkte noch refinanzieren. Dies gelang u. a. dadurch, dass die italienische Regierung ankündigte, in vier Jahren knapp 48 Milliarden Euro einsparen zu wollen.

Die Angst der Anleger wurde auch spürbar bei den Preisen für die *Credit Default Swaps*. Diese erreichten Mitte Juli für italienische Staatsanleihen Rekordwerte. Die Prämie stieg von 300 auf zeitweise 343 Basispunkte. Das bedeutet, dass ein Investor 343 Euro zahlen musste, um Anleihen im Wert von 10.000 Euro für ein Jahr gegen einen Ausfall zu versichern. (Zum Vergleich: CDS auf spanische Anleihen kosten ca. 380 Euro pro 10.000 Euro, bei portugiesischen Anleihen sind es sogar 1.187 Euro). Zudem sind auf kein anderes Land derzeit so viele CDS abgeschlossen wie auf Italien. Man schätzt das CDS-Volumen auf fast 306 Milliarden US-Dollar[81]. Experten sagen, dass Italien, im Gegensatz zu Griechenland, Irland und Portugal zu groß ist, um gerettet zu werden. Eine Finanzspritze in Höhe von 500 Milliarden Euro würde höchst wahrscheinlich das AAA-Rating von Frankreich gefährden.

Am 21. Juli 2011 verabschiedeten die Euroländer ein neues (zweites) Hilfspaket für das hoch verschuldete Griechenland (Schuldenstand ca. 150 % des BIP) in Höhe von 109 Milliarden Euro. Hierzu sollte Griechenland vom EFSF Kredite zu niedrigen Zinssätzen von rund 3,5 % bekommen. Zudem wurden die Laufzeiten der Kredite von bisher siebeneinhalb Jahren auf 15 bis 30 Jahre gestreckt. Weiterhin sollte für Griechenland ein umfangreiches Wachstums- und Investitionsprogramm aufgelegt werden. Überdies sollte sich der Finanzsektor auf freiwilliger Basis mit einem Betrag von 37 Milliarden bis 2014 an der Rettung Griechenlands beteiligen, durch eine Mischung aus Schuldenrückkauf[82] und Anleihetausch. Durch die Einbeziehung privater Gläubiger akzeptierten die Euro-Staaten, dass die Ratingagenturen Griechenland für "teilweise zahlungsunfähig" erklärten. Der "Zahlungsausfall" sollte auf wenige Tage beschränkt werden. Damit die *Europäische Zentral-*

[81] Nach Angaben der US- Handelsplattform DTCC wird allerdings nicht die gesamte Summe fällig, weil sich viele Wettpartner mit Gegengeschäften abgesichert haben. Deswegen würde bei einem Zahlungsausfall von Italien ca. 25 Milliarden Dollar netto ausgezahlt werden.

[82] Beispielsweise werden griechische Anleihen mit einer Laufzeit ab fünf Jahren an der Börse nur noch zur Hälfte ihres ursprünglichen Wertes gehandelt. Nimmt man diese Kurse zum Maßstab, reichen Griechenland 50 Milliarden Euro aus, um 100 Milliarden seiner 340 Milliarden Euro Schulden zurückzukaufen.

bank während der kurze Zeit andauernden offiziellen Pleite Griechenlands weiterhin griechische Anleihen als Sicherheiten für Kredite an griechische Banken anerkennen kann, müssen die Euro-Länder Milliarden Euro als Garantie bei der EZB für diesen Zeitraum hinterlegen.

Zudem wurde eine Verbesserung des Provisorium EFSF, der Mitte 2013 durch den dauerhaften Euro-Rettungsschirm ESM abgelöst wird, beschlossen. Dabei gelten die Verbesserungen sowohl für die EFSF als auch den ESM. So darf der EFSF künftig direkt Staatsanleihen am Sekundärmarkt – also bei Banken und Versicherungen – kaufen, um kriselnde Länder zu stützen[83]. Ferner darf der Rettungsfonds Euro-Ländern vorsorglich eine Kreditlinie zur Verfügung stellen (dies durfte bis jetzt nur der IWF). Der Rettungsfonds bekommt also immer mehr den Charakter eines *Europäischen Währungsfonds.*

Am Horizont zeichnete sich aber schon ein weiterer Krisenherd ab. So lähmte eine Endlos-Debatte über das US-Haushaltsdefizit die USA. Die Verhandlungspartner, Demokraten und Republikaner, stritten um die erforderlichen Sparmaßnahmen. Die Republikaner beharrten darauf, dass tiefe Einschnitte im Haushalt ausreichen würden, um das ausufernde Defizit zu begrenzen. Dagegen forderten die Demokraten zusätzliche Haushaltseinnahmen, d. h. das Ende der Steuergeschenke für Reiche. Beide Seiten erkannten nicht, dass ihr Streit die USA direkt in Richtung Finanz-Kollaps steuerte. Am 2. August erreichte das stündlich wachsende US-Defizit schließlich die in der Verfassung festgelegte Schuldenobergrenze, die zurzeit bei 14,3 Billionen US-Dollar liegt. Die Schuldengrenze war 1917 eingeführt worden, um die Abwicklung der Staatsfinanzen zu vereinfachen. Die US-Regierung sollte sich nicht für jeden Ausgabenposten den Segen des Kongresses einholen müssen. Es wurde also eine Art Kreditrahmen festgelegt. Seit 1978 hatte der Kongress das Limit 51-mal erhöht. Falls der Kongress diese Grenze nicht ein weiteres Mal erhöhen sollte, könnten die USA keine Kredite mehr aufnehmen. Faktisch wären sie damit zahlungsunfähig. Die Konsequenzen für die US-Wirtschaft wären erheblich und unberechenbar. Zudem warnte *Standard & Poor's* vor einer unverzüglichen Herabstufung des Ratings auf D, sollten die USA die am 4. August fällig werdenden Staatsanleihen nicht zurückzahlen können. Auch andere US-Schuldscheine sollten dann herabgestuft wer-

---

[83] Allerdings wurden Hürden für den Anleihekauf errichtet. Zunächst muss die EZB eine außergewöhnliche Lage in einem Land feststellen. Danach müssen die 17 Euro-Länder zustimmen.

den, allerdings nicht in diesem Ausmaß. Allerdings wäre es nicht das erste Mal, dass die USA zahlungsunfähig wären, sondern nach 1790, 1933 und 1971 das vierte Mal. Die Frage war aber, wie die ohnehin hypernervösen Finanzmärkte diese Entwicklung verkraften würden. Im letzten Moment, am 31. Juli 2011, konnten sich Demokraten und Republikaner einigen. Die US-Schuldengrenze wird schrittweise um mindestens 2,1 Billionen US-Dollar angehoben. Zunächst wird sie um eine Billion US-Dollar bis Ende des Jahres angehoben, der Rest folgt dann bis Ende 2012. Zudem sollen durch Ausgabenkürzungen insgesamt rund 2,4 Billionen US-Dollar eingespart werden. Dazu sollen Sozialausgaben gedrosselt werden, Hilfen gekappt und öffentliche Dienste gestrichen werden. Ebenfalls werden staatliche Investitionen in die weiterhin wacklige US-Konjunktur zurückgefahren. Kritiker werfen dazu ein, dass die USA sich kaputt schrumpfen. Wegen dieses Sparkurses geht man von einem Anstieg der Arbeitslosigkeit und einem geringeren Wirtschaftswachstum aus. Schließlich bremst jedes Sparpaket den Konsum und damit das Wachstum aus. Fehlendes Wachstum führt wiederum zu sinkenden Steuereinnahmen, was zu höheren Schulden führt. Unter den Ökonomen gilt folgende Faustregel: Wenn man Ausgaben in Höhe von einem Prozent des Bruttoinlandsprodukts (BIP) kürzt, muss man damit rechnen, dass die Wirtschaftsleistung um ein halbes Prozent schrumpft. Letztlich drohen sich hier die Fehler Japans aus den 1990er Jahren zu wiederholen. Der Hauptfehler war, dass sich der Staat zur gleichen Zeit wie der Privatsektor entschulden wollte.

Nach Bekanntgabe des "US-Schuldenkompromisses" stürzten die Börsen ab, weil die Börsianer befürchteten, dass die USA wegen des Sparpakets erneut in eine Rezession abrutschen und die Welt mitreißen könnten. Der DAX verlor innerhalb weniger Tage über 20 %. Gleichzeitig wirbelte die Schuldenkrisen in Europa und den USA die Devisenmärkte durcheinander. So fiel der Eurokurs Anfang August bis auf zeitweise 1,0989 Schweizer Franken. Am 5. August 2011 gab *Standard & Poor's* nach Handelsschluss die Herabstufung der US-Bonität von AAA auf AA+ bekannt[84], was die Kreditkosten der USA nochmal um 100 Milliarden US-Dollar im Jahr steigen lassen wird.

Als Folge der Herabstufung stieg der Goldpreis am Montag, den 8. August 2011 erstmals in der Geschichte über die Marke von 1.700 US-Dollar pro

[84] Dass die chinesische Ratingagentur *Dagong* die Bonität der USA bereits zuvor von A+ auf A abgesenkt hatte, war nur eine Randnotiz an den Finanzmärkten.

Feinunze. Die Aktienmärkte reagierten mit heftigen Kursausschlägen, z. B. stürzte der DAX um knapp 4 % ab. Gleichzeitig begann die EZB italienische und spanische Anleihen aufzukaufen, um ihre Kurse zu stützen und die Anleihemärkte zu beruhigen[85]. Diese Maßnahme führte dazu, dass die Renditen der italienischen und spanischen Anleihen seit Wochen zum ersten Mal wieder fielen.

Am 9. August beschwor US-Präsident Obama in einer Rede die Stärke der US-Wirtschaft. Trotzdem blieben die Finanzmärkte in einer Art Ausnahmezustand. Dies veranlasste die US-Notenbank zu dem Versprechen, die niedrigen Zinsen für die kommenden zwei Jahre zu halten, was zu einer Beruhigung der Finanzmärkte führte.

Ebenfalls nahmen wegen der schweren Turbulenzen an den Aktienmärkten die Ängste zu, dass die eine oder andere Bank bei einer Verschärfung der Schuldenkrise unter die Räder kommen könnte. Dies deutet der Kreditderivateindex *iTraxx Senior Financial* an, der kräftig gestiegen ist. Er gibt die Kosten an, zu denen sich Investoren gegen das Ausfallrisiko von Banken absichern können. Beispielsweise erlebte am 11. August 2011 die französische Bank *Societe Generale* einen plötzlichen Absturz ihres Aktienkurses, als Gerüchte in den Märkten auftauchten, sie hätte Probleme. Zudem wetteten die Spekulanten auf eine Rating-Senkung für Frankreich. Darauf deuten die Rekordkurse von Kreditausfallversicherungen für französische Staatsanleihen hin.

Um die Märkte zu stabilisieren, verboten Frankreich, Italien, Spanien und Belgien vorläufig den Leerverkauf von einigen Aktien. Zusätzlich gab die EZB bekannt, dass sie für 22 Milliarden Euro Staatsanleihen von den Krisenstaaten Griechenland, Spanien, Irland usw. gekauft habe, um die Anleihemärkte zu beruhigen.

Um die eigene Landeswährung zu schwächen, griff die Schweiz nun zum letzten Mittel und kündigte die Koppelung des Franken an den Euro an. Demnach soll ein Euro künftig mindestens 1,20 Franken kosten. Um dies an den Finanzmärkten durchzusetzen, erklärte die *Schweizerische Nationalbank,* notfalls unbegrenzt Devisen zu kaufen.

Zu einem Krisengipfel trafen sich am 16. August 2011 Angela Merkel und Nicolas Sarkozy. Dabei schlugen sie eine EU-Wirtschaftsregierung vor, die

---

[85] Zwischenzeitlich erreichten die zehnjährigen Staatsanleihen Spaniens und Italiens mit mehr als sechs Prozent Zinsen Rekordniveaus. Bei einem Wert von 7 % waren Portugal und Irland unter den Rettungsschirm EFSF geflüchtet.

sich aus dem Rat der Staats- und Regierungschefs der Euro-Länder zusammensetzen solle. Sie solle zweimal im Jahr tagen – notfalls auch öfter. Außerdem solle eine Schuldenbremse nach deutschem Vorbild in die Verfassungen der Euro-Länder bis Sommer 2012 aufgenommen werden.

Mitte September erhöhte die EU und der IWF nochmals den Druck auf Griechenland. Es wurden einschneidende Reformen verlangt. Griechenland kündigte daraufhin noch striktere Sparmaßnahmen[86] an. Einen weiteren Rückschritt erlitt Europa, als *Standard & Poor's* die Kreditwürdigkeit von Italien herunterstufte.

Gegen Ende August misstrauten sich die europäischen Banken zunehmend. Statt sich gegenseitig Geld zu leihen, bemühten sie die EZB. Der Liquiditätsfluss im Finanzsektor drohte wieder einmal auszutrocknen. Die Banken waren unsicher, wie stark die anderen in den Staatsanleihen von europäischen Krisenstaaten involviert sind. Darum beeilten sie sich, ihre eigene Liquidität zu erhöhen, um ihr Überleben zu sichern. Sie begnügten sich mit dem im Vergleich zum Interbankenmarkt deutlich niedrigeren EZB-Zins. Im Vordergrund stand also nicht der Rendite-, sondern der Sicherheitsaspekt.

Wegen der Schuldenkrise beschloss das Europaparlament am 28. September 2011 sechs Gesetzesvorschläge zur Verbesserung der haushalts- und wirtschaftspolitischen Steuerung und Überwachung der EU (sogenannter *Sixpack*). Die Gesetze umfassen die Stärkung des Stabilitäts- und Wachstumspakts und die Einführung eines Verfahrens zur Überwachung und Korrektur makroökonomischer Ungleichgewichte.

Am 29. September 2011 billigte der Bundestag die von den Euro-Ländern geplante Aufstockung des Rettungsfonds EFSF auf 780 Milliarden Euro, von denen 440 Milliarden an überschuldete Euro-Staaten verliehen werden können. Hierdurch steigen die deutschen Garantien um 88 Milliarden auf 211 Milliarden Euro. Ferner erhielt der Fonds weitere Kompetenzen. Zukünftig darf er u. a. an der Börse Staatsanleihen von Krisenstaaten kaufen, um deren Kurse zu stabilisieren.

Auf einem Doppelgipfel am 23. und 27. Oktober 2011 beschlossen die Euro-Länder das bislang dickste Paket zur Eindämmung der Krise. So wurde be-

---

[86] Welches Ausmaß die Sparmaßnahmen angenommen haben, ist an dem von der *Financial Times* errechneten *Financial Pain Index* zu erkennen. Nach diesem Index ergibt sich im Jahr 2011 aus den Sparprogrammen und Steuererhöhungen für einen durchschnittlichen Haushalt in Griechenland eine Einkommenssenkung um 13,7 v.H., in Irland von 6,7 v. H. und in Spanien von 4,8 v. H. (Sachverständigenrat – Jahresgutachten 2011/12).

schlossen, Griechenlands Schulden um 50 % zu kappen. Dazu wurde das im Juli beschlossene 109-Milliarden-Programm modifiziert. So soll es zusätzliche öffentliche Hilfen von 100 Milliarden Euro geben und Garantien von 30 Milliarden Euro, mit denen der Schuldenschnitt begleitet wird. Außerdem müssen Europas Banken ihr Kapital um vermutlich mehr als 100 Milliarden Euro aufstocken, weil die Eigenkapitalquote auf 9 % ansteigen soll. Der französische Finanzminister François Baroin stellte erleichtert fest: "Es gab ein Explosionsrisiko. Das Abkommen von heute Nacht ist eine freundschaftliche, globale und glaubwürdige Antwort."
Zusätzlich kündigte die EZB Sonderprogramme zur Stützung des Bankensektors an. Trotzdem musste das hochverschuldete Belgien der angeschlagenen *Dexia Bank* finanziell zur Hilfe eilen. Dafür wird Belgien einige Monate später durch die Ratingagenturen abgestuft. Trotz all dieser Probleme stiegen die deutschen Exporte im August deutlich an. Ferner sorgten Abschreibungen auf griechische Anleihen im Bestand der *FMS Wertmanagement* (der *Bad Bank* der ehemaligen *Hypo Real Estate)* für ein kräftiges Minus in deren Bilanzen.
Ende Oktober kündigte Griechenland ein Referendum über die Euro-Hilfen an. Das griechische Volk solle entscheiden, ob die Beschlüsse des EU-Gipfels umgesetzt werden. Als Folge dieser Ankündigung wurde die nächste Rettungspaket-Tranche eingefroren. Dies löste an den Börsen einen Kursrutsch aus.
Am 2. November überraschte der neue Präsident der *Europäischen Zentralbank* Mario Draghi die Öffentlichkeit, als er eine Senkung des Leitzinssatzes von 1,5 auf 1,25 % bekannt gab.
In Griechenland überstand der griechische Regierungschef Papandreou eine Vertrauenskrise. Allerdings zeigte er sich bereit, den Weg für eine Übergangsregierung frei zu machen. So wurde am 11. November eine griechische Übergangsregierung unter dem neuen Ministerpräsidenten Loukas Papadimos vereidigt.
Am 12. November billigte das italienische Abgeordnetenhaus die von der EU geforderten Wirtschaftsreformen. Gleichzeitig wurde dadurch der Weg frei für den Rücktritt von Ministerpräsident Silvio Berlusconi. Italiens neuer Ministerpräsident ist Mario Monti. Er kündigte an, den maroden Staatshaushalt zu sanieren. Trotzdem muss Italien für neue Anleihen Rekordzinsen zahlen. Gleichzeitig müssen Frankreich und Spanien für ihre Staatsanleihen erneut höhere Zinsen bezahlen. Wiedermals um die Märkte zu beruhigen,

ließ der neue EZB-Präsident Draghi massiv Staatsanleihen aus Euro-Krisenländer kaufen. Zu allem Überfluss senkte die Ratingagentur *Moody's* die Bewertung von zehn deutschen Landesbanken zum Teil deutlich. Ende November drohte Frankreich durch *Moody's* eine Abstufung der Bonitätsnote. Außerdem beschloss die *Europäische Zentralbank* gemeinsam mit anderen führenden Notenbanken ein Hilfsprogramm für die Finanzmärkte aufzulegen, welches vor allem die Versorgung europäischer Banken mit US-Dollar-Liquidität sicherstellen soll.

Am 29. November 2011 beschlossen die Euro-Finanzminister, den EFSF mit einem Hebel erheblich zu stärken. Dadurch soll die Schlagkraft des EFSF auf knapp eine Billion Euro erhöht werden. Dies war notwendig geworden, da von dem maximalen Kreditrahmen von 440 Milliarden Euro bereits 190 Milliarden Euro für Irland und Portugal (s. Tabelle 8, S. 262) verplant sind.

Viele Euro-Staaten zögerten nun, weitere Garantien zur Verfügung stellen, um ihre eigene Kreditwürdigkeit nicht zu gefährden. Deswegen mussten die noch verbleibenden Mittel von 250 Milliarden Euro im EFSF mit einem Faktor von vier gehebelt werden. Dabei funktioniert der Hebeltrick so: Der EFSF soll Kredite privater Anleger absichern und deren Ausfallrisiko teilweise übernehmen. Das heißt, es findet eine Teilabsicherung neuer Anleihen aus Risikoländern wie Spanien und Italien statt. Der EFSF spricht damit Garantien gegenüber privaten Investoren aus, die Staatsanleihen gefährdeter Staaten aufzukaufen. Sie sollen nach bisherigen Plänen 20 bis 30 % der Anlagesumme ausmachen. Das heißt, dass die Euro-Länder mit einem Kapitaleinsatz von 20 % weitere 80 % bei privaten Investoren zu hebeln versuchen. Fällt nun eine Staatsanleihe aus, so bürgen die Euro-Länder für die ersten 20 % Verlust. Ziel der Maßnahme ist es, die verunsicherten Anleger zu beruhigen und es den kriselnden Euro-Ländern zu ermöglichen, weiter selbstständig am Kapitalmarkt zu agieren.

Im Dezember 2011 drängte Bundeskanzlerin Merkel vor dem EU-Gipfel auf eine Änderung der EU-Verträge. Ihrer Ansicht nach kann die Eurokrise nur mit einer abgestimmten Finanzpolitik und automatischen Sanktionen überwunden werden. Wenn es keine Einigung aller Mitgliedstaaten der EU auf entsprechende Änderungen der EU-Verträge gibt, könnte dies auch alternativ durch einen Vertrag unter den 17 Euro-Staaten vereinbart werden. Unter welchen Druck die Euro-Staaten stehen, zeigt sich daran, das *Standard & Poor's* am 6. Dezember ankündigte, 15 der 17 Euro-Länder unter einer verschärften Beobachtung zu stellen. Darunter sind sechs Staaten (auch

Deutschland), deren Top-Kreditwürdigkeit "AAA" gefährdet ist[87]. Damit droht auch dem Rettungsschirm EFSF eine Abstufung, was die Zinsen für die Ausgabe von Anleihen durch den Rettungsschirm in die Höhe treiben würde.

[87] Tatsächlich stufte *Standard & Poor's* am 13. Januar 2012 9 der 15 Euro-Länder ab. Dabei findet besonders der Verlust des AAA-Ratings (Bestnote) von Frankreich und Österreich an den Börsen einem Nachhall. Außerdem dürfte die Abstufung der 9 Euro-Länder auch den Rettungsfonds EFSF in Schwierigkeiten bringen, weil er vermutlich auch sein Toprating verlieren wird. Hierdurch würde die Euro-Rettung teurer werden, weil der EFSF mehr Zinsen für seine Anleihen bieten müsste.

Tabelle 8: Übersicht über die Euro-Rettungsschirme

	EU-Hilfsmechanismen				Einbindung des Internationalen Währungsfonds
Name	Griechenland Hilfspakete (1-2)	European Financial Stabilisation Mechanismus	European Financial Stability Facility	European Stabilisation Mechanismus	
Abkürzung		EFSM	EFSF	ESM	IWF
Operativ seit – bis	Mai 2010 bis Mitte 2013	Mai 2010 bis Juni 2013	Mai 2010 bis Juni 2013 bzw. bis zur Tilgung aller ausstehenden Anleihen	Ab Juli 2013 (Nachfolgelösung für EFSF)	
Mittelherkunft	Bilaterale Kredite der Euro-Länder und des IWF	EU-Kommission nimmt die Mittel am Kapitalmarkt auf	EFSF nimmt Mittel am Kapitalmarkt auf	ESM nimmt Mittel am Kapitalmarkt auf	
Garantien		EFSM-Anleihen garantiert der EU-Haushalt	EFSF-Anleinen werden garantiert durch die Euro-Länder, Garantieanteil entspricht dem EZB-Grundkapitalschlüssel, mindestens 120 %ige Überdeckung	ESM-Anleihen werden garantiert durch die Euro-Länder, den EZB-Grundkapitalschlüssel, mindestens 120 %ige Überdeckung	
Garantiehöhe (deutscher Anteil)			780 Mrd. € (221 Mrd. €)	700 Mrd. € (168 Mrd. €) Zusätzlich Kapitaleinlage in Höhe von 80 Mrd. € (22 Mrd. €)	
Verfügbares Volumen	80 Mrd. €* 130 Mrd. €*	60,0 Mrd. €	440 Mrd. €**	500 Mrd. €	Erhöhung der EU-Mittel im Verhältnis 2 (EU): 1 (IWF) bis 250 Mrd. €
Bis Oktober 2011 verplante Mittel		48,5 Mrd. €	190,4 Mrd. €		111 Mrd. €
Verbleibende Auszahlkraft, wenn alle geplanten Ausgaben vollzogen sind		11,5 Mrd. €	249,6 Mrd. €		

Mittelverwendung	Direkte Zahlungen an Griechenland	Vergabe von zinsverbilligten Anleihen an Krisenstaaten	Vergabe von zinsverbilligten Anleihen an Krisenstaaten; Kauf von Staatsanleihen	Vergabe von zinsverbilligten Anleihen an Krisenstaaten; Kauf von Staatsanleihen	
Zinshöhe für die Kredite an die Euro-Krisenstaaten (Sie bekommen das Geld also nicht geschenkt!)	Basis Euribor 3M + 300 BP Aufschlag für die ersten drei Jahre, danach + 400 BP Aufschlag, einmalige Gebühr von 50 BP pro Kredittranche; Reduzierung der Zinsen wurde vereinbart	Refinanzierungskosten des EFSM (=Emissionszins der EFSM-Anleihen) plus fixer Aufschlag (z. B. für Irland 292,5 BP), keine Gebühren	Refinanzierungskosten des EFSF (=Emissionszins der EFSF-Anleihen) plus Kosten für die Überdeckung/Bargeldreserven plus fixer Aufschlag (z. B. für Irland 247 BP), bis zu 50 BP einmalige Gebühr; Verringerung der Zinsen möglich	Refinanzierungskosten des ESM (=Emissionszins der ESM-Anleihen) plus Kosten für die Überdeckung/Bargeldreserven plus fixer Aufschlag	Basissatz (Mischsatz aus Euribor 3 M,USD-Libor, JPY-Libor) + 200 BP Aufschlag für 3jährige Kredite + 300 BP für längere Kredite, einmalige Gebühr von 50 BP je Kredittranche
Laufzeit	Ursprünglich drei Jahre, aber verlängert auf 7,5 Jahre	7,5 Jahre Laufzeit	Ursprünglich 7,5 Jahre, geplant ist eine Verlängerung auf 10 bis 30 Jahre	Vom Fall abhängig, in der Regel zwischen 7,5 bis 30 Jahren.	Zwischen 3 bis 20 Jahren
Aktivierung		Antrag bei der EU-Kommission/EZB. Ausarbeitung eines Sanierungsplans für den Haushalt. Anschließend überprüft durch EU-Kommission, EZB und IWF (Troika). Bei positiver Beurteilung beschließen die EU-Regierungen mit qualifizierter Mehrheit, dass der EFSF-Kredite vergeben darf. Danach wird die Umsetzung des Sanierungsplans alle drei Monate durch die Troika überprüft. Die Auszahlung weiterer Kredittranchen hängt von der Durchführung des Sanierungsplans ab.		Wird aktiviert, wenn der Euro als Ganzes gefährdet ist. Ansonsten Vorgehensweise ähnlich wie beim EFSF.	

*Das ursprüngliche erste Rettungspaket für Griechenland betrug 80 Mrd. Euro. Am 21. Juli 2011 haben sich die EU-Staats- und Regierungschef auf ein zweites Rettungspaket im Volumen über 109 Mrd. € für Griechenland geeinigt, welches das erste ablösen sollte. Am 28. Oktober 2011 verständigten sie sich auf ein modifiziertes zweites Rettungspaket für Griechenland im Volumen von 130 Mrd. €. Deshalb tritt das ursprüngliche zweite Rettungspaket für Griechenland nicht in Kraft.

** Ursprünglich hatte der EFSF ein formelles Volumen von 440 Mrd. € mit einem verfügbaren Volumen von 250 Mrd. €. Im März 2011 wurde beschlossen, die vorgesehene effektive Darlehenskapazität auf 440 Mrd. € zu erhöhen. Dazu wurde der EFSF mit Garantien in Höhe von 780 Mrd. € ausgestattet. Um die verbliebenen Mittel möglichst optimal auszunutzen, wurde im Oktober 2011 beschlossen, die verbleibenden 250 Mrd. € auf mindestens eine Billion € zu hebeln. Hierzu soll der EFSF privaten Investoren 20 bis 30 % ihres Ausfallsrisikos absichern.

(Quellen: Sachverständigenrat – Jahresgutachten 2011/12 , S. 87 und Raiffeisen Research: EU-Rettungsschirm Provisorium als Dauerlösung 17.02.2011, S. 3)

Tatsächlich stimmten auf dem EU-Gipfel Anfang Dezember 2011 26 von 27 EU-Staaten für die neuen Verträge, nur Großbritannien verweigerte sich. Man einigte sich auf einen zwischenstaatlichen Vertrag mit strengeren Regeln, dem auch Nicht-Euro-Länder (wie z. B. Dänemark oder Polen) beitreten können. Dieser Vertrag sieht Schuldenbremsen und automatische Strafen gegen Defizitsünder vor. Beispielsweise sollen die Staaten prinzipiell den Staatshaushalt ausgleichen. Nur bei außergewöhnlichen Umständen oder schlechter Konjunktur wären Defizite erlaubt, aber nur bis zu 3 % des BIPs. Zudem ist der Haushaltsausgleich bei einem strukturellen – also um Konjunktureffekte bereinigten – Defizit von nicht mehr als 0,5 % des Bruttoinlandsprodukts erreicht. Wird diese Grenze überschritten, tritt ein automatischer Korrekturmechanismus in Kraft. Dabei überwacht der Europäische Gerichtshof die Umsetzung in nationales Recht. Hierzu muss der betreffende Staat ein wirtschaftliches Partnerschaftsprogramm mit der EU-Kommission abschließen, in dem seine Reformverpflichtungen festgelegt werden. Zukünftig soll die Einleitung des Sanktionsverfahrens bei Überschreiten der Drei-Prozent-Defizitgrenze nur mit einer qualifizierten Mehrheit der EU-Finanzminister zu stoppen sein. Dies war nach dem EU-Vertrag bisher nicht möglich.

Beim sogenannten Blitz-Stresstest der *Europäischen Bankenaufsicht* (EBA) fielen sechs deutsche Banken durch. Daraufhin kündigte die Bundesregierung die Neuauflage des Bankenrettungsfonds SoFFin an. Gleichzeitig senkte die *Europäische Zentralbank* den Leitzins um 0,25 %. Am 20. Dezember wurde das Ende der *WestLB* besiegelt. Wie groß das Misstrauen der Banken untereinander geworden ist, zeigt sich daran, dass die Banken den Rekordwert von ca. 412 Milliarden Euro bei der EZB geparkt haben. Normalerweise refinanzieren sich die Geschäftsbanken nur ungern über Nacht bei der Notenbank, weil die Konditionen ungünstig sind. Allerdings ist der direkte Handel zwischen den Banken – ähnlich wie in der Finanzkrise 2008 – erneut ins Stocken geraten. Hauptgrund dafür ist das starke Engagement einzelner Institute in Staatsanleihen angeschlagener Euro-Staaten.

Um den Bankensektor zu stabilisieren, vergibt die EZB seit dem 20. Dezember Kredite (über 500 Milliarden Euro) mit einem Zins von 1 % und einer Rückzahlung über 3 Jahre. Damit soll die Verbesserung der Liquidität der Banken und eine Erleichterung der Refinanzierung in dieser schwierigen Phase erreicht werden.

Welche seltsamen Blüten die Eurokrise treibt, zeigte sich Ende Dezember, als der sichere Schuldner Dänemark bei einer Anleiheauktion einen negativen Zinssatz realisieren konnte. Zum Erstaunen eigentlich aller Marktteilnehmer platzierte Dänemark 2,32 Milliarden dänische Kronen (310 Millionen Euro) mit einem Zins von minus 0,21 % bei den dreimonatigen Papieren, bei Anleihen mit sechsmonatiger Laufzeit lag der Zins bei minus 0,07 %, d. h. die Anleger zahlten Dänemark eine Prämie, um dem Land Geld leihen zu dürfen. Doch zum Jahresausklang gab es auch eine gute Nachricht in Sachen Schuldenkrise aus Italien. Der Zinssatz für sechsmonatige Staatsanleihen hatte sich von den Rekordwerten der vergangenen Wochen von 6,5 % auf 3,25 % halbiert. So konnten die Anleger nach den Turbulenzen im Jahr 2011 noch halbwegs froh sein, mit einem Verlust im DAX von "nur" ca. 15 % abzuschließen.

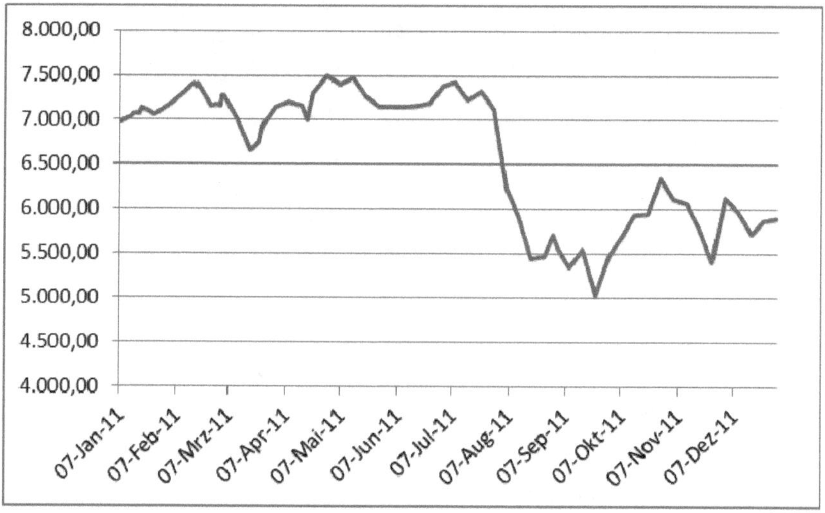

Abbildung 23: DAX-Verlauf im Jahr 2011

Wie dramatisch das Jahr 2011 war, zeigt sich daran, dass es seit 1957 nur elf Tage gegeben hat, an denen mehr als 490 Aktien aus dem US-Index S&P 500 an einem Tag kollektiv gefallen oder gestiegen sind – davon entfallen allein sechs Tage auf den Zeitraum seit Juli 2011. Allein schon die Verwendung der Wörter Kreditklemme, Euro-Zone und Schuldenkrise in den Medien zeigt, wie sich die Krisenherde 2011 verschoben haben.

Am 9. März 2012 wurde schließlich bekannt, dass der Weg zum griechischen Schuldenschnitt frei ist. Im Rahmen dieses Schuldenschnitts sollen die Anleger auf 53,5 % ihrer Forderungen verzichten. Durch diese Maßnahme soll der griechische Schuldenberg um gut 105 Milliarden Euro abgetragen werden. Dem Anleger wird ein Tausch in neue Anleihen mit langen Laufzeiten und relativ niedrigen Zinsen angeboten. Dabei erhält der Anleger ein ganzes Füllhorn von Anleihen mit unterschiedlichen Rechten und Laufzeiten (bis 2042). Bei einem Tausch von zwei "Alt"-Bonds 6,1 % *Griechenland EO-Bonds 10/15* (WKN A1AS0K) im Nennwert von 1.000 € erhält der Anleger 20 "Neu"-Bonds:

"Neu-Bond"	Nennwert	Endfällig	Zinsen, Zahlung am 24.02.
Serie 1	30 € (Oblig. Umtausch im Verh. 1000:15)	2023	2 bis 4,3 % p.a.
Serie 2	30 €	2024	2 bis 4,3 % p.a.
Serie 3	30 €	2025	2 bis 4,3 % p.a.
Serie 4	30 €	2026	2 bis 4,3 % p.a.
Serie 5	30 €	2027	2 bis 4,3 % p.a.
Serie 6	32 € (Oblig. Umtausch im Verh. 1000:16)	2028	2 bis 4,3 % p.a.
Serie 7	32 €	2029	2 bis 4,3 % p.a.
Serie 8	32 €	2030	2 bis 4,3 % p.a.
Serie 9	32 €	2031	2 bis 4,3 % p.a.
Serie 10	32 €	2032	2 bis 4,3 % p.a.
Serie 11	32 €	2033	2 bis 4,3 % p.a.
Serie 12	32 €	2034	2 bis 4,3 % p.a.
Serie 13	32 €	2035	2 bis 4,3 % p.a.
Serie 14	32 €	2036	2 bis 4,3 % p.a.
Serie 15	32 €	2037	2 bis 4,3 % p.a.
Serie 16	32 €	2038	2 bis 4,3 % p.a.
Serie 17	32 €	2039	2 bis 4,3 % p.a.
Serie 18	32 €	2040	2 bis 4,3 % p.a.
Serie 19	32 €	2041	2 bis 4,3 % p.a.
Serie 20	32 €	2042	2 bis 4,3 % p.a.
Nennwert aller Neuen Bonds: 630 €			

Darüber hinaus erhält der Anleger noch 2 Anleihen des EFSF.

Bond	Nennwert	Laufzeit
EFSF-Bond Serie 1	150 € (Oblig. Umtausch im Verh. 1000:75)	12.03.2014
EFSF-Bond Serie 1	150 € (Oblig. Umtausch im Verh. 1000:75)	12.03.2013
Nennwert aller EFSF Bonds: 300 €		

Zusätzlich bekommt der Anleger noch einen EFSF-Bond Serie 3 in Höhe des zeitanteiligen Zinses seines Bonds von der letzten Zinszahlung bis zum Umtauschstichtag 12.03.2012. Das sind bei unserer Beispielsanleihe 62,66 Euro. Schlussendlich bekommt der Anleger noch einen Optionsschein auf eine positive Entwicklung des griechischen BIP in der Zukunft. Falls das griechische BIP sich besonders gut entwickelt, steigen die Zinsen der neuen Griechenland-Anleihen an.

Der griechische Finanzminister Evangelos Venizelos gab bekannt, dass von den nach griechischem Recht ausgegebenen Anleihen im Volumen von 177 Milliarden Euro knapp 85,8 % zum Umtausch eingereicht wurden. Mit einem eigens geschaffenen Gesetz (*Collective Action Clauses* (CAC)) sollen nun auch bislang nicht-tauschwillige Anleger zum Umtausch gezwungen werden, weshalb die Beteiligung am Schuldenschnitt nach Aktivierung des Gesetzes bei 95,7 % liegen wird. Allerdings erlebten die neuen Griechenland-Bonds an den Finanzmärkten gleich ein Waterloo, weil die Händler die neuen Anleihen gleich wieder abstießen und so deren Rendite auf knapp 18 % trieben. Man kann also einen Schuldenschnitt erzwingen, aber nicht das Vertrauen der Anleger. Dieser Schuldenschnitt war dennoch die zentrale Voraussetzung dafür, dass Griechenland ein neues Hilfspaket im Volumen von 130 Milliarden Euro erhalten konnte.

Am Rande sei noch erwähnt, dass die *International Swaps & Derivatives Association* (ISDA) wegen des Zwangsumtausches ein Kreditereignis festgestellt hat. Dadurch wurde sämtliche CDS auf griechische Anleihen fällig. Im Rahmen einer Restauktion wurde der Marktwert für die ausgefallenen Griechen-Bonds, der sogenannte Recovery-Wert, vorläufig mit 21,75 Cent je Euro festgelegt. Das bedeutet, dass die Verkäufer von Kreditausfallswaps auf griechische Anleihen voraussichtlich 78,25 Cent je Euro Nominalwert der Bonds zahlen müssen.

Als weitere Maßnahme zur Eindämmung der Euro-Schuldenkrise wurde beschlossen, dass der ESM schon Mitte 2012 starten soll. In der Zeit von Mitte 2012 bis Juni 2013 sollen sowohl der ESM und EFSF parallel agieren.

Ein Experte fasst die Hoffnung für die folgenden Jahre so zusammen: "*Die Weltwirtschaft wird in den folgenden Jahren wahrscheinlich wachsen, wenn nicht die Börsengewitter das Haus der Realwirtschaft in Brand stecken. Wirtschaft ist nämlich zu 50 % Psychologie. Aber eben auch nicht mehr.*"

Meiner Ansicht nach erleben wir den Höhepunkt des dritten Akts jener Krise, die 2008 als Finanz- und Bankenkrise begonnen hat. Sie weitete sich dann zu einer globalen Rezession aus, die auf beiden Seiten des Atlantiks in einer Staatsschuldenkrise mündete. Der vierte Akt der Krise werden die Verwerfungen an den Devisenmärkten sein, die sich jetzt schon deutlich abzeichnen. Der fünfte Akt der Krise dürfte die Welt in eine Spirale der Inflation stürzen. So stöhnen schon heute die *Emerging Markets* über eine anziehende Inflation. Beispielsweise vermeldete China eine Inflation von 6,5 %. Darum führten viele Zentralbanken der Schwellenländer Leitzinserhöhungen durch, um die Geldmenge und somit die Inflation zu senken, z. B. wurde der Leitzins in Brasilien im Juni 2011 auf 12,25 % erhöht. Denn im Zuge höherer Zinsen steigt der Preis des Geldes und folglich schrumpft die Liquidität. Dabei müssen die Notenbanken den Spagat schaffen, durch ihre Zinserhöhungen die Wirtschaft nicht abzuwürgen. Wie das alles ausgeht, kann man heute noch nicht abschließend sagen. Doch eines zeigt die Geschichte der Finanzkrisen deutlich. Irgendwann ist jede Krise vorbei, und die Aktienmärkte stürmen zu neuen Höchstmarken, von denen die Anleger nicht zu träumen gewagt haben. Doch bis dahin können die Finanzmärkte noch ordentlich durchgeschüttelt werden.

3.6 Die Kristallkugel – mögliche Finanzkrisen in der Zukunft

Viele von Ihnen werden das berühmte Märchen *Des Kaisers neue Kleider* des dänischen Schriftstellers Hans Christian Andersen kennen. Dieses Märchen handelt von einem Kaiser, der sich von zwei Betrügern für viel Geld neue Gewänder weben lässt. Die Betrüger machen dem Kaiser weiß, die Kleider könnten nur von Personen gesehen werden, die ihres Amts würdig seien. Aus Eitelkeit verschweigt der Kaiser, dass er die Kleider selbst nicht sehen kann. Auch die Menschen, denen er seine neuen Kleider zeigt, geben sich der Begeisterung über die schönen neuen Gewänder hin. Der Schwindel fliegt auf, als ein Kind ausruft: Sieht denn niemand, dass der Kaiser keine Kleider trägt? Dies ist die Schüsselfrage bei jeder Finanzkrise. Wie im Märchen zerfällt das Trugbild erst, wenn die ungehörige Frage gestellt wird. Bis dahin glaubt man an das, was einem die "Leute" erzählen. Man traut seinen Augen und seinem eigenen Verstand nicht.
So erregte die Fantasie der Anleger Mitte 2011 wieder einmal die unermesslichen Weiten des *World Wide Web* und den darin zu findenden neuen strahlenden Planeten. Im Mittelpunkt des Interesses standen Aktien der sogenannten sozialen Netzwerke. Die Ikonen der Anlegern sind: *facebook, Zynga, Groupon, Twitter* und *LinkedIn*. Keines dieser Unternehmen ist älter als fünf Jahre, trotzdem sollen sie schon mehrere Milliarden US-Dollar wert sein. Der fulminante LinkedIn-Börsengang Mitte Mai 2011 entfachte einen neuen Börsenhype. Nach dem Börsengang Mitte Mai schoss die Aktie des Online-Netzwerks für berufliche Kontakte zunächst von 45 auf unglaubliche

120 US-Dollar. Auch die Aktien des chinesischen Facebook-Konkurrenten *Renren* oder der russischen Suchmaschine *Yandex* legten märchenhafte Marktauftritte hin.

Welche absurden Bewertungen für diese vermeintlichen "Stars" gezahlt werden, zeigt das Beispiel *LinkedIn*. Es hat derzeit einen Marktwert von ca. 7 Milliarden US-Dollar. Dies entspricht dem 30-fachen seines Umsatzes im Jahr 2010 und ca. dem 487-fachen seines Ertrags von 2010 (ähnliche Bewertungen hatten die Unternehmen des *Neuen Markts*). Zum Vergleich: Der Internetriese *Google* wird mit dem 7,6-fachen seiner 2010er-Umsätze und dem 17,5-fachen seines Ertrags von 2010 gehandelt. Dennoch sind die Anleger bereit, diese hohen Bewertungen zu zahlen, weil sie glauben, dass die sozialen Netzwerke eine neue Ära einläuten werden, mit traumhaften Renditen. Dieser Hype dürfte solange anhalten, bis der Börsengang des Netzwerkgiganten *facebook* (angeblicher Wert 100 Milliarden US-Dollar) über die Bühne gegangen ist. Es herrscht eine Art Jackpot-Stimmung wie im Jahr 2000, als die Technologieaktien gen Himmel schossen. Ebenso wie im Jahr 2000 ist es nur eine Frage der Zeit, bis die Kurse wieder sinken. Zudem kann aus einem Internet-Titan schnell ein Cyber-Gartenzwerg werden, wie z. B. beim *Social Network MySpace* geschehen. Es beherrschte lange die Welt der sozialen Netzwerke, bis es von *facebook* an die Wand gedrängt wurde.

Eine ähnliche Blase wie in Japan 1990 könnte auch in China entstehen. Genauso wie Japan in den 1980er Jahren erlebt China seit mehreren Jahrzehnten ein Wirtschaftswachstum im zweistelligen Prozentbereich und ist so zur zweitgrößten Volkswirtschaft der Welt aufgestiegen. Das chinesische Wachstum beruht sehr stark auf Investitionen, auf den Bau neuer Fabriken, neuer Straßen, neuer Flughäfen, neuer Appartementblocks usw. Dies ist angesichts des enormen Nachholbedarfes des chinesischen Volks zurzeit sinnvoll, kann aber auf Dauer nicht so weiter gehen. Irgendwann sind auch in China genügend Straßen, Kanäle usw. gebaut. Zudem haben die neuen Fabriken nur so lange eine Berechtigung, wie ihre Produkte auch Abnehmer finden. Hier gleicht der chinesische Aufholprozess denen anderer asiatischer Länder. Doch irgendwann wird China vor der großen Herausforderung stehen, von dem investitions- und exportgetriebenen Wachstumsmodell auf eine Wirtschaft umzuschwenken, die vom inländischen Konsum getragen wird. Leider ist dies in Japan und Südkorea nur bedingt geglückt, weil das Ende des dortigen Investitionsboom in schweren Krisen mündete, unter denen die japanische Wirtschaft noch heute leidet.

Hinzu kommt noch, dass die chinesische Regierung vor der Herkules-Aufgabe steht, das Land für die internationalen Kapitalströme zu öffnen. An dieser Aufgabe sind viele andere aufstrebende Volkswirtschaften gescheitert. Deren Währungen wurden zum Spielball der internationalen Finanzflüsse, was zu massiven Aufwertungen führte, die der Wirtschaft geschadet haben. Für diese Herkules-Aufgabe hat China immer noch keine Lösung gefunden. Jahr für Jahr Milliarden an amerikanischen Staatsanleihen zu kaufen, um die eigene Währung stabil zu halten, ist keine Lösung. Ein weiteres Problem Chinas ist, dass die billigen Arbeitskräfte langsam auszugehen drohen. So hat China in der Vergangenheit davon profitiert, dass es eine fast unbegrenzte Zahl von Niedriglöhnern hatte. Millionen von ihnen wohnten in den großen Ballungsgebieten an der Küste, wo viele Fabriken entstanden. Bei Engpässen an Arbeitern in den Metropolen wurden einfach mehr Wanderarbeiter aus den armen inländischen Provinzen geholt. Denn in den 1980er Jahren wurden noch viele Kinder geboren und die Bevölkerung im arbeitsfähigen Alter wuchs enorm an. Hierdurch wurde das Lohnwachstum begrenzt. Durch die Ein-Kind-Politik und den daraus folgenden niedrigen Geburtenraten wird aber das Heer der verfügbaren Arbeitskräfte rapide kleiner werden. So schätzen Experten, dass die Zahl der Chinesen zwischen 20 und 65 Jahren ab 2015 zunächst stagnieren und dann massiv abnehmen wird. Auf der anderen Seite müssen immer mehr Rentner versorgt werden. Dafür muss China noch entsprechende Sozialsysteme aufbauen, mit hohen Kosten. Außerdem dürften wegen der abnehmenden Zahl der Arbeiter die Löhne deutlich steigen. Spätestens dann dürften die Zeiten der scheinbar grenzenlosen Industrieexpansion vorbei sein. Andere Länder, wie Indien, mit einem großen Reservoir an billigen Arbeitskräften werden China dann Konkurrenz um die Industriearbeitsplätze machen.
Ein weiterer schwerer Mahlstein, der China zerdrücken kann, ist die enorme Umweltzerstörung. So gehen heute einige Experten davon aus, dass sich China in der Zukunft nicht mehr selbst mit Nahrungsmitteln wird versorgen können, weil immer mehr Ackerland verloren geht. Dann würde China ein Importland von Lebensmitteln. Die Gefahr hierbei ist, dass China die teuer auf dem Weltmarkt gekauften Lebensmittel im eigenen Land subventioniert abgeben muss, um Hungerrevolten zu verhindern, weil ein Großteil der Bevölkerung arm bleibt.
All dies heißt natürlich nicht, dass das chinesische Wachstum morgen schon vorbei sein wird. So sprechen der dynamische Schwung der Unternehmen

und der immer noch große Entwicklungs- und Nachholbedarf sowie billige und gut ausgebildete Arbeitskräfte für eine robuste Entwicklung. Aber das Ende von Chinas Rekordwachstum wird schneller kommen, als viele Optimisten erwarten. Letztlich kann die chinesische Volkswirtschaft sich nicht alle 8 bis 10 Jahre verdoppeln. Dafür sind die Weltmärkte nicht groß genug.

4 Welche Lehren können wir aus den Finanzkrisen der Vergangenheit ziehen?

Eines zeigt unser Streifzug durch die Geschichte der Finanzkrisen eindeutig: Nach der Blase ist vor der Blase. So ist das Platzen der Schulden-Bubble im Jahr 2008 keineswegs das Ende aller Finanzmarktblasen in der zukünftigen Finanzmarktgeschichte, vielmehr sind weitere Krisen vorprogrammiert.
In diesem Abschnitt möchte ich der Frage nachgehen: Wie kommt es zum Zusammenbruch oder Crash eines Marktes oder zu einer Panik im Bankensektor? Die Beantwortung dieser Frage erweist sich schwieriger als gedacht, weil das traditionelle Wissen sich in zwei intellektuelle Pole aufgespalten hat. Auf der einen Seite finden wir Erklärungen, die detailliert auf die charakteristischen Besonderheiten des jeweiligen Ereignisses eingehen[88]. Auf der anderen Seite versucht man diese Frage mithilfe einer "große Idee" zu beantworten. Es wird also eine einzige Ursache gesucht und gefunden, die bedeutend genug ist, um die Vielzahl von Sünden zu erfassen, die während der Finanzkrise begangen wurden. Besonders beliebt ist die Erklärung, dass Finanzkrisen entstehen, wenn im Finanzsystem Liquiditätsknappheit[89]

---

[88] Henry Clews kam in seinem Buch *Fifty Years in Wall Street* zu dem Schluss, dass neun Gründe zu der Panik des Jahres 1907 führten. (1) Die Hochfinanz führte Manipulationen durch. So wurden die Aktienkurssteigerungen auf 3-5 Prozent begrenzt, während gleichzeitig Geld auf sechs oder zwölf Monate gegen beste Sicherheiten für 6 % und mehr verliehen wurde. (2) Die Menschen hatten viel Kapital in Immobilien und andere feste Anlageformen investiert und so stand nicht mehr genügend Geld in flüssiger Form zur Verfügung. (3) Die *Knickerbocker Trust & Co* führte eine unbedachte Kreditvergabe durch, die letztlich zu ihrem Ruin führte. (4) Große Marktteilnehmer verkauften Wertpapiere im Wert von 800.000.000 US-Dollar, worauf gewaltige Neuverkäufe von Wertpapieren erfolgten. (5) Das Erdbeben in San Francisco mit seinen hohen Schäden. (6) Ermittlungen gegen Lebensversicherungsgesellschaften führten zu einer Verunsicherung der Menschen. (7) Diese Verunsicherung wurde noch durch die Ermittlungen gegen die *Metropolitan Street Railroad* vergrößert. (8) Das hohe Strafgeld in Höhe von 29.400.000 US-Dollar gegen ein Unternehmen mit einem Kapital von 1.000.000 US-Dollar. (9) Die Untersuchung des Chicago & Alton-Deals durch die Bundeswirtschaftskommission und die daraus erwachsenden Folgen schürten die Verunsicherung der Anleger zusätzlich, sodass es nur noch eine Frage der Zeit war, bis der "Kessel platzte".

[89] So meinte z. B. der Ökonom Milton Friedman, dass Finanzkrisen auf eine schlechte staatliche Steuerung der Geldmenge zurückgeführt werden können.

herrscht. Eine andere Erklärung ist schlicht Gier und Korruption[90]. Allerdings blendet dieser Ansatz oft den beträchtlichen Detailreichtum, die die Nachzeichnung einer Einzelkrise zutage fördert, aus. Eigentlich möchte man doch eine Erklärung haben, die weder zu komplex noch zu schlicht ist, weder zu stark auf den Einfallfall bezogen noch zu stark vereinfachend ist. Begeben wir uns jetzt auf Spurensuche. Dazu sollten wir zunächst versuchen, die Finanzkrisen zu katalogisieren. Im nächsten Schritt sollten wir die Geschichte der Finanzkrisen noch einmal Revue passieren lassen, um Gemeinsamkeiten abzuleiten. Anschließend betrachten wir, wie die Wissenschaft versucht, Finanzkrisen zu erläutern.

4.1 Katalogisierung der Krisen[91]

Durch die Geschichte der Finanzkrisen zieht sich wie ein roter Faden, dass das systematische Risiko einer exzessiven Schuldenanhäufung oftmals wesentlich größer ist als dies während des Wirtschaftsbooms durch die Beteiligten wahrgenommen wird. Die Schulden werden entweder durch die Regierungen, Banken, Unternehmen oder Verbraucher gemacht. Denn in guten Zeiten verschulden sich die Regierungen, Banken Verbraucher usw. immer wieder viel zu hoch. Sie traben also sehenden Auges in die Schuldenfalle.

So können Regierungen und Notenbanken, wenn sie großzügig Geld in die Märkte pumpen, den Anschein erwecken, für ein größeres Wirtschaftswachstum zu sorgen. Man hört dann häufig den Spruch: "*Wir dürfen den Aufschwung nicht kaputt sparen.*" Doch meistens ist die erhoffte Wirkung auf das Wirtschaftswachstum wesentlich kleiner als gedacht. Ebenso führt eine exzessive Verschuldung des Privatsektors zu Problemen. Sie kann nämlich die Bewertungen der Immobilien-, Aktien-, Anleihe- oder Rohstoffkurse langfristig aufblähen und Banken stabiler und profitabler erscheinen lassen, als sie in Wirklichkeit sind. Außerdem stellt eine Schuldenanhäufung immer ein Risiko für die Ökonomie eines Landes dar, weil sie anfällig für Vertrauenskrisen wird. Dies gilt besonders für Kredite im kurzfristigen Bereich, die ständig refinanziert werden müssen. Experten sagen auch, dass schuldenfi-

---

[90] Der Ökonom Roger Lowenstein vertritt die Ansicht, dass die Blase am Aktienmarkt 1997 bis 2001 und deren Zusammenbruch einzig und allein auf die vorherrschende Überbetonung des *Shareholder Value* zurückzuführen ist.

[91] Vgl. Reinhart, C. und Rogoff, K.: Dieses Mal ist alles anders – Acht Jahrhunderte Finanzkrisen, FinanzBuch Verlag GmbH, München 2010, S. 23-397

nanzierte Booms, wie z. B. in Irland, oftmals die Wirklichkeit vernebeln. So gaukelte der Boom dem Land einen Lebensstandard vor, den es in Wirklichkeit gar nicht hatte. Doch jeder Boom endet in einem bösen Erwachen, wenn man so will mit einem schlimmen Kater[92].

Zudem zeigt die Geschichte der Finanzkrisen, dass es unterschiedliche Arten von Krisen gibt. So treten Staatsschuldenkrisen auf, wenn Regierungen ihre Inlands- oder Auslandsschuldenverpflichtungen[93] nicht mehr erfüllen können. Häuft ein Land Jahr für Jahr hohe Defizite auf und nimmt hauptsächlich kurzfristige Schulden auf, dann macht es sich verwundbar. Eine der Hauptgründe, kurzfristige Anleihen zu emittieren, ist, dass der Schuldner bei langlaufenden höhere Zinsen zahlen muss. Je größer die Schulden werden, umso mehr muss der Finanzmarkt das Vertrauen haben, dass der Staat seine Schulden auch begleichen kann. Kommt es zu einem Vertrauensverlust, steigen die Zinsen für Anleihen des Staates deutlich an, bis er sich die Zinslast nicht mehr leisten kann. Zu allem Überfluss neigen Regierungen in Bezug auf ihre Verschuldung zu einer ausgesprochenen Intransparenz.

Während einer Inlandsschuldenkrise beträgt die Inflationsrate im Durchschnitt im Krisenjahr ca. 150 %, wohingegen bei Auslandsschuldenkrisen "nur" eine Inflation von 35 % beobachtet wird. Zudem zeigt bei einer Inlandsschuldenkrise die Inflation eine Beharrungstendenz, so liegt sie im Jahr

---

[92] Dies wird auch als *Bubble Economy* bezeichnet. Hierunter versteht man eine Volkswirtschaft, die zunächst von der Spekulationsblase profitiert und nach deren Platzen darunter leidet. Denn die Überbewertung von Vermögenswerten (wie Aktien oder Immobilien) führt zu einem erhöhten Konsum und gleichzeitig zu erhöhten Investitionen. Der Grund für die Konsumerhöhung ist, dass die Wertsteigerungen der Vermögenswerte zum Teil in den Konsum fließen, denn dann können Unternehmen Kapital zu niedrigen Zinsen aufnehmen. Hierdurch erscheinen viele Investitionen attraktiv, obwohl sie nur eine geringe Rentabilität haben. Durch diese beiden Effekte kommt es zu einem zusätzlichen Wirtschaftswachstum. Doch platzt die Blase, sind die volkswirtschaftlichen Wirkungen genau umgekehrt, d. h. der Konsum und die Investitionen müssen zurückgefahren werden. Letztlich führt bzw. verstärkt dies die Wirtschaftskrise, wie es z. B. in Japan 1990 (s. S. 143ff.) der Fall war.

[93] Unter Auslandsschulden versteht man die gesamten Schuldenverpflichtungen eines Landes gegenüber ausländischen Gläubigern. Die Bedingungen der Anleihe bzw. des Schuldvertrags unterliegen der Gerichtsbarkeit der ausländischen Gläubiger oder internationaler Gesetze. Häufig werden sie in einer Fremdwährung ausgegeben, d. h. nicht in der Heimatwährung des Emittenten der Anleihe. Dagegen versteht man unter Inlandsschulden alle Schuldverpflichtungen eines Landes, die unter der nationalen Rechtsprechung des Schuldnerlandes eingegangen werden. Dabei ist die Nationalität des Gläubigers oder die Währung, in der die Schuld emittiert wird, egal. Die Inlandsschulden machen eigentlich bei jedem Land den größten Anteil an der Gesamtverschuldung aus.

nach der Krise meistens noch über 100 %. Somit kann man feststellen, dass vor allem Inlandsschuldenkrisen in Zeiten mit einer hohen makroökonomischen Belastung auftreten. Seien Sie also auf der Hut, wenn die Inflationsrate eines Landes anfängt zu galoppieren und die Wirtschaftsleistung zusammenbricht.

Typischerweise wird bei Auslands- und Inlandsschuldenkrisen eine Schuldenrestrukturierung zu ungünstigeren Bedingungen für den Gläubiger, als der ursprüngliche Schuldenkontrakt vorsah, durchgeführt. Oftmals treten Auslandsschuldenkrisen bei einer Auslandsschuldenquote (werden z. B. veröffentlicht im *Global Development Finance* (GDF) der *Weltbank*) von mehr als 30 bis 35 % des BIP auf. Das von *Institutional Investor* herausgegebene Institutional-Investor-Rating (www.iimagazinerankings.com/CountryCredit/GlobalRanking.asp oder www.iimagazinerankings.com/countrycredit/index.asp) (IIR) zeigt die Länderrisiken an. Dieses Rating basiert auf Erhebungen von Ökonomen und Länderrisikoanalysten führender Banken. Dabei stufen sie jedes Land auf einer Skala von 0 bis 100 ein (100 steht für die Länder mit der geringsten Zahlungsausfallwahrscheinlichkeit). In der Regel deutet ein Wert von ≥ 73,5 Punkten auf eine geringe Zahlungsausfallwahrscheinlichkeit hin. Auf eine mittlere Zahlungsausfallwahrscheinlichkeit deutet ein IIR-Wert von größer 21,7 und kleiner 73,5 Punkte hin. Nimmt man noch den Vergleich mit den Auslandsschulden hinzu, so ergibt sich ein differenzierteres Bild.

- Geringe Ausfallwahrscheinlichkeit: 47,6 ≤ IIR< 73,5 und Auslandsschulden zum BIP < 35
- Mittlere Ausfallswahrscheinlichkeit: 21,7 < IIR < 47,6 und Auslandsschulden zum BIP < 35
- Hohe Ausfallwahrscheinlichkeit: 21,7 < IIR < 47,6 Auslandsschulden zum BIP ≥ 35

Im Allgemeinen deutet innerhalb dieser Gruppe ein Verhältnis von Auslandsschulden zum BIP ≥ 35 auf eine deutliche Zunahme des Ausfallrisikos hin. Ein IIR-Wert von kleiner 21,7 deutet auf die höchste Zahlungsausfallwahrscheinlichkeit hin.

Bis jetzt ist es keinem Land gelungen, sich dauerhaft von Bankenkrisen zu befreien. Vielmehr treten sie mit regelmäßiger Häufigkeit auf. Dabei ereignen sich Bankenkrisen sowohl in reichen als auch in armen Ländern. Beispielsweise gab es in den USA seit 1800 13, in England 12 oder in Deutschland 8 Bankenkrisen. Zudem beobachtet man, dass Zeiträume (wie z. B.

zwischen 1920 und 1930 oder ab 2000) ausgeprägter internationaler Kapitalmobilität wiederholt internationale Bankenkrisen auslösen. Für die Zeit nach 1970 haben Kaminsky und Reinhardt einen Zusammenhang zwischen Krisen und Finanzmarktliberalisierung nachweisen können. Sie konnten aufzeigen, dass in 18 von 26 Bankenkrisen der Finanzsektor in den vorhergehenden fünf Jahren liberalisiert wurde, in den 1980er und 1990er Jahren etwa wurde die Liberalisierung des Finanzsektors von einer Vielzahl von kleinen und großen Krisen begleitet. Ebenso zeigten Demirgüc-Kunt und Detragiache auf, dass eine Finanzmarktliberalisierung einen negativen Effekt auf die Stabilität des Bankensektors hat. Schließlich führt die Liberalisierung im Finanzmarkt zu immer neuen Finanzinnovationen, die zu einer Krise führen können, wie z. B. die Verbriefung von Hypotheken zweitrangiger Bonität. Überdies zeigt sich, dass sich Bankenkrisen häufig auf dem Höhepunkt eines Immobilienbooms oder gleich nach dessen Platzen ereignen, wie in Spanien 1977, Norwegen 1987, Finnland und Schweden 1991, Japan 1992, USA 2007, Irland 2007, Großbritannien 2007. Die lang anhaltenden Abschwünge der Immobilienpreise nach einer Bankenkrise stehen im krassen Gegensatz zum Verhalten der Aktienkurse. Die Aktienkurse erreichen ihren Höchststand normalerweise ein Jahr nach Beginn der Bankenkrise und sinken anschließend zwei oder drei Jahre in Folge. Anschließend setzt meistens eine Erholung an, in deren Verlauf neue Höchststände markiert werden. Allerdings liefert Japan das Gegenbeispiel, weil sich die Kurse hier nur marginal erholen konnten und weit unter ihren Höchstständen zurückblieben.

Bankenkrisen sind dadurch gekennzeichnet, dass einem Großteil der Banken eines Landes durch heftige Investmentverluste oder Bankpaniken die Insolvenz droht. In der Regel leihen sich Banken in Form von Bankeinlagen kurzfristig Geld. Diese Bankeinlagen können kurzfristig wieder abgezogen werden. Dagegen haben die Kredite der Banken eine wesentlich längere Laufzeit und können häufig nicht kurzfristig in Geld umgewandelt werden. Dies ist für eine Bank mit einer gesunden Einlagenbasis kein Problem. Kommt es allerdings zum Beispiel aufgrund einer Panik dazu, dass die Bankkunden ihre Einlagen verstärkt abziehen, steht die Bank vor existenzbedrohenden Problemen. Die Bank steht im Mittelpunkt einer Vertrauenskrise. Reichen die Bargeldeinlagen nicht aus, um den ersten Kundenansturm zufriedenzustellen, droht eine Massenpanik. In einer solchen Situation wirft die Bank ihre Vermögenswerte zu "Schleuderpreisen" auf den Markt[94], um Geld zu bekommen. Reicht das noch immer nicht, kann dies zum Konkurs der Bank führen. So bildeten sich z. B. im September 2007 lange Schlangen vor den Toren der britischen Bank *Northern Rock*. Die sich ausbreitende Panik zwang die britische Regierung dazu, die Bank zu übernehmen und für deren Einlagen zu haften. Schließlich sind die Länder auf ein funktionierendes Bankensystem angewiesen, weil sie die Geldströme der Sparer in für die Wirtschaft wichtige Investitionsprojekte lenken.

Deswegen beeinträchtigen Bankenkrisen das Wirtschaftswachstum. Denn Bankenkrisen führen oftmals zu einem plötzlichen Versiegen der Kreditströme, sodass der Wirtschaft das Geld fehlt, um z. B. Aufträge vorzufinanzieren. Zudem führen Bankenkrisen dazu, dass die Investoren risikoscheu werden.

Bankenkrisen sind besonders gefährlich, weil die Banken oftmals durch die Regierungen aus ihren Problemen herausgekauft werden. Dies führt in der Regel zu einem Anstieg der Staatsschulden in den folgenden drei bis fünf Jahren, im Durchschnitt um 75 %. Die Kosten entstehen durch den Aufkauf von "faulen Aktiva" der Banken, gelenkten Fusionen zwischen notleidenden Banken und soliden Banken (Staat muss der übernehmenden Bank umfangreiche Garantien geben), einer direkten Übernahme einer notleidenden Bank durch den Staat oder einer Kombination aus allen diesen Maßnahmen. Dies liegt vielfach die Saat für Staatsschuldenkrisen, weil sich die Staaten bei der Bankenrettung übernehmen. Dies liegt u. a. daran, dass es bei einer Bankenkrise oftmals zu einem drastischen Rückgang der Steuereinnahmen kommt. Um Bankenkrisen zu verhindern, wurden nach der großen Depression (1930) weltweit Einlagensicherungssysteme eingeführt. Kritiker dieser Systeme sagen, dass die Einlagensicherungssysteme nur dazu geführt ha-

[94] Wenn Banken Vermögenswerte zu Schleuderpreisen auf den Markt werfen, dann können sie bei einer systematischen Bankenkrise, wie etwa bei der US-Subprime-Krise ab 2007, die Märkte austrocknen. Denn die Assetportfolios der Banken weisen häufig eine ähnliche Struktur auf. Somit können plötzlich Assets, die zu normalen Zeiten liquide sind, in Krisenzeiten illiquide werden. Folglich kann eine Bank, die zu normalen Zeiten absolut solvent ist, in Krisenzeiten insolvent werden, weil sie ihre Vermögenswerte nicht verkaufen kann. Meistens wird eine solche Krise durch einen Schock über einen realen Verlust im Bankensystem ausgelöst. Dieser Schock wäre zu bewältigen, wenn das Vertrauen in den Bankensektor erhalten bliebe. Schwindet allerdings dieses Vertrauen und kommt es zu einem Banken-Run, besteht die Gefahr, dass das gesamte System kollabiert.

ben, dass die Banken der Versuchung, zu hohe Risiken einzugehen, um möglichst hohe Renditen zu erwirtschaften, erliegen.

Der Vorläufer der heutigen Inflations- und Wechselkurskrisen waren die Währungsabwertungskrisen. Dabei bezeichnet man als Typ I eine Verringerung des Metallgehalts der sich im Umlauf befindlichen Münzen in Höhe von ca. 5 % oder mehr. Dagegen bezeichnet der Typ II eine Währungsreform, in deren Rahmen eine neue Währung eine stark wertverminderte bzw. inflationsbehaftete Währung ablöst. In der Regel folgen Währungsanpassungen auf Hochinflationsphasen.

Daneben gibt es noch Wechselkurskrisen[95], wie in den 1990er Jahren in Asien, bei dem der Wert der Währung eines Landes in schwindelerregendem Tempo verfällt. Von einem Währungszusammenbruch spricht man, wenn eine Währung eine jährliche Wertminderung von mehr als 15 % gegenüber dem US-Dollar (oder einer anderen Ankerwährung, wie z. B. dem Euro) erfährt. Immerhin hat der IWF festgestellt, dass einer Bankenkrise in 55 % der Fälle eine Währungskrise folgt.

Zu diesen Krisen gesellen sich noch Phasen von Hoch- und Hyperinflation. Viele Staaten versuchen, ihre Schulden "wegzuinflationieren". So kam im 4. Jahrhundert v. Chr. im griechischen Syrakus der Herrscher Dionysios auf die Idee, das gesamte im Umlauf befindliche Münzgeld unter Androhung der Todesstrafe einzusammeln. Nachdem Dionysios alle Münzen eingesammelt hatte, prägte er auf jede 1-Drachmen-Münze den Wert von 2-Drachmen. Den so erzielten Gewinn nutzte er zur Rückzahlung seiner Schulden. Nach Ansicht der klassischen Geldtheorie sollte dies bei ansonsten gleichen Umständen (insbesondere der Produktion des Landes) dazu führen, dass sich die Preise mit der Verdoppelung der Geldmenge auch ungefähr verdoppeln. So ist ein unerwarteter Inflationsanstieg vergleichbar mit einem Zahlungsausfall, weil die Inflation dem Schuldner die Möglichkeit gibt, seine Schulden zurückzuzahlen, das Geld aber weniger Kaufkraft hat als zu der Zeit, als der Kredit aufgenommen wurde.

Hochinflationsphasen dauern in der Regel viele Jahre, lösen sich gelegentlich auf oder pendeln sich auf einem bestimmten Niveau ein, bevor sie explodieren. Als Klassifizierung für eine Hochinflationsphase hat sich eine 12-Monats-Inflationsrate größer als 40 % durchgesetzt. Experten sagen, dass eine Inflationsrate über dieser Marke hauptsächlich schädliche Effekte hat.

---

[95] In der Regel gehen Inflations- und Wechselkurskrisen Hand in Hand.

Außerdem beobachtet man, dass in Ländern mit einer dauerhaft hohen Inflationsrate oft eine sogenannte Dollarisierung stattgefunden hat. Die Menschen greifen also als Zahlungsmittel auf eine ausländische Währung zurück, vorzugsweise auf eine "harte" Währung. Dann hat die Geldpolitik des Landes bei seinen Bürgern an Glaubwürdigkeit verloren.
Weiterhin stellt man fest, dass Krisen meistens in Gruppen auftreten. So kann sich ein Land, das z. B. mitten in einer Wechselkurskrise steckt, schon bald darauf in einer Bankenkrise oder Inflationskrise wiederfinden. Finanzkrisen fallen auch nicht wie ein Blitz vom heiteren Himmel, sie kündigen sich vorzeitig an. Indikatoren für eine drohende Finanzkrise sind die folgenden:

- Deutlich steigende Assetpreise (wie. z. B. Aktien oder Immobilien). So sollten nach Neumanns Gleichgewichts-Wachstumsmodell oder nach der Fisher-Gleichung die langfristigen Aktienpreise zu den Wachstumsraten der Realwirtschaft konvergieren. 1950 und 1990 etwa wiesen der *Dow Jones* und das nominelle BIP der USA mit 6,6 und 6,8 % ähnliche durchschnittliche Wachstumsraten auf. Der *Dow Jones* schaukelte sich in Wellen auf, bis er über das Gleichgewicht hinwegschoss, wie 2007. Die Folge war der Einbruch bis Anfang 2009. Ähnliches passierte 1929 oder während der TMT-Bubble 2000.
- Abkühlende Wirtschaft bzw. Konjunktur (meistens geben die Frühindikatoren[96] darüber frühzeitig Auskunft).
- Hohe Leistungsbilanzdefizite und/oder ein nachhaltiger Anstieg der Verschuldung (öffentlich, privat oder beides zusammen).
- Hohe Kapitalzuflüsse aus dem Ausland (Vergleich der Kapitalzuflüsse zum BIP).

Die Untersuchungen von Reinhart und Rogoff zeigen, dass Finanzkrisen folgende Auswirkungen haben:

[96] Sie sollten die Frühindikatoren ernst nehmen, weil diese Indikatoren z. B. frühzeitig den Abschwung der Wirtschaft im Jahr 2000 vorhergesehen haben und somit den Abschwung der Börsen prognostizierten. Bekannte Frühindikatoren sind: Ifo – Geschäftsklimaindex (www.ifo.de), ZEW-Index (www.zew.de), Umfragen der DIHK (www.dihk.de) oder für die USA der *National Association of Purchasing Management* (NAPM; www.napm.org/NAPMReport/PMIndex.cfm) usw.

Tabelle 9: Auswirkungen einer Finanzkrise

Effekt	Durchschnittlicher Einfluss	Durchschnittliche Dauer	Bester	Schlechtester
Immobilienmärkte	-35,5 %	6 – 7 Jahre	-4 % (Österreich, 2008)	-53 % (Hongkong, 1997)
Aktienmärkte	-55,9 %	3 – 4 Jahre	-27 % (Argentinien, 2001)	-91 % (Island, 2007)
BIP (pro Kopf)	-9,3 %	2 Jahre	0,5 % (Spanien, 1977)	-29 % (USA, 1929)
Staatsverschuldung[97]	+ 86 %	3 Jahre	+ 39 % (Malaysia,1997)	+179 % (Kolumbien, 1998)
Arbeitslosigkeit	+7 %	4 – 5 Jahre	+1 % (Malaysia, 1997)	+22 % (USA, 1929)

4.2 Allgemeine Beobachtungen beim Streifzug durch die Geschichte[98]

Ein langjährigen Spekulant sagte einmal zu einem Freund: "*Die großen Finanzkrisen kommen und gehen, doch man hört stets dasselbe von Politikern und Investoren. Diesmal ist es anderes. Dies ist jedoch eine Illusion. Die Finanzkrisen ähneln sich alle auf erschreckende Weise, so als hätten wir Menschen aus einer Krise niemals etwas gelernt.*" Wenn sich die Krisen ähneln, dann sollte sich dieses auch in den Kursverläufen widerspiegeln.

4.2.1 Was sagen uns die Kursverläufe von Spekulationsobjekten

Man möchte es eigentlich gar nicht glauben. Sieht man sich die Chartverläufe der Spekulationsobjekte wie Aktien, Rohstoffe usw. an, so stellt man fest, dass sie eine ähnliche Form haben. Blättern Sie doch noch einmal das Buch durch und sehen sich die Kursverläufe an. Sie werden feststellen, dass sie sich gleichen.

---

97 Haupttriebfeder der Schuldenexplosion sind die Rettungspakete, Konjunkturprogramme, steigende Sozialkosten (wegen steigender Arbeitslosigkeit) und natürlich die sinkenden Steuereinnahmen während der Krise.

98 Vgl. Unkels, M.: Über die Vorhersagbarkeit von Spekulationsblasen mit Hilfe historischer Vergleiche und moderner Mustersuchalgorithmen; Technische Universität Darmstadt 2007, S. 42ff.

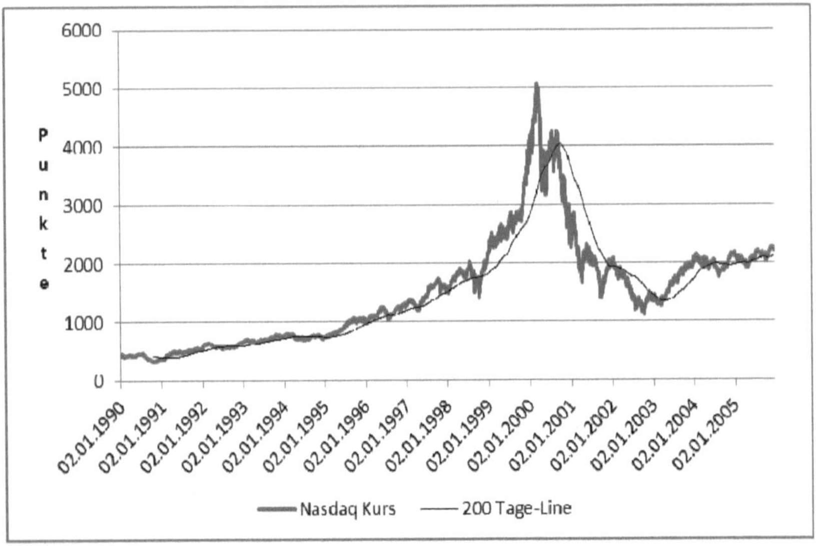

Abbildung 24: NASDAQ von 1990 bis 2005 (New-Economy-Blase 1997-2001)

Abbildung 24 zeigt, dass die Kurve zunächst unverdächtig leicht ansteigt. Danach folgt ein kurviger Abschnitt, aus welchem sich die Diritissima scheinbar spontan entwickelt. Danach gewinnt der Aufschwung immer mehr an Fahrt, d. h. der Anstieg wird steiler. Der prozentuale Abstand zwischen der 200-Tage-Linie und des Kurses des NASDAQ wird immer größer. Zusätzlich werden die Korrekturen innerhalb des Aufstiegs immer kürzer. Obendrein beobachtet man fast nur noch steigende Aktienkurse, fallende werden kaum noch wahrgenommen. Zum Schluss beobachtet man einen fast senkrechten Anstieg und zuletzt steigt die Kurve sogar exponentiell an. Daher beobachtet man, dass die Preise ab dem zweiten Drittel der Blase immer schneller anfangen zu steigen. Das bedeutet, dass die Anstiegsgeschwindigkeit im letzten Drittel über der der beiden ersten Drittel liegt.

Die Hochphase der Blase, zu der die Kurse ihre Höchststände erreichen, beträgt nur einen Bruchteil der gesamten Dauer der Spekulationsblase, ca. ein Zehntel der vorangegangenen Phase. In dieser Phase kommt es bei Aktien zu wahren Bocksprüngen um mehr als 50 %. Indizes legen in einer solchen Phase schon mal innerhalb eines Monats um mehr als 20 % zu. Nahe dem Gipfelpunkt fällt die Kurve dann stark ab. Die Blase beginnt zu platzen. Durchschlägt der Kurs des Spekulationsobjektes die 200-Tage-Linie von oben nach unten (s. Abbildung 24, Anfang 2001) ist, dies ein Zeichen dafür, dass die Blase endgültig platzt. Der Anleger sollte seine Position verkaufen. Immerhin war dies in 90 % der Fälle ein Indiz dafür, dass die Kurse eher fallen als steigen. Manchmal (10 % der Fälle) beobachtet man noch eine Erholung der Kurse, bevor sie dann dramatisch an Wert verlieren. In der Regel geht es dann mehrere Jahre (etwa 2,5 Jahre) nach unten. Unterbrochen wird die Talfahrt immer wieder von einer trügerischen Teilerholung. Das wiedergewonnene Kurspotenzial wird aber später wieder abgegeben. Gleichzeitig fallen in einer Spekulationsblase die Dividendenrenditen deutlich, sodass das Verhältnis Kurs zu Dividende deutlich ansteigt.

$$\text{Dividendenrendite} = \frac{\text{Dividende je Index}}{\text{aktueller Indexstand}} = \frac{22{,}75}{1257{,}64} \cdot 100 = 1{,}81\,\%$$

Die Berechnung erfolgt für den S&P 500. Der S&P 500 hat eine Dividende je Index von 22,75 US-Dollar

In der Vergangenheit war es ein sicheres Indiz, dass Unheil droht, wenn beim amerikanischen S&P 500 die Dividendenrenditen unter 2,2 % abrutschten. Beispielsweise lag die Rendite Anfang 2000 bei 1,2 %. Dagegen signalisieren beim DAX Dividendenrenditen von über 5 %, dass der Aktienmarkt unterbewertet ist und ein Aufschwung bevorsteht. Renditen von kleiner 2 % im DAX zeigen, dass Gefahr im Verzug ist. Außerdem steigt während einer Spekulationsblase das Kurs-Gewinn-Verhältnis (engl. *Price-Earnings Ratio*, PE) deutlich an. Es berechnet sich aus dem Indexstand geteilt durch den Gewinn der im Index enthaltenen Unternehmen.

$$\text{KGV} = \frac{\text{aktueller Kurs}}{\text{Gewinn je Index}} = \frac{1257{,}64}{96{,}61} = 13{,}02$$

Die Berechnung des KGVs erfolgt für den S&P 500. Historisch gesehen hat der S&P 500 ein durchschnittliches KGV von 14,5. KGV-Werte unterhalb von 14,5 deuten darauf hin, dass der S&P 500 günstig bewertet ist. Werte über 14,5, dass der S&P 500 teuer ist.

Prinzipiell ist das Kurs-Gewinn-Verhältnis ein Maßstab dafür, wie teuer der Markt relativ zu der Fähigkeit der Unternehmen ist, Gewinne zu erwirtschaften. Ein im Vergleich zur Historie hohes KGV deutet darauf hin, dass ein Markt teuer (d. h. Gefahr droht) ist. Dagegen deutet ein historisch niedriges KGV darauf hin, dass der Markt billig ist. Im Mittel lag das KGV für den S&P 500 bei 14,5 (beim DAX beträgt es 14,3). Weiterhin beobachtet man, dass auf lange Sicht die Werte immer wieder zum Durchschnitt zurückkehren. In der Vergangenheit wurde dies zum überwiegenden Teil durch Kurskorrekturen erreicht und nicht durch die Steigerung der Unternehmensgewinne. Beispielsweise lag im September 1929 das Verhältnis bei 32,6. Die Folge war, dass der S&P-Index bis Juni 1932 80,6 % verlor. Im Januar 2000 lag das Verhältnis bei einem Wert von 44,3, wiederum verlor der Index mehr als 40 %. Da die Kursverläufe der Spekulationsblasen ähnlich sind, müssen Muster vorhanden sein. Diese Muster suchen wir im nächsten Kapitel.

4.2.2 Welche Muster bzw. Gemeinsamkeiten haben Spekulationsblasen?

Vergleichen wir zunächst den Crash 1929 und den New-Economy-Crash 2000. Sie werden überrascht sein!

Tabelle 10: Vergleich wichtiger Indikatoren zwischen 1921-1929 und 1991-2000

	Zeitraum **1921-1929,** vor dem großen Börsencrash 1929	Zeitraum **1991-2000.** vor dem New-Economy-Crash 2000
Fundamentale Faktoren		
Reales Wachstum des Bruttosozialproduktes	4,2 %	3,6 %
Steigerung der Unternehmensgewinne	9,0 %	9,3 %
Arbeitslosenquote am Ende des Booms	3,4 % (Mitte 1929)	4,1 % (Mitte 2000)
Branchen des Booms		
Boombranchen	Automobil, Luftverkehr, Radio, Film, Versorger	Internet, Medien, Technologie
Als "überholt" angesehene Branchen	Eisenbahnindustrie	Automobil, Maschinenbau, Handel, Versorger
Aktienmarktbewertung		
KGV des S & P 500 zum Beginn des Booms	10	14,2
KGV des S & P 500 zum Ende des Booms	32 (Sept. 1929)	33 (März 2000)
Dividendenrendite zum Beginn des Booms	5 - 7 %	3,8 %
Dividendenrendite zum Ende des Booms	2 - 3,5 %	1,1 %
Geldpolitik		
Leitzinsen Anfangsphase	6 %	7 %
Tiefststand der Leitzinsen	3,5 % (Mitte 1927)	3,0 % (Herbst 1992)
Beginn der restriktiven Geldpolitik	Jan. 1928	Juli 1999
Anzahl der Zinsschritte	4 (Leitzinsen stiegen bis auf 6 %)	6 (Leitzinsen stiegen bis auf 6,5 %)

Dieser Vergleich wichtiger Indikatoren zeigt, dass Finanzkrisen Gemeinsamkeiten bzw. Muster haben. Welche Muster haben also alle Finanzkrisen gemeinsam? Lassen Sie uns die vorgestellten Finanzkrisen noch einmal im Kopf durchgehen. Es ist festzustellen, dass die Ausbildung und das Platzen einer Spekulationsblase in verschiedene Phasen eingeteilt werden kann.

1. *Displacement*: Die meisten Finanzkrisen beginnen mit einem unvorhergesehenen Anfangsereignis, dem Entstehungsschock. Darunter versteht man ein externes Ereignis, welches die Investmentlandschaft durcheinander wirbelt. Dies können z. B. politische Ereignisse (wie das Ende eines Krieges bzw. der Anfang internationaler Verträge, Freihandelszonen), das starke Fallen der Zinsen, neue Finanzinnovationen (wie neuartige Derivate, Investmentstrategien), Finanzmarktderegulierung (wie Öffnung von Märkten, Wegfall von Finanzrestriktionen), neue Technologien, Rohstoffe oder Produkte sein, die neue Absatz- und Gewinnmöglichkeiten offenbaren. Das *Displacement* wird für die Anleger sozusagen zu einer "fixen Idee".
2. *Economic Boom*: Ist das *Displacement* stark genug, so löst es ein starkes Ansteigen der Wirtschaftsleistung in einem oder mehreren Industriesektoren aus. Dies geht einher mit einer Kreditexpansion durch die Banken sowie dem Angebot neuer Investmentmöglichkeiten in den boomenden Industriesektoren für Anleger.
3. *Manie- und Euphoriephase*: Innerhalb dieser Phase prägt sich eine sehr positive Erwartungshaltung bezüglich der Gewinne, der Extrapolation aktueller Renditen in die Zukunft sowie eine zunehmende Ignorierung fundamentaler Bewertungskriterien aus. Die Anleger sehen die Welt nur noch durch ihre "rosarote Brille". Außerdem beobachtet man, dass immer mehr Menschen an die Börse strömen, um ihr Glück zu versuchen, d. h. die Zahl der Marktteilnehmer steigt deutlich an. Warnende Stimmen werden nicht mehr wahrgenommen, sie werden als Spielverderber angesehen. Gleichzeitig spekulieren immer mehr Anleger auf Kredit.
4. *Beginn des Preisverfalls*: In dieser Phase endet der Anstieg der Preise und geht in einen Preisverfall über. Zunächst beobachtet man eine Abschwächung der Aufwärtsdynamik aufgrund von Gewinnmitnahmen oder einer langsam fallenden Anzahl neuer Anleger, dem Boom geht also langsam das Geld aus. Jetzt kann schon ein einzelnes externes Ereignis die Trendwende einläuten, wie z. B. Anstieg der Zinsen, Krieg, Missernte, Inflationsanstieg, schlechte Unternehmensmeldungen, Verschlechterung der wirtschaftlichen Stimmung bzw. Wachstums usw.
5. *Beschleunigter Preisverfall*: In dieser Phase führt der Preisverfall zu Bankenpleiten, der Liquidierung von Anlegerdepots sowie zu einer

allgemeinen Verschlechterung der wirtschaftlichen Stimmung. Dies geht einher mit einer steigenden Arbeitslosigkeit und Produktionsrückgängen. Zur selben Zeit dreht sich die Stimmung der Anleger, Risiken, die vorher ausgeblendet wurden, werden urplötzlich wieder wahrgenommen. Die "Schwarzmaler" übernehmen das Kommando an den Börsen.

6. *Panik*: In dieser Phase beschleunigt sich der Preisverfall nochmals. Es findet bei den Anlegern ein Wechsel von Optimismus zu Pessimismus statt, der zu einer Art sich selbst verstärkenden Abwärtsspirale führt. Man beobachtet, dass die Anleger gezielt nach dem sprichwörtlichen "Haar in der Suppe" suchen. Je mehr schlechte Nachrichten es gibt, desto mehr geraten die Anleger in Panik und produzieren durch ihre Verkäufe neue schlechte Nachrichten. Die Motivation der Anleger besteht darin, schneller zu sein als die anderen. Jeder möchte der erste beim Verkauf sein, um möglichst viel zu erlösen. Die Anleger haben das Gefühl, dass die Aktien ins Bodenlose fallen. Es regiert die nackte Angst an den Börsen. Dies mündet in der Regel in eine Rezession und in besonders schlimmen Fällen in eine Depression der Realwirtschaft. Denn die negative Stimmung schwappt von den Börsen über auf die Realwirtschaft. Die Konsumenten schränken ihre Ausgaben für den Konsum ein, weil sie Angst haben, ihren Arbeitsplatz zu verlieren. Ebenfalls schränken die Unternehmen ihre Investitionen ein und fahren die Produktion zurück, weil ihre Lagerbestände anwachsen.

Obendrein beobachtet man während der Ausbildung der Spekulationsblasen folgende Phänomene:

- Die Preise des Spekulationsgutes steigen schnell an. Obendrein steigt während der Blasenbildung die Geschwindigkeit des Preisanstieges deutlich an.
- Die Preise des Spekulationsgutes entfernen sich weit von ihrem fundamentalen Wert, z. B. steigen bei Aktien die KGVs in ungeahnte Höhen. Somit entfernen sich die Bewertungen weit von ihrem historischen Durchschnitt.
- Vor eigentlich jeder Finanzmarktkrise beobachtet man eine Zeit wirtschaftlicher Expansion (mit teilweise hohem Wirtschaftswachstum).
- Man beobachtet ein steigendes Medieninteresse am Thema "Börse und Finanzmarkt".

- An den Börsen kommt es zu einer steigenden Zahl von börsennotierten Unternehmen, d. h. die Unternehmen stürmen förmlich an die Börse. Die Zahl der Neuemissionen steigt stark an.
- Durch das steigende Medieninteresse werden immer mehr Menschen an die Börse gelockt, d. h. man beobachtet eine steigende Zahl von Anlegern bzw. Aktionären.
- Bei den Anlegern macht sich ein grenzenloser Optimismus breit. Es herrscht der Glaube des "ewigen" Wachstums vor.
- Es kommt zu einer Ausweitung des Kreditvolumens. Besonders in der Spätphase eines wirtschaftlichen Aufschwungs übertreiben es die Kreditnehmer wie Kreditgeber mit der Kreditfinanzierung. Obendrein kommt es in Folge einer Sorglosigkeit, die sich während des Aufschwunges breit gemacht hat, zu einer Absenkung der Sicherheitsstandards bei der Kreditvergabe. Dies führt zu einer Verringerung des Sicherheitsspielraumes im Finanzsystem, was schwerwiegende Konsequenzen nach sich ziehen kann.
- Es kommt zu einer Erhöhung der Schuldenquote einhergehend mit einer Erhöhung der Geldmenge.
- In der Spätphase eines Booms beobachtet man eine sinkende Zahl von Aktien, die noch an der Aufwärtsbewegung teilnehmen.

Neben diesen mehr oder minder offensichtlichen Phänomen einer Spekulationsblase wirkt im Verborgenen ein Effekt, ohne den überhaupt keine Spekulationsblase entstehen könnte: der positive Rückkoppelungseffekt. In der Regel entsteht ein Rückkoppelungseffekt in solch komplexen Systemen wie dem Finanzmarkt, wenn ein Ereignis *(Displacement)* und seine Entstehungsursachen reproduziert werden können. Zudem besitzen Märkte eine Anfälligkeit für positive Rückkoppelungseffekte, wenn die Anleger "naive" Preiserwartungen haben, wenn die Anleger die historische Preisentwicklung also einfach in die Zukunft fortschreiben (Preis des letzten Monats gestiegen = Preis des nächsten Monats steigt). Gerade diese "naiven" Preiserwartungen halten dann den Prozess in Gang. Durch die naiven Erwartungen der Anleger bläst sich die Spekulationsblase immer weiter auf.

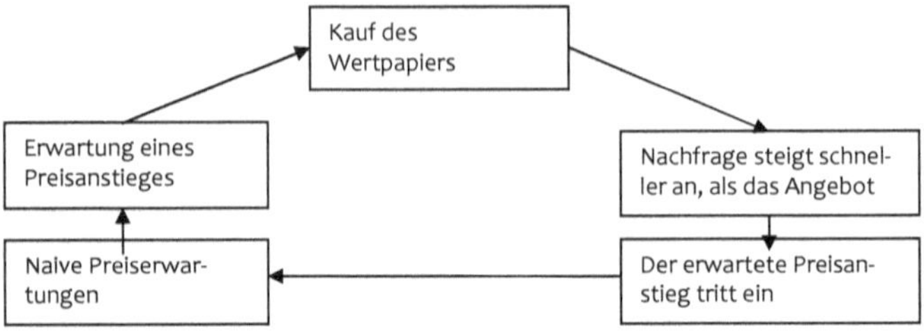

Abbildung 25: Positive Rückkoppelung

Zudem wird die positive Rückkoppelung durch die Gier (auf immer mehr Gewinn) und die übertriebene Zuversicht verstärkt. Die Gier führt dazu, dass die Preise der Wertpapiere immer weiter steigen. Die Gier veranlasst die Banken, mehr Geld auszuleihen, als es vernünftig wäre. Im Endeffekt verleitet die Gier die Menschen im gesamten Finanzsystem dazu, unlogische Dinge zu tun, weil sie die Hoffnung haben, reich zu werden. Die übertriebene Zuversicht führt dazu, dass alle Vorsicht über Bord geworfen wird, bei Anlegern, Kreditgebern und Kreditnehmern aller Art. Letztlich führt die übertriebene Zuversicht dazu, dass zu wenige Menschen einplanen, dass etwas schiefgehen kann. Um den Preisanstieg immer weiter in Gang zu halten, müssen finanzielle Mittel zum Kauf zur Verfügung stehen. Die Geschichte der Finanzkrise zeigt, dass es hier sehr unterschiedliche Quellen gibt.

1. Um Käufe des Wertpapieres zu ermöglichen, wird die Konsumnachfrage eingeschränkt. Die dadurch frei werdenden Mittel werden zum Kauf der Wertpapiere genutzt.
2. Es findet eine Umschichtung der Portfolios statt. Beispielsweise werden Anleihen verkauft, um Geld für die Spekulation zur Verfügung zu haben.
3. Durch einen Anstieg des Geldangebotes durch die Zentralbank, z. B. durch Absenkung der Leitzinsen. Dies führt zu einem Anstieg des Kreditangebotes. Die Menschen spekulieren immer stärker auf Kredit.
4. Kapitalzufuhr aus dem Ausland.

Um den positiven Rückkoppelungseffekt (steigende Preise) zu durchbrechen, muss ein negativer Schock auftreten. Häufig wird dieser Schock durch die Art der Finanzquelle ausgelöst:

- Wurde zur Finanzierung der Spekulation der Konsum eingeschränkt, kommt es früher oder später zu einer Rezession. Hierdurch schrumpfen die Unternehmensgewinne und der Preisauftrieb der davon abhängigen Vermögenswerte stoppt. Denn die Finanzquelle versiegt, weil immer mehr Menschen arbeitslos werden und kein Geld mehr für die Spekulation haben. Zudem müssen sie notgedrungen das Spekulationsgut verkaufen.

- Wurde die Spekulation durch einen Anstieg des Geldangebotes durch die Zentralbanken finanziert, kann dies eine Inflation auslösen, die dann wiederum in eine Rezession mündet.
- Wurde die Spekulation durch ausländisches Kapital finanziert, kann dies zu einer Aufwertung der heimischen Währung führen. Der daraus resultierende Rückgang der Exporte kann ebenfalls eine Rezession auslösen.

Da nun die Anleger weiterhin eine naive Erwartungsbildung betreiben, schreiben sie den negativen Schock einfach fort. Es kommt, wenn man so will, zu einer "negativen" Spekulationsblase.

Überprüfen wir nun, ob z. B. die Weltwirtschaftskrise von 1929 die typischen Entstehungskomponenten einer Finanzmarktkrise enthielt:

- *Displacement*: Neue Technologien (z. B. Massenproduktion, wie Fließbandarbeit bei *Ford*) und neue Produkte (z. B. Radio, Kühlschränke usw.) gaben Anlass zu der Hoffnung auf steigende Unternehmensgewinne. Viele Menschen sprachen damals von einer "neuen Ära". Daneben kamen noch neue Finanzmarktinnovationen auf den Markt, wie die Investmentgesellschaften.
- Positiver Rückkoppelungseffekt: Wegen der Innovationen stieg die Nachfrage nach Aktien an. Die jetzt steigenden Preise erzeugten bei den Menschen die Erwartung weiterer Aktienpreissteigerungen, die wiederum zu neuen Aktienkäufen führten usw. Spektakuläre Gewinne an den Börsen sorgten dafür, dass die breite Öffentlichkeit Interesse bekundete. Jeder wollte schließlich in Aktien investieren, es wurde ein wahrer Volkssport.
- Finanzierungsquelle: In den 1920er Jahren führte die US-Zentralbank eine expansive Geldpolitik durch. Diese führte zu einer reichlichen Kreditversorgung der Wirtschaft. Allerdings floss ein Großteil davon nicht in den Konsum bzw. die Güternachfrage, sondern an den Finanzmarkt.
- Negativer Schock: In den Jahren von 1927-29 führte die US-Zentralbank eine restriktivere Geldpolitik mit Zinserhöhungen durch.

Zudem beobachtete man eine konjunkturelle Abkühlung der amerikanischen Wirtschaft.

Dies ist die Schablone, mit der sich ein aufmerksamer Beobachter ein Bild von den laufenden Entwicklungen an den Finanzmärkten machen kann. Betrachten Sie die vorgestellten Krisen nochmals unter diesem Blickwinkel. Sie werden erstaunt sein. Im nächsten Abschnitt nehmen wir die einzelnen Phänomene für eine Spekulationsblase am Beispiel von sechs unterschiedlichen Finanzkrisen aus unterschiedlichen Jahrhunderten unter die Lupe.

4.2.3 Schablone für Spekulationsblasen

In diesem Abschnitt werden wir die im vorherigen Kapitel vorgestellten typischen Phänomene einer Spekulationsblase näher betrachten. Hierzu wählen wir aus möglichst verschiedenen Jahrhunderten Spekulationsblasen aus: Tulpenmanie in Holland, *South Sea Bubble,* Südamerikaeuphorie, Börsencrash von 1929 und New-Economy-Crash.

➢ Phänomen: Schnell steigende Preise

Was versteht man unter schnell steigenden Preisen genau? Der Preis z. B. einer Aktie, der bezahlt wird, steigt innerhalb eines bestimmten Zeitraums signifikant stärker an, als er dies in der Vergangenheit im Durchschnitt getan hat.

Zur Überprüfung dieses Kriteriums müssen wir zunächst festlegen, innerhalb welchen Zeitraums der Preisanstieg für die Blasenbildung untersucht und welche Zeitspanne für die Berechnung des historischen Durchschnittswertes herangezogen werden soll. Als Zeitraum für den Preisanstieg während der Blasenbildung verwenden wir den für die Ausbildung der Spekulationsblase in der Literatur angegebenen. Für den historischen Durchschnittskurs verwenden wir alle verfügbaren Daten. Um zu erkennen, ob es während der Spekulationsblase zu einem starken Preisanstieg kam, vergleichen wir den historischen Durchschnittskurs mit dem Preisanstieg während der Blasenbildung. Eine starke Preissteigerung liegt vor, wenn der Preisanstieg während der Blasenbildung etwa doppelt so hoch war wie der des historischen Durchschnittswertes.

Als Datenquellen verwenden wir:

- Tulpenmanie: Hierzu betrachten wir die Preisentwicklung der Tulpe *Gouda Tulip Bulb*. Als historischen Durchschnittswert wird stellvertretend die Preisentwicklung von Getreide von 1570 bis 1640 angenommen. Sie betrug 2 %.

- *South Sea Bubble:* Hier verwenden wir den Aktienkurs der *South Sea Company*. Der historische Durchschnitt wird für die Kurse vom 18.09.1711 bis zum 31.01.1720 berechnet.
- Südamerikaeuphorie: Wir verwenden die Kurse des englischen Aktienindizes FTSE. Für den historischen Durchschnitt wird der Anstieg des FTSE (Rückberechnungen) zwischen 1693 und 1821 verwendet.
- Börsencrash von 1929: Die Kurse des amerikanischen Aktienindizes *Dow Jones* werden genutzt. Die Ermittlung des historischen Durchschnitts erfolgt für den Zeitraum zwischen 1896 und 1926.
- New-Economy-Crash: Zur Beschreibung dieser Krise werden die Kurse des *NASDAQ Composite* (s. Abbildung 24, S. 282) verwendet. Der historische Durchschnitt wird für Daten bis 1938 zurückberechnet.

Die nachfolgende Tabelle zeigt die durchschnittlichen Preissteigerungen während der Ausbildung der Blase und den historischen Durchschnitt der Preissteigerungen. Man erkennt, dass die durchschnittliche Preissteigerung während der Blasenbildung bei allen untersuchten Spekulationsblasen deutlich über dem historischen Durchschnitt gelegen hat.

Tabelle 11: Phänomen - Preisentwicklung während der Blasenbildung

Blase	Zeitraum	Preissteigerung während der Blasenbildung	p.a.	Historischer Durchschnitt	**Schnell steigende Preise?**
Tulpenmanie	1634-1637	ca. 2900 %	ca. 369 %	ca. 2 %	Ja
South Sea Bubble	1720	ca. 625 %	ca. 12.540 %	ca. 8 %	Ja
Südamerikaeuphorie	1822-1825	ca. 287 %	ca. 80 %	ca. 0,1 %	Ja
Börsencrash 1929	1927-1929	ca. 143 %	ca. 40 %	ca. 6 %	Ja
New-Economy-Crash	1997–2000	ca. 297 %	ca. 54 %	ca. 10 %	Ja

➢ Phänomen: Kursbeschleunigung – Geschwindigkeit des Kurswachstums nimmt zu

Ein weiteres Kennzeichen einer Spekulationsblase ist eine Beschleunigung des Kurswachstums, d. h. die Preissteigerung je Zeitabschnitt nimmt zu. Betrachtet man z. B. ein Quartal, so muss die Preissteigerung in jedem Quartal höher sein als in dem vorherigen Quartal. Um dies zu verifizieren, muss der Kursverlauf innerhalb eines Zeitabschnitts auf seine Anstiegsgeschwindigkeit hin untersucht werden. Dazu sieht man sich zunächst die monatlichen prozentualen Steigerungen des Kurses an. Eine Beschleunigung liegt vor, wenn die monatlichen prozentualen Preissteigerungen im Zeitverlauf zunehmen. Da die Daten kurzfristigen Schwankungen unterliegen, wird darüber hinaus die Steigung einer Regressionsgeraden betrachtet, welche durch die einzelnen Kursanstiege im Zeitverlauf gelegt wird. Weist diese Regressionsgerade eine positive Steigung auf, so liegt eine Kursbeschleunigung vor. Liegt dagegen eine negative Steigung vor, so liegt keine Kursbeschleunigung vor.

Als Ergebnis zeigt sich, dass bei allen Spekulationsblasen eine Kursbeschleunigung festgestellt werden kann. Ausgelöst wird die Kursbeschleunigung, weil die leichtgläubige Öffentlichkeit, also die Massen, auf den Trend aufspringt. Es herrscht eine grenzenlose Euphorie, welche dazu führt, dass die kreditfinanzierten Käufe deutlich zu nehmen. Die Bewertungen der Aktien entfernen sich immer weiter von ihrem fundamentalen inneren Wert. Dies spielt für die Anleger keine Rolle, weil sie glauben, morgen noch einen Dümmeren zu finden, der noch mehr zahlt als sie *(Greater Fool Theory)*.

Tabelle 12: Phänomen - Kursbeschleunigung

Blase	Monatliche Kursveränderung	Beschleunigung des Kurses während der Blasenbildung	**Kursbeschleunigung?**
Tulpenmanie (1634-1637)	nimmt zum Höhepunkt der Blase zu		Ja
South Sea Bubble (1720)	nimmt zum Höhepunkt der Blase zu	ca. 97 % (1720)	Ja
Südamerikaeuphorie (1822-1825)	nimmt zum Höhepunkt der Blase zu	ca. 5 % (von Herbst 1824 bis Anfang 1825)	Ja
Börsencrash 1929 (1927-1929)	nimmt zum Höhepunkt der Blase zu	ca. 1 % (von 1927 – 1929)	Ja
New-Economy-Crash (1997-2000)	nimmt zum Höhepunkt der Blase zu	ca. 2, 5 % (von Herbst 1998 bis Frühjahr 2000)	Ja

- Phänomen: Hohe Bewertung gegenüber den Fundamentaldaten

Man spricht von einer hohen Bewertung gegenüber den Fundamentaldaten, wenn das Verhältnis aus Aktienkurs und den Fundamentaldaten signifikant über dem Durchschnittswert liegt.

Zur Quantifizierung dieses Phänomens bietet sich bei Aktien das Verhältnis aus Kurs und Gewinn (KGV) oder die Dividendenrendite an. Bei anderen Spekulationsobjekten muss man sich an den Fundamentalwert herantasten, bei Rohstoffen betrachtet man z. B. den historischen Mittelwert.

Bei Aktien zeigt ein steigendes KGV an, dass der Aktienkurs schneller steigt als der erwirtschaftete Gewinn des Unternehmens. Folglich stammt ein immer größer werdender Teil des gesamten Return (Kursgewinn + Dividende) aus dem kurzfristig zu erzielenden Kursgewinnen. Anleger kaufen die Aktie eigentlich nur noch deswegen, weil sie kurzfristig höhere Preise erwarten.

Tabelle 13: Phänomen - Hohe Fundamentalbewertung

Blase		**Hohe Fundamentalbewertung?**
Tulpenmanie (1634-1637)	Laut Anthonys *Rethinking the Rules of Financial Accounting* stieg der Preis einer Tulpenzwiebel zwischen 1625 bis 1626 von 5 auf 5500 Florin. Legt man die Inflationsrate der damaligen Zeit zugrunde, hätte der Kurs lediglich auf 6,2 Florin steigen dürfen.	Ja
South Sea Bubble (1720)	Zeitgenössische Beobachter sagen, dass der Aktienkurs 1720 in keinem Verhältnis mehr zum wahren Wert des Unternehmens stand.	Ja
Südamerikaeuphorie (1822-1825)	Ähnlich wie beim South Sea Bubble erreichten die Kurse des FTSE beispiellose Höhen, die fundamental nicht mehr gerechtfertigt waren.	Ja
Börsencrash 1929 (1927-1929)	Das KGV erreichte mit Werten von um die 30 im Dow Jones noch nie dagewesene Werte.	Ja
New-Economy-Crash (1997-2000)	Man schätzt, dass der NASDAQ Composite ein KGV in der Nähe von 134 am Höhepunkt der Blase hatte.	Ja

- Phänomen: Wirtschaftlicher Aufschwung

Oftmals geht einer Spekulationsblase ein wirtschaftlicher Aufschwung voraus oder begleitet ihn. Er kann identifiziert werden (neuerdings) durch die Steigerung des Bruttoinlandsproduktes.

Tabelle 14: Phänomen - Wirtschaftlicher Aufschwung

Blase		**Wirtschaftlicher Aufschwung?**
Tulpenmanie (1634-1637)	Der Tulpeneuphorie ging ein wirtschaftlicher Aufschwung voraus.	Ja
South Sea Bubble (1720)	Dem South Sea Bubble ging ein wirtschaftlicher Aufschwung voraus.	Ja
Südamerikaeuphorie (1822-1825)	Der Südamerikaeuphorie ging ein wirtschaftlicher Aufschwung voraus.	Ja
Börsencrash 1929 (1927-1929)	Die USA erfasste in den 1920er Jahren ein kräftiger wirtschaftlicher Aufschwung.	Ja
New-Economy-Crash (1997-2000)	Bis 1995 stieg das Wirtschaftswachstum zunächst um 4 %, flachte dann auf 2,5 % ab und setzte 1998 und 1999 wieder zum Höhenflug an mit 4,5 % bis 4,4 %.	Ja

➢ Phänomen: Steigendes Medieninteresse

Oftmals wird eine Spekulationsblase flankiert von einem steigenden Medieninteresse, d. h. in den Printmedien sowie im Radio und Fernsehen wird öfter über die Themen Börse und Kapitalmarkt berichtet. Dies liegt daran, dass die (vor allem neue) Anleger verstärkt nach Informationen bezüglich ihrer Anlagemöglichkeiten suchen. Dem trägt die Medienindustrie mit einem erhöhten Angebot an Zeitschriften, Büchern, Börsenbriefen usw. Rechnung. Quantifiziert werden kann ein steigendes Medieninteresse durch eine steigende Zahl von Fachzeitschriften oder eine steigende Zahl von Artikeln in wichtigen Tageszeitungen.

Tabelle 15: Phänomen - Medieninteresse

Blase		**Steigendes Medien-interesse?**
Tulpenmanie (1634-1637)	Die steigenden Tulpenpreise erfreuten sich eines regen Interesses, weil zwischen 1634 und 1637 viele Tulpenpreise öffentlich ausgezeichnet wurden. Nach 1637 wurde dies wieder eingestellt.	Ja
South Sea Bubble (1720)	Die englische Gesellschaft wurde von einem Südseefieber erfasst. Fast alle Zeitungen berichteten darüber.	Ja
Südamerikaeuphorie (1822-1825)	Es gab ein großes Medieninteresse.	Ja
Börsencrash 1929 (1927-1929)	Man schätzt, dass die Zahl der Artikel zum Thema "Börse" zwischen 1924 bis 1929 von ca. 1.300 auf ca. 2.250 gestiegen ist. Der Kursaufschwung war in aller Munde.	Ja
New-Economy-Crash (1997-2000)	Beispielsweise stieg die Zahl der Artikel zum Thema "Börse" in der New York Times von 1.800 auf 2.400 (Jahr 2000) an.	Ja

➢ Phänomen: Steigende Anzahl von Neuemissionen an den Börsen

Häufig beobachtet man, dass bei Spekulationsblasen rund um Aktien die Zahl der börsennotierten Unternehmen durch Neuemissionen (IPOs) deutlich ansteigt, weil die Nachfrage der Anleger nach Aktien hoch ist. Daneben führt der Boom in der Realwirtschaft verbunden mit hohen Gewinnerwartungen zu einer erhöhten Zahl von Unternehmensneugründungen, verbunden mit einer verstärkten Nachfrage nach Investorengeldern. Ebenso sind die Konsortialbanken, die vom Erfolg der Börsengänge profitieren, bestrebt, möglichst viele Unternehmen an die Börse zu bringen. Zur Quantifizierung dieses Phänomens vergleicht man die Zahl der IPOs während der Spekulationsblase mit dem historischen Durchschnitt.

Tabelle 16: Phänomen - Steigende Anzahl von IPOs

Blase		**Steigende Anzahl von IPOs?**
Tulpenmanie		
South Sea Bubble (1720)	Die Anzahl der IPOs ist bis zum Jahr 1720 deutlich gestiegen.	Ja
Südamerikaeuphorie (1822-1825)	Es wurde in den 1820er Jahren eine Vielzahl von südamerikanischen Gesellschaften gegründet.	Ja
Börsencrash 1929 (1927-1929)	Die Zahl der Neuemissionen stieg in den 1920er Jahren stark an.	Ja
New-Economy-Crash (1997-2000)	Im Jahr 1990 wurden ca. 150 Neuemissionen durchgeführt, aber 1996 schon ca. 700.	Ja

➢ Phänomen: Steigende Zahl von Anlegern

Ähnlich wie Motten vom Licht angezogen werden, locken die steigenden Kurse im Rahmen einer Spekulationsblase immer mehr Menschen an die Börse. Dies äußert sich darin, dass ein immer größer werdender Teil der Bevölkerung über Aktien oder sonstige Spekulationsobjekte verfügt. Banken haben während eines Aktienbooms ein Interesse an einer steigenden Anzahl von neuen Anlegern, um die vielen Neuemissionen besser bzw. zu höheren Kursen platzieren zu können. Darum verstärken sie ihre Bemühungen bezüglich der Akquirierung neuer Kunden. Zudem zeigen Untersuchungen, dass die absolute Höhe des Preises eines Spekulationsobjektes während der Blase neben dem fundamentalen Wert und den Kapitalressourcen der Anleger letztlich auch von deren Anzahl entscheidend abhängt. Nur der stetig neue Zufluss von Anlegern und Kapital kann eine Spekulationsblase aufrechterhalten. Daher ist es für eine Spekulationsblase unerlässlich, dass immer neue Anleger an die Börse strömen und sie mit ihrem Kapital am Leben erhalten.

Tabelle 17: Phänomen - Steigende Anzahl von Anlegern

Blase		**Steigende Anzahl von Anlegern?**
Tulpenmanie (1634-1637)	Die steigenden Tulpenpreise führten zu einer immer größeren Anzahl an Spekulanten.	Ja
South Sea Bubble (1720)	Während des Booms stieg die Anzahl der Anleger stetig an. Ein Indiz hierfür ist, dass laut Schätzungen mehr als 500.000 Anleger mit der South Sea Company Geld verloren haben sollen.	Ja
Südamerikaeuphorie (1822-1825)	Die Euphorie lockte immer mehr Menschen an die Börse.	Ja
Börsencrash 1929 (1927-1929)	Man beobachtete einen starken Anstieg unerfahrener Anleger. Gegen Ende der 1920er Jahre sollte es mehr als 10 Mio. Einzelaktionäre geben.	Ja
New-Economy-Crash (1997-2000)	Man schätzt, dass sich die Zahl der Aktionäre während dieses Booms verdoppelte.	Ja

➢ Phänomen: Erhöhung der optimistischen Einstellung der Anleger

Im Rahmen einer Spekulationsblase werden die Anleger immer positiver gestimmt, weil die anhaltend gute Performance des Spekulationsobjektes in die Zukunft projiziert wird. Dieser Optimismus drückt sich dadurch aus, dass immer mehr Anleger steigende Kurse erwarten. Dieser Optimismus wird durch eine entsprechende Medienberichterstattung, Banken sowie Analysten unterstützt. Zur Quantifizierung des Phänomens kann man die vielen Sentimentanalysen (heute) heranziehen. Das sind im Prinzip nichts anderes als Umfragen, in denen die Zahl der positiv oder negativ gestimmten Anleger ermittelt wird und diese ins Verhältnis gesetzt wird.

Tabelle 18: Phänomen - Steigender Optimismus

Blase		**Steigender Optimismus?**
Tulpenmanie (1634-1637)	Ab Mitte 1630 beobachtete man steigenden Optimismus und Vertrauen, dass die Tulpenpreise weiter steigen.	Ja
South Sea Bubble (1720)	Der Anstieg der South Sea Company wurde durch exzessiven Optimismus und Vertrauen begleitet.	Ja
Südamerikaeuphorie (1822-1825)	Man beobachtete ein hohes Maß an Optimismus bei den Anlegern.	Ja
Börsencrash 1929 (1927-1929)	Gegen Ende der 1920er Jahre erreichte der Optimismus fast schon exzessive Ausmaße.	Ja
New-Economy-Crash (1997-2000)	Es herrschte ein grenzenloser Optimismus vor.	Ja

➢ Phänomen: Steigende Kreditvolumina bzw. Schulden

Während einer Spekulationsblase beobachtet man häufig eine steigende Schuldenquote, wenn wegen des vorherrschenden Optimismus und Vertrauens auf stetig steigende Kurse die Anleger langsam alle Hemmungen verlieren und anfangen, auf Kredit zu spekulieren. Zusätzlich gaukelt der Preisanstieg während der Blase vor, dass die zu erwartende Rendite wesentlich höher ist als die Zinsen, die der Anleger für den Kredit bezahlen muss. Außerdem wird suggeriert, dass der Kredit ohne Risiko zurückgezahlt werden kann. Gleichzeitig verleihen die Banken immer freigiebiger ihr Geld, d. h. die Sorgfalt bei der Kreditvergabe geht zurück. Folglich kommt es zu einem steigenden Kreditvolumen, weil immer mehr neue Kredite vergeben als alte zurückgezahlt werden. Letztlich wird die Blase also nicht durch bereits erlangten Reichtum finanziert, sondern durch Kredit.

Zur Quantifizierung dieses Phänomens wird das Volumen sämtlicher Käufe, die auf Kredit getätigt wurden, über eine Zeiteinheit angesehen. Während einer Blasenbildung sollte das Volumen auf Kredit gekaufter Aktien deutlich steigen. Nach Ansicht vieler Ökonomen ist der Hauptgrund für eine wirtschaftliche Rezession der Kreditzyklus, d. h. die Expansion und Kontraktion von Kreditmitteln für Unternehmen und Verbraucher. So verstärken leicht verfügbare Kredite den Boom, wohingegen eine strenge Kreditvergabe den Abschwung begünstigt.

Tabelle 19: Phänomen - Steigende Kreditvolumina

Blase		**Steigende Kreditvolumina?**
Tulpenmanie (1634-1637)	Um ein immer größeres Rad bei der Tulpenspekulation zu drehen, wurden immer höhere Kredite aufgenommen.	Ja
South Sea Bubble (1720)	Besonders ab dem Jahr 1720 beobachtet man ein Kaufen der Aktien auf Kredit.	Ja
Südamerikaeuphorie (1822-1825)	Die Bank of England weiterte das Kreditvolumen an den Staat und die East-India-Company deutlich aus, was mehr und mehr dazu genutzt wurde, Aktien zu kaufen.	Ja
Börsencrash 1929 (1927-1929)	Nach Schätzungen lagen 1921 die Kredite zum Aktienkauf noch bei einer Mrd. US-$ und steigerten sich bis 1929 auf 9 Mrd. US-$.	Ja
New-Economy-Crash (1997-2000)	Man beobachtete eine deutliche Zunahme des Kreditvolumens.	Ja

Wegen dieses Zusammenhangs von steigenden Kreditvolumen fordert Ökonom Hyman Minsky, dass Regierungen eine aggressive staatliche Kreditvergabe in Zeiten der Kontraktion (Abschwung) durchführen sollten. Außerdem sollte sie eine Verschärfung der Kreditvergabevorschriften in Zeiten des Booms durchführen. Schließlich seien viele wirtschaftliche Rezessionen einer nachlassenden Disziplin im Finanzsystem geschuldet. Ökonom Glenn Donaldson vertritt die These, dass die Liquidität am Finanzmarkt darüber entscheidet, ob es zu einer Panik kommt. Eine ausreichende Liquidität im Finanzsystem ist lebenswichtig, ansonsten droht der Kollaps.

- Phänomen: Fallende Zahl von Aktien, die an einer Aufwärtsbewegung teilnehmen

Besonders gegen Ende einer Spekulationsblase beobachtet man, dass die Anzahl der Aktien, die noch steigen, deutlich zurückgeht. Dieses Phänomen beobachtet man besonders, wenn die Spekulationsblase einen gesamten Markt erfasst hat. Dann steigt der betreffende Aktienindex, obwohl die Mehrzahl der Aktien stagniert oder sogar fällt, d. h. die Aufwärtsbewegung wird nur noch durch wenige Aktien getragen. Das erklärt sich dadurch, dass es gegen Ende einer Spekulationsblase zu starken Aufwärtsbewegungen bei einzelnen Aktien kommt (Anlegers Lieblinge) und dafür zur Stagnation oder leicht fallenden Kursen bei der Mehrheit, weil das Anlegergeld langsam ausgeht.

Dieses Phänomen kann mittels der *Advance-Decline Line* (heute) gemessen werden. Sie berechnet sich, indem man die Zahl der fallenden Aktien von der der steigenden subtrahiert und das Ergebnis zum Wert des letzten Handelstages addiert. Bei einer fallenden Zahl von Aktien, die an der Aufwärtsbewegung teilnehmen, fällt die *Advance-Decline Line*, während der Index noch steigt. Darum ist eine fallende *Advance-Decline Line* ein Indikator dafür, dass sich der Gesamtmarkt in einer schlechten Verfassung befindet, was früher oder später zu fallenden Kursen führen wird, d. h. zum Ende einer Blase stagniert oder fällt die *Advance-Decline Line*.

Tabelle 20: Phänomen – Fallende *Advance-Decline Line*

Blase		**Fallende Advance-Decline Line?**
Tulpenmanie (1634-1637)		
South Sea Bubble (1720)		
Südamerikaeuphorie (1822-1825)	Es wird vermutet, dass Anfang 1825 immer weniger Aktien gestiegen sind und die Mehrzahl im FTSE gesunken ist.	Ja
Börsencrash 1929 (1927-1929)	Die Advance-Decline Line ist gegen Ende der 1920er Jahre gefallen. Darüber hinaus wird berichtet, dass die Advance-Decline Line während der letzten drei Jahre bis zum Höchststand im Dow Jons seitwärts lief und dann gefallen ist.	Ja
New-Economy-Crash (1997-2000)	Die Advance-Decline Line ist gegen Anfang 2000 gefallen.	Ja

Tatsächlich lassen sich die Phänomene – siehe Abschnitt 4.2.2. – bei allen untersuchten Spekulationsblasen wiederfinden. Darum ist die Kenntnis dieser Phänomene für den Anleger nützlich. Mithilfe dieser Indikatoren kann der Anleger untersuchen, ob eine Blasenbildung stattfindet. Das Fehlen einer oder mehrerer Phänomene kann darauf hindeuten, dass keine Blase im Entstehen ist. Dennoch sollten bei dem Anleger jetzt die Alarmglocken schrillen. Er sollte die Finanzmärkte genauestens beobachten. Zum Abschluss stellt sich natürlich die Frage: Kann man Spekulationsblasen richtig reiten?

Ich glaube, der Ausstieg aus einem Blasenmarkt wird jedem Anleger sehr schwer fallen. Denn die meisten Anleger haben ein zu großes Vertrauen in ihre eigenen Fähigkeiten, was gerade in Phasen der Euphorie (Hausse) ihren Blick auf die Finanzmärkte vernebelt. Zudem beeindruckt uns das Erfolgsgerede der anderen erfolgreichen Mitanleger am Ende einer Blasenphase. Zusätzlich spielen uns immer wieder unsere eigenen Referenzpunkte einen Streich. Steht eine Aktie gerade an einem Jahres- oder Allzeithoch, ist man unschlüssig, ob man die Party verlassen sollte, wenn es am schönsten ist. Dies gilt besonders, wenn die Aktie schon mehrere Höchststände nacheinander erklommen hat, was in einer Hausse üblich ist. Selbst ein Rückschlag der Aktie um mehrere Prozentpunkte bringt uns nicht aus der Fassung, weil wir an eine gesunde Korrektur der Kurse glauben, quasi ein Luftholen vor dem nächsten Sprung. Andererseits sorgt der Bezugspunkt "Allzeithoch" bei vielen Anlegern unbewusst dafür, dass sie sich in einer Verlustsituation befinden. Wie versucht man gemeinhin, einen Verlust wieder aufzuholen? Durch Aussitzen. Darum bemerken die meisten Anleger auch nicht, wenn eine Blase platzt. Ehe sie sich versehen, werden sie aus dem Sattel des Börsenbullen geworfen und landen unsanft auf dem Boden der Tatsachen. Warum passiert uns Anlegern das immer wieder? Die Antwort liefert uns der nächste Abschnitt.

4.3 Wissenschaftlicher Blick auf Finanzmarktkrisen

In diesem Abschnitt versuche ich Ihnen ein besseres Verständnis der Rahmenbedingungen und Abläufe in einem Boom sowie in einem Crash zu vermitteln. Mein Hauptaugenmerk richte ich dabei auf die im Rahmen eines Booms oder Crashs ablaufenden massenpsychologischen Phänomene. Mit den Worten von Mark Douglas, einem der erfolgreichsten US-Future-Trader der letzten Jahre: "*Ihr Erfolg an der Börse hängt zu 80 Prozent von psychologischen Faktoren ab und nur zu 20 Prozent von der Methode.*"

4.3.1 Kurze Einführung in die massenpsychologischen Effekte

Wie ich im Rahmen meines Buches *Chaos an den Finanzmärkten* dargelegt habe, sollten sich Anleger unter bestimmten Rahmenbedingungen von den rationalen Theorien der Märkte *(Homo Oeconomicus)* abwenden und an ihre Stelle verhaltensorientierte Konzepte setzen. Zum anderen sollte der Einbettung des Menschen in sein Umfeld, zu welchem auch die Akteure an den Finanzmärkten gehören, mehr Beachtung geschenkt werden. Letztlich führen erst massenpsychologische Effekte zum Entstehen und Platzen einer Blase. Der Begründer der Massenpsychologie Gustave Le Bon stellte dazu in seinem Werk *Psychologie der Massen* (1895/1982, S. 10f.) fest:

> "Die bewusste Persönlichkeit schwindet, die Gefühle und Gedanken aller einzelnen sind nach derselben Richtung orientiert (...). Die Gesamtheit ist nun das geworden, was ich mangels eines besseren Ausdrucks als organisierte Masse oder (...) als psychologische Masse bezeichnen werde. (...) Die psychologische Masse ist ein unbestimmtes Wesen, das aus ungleichartigen Bestandteilen besteht, die sich für einen Augenblick miteinander verbunden haben, genauso wie die Zellen des Organismus durch ihre Vereinigung ein neues Wesen mit ganz anderen Eigenschaften als denen der einzelnen Zellen bilden ..."

Was bedeutet dies nun? In der Masse sind alle Gedanken und Gefühle der Akteure in die gleiche Richtung ausgerichtet. Diese Synchronisation der Menschen wird durch Suggestion und gegenseitige psychologische Ansteckung erreicht. Dabei ist ein wichtiges Charakteristikum, dass die Gesamtheit der Masse viel mehr als "nur" die bloße Summe ihrer Einzelteile ist. Deshalb kann aus der Betrachtung der Verhaltensweisen der isolierten Menschen nicht auf deren Handlungen im Kollektiv geschlossen werden. Ähnliches trifft man in der Chemie an. Hier entstehen Moleküle durch die Bindung und Reaktion vieler verschiedenartiger Elemente, welche separat betrachtet ganz andere Eigenschaften (elektrische und magnetische Eigenschaften, Schmelzpunkte usw.) haben, als jene, die das aus ihnen zusammengesetzte Molekül hat. Wodurch wird nun die Suggestion und Ansteckung und damit ihre Gleichschaltung ausgelöst?

Dies wird entweder durch einen Anführer herbeigeführt, wie es häufig bei politischen oder gesellschaftlichen Massenbewegungen der Fall ist, oder durch eine Initialzündung im Verlauf der Entstehung der Massenbewegung selbst generiert, wie es oft bei wirtschaftlichen Massenphänomenen der Fall ist. Warum orientieren sich die Menschen überhaupt an anderen?

David Riesman, ein bekannter Soziologe, stellte fest, dass sich die Menschen im Rahmen der Veränderung von einer Produktionsgesellschaft hin zu einer Konsumgesellschaft von "tradition-directed" (d. h. Ausrichtung an den Normen des Elternhauses usw.) zu "other-directed" (d. h. Ausrichtung an den Erwartungen und Verhaltensweisen von anderen) entwickelt haben. Weiterhin stellte Riesman fest, dass sich zwar die Ziele, Präferenzen, Wünsche usw. der Menschen im Laufe eines Lebens ändern, allerdings nicht die Tatsache, dass die Menschen die Verhaltensweisen der anderen Menschen als wichtige Informationsquelle heranziehen und diese für die eigenen Handlungen richtungsweisend sind. Aber Riesman führte auch aus, dass es ganz wesentlich von den Rahmenbedingungen abhängt, wie stark ein Mensch "other-directed" wird, weil viele Menschen das eigene Verhalten davon abhängig machen, was die anderen in ihrem Umfeld tun. Wenn ein Mensch beispielsweise kurz bevor er zu seinem Sonntagsspaziergang aufbricht beobachtet, dass viele Menschen, die an seinem Haus vorbeikommen, einen Regenschirm bei sich tragen, dann ist er dazu geneigt, auch einen Regenschirm einzupacken, ohne vorher die Wettervorhersage zu prüfen. Er gelangt also zu seiner Entscheidung aus Informationen, welche er aus dem Verhalten anderer abgeleitet hat. Regnet es tatsächlich an diesem Tag, so hätte sich dieses Verhaltensmuster tatsächlich bewährt. Andererseits könnte dieses Verhalten auch dazu führen, dass eine Vielzahl von Menschen mit einem Regenschirm umherläuft, weil sie einfach denken, es könnte regnen, ohne jemals einen Blick in den Wetterbericht geworfen zu haben. Je mehr Menschen dies tun, umso größer wird die Gruppe der Regenschirmträger, was wiederum andere Menschen dazu animiert, auch einen Regenschirm zu tragen. Eine Entscheidung, die nur auf beobachteten Verhaltensweisen anderer Menschen beruht, birgt immer eine hohe Wahrscheinlichkeit des Irrtums[99] in sich.

Kennen Sie den Spruch "*Ich bin einfach nur der Masse gefolgt*"? Dieser Spruch ist ein Sinnbild für ein weiteres wichtiges massenpsychologisches Phänomen: Die Substitution des eigenen Willens und das Annehmen der Meinung der Masse.

Diese Eigenschaft der Masse steht im krassen Widerspruch zu der Theorie der effizienten Märkte. Einer ihrer Grundpfeiler ist, dass der Anleger unabhängig seine Entscheidungen und Auswertungen von Fakten vornimmt. Tatsächlich verhalten sich die Finanzmärkte oft effizient und streben einem Gleichgewicht entgegen, da die Anleger unabhängig ihre Entscheidungen und Analysen durchführen. Dies schließt aber nicht aus, dass unter dem Einfluss von Gier, Angst, Euphorie oder Panik die Märkte auf eine, wenn man so will, "primitive" Stufe ihre Evolutionsleiter zurückfallen. Das heißt, die Theorie der effizienten Märkte triff nicht immer zu. So zeigen sich in der Geschichte der Finanzblasen zahlreiche Situationen, in denen die Marktteilnehmer, ohne selbst zu denken und ohne selbst zu entscheiden, einfach der Masse folgen. Beispielsweise sah der Astronom Newton im April 1720 eine Kurskorrektur der *South Sea Company* (s. S. 24ff.) voraus und verkaufte seine Anteile. Doch die Masse der Anleger glaubte weiterhin an die *South Sea*

---

[99] Fenzl, T.: Die Massenpsychologie der Finanzmarktkrise – US-Immobilienblase, Subprime Desaster, Schulden-Bubble und ihre Auswirkungen, Springer-Verlag, Wien, New York 2009, Seite 14ff.

Company, sodass sie kurz nach der Korrektur wieder kräftig anstieg. Newton wurde von der Masse mitgerissen. Bei ihm setzte sich die Meinung durch "wer nicht in South-Sea-Company-Aktien investiert ist, ist blöd". So kaufte er ohne weiteres Nachdenken die Aktien fast zum Höchstkurs und verlor schließlich über 20.000 Pfund. Hieran erkennt man, dass das Individuum in der Masse automatisch gesteuert wird, ohne dass es seinen eigenen Willen in der Gewalt hat. Vielmehr sieht man seine eigene konträre Meinung zu der Massenmeinung als "Blödsinn" an. Spötter sagen auch, dass in der Masse die menschliche Vernunft gegen Null strebt und unser Handeln vom Unbewussten bestimmt wird. Dabei werden mögliche Langzeitfolgen völlig außer Acht gelassen, es zählen nur der Moment und die Erlebnisse innerhalb der Masse. So führt z. B. Le Bon als besondere Eigenschaften der Masse den Mangel an kritischem Geist, die Unfähigkeit zum logischen Denken oder ein Überschwang der Gefühle an.

Wie entsteht ein massenpsychologisches Phänomen? Pelzmann konnte in seinen Arbeiten sechs Regeln identifizieren, die die Dynamik massenpsychologischer Phänomen anhand einer Kettenreaktion beschreiben.

1. Die Reaktions-Regel: Sie besagt, dass individuelle Entscheidungen durch Reaktionen auf andere verdrängt werden. Das heißt, die Massenmeinung beginnt langsam die Oberhand zu gewinnen.
2. Die Orientierungs-Regel: Im Laufe eines massenpsychologischen Phänomens findet eine Orientierung immer mehr an anderen Menschen statt. Dies verdrängt die Orientierung an Fakten. Die Menschen werden nicht durch Tatsachen mobilisiert, sondern eher durch die Meinungen über diese Tatsachen, d. h. es findet eine Emotionalisierung statt.
3. Die Risiko-Regel: Menschen reagieren in Situationen mit hoher Unsicherheit, für welche sie keine eigenen Erfahrungen besitzen, eigentlich "nur" noch auf das Verhalten anderer Menschen, d. h. Gefahren und Risiken werden nicht selbst erkundet, sondern an den Folgen bei anderen abgeschätzt. Somit werden die Folgen, die bei anderen beobachtbar sind, als Informationen genutzt. So muss man sich nicht selbst in Gefahr bringen. Deswegen reagieren die Menschen nicht blind in der für sie neuen Situation, sondern sie schätzen die mit einer Handlung verbundenen Risiken an den Folgen dieser Verhaltensweise bei anderen Menschen, die diese Situation schon erlebt haben, ab.

4. Die Kommunikations-Regel: Sie sagt aus, dass Menschen, die bereits eine Erfahrung gemacht haben, ihre Erfahrungen anderen Menschen z. B. durch Mundpropaganda direkt oder indirekt mitteilen. Hierdurch wirken die erlangten Informationen als Aufforderung beim Zuhörer. So hörte man zu Zeiten des *Neuen Marktes* häufig folgenden Spruch: "*Mach das doch auch einmal, das bringt dir etwas ein. Die Aktie steigt und steigt, ohne Risiko.*" Soziologen sagen auch, die Kundgabe des Sender-Zustandes wirkt auf den Empfänger häufig als Appell.
5. Die Synchronisations-Regel: Hier erfolgt eine Gleichschaltung des Verhaltens der Teilnehmer der Masse, weil im Zustand der Orientierungslosigkeit durch u. a. Suggestion die Erklärung der Umgebung angenommen wird. Die Synchronisation führt dazu, dass eine einmal eingeschlagene Richtung immer weiter und noch intensiver verfolgt wird.
6. Die Wirkungsfortpflanzungs-Regel: Diese Regel umschreibt man wohl am besten mit dem Spruch: "*Wo Tauben sind, da fliegen auch andere Tauben hin.*" So beobachtet man z. B., dass dort, wo viele reiche Personen leben, sich noch mehr Reiche ansiedeln. Allport führt die Wirkungsfortpflanzung auf eine Wahrscheinlichkeitsdeterminierung gegenwärtiger Ereignisse durch die Vergangenheit zurück. Er führt dies auf Konformitätszwänge zurück. Dagegen führt Pelzmann aus, dass dies auf die kollektive Gleichschaltung innerhalb der Masse zurückzuführen ist.

Der eigentliche Entwicklungsprozess einer Massenbewegung lässt sich durch drei Phasen beschreiben.

1. Die Initiationsphase: Zu Beginn einer Massenbewegung steht ein auslösender psychologischer Erreger. Dieser kann durch verschiedene politische, gesellschaftliche oder wirtschaftliche Interessen genährt werden. Typische Initialzünder sind z. B. gute oder schlechte Marktneuigkeiten, neue Ideen, neue Technologien, Ausbruch oder Ende eines Krieges usw. Jetzt muss dieser psychologische Erreger, um eine psychologische Massenbewegung auszulösen, auf fruchtbaren Boden fallen. Er muss also ein Ereignis bzw. eine Situation schaffen, für die es keine bzw. wenige Erfahrungswerte gibt und die wegen ihrer hohen Unsicherheit oftmals eine erhöhte ängstliche oder euphorische Stimmung nach sich zieht. Beispielsweise führte die Einführung der Informationstechnologie zu einer Veränderung der Dynamik an den Kapi-

talmärkten. So waren urplötzlich sämtliche Marktteilnehmer untereinander vernetzt und konnten zu jedem Zeitpunkt online handeln. Der anfängliche Impuls bzw. Initialzünder wird durch die euphorische oder ängstliche Stimmung und psychologische Beschleuniger (wie z. B. der Erfolg anderer, der die Aussicht auf eigenen Erfolg verlockend erscheinen lässt) in seiner Wirksamkeit verstärkt. Nur, wenn die psychologische Erregung und Beschleunigung der Menschen ausreichend ist, d. h. eine kritische Masse angesteckter Teilnehmer überschreitet, wird eine Propagation der begonnenen Massenbewegung möglich, ansonsten kommt sie zum Erliegen.

2. Propagationsphase: In dieser Phase kommt es zu einer Verschiebung im Auswahlprozess, weg von der Orientierung des Verhaltens nach seinen eigenen Wünschen und Erfahrungen hin zur Reaktion auf den Einfluss des Verhaltens anderer Teilnehmer im Umfeld bzw. der Masse. Dies wird dadurch verursacht, dass die Initialzündung ein Ereignis auslöst, was zu einer großen Unsicherheit der Menschen führt. Dann erscheint es vielen Menschen als effizienter und sicherer, ihr eigenes Verhalten an dem anderer zu orientieren, anstatt sich auf Fakten und Daten zu verlassen. Getreu dem Motto: "*So viele können sich nicht irren.*" Wer kennt nicht diese Situation: Sie sind in den Urlaub gefahren und möchten an ihrem Urlaubsort am ersten Tag essen gehen. Dazu sehen sie sich mehrere Restaurants an und vergleichen die Speisekarte und Preise. Sie stellen fest, dass diese sich kaum unterscheiden. Da nun keine weiteren Fakten zur Verfügung stehen, entscheiden die meisten Touristen anhand der Anzahl der Gäste in einem Restaurant über die Güte des Lokals. Untersuchungen zeigen, dass die überwiegende Anzahl der Touristen das Restaurant auswählt, in dem sich am meisten Gäste befinden. Denn sie gehen davon aus, dass die vorhandenen Gäste über entsprechende Informationen zur Güte des Lokals verfügen.
3. Terminationsphase: Zu einer Termination einer massenpsychologischen Kettenreaktion kommt es erst, wenn es eine genügend große Anzahl von Teilnehmern gibt. Dabei beobachtet man, dass niemals alle Teilnehmer der Massenbewegung mit den gewählten Verhaltensweisen Erfolg haben, sondern immer nur einige. Das heißt, der Erfolg der einen ist das Leid der anderen. So scheiden im Laufe einer Massenbewegung immer mehr Menschen wegen Erfolglosigkeit aus.

> Deshalb kann eine Massenbewegung auch nicht auf unbestimmte Dauer bestehen bleiben, irgendwann ist die gesamte Energie aufgebraucht und das Wachstum stagniert. In diesem Umfeld sind dann nicht mehr genügend Teilnehmer vorhanden, die für die psychologische Ansteckung anfällig sind. Die Massenbewegung kommt zum Erliegen.

Jeder sollte sich immer wieder ins Bewusstsein rufen, dass zwar alle psychologischen Massenreaktionen nach denselben Mechanismen ablaufen, allerdings unterscheiden sich die psychologischen Massenreaktionen in ihrer Dynamik und Wirkung deutlich voneinander, je nachdem in welchem Kontext (d. h. politisch, wirtschaftlich oder gesellschaftlich) sie stattfinden. Darum betrachten wir im nächsten Abschnitt gesondert die Massenpsychologie an den Finanzmärkten.

4.3.2 Massenpsychologie an den Finanzmärkten

In diesen Abschnitt legen wir unser Hauptaugenmerk auf die Rahmenbedingungen, unter denen massenpsychologische Kettenreaktionen an den Finanzmärkten entstehen können, d. h. Haussen oder Baissen.

Einer Finanzmarktkrise geht fast immer ein Boom voraus, welcher durch eine dramatische Veränderung in den Wirtschaftsprozessen hervorgerufen wird. Solche *Displacements* (s. S. 285) führen für die Anleger zu neuen, unbekannten Situationen, für die sie keine Erfahrungswerte haben. Zumeist sind sie auch nicht auf diese vorbereitet. Deswegen können diese *Displacements* unter bestimmten Rahmenbedingungen euphorische bzw. panische Reaktionen an den Finanzmärkten auslösen. Beispielweise führt das *Displacement* bei einem Boom dazu, dass eine große Zahl von Menschen Zugang zu einem Markt findet, dessen Risiko sie nicht erkennen können bzw. nicht verstehen. Sie werden getrieben von Gier und Euphorie und geblendet von der Aussicht auf hohe Profite. Ebenso werden sie getrieben vom Triumph und schnellen Reichtum anderer Marktteilnehmer. Sie werden quasi von einem Sog der anderen Marktteilnehmer erfasst und laufen in die neue, ihnen völlig unbekannte Situation hinein. Hinzu kommt noch, dass die Menschen für den Bereich der Wirtschaft ein extremes Kurzzeitgedächtnis haben, d. h. finanzielle Pleiten werden schnell vergessen. Experten sagen auch, dass in der Welt des Geldes die Geschichte kaum das menschliche Handeln beeinflusst.

So revolutionierte die moderne Informationstechnologie die Geschäftswelt. Dies führte dazu, dass alles, was mit dem Internet in Verbindung gebracht werden konnte, ein Qualitätssiegel versehen bekam. Auf diesem stand: Profit und Erfolg. Darum drängten immer mehr Unternehmen und Anleger in diese neuen, vielversprechenden Geschäfte. Dazu nahmen sie häufig Kredite zur Finanzierung ihrer Investments auf. Im Sog des Erfolges der Anleger und Unternehmen breiteten sich die Kredite aus. Es entstand ein durch Expansion von Krediten und Schulden getriebener Boom. Hieraus entstand ein hochexplosives Gemisch aus Euphorie, Kreditausweitung und wachsenden Schulden, das kurz nach der Jahrtausendwende explodierte.

Die klassischen ökonomischen Theorien postulieren, dass Anleger Risiken wahrnehmen und evaluieren, indem sie die Fakten genau studieren. Darum steht und fällt das Konzept des *Homo Oeconomicus* mit der unabhängigen Entscheidung des Anlegers und der Auswertung der Fakten. Tatsächlich gibt es Situationen an der Börse, in denen Anleger vorwiegend rational handeln. Allerdings haben Menschen nur eine begrenzte Kapazität, um Informationen zu sammeln und zu verarbeiten. Demzufolge kann der Mensch nur Teile der Realität und diese auch nur zeitlich beschränkt in seinen Entscheidungen berücksichtigen. Die meistens Anleger sind nämlich den Restriktionen Mangel an Zeit und Geld unterworfen.

Für seine bahnbrechenden Arbeiten auf dem Gebiet der Entscheidungsfindung erhielt der amerikanische Politikwissenschaftler Herbert A. Simon 1978 den Nobelpreis für Wirtschaftswissenschaften. Er entwickelte ein neues Konzept, die *Bounded Rationality*. Im Gegensatz zum Konzept des *Homo Oeconomicus* setzt dieses Konzept darauf, dass es Informationslücken, Unsicherheiten über exogene Ereignisse, fehlende Alternativen, die Unmöglichkeit der Einbeziehung aller Möglichkeiten oder das Wissen über alle Konsequenzen einer Entscheidung gibt.

Simon und Verfechter seines Konzeptes führen nun aus, dass es eine Vielzahl von Situationen gibt, in denen Menschen ohne selbst nachzudenken oder selbst zu entscheiden etwas tun. So konnten die Psychologen Stanley Schachter und Jerome Singer zeigen, dass es drei Komponenten braucht, um Menschen für Suggestion durch andere anfällig zu machen:

1. Ahnungslosigkeit, Unkenntnis, Unsicherheit oder Orientierungslosigkeit. Dies kann durch das durch die *Displacements* hervorgerufene neue Umfeld an den Finanzmärkten begünstigt werden.

2. Eine ängstliche oder euphorische Erregung der Menschen. Der Umgang mit der neuen Situation (hervorgerufen durch die *Displacements)* kann bei den Anlegern zu einer ängstlichen oder euphorischen Erregung führen, je nach Ereignis.
3. Zudem benötigen sie ein Umfeld, das ihnen einfache und verständliche Erklärungen gibt. Ausgelöst durch die Ängste oder Euphorie im Zusammenhang mit den *Displacements* tritt meist ein Umfeld an den Tag, das einfache Erklärungen suggeriert. Dies führt dazu, dass die Steuerung durch Tatsachen, Fundamentaldaten und rational handelnde Akteure massenpsychologischen Effekten Platz macht.

Welche Rahmenbedingungen müssen an den Finanzmärkten vorherrschen, damit die *Displacements* ihre verhängnisvolle Wirkung entfalten können?

Die durch *Displacements* hervorgerufene neue Situation, für die die Anleger keine Erfahrungswerte haben, führt zu Unsicherheit. Auf der einen Seite der Medaille liegen verführerische Chancen und vielversprechende Möglichkeiten und auf der anderen lauern Risiken und Gefahren. Hierdurch entsteht unter den Anlegern ein Umfeld einer erhöhten affektiven Erregung oder euphorischen Stimmung im Boom bzw. Panik oder Angst im Crash.

Dies führt zu einer Ausrichtung des eigenen Verhaltens nach den anderen Marktteilnehmern. Somit wird nicht durch Fakten auf Gefahren geschlossen, sondern es sind die Wunden, Verletzungen und Verluste anderer Marktteilnehmer, die das Risiko signalisieren. Kommen an der Börsen die anderen Marktteilnehmer erfolglos, geschädigt, betrogen oder bankrott aus einer Situation heraus, dann meiden die Nachfolgenden diese Gefahr. Kommen sie jedoch heil und erfolgreich heraus, laufen auch alle anderen in die Situation hinein.

Dies wird durch Rückkoppelungen der euphorischen oder ängstlichen Erregung sogar noch verstärkt. Durch diesen psychologischen Hebel der Euphorie oder Angst entsteht im "Sog der Masse" eine immer stärkere Verdrängung der Orientierung an Fakten und Daten, d. h. die Anleger wägen ihre Investmententscheidungen nur noch am Verhalten der anderen Anleger ab. Es geht die sogenannte Wirklichkeitsrelation verloren, nicht weil die Chancen oder Gefahren im Umfeld nicht wahrgenommen werden, sondern weil sie durch die Umweltreize falsch eingeschätzt werden. Dies liegt daran, dass bestimmte Sachverhalte nicht mehr stark genug wahrgenommen werden. Man sieht vieles nur noch einseitig. So sagte ein erfahrener Börsenhandler nach dem Börsencrash 1906/1907: "*Ich hätte nie gedacht, dass mein Bruder,*

der Psychologe, recht hat. Das sicherste Mittel, um Menschen blind und taub für Gefahren zu machen, ist eine euphorische Begeisterung. In einer solchen Stimmung sind Vorsicht, Kontrolle und Hemmung ausgeschaltet. Es reagieren nur noch die primitiven Instinkte des Menschen. Denn Begeisterung transportiert die positiven Erwartungen und unterdrückt alarmierende Hinweise auf Gefahren. Mit den Worten meines Bruders: Die emotionale Erregung hemmt die rationale Leistung, d. h. der Hypothalamus blockiert den Cortex. Mit meinen Worten: Euphorie macht blind und unvorsichtig. "

Hinzu kommt noch, dass die meisten Anleger gar nicht genügend fundiertes Wissen und auch nicht genügend Zeit haben, um eine angemessene und vernünftige Investitions- und Anlageentscheidung zu treffen. Sie entscheiden deswegen unter massenpsychologischen Rahmenbedingungen nicht rational, sondern reagieren auf das Umfeld an den Finanzmärkten. Sie tun dies nach dem Motto "*Die anderen werden schon wissen, was sie tun!*"

Wenn die Aussichten auf einen hohen Gewinn locken und andere Anleger mit ihrer Vorgehensweise Erfolg hatten, bildet sich schnell ein Schema heraus. Beispielsweise manifestierte sich bis Anfang 2000 das Schema "*Neuer Markt = Hohe Kursgewinne*" bei einer Vielzahl von Anlegern. In einer solchen Phase verdrängen die Anleger Zweifel. Der einzelne Anleger hat gar keine andere Wahl, als selber mitzumachen und auf den fahrenden Zug aufzuspringen. Es baut sich nämlich ein Druck auf, ebenfalls investiert zu sein und mitzumachen. Mit zunehmender Dauer des Booms hört der Anleger nicht nur von dem Erfolg unbekannter Teilnehmer in den Medien, sondern die Gewinner (wie Freunde, Nachbarn oder Familienmitglieder) sind plötzlich in der eigenen Umgebung.

Durch diesen Mechanismus wird die kritische Masse von angesteckten Teilnehmern erreicht und eine Massenbewegung wird ausgelöst. Sobald die Aktivität das kritische Minimum überschritten hat, tritt ein Selbsterhaltungs- bzw. Selbstverstärkungsprozess in Kraft. Dieser wird erst nach Verbrauchen aller zur Verfügung stehenden Energie oder durch geänderte Rahmenbedingungen im Umfeld zum Stopp bzw. zum Umkippen gebracht.

Dass der Faktor Mensch nicht unterschätzt werden darf, erkannte bereits Keynes mit seinem Vergleich vom "Schönheitswettbewerb": "*Die Börse ist wie ein Schönheitswettbewerb. Die Jury muss nicht urteilen, wer die Schönste ist, sondern abschätzen, wen die meisten Leute am schönsten finden.*" Dieses Zitat verdeutlicht, dass der Mensch und sein Entscheidungsverhalten Einfluss auf die Richtung der Märkte haben. Keynes' Ansicht nach ist die Börse ein Spiegelbild des menschlichen Handelns. Da der Mensch kein rationales Wesen ist, ist somit die Börse auch kein rational funktionierendes System. In den 1970er und 1980er Jahren betraten die Marktpsychologen das Spielfeld. Die beiden berühmtesten sind die Nobelpreisträger Daniel Kahneman und Amos Tversky. Sie rückten das Individuum mit allen seinen Unzulänglichkeiten in den Blickpunkt ihrer Forschung. Sie warfen dabei solche Fragen auf wie:

- Was steckt hinter dem Unvermögen, mit finanziellen Risiken umzugehen?
- Warum entscheiden Menschen, wenn es um Geldangelegenheiten geht, häufig systematisch irrational?
- Weswegen schätzen Menschen den Wert einer Sache, die sie schon besitzen, anders ein als den Wert von etwas, das sie noch nicht besitzen?

All diese Fragen hängen nach Ansicht von Kahneman und Tversky eng zusammen. Die Beantwortung der Fragen führte schließlich zur Nobelpreis gekrönten *Prospect Theory*. Für Details zu dieser Theorie (bzw. zur *Behavioral Finance*[100]) fehlt an dieser Stelle der Platz. Das Wesentliche ist, dass die beiden Wissenschaftler bewiesen haben, dass das gesamte System von Preisbildungen auf den Finanzmärkten unmöglich effizient sein kann.

Denn die kleinste Einheit des Marktes, der Mensch, handelt nicht effizient. Dabei gilt: Niemand ist alleine auf der Welt. Jede Handlung hat Folgen für andere. Weiterhin leiten die Anleger ihr Verhalten aus den beobachteten Mustern der erst kurz zurückliegenden Vergangenheit, den kürzlich gemachten eigenen oder fremden Erfahrungen sowie den Beobachtungen der Folgen und Konsequenzen im Verhalten anderer ab. Dabei gehen die Anleger von einer viel zu rationalen Vorstellung der Märkte aus. Sie vergessen vollkommen, die Zusammenhänge mit dem Umfeld, die Komponente Zufall und vor allem die mögliche Entkoppelung der Kursentwicklung von den Fundamentaldaten der Wirtschaft einzubeziehen. Durch diese zu optimistische Interpretation des durch das *Displacement* ausgelösten Strukturbruchs entsteht in Kombination mit den Verführungen durch die neuen Profitmöglichkeiten eine Gemengelage für ungehemmtes, euphorisches Wachstum. Deswegen ist es nicht der Charakter der Anleger im Umgang mit Risiko, der

---

[100] Vgl. Götte, R.: Finanzgenie oder Bankrotteur – wie psychische Effekte an der Börse wirken. Das 1x1 der Behavioral Finance, ibidem-Verlag, Stuttgart 2006.

zu den irrationalen Übertreibungen führt, sondern vielmehr der Einfluss der Situation. Aus diesem Grund können die Entscheidungen, Handlungen und Reaktionen der Marktteilnehmer nur im Kontext des Umfelds (hierzu gehören auch die anderen Anleger), in dem sich die Erwartungen herausgebildet haben, verstanden werden. Passiert z. B. in Krisenzeiten etwas Unerwartetes und die Anleger verlieren ihr Vertrauen, führt Panik letztlich zum Verlust der Selbstkontrolle. In der Folge übernimmt Angst das Steuer. Es fällt schwer, seine Gefühle unter Kontrolle zu behalten, wenn das eigene Geld auf dem Spiel steht.

Weiterhin verwenden Anleger zur Bildung ihrer Entscheidungen Heuristiken. Heuristiken helfen den Menschen dabei, den Alltag durch geringeren Aufwand bei der Informationssuche und -verarbeitung ökonomischer Sachverhalte zu bewältigen (d. h. ohne Wahrscheinlichkeitsberechnung und Kosten-Nutzen-Rechnung). Hierzu werden die geraden verfügbaren Informationen aus den eigenen Erfahrungen und der Struktur des Umfeldes im Kontext zu den Anforderungen an die Vorgehensweise schnell, einfach und robust beurteilt. Durch dieses Verfahren wird die mögliche Handlungsalternative schnell gefunden. Im Allgemeinen ist das Verwenden von Heuristiken sehr nützlich, weil schnell und einfach eine Entscheidung gefunden wird, Heuristiken führen aber auch zu systematischen, manchmal sogar schwerwiegenden Fehlern. Aus so einer Heuristik leitet sich eine der berühmtesten Börsenweisheiten ab: "Sell in May and go away, but remember, come back in September." So haben Anleger alle Jahre wieder Angst vor dem bösen Börsenmonat September oder den als Crash-Monat verschrieenen Oktober. Man hört an den Börsen förmlich ein Aufatmen, wenn der November erreicht wird. Dieses Verhalten steht ganz und gar nicht in Übereinstimmung mit der Wirklichkeit. Im DAX war der September in den letzten 18 Jahren neunmal ein Verlustbringer und neunmal ein Gewinner. Die Krux ist nur, dass in Summe die zumeist moderaten Monatsgewinne die teilweise dramatischen Verluste nicht ausgleichen konnten. Bedenkt man weiter, dass der Mensch Erfahrungen und Erlebnisse nicht wie ein Computer speichert, sondern den dramatischen Höhepunkten (im Guten wie im Bösen) ein besonderes Gewicht zuweist, wird ersichtlich, warum die moderaten Kursschwankungen völlig in den Hintergrund treten. Psychologen bezeichnen das als Peak-End-Effekt. Gerade der September hat in diesem Jahrtausend einiges zu bieten, wie z. B. die Terroranschläge vom 11. September 2001 oder den Zusammenbruch der Investmentbank *Lehman Brothers* am 15. September

2008. Selbst Börsenneulinge haben Respekt vor dem September, obwohl sie die teilweise hohen Verluste gar nicht selbst miterlebt haben. Denn auffällige Ereignisse (wie Panikverkäufe) werden überbewertet und ihre Eintrittswahrscheinlichkeit wird überschätzt (Verfügbarkeitsheuristik).

Überdies sind diese Ineffizienzen bei den meisten Menschen ähnlich ausgeprägt. So ergibt sich aus Erkenntnissen der *Behavioral Finance* ein vollständig neuartiges Erklärungsmodell für Markttrends. Die symptomatischen Fehlleistungen der menschlichen Psyche multiplizieren sich demnach in der Gesamtheit aller Marktteilnehmer zu dem, was man als Trend bezeichnet.

Tabelle 21: Die wichtigsten Kapitalmarktanomalien

Anomalien hinsichtlich der Effizienztheorie	
Over- und Underreaction	Die Anleger haben die Neigung, aktuelle Informationen nicht adäquat bei der Aktienbewertung zu berücksichtigen und stattdessen historische Entwicklungen überzubewerten. Ein Beispiel ist der Winner-Loser-Effekt, wonach Aktien mit relativ geringen Renditen in den vergangenen Perioden regelmäßig im Vergleich zu den ehemaligen Gewinnern höhere Renditen erzielen.
Mean Reversion	Tendenz der Aktienkurse, sich langfristig in Mustern zu bewegen.
Ankündigungseffekt	Aktienkursänderungen, die verursacht werden durch Ankündigungen bzw. Unternehmensmeldungen, bestehen häufig auch dann noch weiter, wenn das fundamental gerechtfertigte Maß erreicht ist. Häufig reagiert die Börse auch auf Unternehmensmeldungen mit einer gewissen Zeitverzögerung.
Index-Effekt	In der Regel steigen Aktienkurse an, wenn eine Aktie in einen großen Index aufgenommen wird. Der Anstieg beginnt jedoch nicht erst mit dem Zeitpunkt der Ankündigung, sondern wenige Tage vor der tatsächlichen Aufnahme.
Closed-End-Fund-Puzzle	Üblicherweise haben geschlossene Aktieninvestments zu Beginn einen im Vergleich zum Marktwert des Fondsvermögens höheren und später einen geringeren Wert.
Kennzahlen- und Kalenderanomalien	
Size Effekt	Oftmals weisen Aktiengesellschaften mit einer niedrigeren Kapitalisierung über längere Zeiträume höhere Aktienrenditen auf als solche Aktiengesellschaften mit hoher Kapitalisierung.
Buchwert/Marktwert-Verhältnis	Man hat beobachtet, dass ein positiver Zusammenhang zwischen dem Buchwert/Marktwert-Verhältnis und den Aktienrenditen desselben Unternehmens besteht.
Kalenderanomalien	Häufig erzielen Aktien innerhalb bestimmter Kalenderperioden mit größerer Wahrscheinlichkeit höhere Renditen als in anderen Monaten, wie z.B. Januar-Effekt, Montagseffekt usw.

Unter solchen massenpsychologischen Rahmenbedingungen werden die Finanzmärkte vom *Investor Sentiment*[101] regiert. In solchen Phasen schenken die Anleger über Mundpropaganda oder via Internet verbreiteten Gerüchten, Meinungen und Reaktionen mehr Glauben als Fundamentaldaten. Dies ist dem Anleger allerdings nicht bewusst. Denn unter bestimmten Voraussetzungen haben die verzerrten Meinungen die Fähigkeit, die Fundamentdaten zu verändern. Hierdurch entsteht bei den Anlegern der Eindruck, die Finanzmärkte würden von Fakten und Daten gesteuert. Dies liegt daran, dass Euphorie und Panik blind machen für rationales Denken und Handeln. So konnte die Gehirnforschung zeigen, dass diejenigen Hirnregionen, die für mathematisch-logische Fertigkeiten eingesetzt werden, bei schnellen Investitionsentscheidungen unter Zeitdruck gar nicht erst aktiviert werden. Durch das *Displacement* treten die Hirnregionen in Aktion, in denen die Beobachtung und Analyse des Verhaltens anderer Akteure das eigene Verhalten steuert. Die aus diesen Beobachtungen gewonnenen Ergebnisse werden dann dazu verwendet, die eigene Investitionsentscheidung zu treffen. Hierzu liefert der Fall des britischen Hypothekenfinanzierers *Halifax Bank of Scotland* (HBOS) aus der aktuellen Finanzmarktkrise ein schönes Beispiel. Spekulanten versandten per E-Mail manipulierte Informationen über Liquiditätsprobleme bei dem Hypothekenfinanzierer an eine gezielte Auswahl von Anlegern. Diese E-Mail wurde mit dem Hinweis versehen, dass diese Informationen bald über die Medien an die Öffentlichkeit gelangen würden. Jeder erfahrene Anleger weiß nun, dass nach Bekanntgabe alarmierender Neuigkeiten in der Regel Verluste zu erwarten sind. Zudem suggerierte die E-Mail den Anlegern, nicht genügend Zeit zu haben, um alle notwendigen Schritte zur Verifikation der Richtigkeit der Informationen durchzuführen. Folglich verkauften sie die Aktien der HBOS, ohne lange darüber nachzudenken. Als sich erst einmal an der Börse die Gerüchte herumsprachen und die großen Verkaufsorders im Markt gesehen wurden, folgten andere Anleger blind dieser Entwicklung. Den Beschwichtigungen und Erklärungen des Managements von HBOS wurde keine Beachtung geschenkt. Die Aktie brach innerhalb weniger Tage um fast ein Fünftel ein. Die Urheber der Gerüchte setzten indes gezielt auf Verkaufsoptionen für die HBOS-Aktien und

---

[101] Hierunter versteht man die im Sog des Umfeldes unter den Anlegern entstehenden Meinungen, Erwartungen, Einschätzungen usw.

erzielten damit einen geschätzten Gewinn von 130 Millionen Euro innerhalb einer Woche.

So wie ein Steppenbrand alles schonungslos vernichtet, was ihm in den Weg kommt, breitet sich die Hausse bzw. Baisse an den Finanzmärkten durch Ansteckung und Aufschaukeln auf andere Märkte und oftmals auf die reale Wirtschaft aus. Die Schwierigkeit bei ihrer Eindämmung ist nun, dass sie mehrere Ansteckungsherde haben. Beim Entstehen und Platzen von Finanzblasen werden drei Mechanismen beobachtet: finanzielle Ansteckung, gegenseitige psychologische Ansteckung und psychologische Aufschaukelung. Diese Ausbreitungsmechanismen können auf den verschlungensten Pfaden zu einer Ausbreitung des Booms oder der Panik an den Finanzmärkten führen.

Unter finanzieller Ansteckung (engl. *financial contagion)* versteht man die Ausbreitung einer Krise über die physischen Geldflüsse im Rahmen der internationalen Vernetzung der Volkswirtschaften und insbesondere der Finanzmärkte. Heute gibt es einen weltweiten Handel mit Finanzprodukten, Produktionsgütern und Dienstleistungen sowie Geldtransfers der unterschiedlichsten Art zwischen verschiedenen Ländern. So kann eine Krise leicht von einem Land zum nächsten springen.

Wegen der *Displacements* werden an den Finanzmärkten regelmäßig Rahmenbedingungen geschaffen, durch die die Regeln der Massenpsychologie in Kraft treten. Dann kommt es zur psychologischen Ansteckung unter den Marktteilnehmern und letztlich zur kollektiven Gleichschaltung. Dabei geht das Konzept der gegenseitigen Ansteckung auf Erkenntnisse der Biologie (Infektionskrankheiten, Epidemien, Pandemien usw.) zurück. Demnach können in jeder Phase (Initiation, Propagation oder Termination, s. S. 305ff.) der psychologischen Ausbreitung eines Erregers die Akteure in drei Gruppen unterteilt werden: für die Ansteckung anfällige Menschen, immune Menschen und infizierte Menschen. Das Ausmaß der Ausbreitung eines Virus hängt davon ab, wie hoch die Wahrscheinlichkeit einer Übertragung beim direkten Kontakt mit dem Erreger ist. Bei psychologischen Erregern erfolgt die gegenseitige Ansteckung nicht nur durch Übertragungen beim direkten Kontakt zwischen den Anlegern (Mundpropaganda), sondern auch indirekt über das Umfeld.

Dabei spielt nicht nur das Umfeld eine wichtige Rolle, sondern auch die Person selbst. Denn Menschen sind unterschiedlich anfällig für psychologische Ansteckung. So lassen sich einige Menschen durch Begeisterung und Euphorie besonders leicht mitreißen, andere sind besonders anfällig für die Ansteckung in einem Klima der Angst und Panik, und wiederum andere sind besonders leicht mit Wut und Empörung rumzukriegen. Der individuelle Schwellenwert für die Ansteckung hängt natürlich von den gegebenen Rahmenbedingungen und den eigenen Präferenzen, Wünschen und Erwartungen ab – allerdings auch von der erwarteten Anzahl der angesteckten Akteure. Je größer die Masse wird, desto größer wird der Druck auf den Akteur, sich ihr anzuschließen. Ob ein Mensch letztlich durch einen psychologischen Erreger infiziert wird, hängt von seinem individuellen Schwellenwert ab. Dieser ist eine komplizierte Gemengelange, die sich aus seinen Präferenzen, Wünschen, Erwartungen, den Gegebenheiten des Umfelds, der erwarteten Anzahl an teilnehmenden Akteuren bzw. dem Anteil bereits angesteckter Menschen im Umfeld für jeden Menschen individuell ergibt.

Doch erst, wenn die Masse der angesteckten Menschen über die kritische Masse ansteigt, kommt es zu einer psychologischen Massenreaktion, bei der ein Großteil der Anleger angesteckt wird. Die kritische Masse hat zweierlei Bedeutung:

1. Die Abhängigkeit des Verhaltens der individuellen Anleger hängt von der erwarteten Anzahl der bereits angesteckten Personen ab.
2. Sobald die kritische Masse überschritten wird, kommt es zu einem Selbsterhaltungs- bzw. Selbstverstärkungsprozess der Massenbewegung. Es kommt eine Kettenreaktion (s. S. 304ff.) in Gang, die fortan ohne äußeres Zutun abläuft, bis die Energie verbraucht ist oder sich das Umfeld ändert.

Dodds und Watts konnten im Rahmen ihres *Threshold Model* nachweisen, dass die Wahrscheinlichkeit einer Ansteckung sprunghaft zunimmt, sobald eine bestimmte Anzahl an simultanen Kontakten mit dem psychologischen Erreger überschritten wird. Wegen der zentralen Bedeutung der gegenseitigen Abhängigkeiten von sich wiederholenden Kontakten mit dem Erreger oder bereits angesteckter Menschen haben Dodds und Watts ihr Modell erweitert und eine Funktionskomponente Gedächtnis als eine Art Speicher eingebaut. Sie gehen davon aus, dass jeder Mensch eine Erinnerung über den übertragenen Einfluss des Erregers während der letzten Tage in sich trägt. Denn in einem Boom oder Crash wird der Anleger permanent von dem psychologischen Erreger "angegriffen". Beispielsweise liest er in der Zeitung von den steigenden Kursen und fragt sich, warum er nicht dabei ist. Laut Dodds und Watts wird ein anfälliger Mensch nur dann angesteckt, wenn seine im Gedächtnis gespeicherte Gesamtdosis an psychologischen Erregern seinen individuellen Schwellenwert für die Ansteckung übersteigt. Ansonsten bleibt er anfällig, wird aber nicht infiziert. Hieraus folgt auch, dass die gesamte Population niemals angesteckt wird, da nicht alle Menschen anfällig sind, weil ihr individueller Schwellenwert zu hoch ist. Die psychologische Ansteckung ist deswegen so mächtig, weil die Köpfe der Anleger in allen Märkten und Ländern der Welt gleich sind. Sie handeln nach dem Leitgedanken, Gewinne machen zu wollen.

Kindleberger oder Pelzmann konnten in einer Analyse der Dynamik von Panik an den Finanzmärkten aufzeigen, dass die Ausbreitung nicht nur über die finanzielle Vernetzung der Märkte abläuft, sondern vielmehr über psychologische Ansteckung. Denn im modernen Kommunikationszeitalter sind die Gedanken und Meinungen der Anleger via Internet ganz intensiv miteinander verknüpft. Das heißt, die psychologische Ansteckung (engl. *psychological contagion)* findet zunächst in den Köpfen der Händler sowie in denen der direkt oder indirekt von der Krise Betroffenen statt. In einem oder mehreren direkten oder indirekten Kontakten werden die Anleger von den infizierten Händlern sowie der im Umfeld des Anlegers herrschenden Euphorie im Boom bzw. Angst in der Krise angesteckt. Dies führt dann zu der bereits besprochenen Synchronisation der Marktteilnehmer. Diese Gleichschaltung der Marktteilnehmer ist das zentrale Element bei der Entstehung einer Finanzmarktkrise. Sie sorgt dafür, dass die eingeschlagene Richtung immer weiter und vor allem immer intensiver verfolgt wird.

Ein schönes Beispiel für die psychologische Ansteckung ist Folgendes: Insgeheim sucht jeder Anleger nach dem Gral der wundersamen Geldvermehrung, auch die Profis. So wurde im Jahr 1989 im Devisenhandel hinter vorgehaltener Hand eine neue fanatische Handelsregel geflüstert, mit der der US-Dollar gegenüber der D-Mark bestehen würde. Sie lautete "*Verkaufe Dollar an Vollmond, kaufe Sie bei Neumond, und bei Finsternissen mache das Gegenteil.*" (Mondregel) Tatsächlich funktionierte diese Handelsregel ein paar Monate sehr gut, sodass die Devisenhändler mondsüchtig wurden. Dies veranlasste am Tag vor dem Septembervollmond (am 15. September 1989) einen aufgeregten Volkswirt aus Sydney dazu, ein Telex rund um die Welt zu schicken, in dem er verkündete, er sei dem Geheimnis des Börsenerfolges auf die Spur gekommen. Er veröffentlichte die zum damaligen Zeitpunkt nur einem kleinen eingeweihten Zirkel bekannte Mondregel. Besorgt von dieser Veröffentlichung verkaufte damals der eingeweihte Zirkel seine US-Dollars am Tag vor dem Septembervollmond, bevor die Masse entsprechend reagieren konnte. Tatsächlich schien sich die Mondregel zunächst wieder zu bestätigen. Im fernöstlichen Handel sackte der US-Dollar zunächst um 2 Prozentpunkte gegenüber der D-Mark ab. Allerdings konnte er sich später wieder erholen. Mit entsetzten Augen mussten die Anleger zur Kenntnis nehmen, dass der US-Dollar zum exakten Vollmondtermin nicht gefallen war. Stattdessen stieg er pfennigweise an. Ein Desaster. Was war geschehen? Die Mondregel hatte sich herumgesprochen und jeder wollte mit einer Dollar-Short-Position vom Vollmond-Phänomen profitieren. Als die Dinge nicht so liefen wie gedacht, mussten die Anleger ihre Positionen zum Teil mit hohen Verlusten wieder schließen. Dies führte dazu, dass am 15. September 1989 der US-Dollar gegenüber der D-Mark die größte tägliche Handelsrange des ganzen Jahres aufwies.

Neben der Ausbreitung über finanzielle und gegenseitige psychologische Ansteckung führen Rückkoppelungsprozesse im Umfeld sowie wirksam werdende positive Feedbackschleifen zu einer psychologischen Aufschaukelung (engl. *psychological reinforcement*) der Situation. Psychologen sagen auch, dass Euphorie ein Biotop für ungehemmtes Wachstum und Angst ein wichtiger Rohstoff für panikartiges Verlassen der Finanzmärkte ist. Dies führt in letzter Konsequenz zu einer nicht mehr zu kontrollierenden und nicht mehr aufzuhaltenden massenpsychologischen Kettenreaktion, welche zahlreiche Finanzmärkte und Ökonomien auf der ganzen Welt erfassen kann. Es gibt natürlich einige Börsenbooms und -krisen, die lokal begrenzt bleiben. Allerdings ist es heute eher die Regel, dass sich aufgrund der internationalen Vernetzung der Märkte und der psychologischen Ansteckung die Finanzkrisen von einem Land auf das nächste und von dort wiederum auf ein anderes ausbreiten.

Am besten erläutert man die Rückkoppelung mit einem Beispiel aus dem täglichen Leben. Benutzt man z. B. ein Mikrofon (Eingang des Systems) in einem geschlossenen Raum, so werden die aufgefangenen Töne (Physiker sagen hierzu auch Schallwellen) über die Lautsprecher verstärkt (Ausgang des Systems) ausgegeben. Allerdings reflektieren die Wände die Schallwellen, die aus Lautsprechern kommen. Darum werden diese wiederum vom Mikrofon aufgefangen und erneut verstärkt ausgesendet. Solange dieses rückgekoppelte Signal klein genug ist, weil es z. B. von der Umgebung ausreichend gedämpft wird, bleibt das System stabil. Wird jetzt aber die Verstärkung zu hoch, kommt es zur Übermodulation und das Signal am Ausgang steigt unkontrolliert an. Dies kann u. a. daran liegen, dass die Wände auch das Gemurmel der Zuhörer reflektieren. Letztlich hört man in diesem Fall nur noch einen lauten, ohrenbetäubenden Ton. Das ist ein Selbstverstärkungsprozess. Das Wesen dieser Selbstverstärkungsprozesse ist, dass sie zu wachsen beginnen, sobald sie durch ein externes Ereignis angestoßen werden und ein kritisches Mindestmaß an Energie aus ihrem Umfeld abziehen können. Ist dies der Fall, dann ist der Prozess selbsterhaltend, weil das Wachstum es ihm ermöglicht, noch mehr Energie aufzusaugen und unkontrolliert immer schneller weiter zu wachsen, bis sämtliche Energie verbraucht ist. Darum endet dieser Prozess früher oder später in einer vom Prozess selbst verursachten Katastrophe. Dies bedeutet, dass an den Finanzmärkten auf jeden Boom zwangsläufig eine Baisse folgen muss.

4.3.3 Resümee

Warum erliegen die Anleger immer wieder den Sirenenklängen des raschen Profits? Das menschliche Verhalten ist von animalischen Instinkten und weniger von rationaler Vernunft geleitet. Darum verfängt sich der Anleger während einer spekulativen Blase immer wieder in folgende Fallstricke:

1. *Selbstüberschätzung*: Die Anleger neigen dazu, ihre eigenen Fähigkeiten im Vergleich zu den Fähigkeiten anderer Menschen zu überschätzen. Dazu führte Richard Thaler aus, dass nahezu alle Studenten zu Beginn eines Semesters erwarten, besser abzuschneiden als der Durchschnitt. In Wahrheit gelingt dies am Ende des Semesters natürlich nur der Hälfte der Studenten.
2. *Selektive Wahrnehmung*: In der Regel nimmt der Anleger nach einer getroffenen Investmententscheidung die Informationen verstärkt wahr, die seine Entscheidung bestätigen, während die anderen Informationen nur schwach wahrgenommen werden *(post-decisional dissonance)*. Darum korrigiert der Anleger Fehlentscheidungen später, als es bei einer ungefilterten Wahrnehmung möglich wäre.
3. *Verlustaversion*: Nach der Prospekttheorie (s. S. 311) bewerten Anleger Verluste tendenziell höher als dem Betrag nach gleich große Gewinne. Die Relation liegt bei etwa 3:1, d. h. einem Verlust von 100 Euro muss ein erzielter Gewinn von 300 Euro gegenüberstehen, damit das Niveau der Zufriedenheit per Saldo unverändert bleibt. Dies hat die unangenehme Konsequenz, dass wir an erworbenen Dingen so lange festhalten, bis uns jemand einen deutlich höheren Preis zahlt, als wir

dafür gezahlt haben, quasi als Entschädigung für den Verlust des Dings (Endowment-Effekt).

4. *Flucht des Wissens*: Viele Menschen haben oftmals das Gefühl, ein Ereignis vorhergesehen zu haben, wenn es eingetreten ist. Natürlich ist dies in Wirklichkeit nicht der Fall. Dennoch bewirkt dieser Mechanismus, dass wir unsere Fähigkeit zur Prognose überschätzen. Deswegen lernen die Menschen nichts aus ihren Fehlprognosen, weil sie sich weißmachen, die richtige Prognose abgegeben zu haben *(Hindsight Effect* oder *Knew it all along Effect).*

Wie wirken diese Fallstricke[102] während einer spekulativen Blase? Zum Verständnis werde ich Ihnen einen Auszug des Tagebuchs des Anlegers Schmidt vorstellen[103]. Es stammt aus der Zeit der Aktienhausse und -baisse am *Neuen Markt* (s. S. 152ff.). Angetrieben durch die Berichterstattung in den Medien, welche suggerierte, dass man an den Börsen nur gewinnen kann, betrat unser Anleger Schmidt das Börsenparkett.

Schon von Anfang an verspürte Schmidt den permanenten Zwang des Gewinnen-Müssens. Er sah seine Nachbarn, die sich von ihren Börsengewinnen ein neues Auto kaufen konnten. Er verfügte über ein kleines Informationsinstrument, den Computer, auf dem er via Internet die aktuellen Aktienkurse und deren weiteren Verlauf verfolgen konnte. Er studierte den Wirtschaftsteil des *Handelsblattes* eingehend und war so über die fundamentalen und politischen marktrelevanten Ereignisse sowie deren Interpretation informiert. Er führte Gespräche mit Kollegen und Freunden, um das

---

[102] Alle vier Fallstricke sind miteinander verknüpft über die Theorie der kognitiven Dissonanz. Sie besagt grob, dass die Menschen stets danach streben, widersprüchlichen Wahrnehmungen über sich selbst oder die Umwelt möglichst aus dem Weg zu gehen. Die Dissonanz beim Fallstrick 1 liegt zwischen unserem idealisierten Selbstbild und den tatsächlichen Fähigkeiten. Um hier wieder das Weltbild zurechtzurücken, überschätzen wir unbewusst unsere tatsächlichen Fähigkeiten. Dagegen werden beim Fallstrick 2 dissonante Informationen gefiltert, während konsonante Informationen verstärkt wahrgenommen werden. Darum sieht der Anleger seine Investmententscheidungen mit einer "rosaroten Brille". Durch die hohe Wertschätzung des erworbenen Dings (Fallstrick 3) wird nochmals die Richtigkeit der Entscheidung unterstrichen. So wird eine Dissonanz zwischen den Wertschätzungen des Dings vor dem Kauf und nach dem Kauf vermieden. Der Anleger muss sich also nicht eingestehen, einen Fehler gemacht zu haben. Dagegen führt der Fallstrick 4 dazu, dass die Dissonanz zwischen unseren Erwartungen und den tatsächlichen Ereignissen verringert wird. Dies liegt daran, dass die Erwartungen rückblickend den Erinnerungen an die Realität permanent angepasst werden.

[103] Götte, R.: Finanzgenie oder Bankrotteur – wie psychische Effekte an der Börse wirken. Das 1x1 der Behavioral Finance, ibidem-Verlag, Stuttgart 2006, S. 23ff.

Bild abzurunden, was dann zu einer Meinung über die nächste Entwicklung des Aktienmarktes führte. Fallstrick 1 führt dazu, dass Anleger Schmidt sich zutraut, den Börsenbullen reiten zu können. Er glaubt also, am Aufbau einer Blase kräftig mitverdienen und rechtzeitig wieder aussteigen zu können.
Nach eingehenden Beratungen, aber auch einem unbestimmten Gefühl folgend trifft Anleger Schmidt seine Entscheidung zum Kauf von 100 EM.TV-Aktien. Mit Abschluss dieser Transaktion ist eine Idee unseres Anlegers Schmidt in die Realität umgesetzt worden.
Entwickelt sich der Aktienkurs wie gewünscht, so verwandelt sich die Hoffnung relativ schnell in Freude, die sich, je nach Temperament von Anleger Schmidt, gar zu Ausgelassenheit und Übermut steigern kann. Und um diese Stimmung zu erhalten, wird die eingegangene Position alsbald glattgestellt, das heißt, der entstandene Gewinn wird realisiert. Neben der psychischen Genugtuung, richtig gelegen zu haben, ist ferner noch ein materieller Gewinn entstanden. Mit diesem Erfolg wächst natürlich der Mut von Anleger Schmidt. Schließlich kann das nächste Engagement mit einem kleinen Polster eingegangen werden, was eine beruhigende Wirkung hat.
Nun entfaltet der Fallstrick 2 seine fatale Wirkung. Er sorgt dafür, dass Anleger Schmidt nur noch solche Informationen wahrnimmt, die seine eigene Entscheidung bestärken. Schmidt verfällt also den Sirenenklängen der Börsen. Die Informationsphase fällt beim nächsten Geschäft etwas flüchtiger und kürzer aus, da er ja eigentlich schon weiß, was er möchte. Auch der Informationsaustausch mit Kollegen und Freunden dient eher der Bestätigung der persönlichen Ansicht über die nächste Kaufentscheidung als einer kritischen Auseinandersetzung mit dem Marktumfeld. Im Gegenteil: Der Erfolg des ersten Geschäftes macht unseren Anleger Schmidt als Ratgeber anderer gefragt, sodass seine Kollegen und Freunde in der Regel keine besonderen Einwände gegen seine Meinung hegen.
Glücklicherweise gelingt auch das zweite Geschäft mit Infomatec-Aktien. Die Zufriedenheit bei Anleger Schmidt wächst. Er hat nun das Gefühl, derzeit einen guten Riecher zu haben. Natürlich bleibt den Kollegen und Freunden der Erfolg nicht verborgen. Folglich wird Anleger Schmidt als Ratgeber gefragter denn je. Berauscht von seinem Erfolg, handelt er immer mehr aus dem Bauch heraus. Dabei treten objektive Informationen und Interpretationen über den *Neuen Markt* in den Hintergrund. Es drängt sich der Eindruck auf, dass der erfolgsverwöhnte Schmidt zwanghaft versucht, das Gefühl

von Freude und Anerkennung möglichst lange aufrecht zu erhalten. Getreu dem Motto: *"Wer steht nicht gerne im Mittelpunkt."*
Das gesteigerte Selbstbewusstsein unseres Anlegers verführt ihn dazu, im Vergleich zu früher größere Positionen einzugehen. Er rechnet schon einmal im Geiste den Profit für den laufenden Monat hoch. Er blendet vollständig die Möglichkeit von Verlusten aus bzw. hält diese für äußerst gering. Letztendlich wird Anleger Schmidt gierig, er strebt nach immer höheren Gewinnen und somit nach immer mehr Anerkennung durch seine Freunde und Arbeitskollegen.
In dieser Stimmung tätigt er sein drittes Geschäft (Kauf von Biodata-Aktien), was abermals ein Erfolg wird.[104] Die Handelsvolumina werden nochmals gesteigert, denn eine derartige "Serie" muss man einfach ausnutzen. Das vierte Geschäft läuft zunächst nicht so ab wie gewohnt. Der Aktienkurs von *Brokat* will am Anfang gar nicht in die Richtung gehen, die Anleger Schmidt prognostiziert hatte. Doch am Ende hat Schmidt Glück, und unter dem Strich bleibt ein bescheidener Gewinn, der genauso hoch ist, wie der Gewinn aus dem ersten Geschäft. Allerdings wurde der erste Gewinn noch mit einem niedrigeren Handelsvolumen, also mit weniger Risiko, erreicht. Dieser kleine Schönheitsfehler wird tunlichst verschwiegen, wenn nicht sogar verdrängt, denn was zählt ist der Erfolg. Es beginnt eine Phase des Wohlbefindens und der gesteigerten Lebensfreude für Anleger Schmidt, Euphorie stellt sich ein. Anleger Schmidt denkt: *"Ich bin der Größte, der Schönste und der Beste. Ich habe die goldene Hand. Alles, was ich anfasse, wird zu Gold."* Ja, fast können die ständigen Anrufe von Freunden und Kollegen, die Aktientipps haben wollen, unserem Anleger Schmidt auf die Nerven gehen.
Die Gefühle Freude, Gier und Euphorie verzerren Schmidts Blick auf die Realität. Deshalb werden die für das Engagement positiven Informationen stärker wahrgenommen, während bedrohliche Marktveränderungen kaum das Bewusstsein unseres Anlegers erreichen. Im besten Falle führen unerwartete Ereignisse zu einer Glattstellung des Geschäftes, also zur Gewinnmitnahme. Schließlich kennt jeder Börsianer den Spruch: *"An Gewinnmitnahmen ist noch niemand gestorben."*

---

[104] Keynes weist in seinem *Prinzip der sich selbst realisierenden Erwartungen* darauf hin, dass es wirtschaftlich aufwärts ginge, wenn viele Investoren genau dies erwarten. Dann fühlen sich die Anleger in ihren Erwartungen bestätigt. Umgekehrt können pessimistische Erwartungen Krisentendenzen auslösen bzw. verstärken.

Als sich die Geschäfte aber nicht mehr so entwickeln, wie Anleger Schmidt prognostiziert, hält er am Prinzip Hoffnung fest und reagiert auf kleinere Kursverluste zunächst nicht. Er denkt, dass er die Situation unter Kontrolle hat. In Wirklichkeit hat die Situation aber ihn unter Kontrolle. Er reagiert eigentlich nur noch.

Dummerweise entwickeln sich die Aktienkurse seit dem Jahr 2001 stetig in die falsche Richtung. Man spricht vom "Crash auf Raten". Das Prinzip Hoffnung fängt an zu schwinden. Stattdessen machen sich erste Anzeichen von Angst bemerkbar, doch vielleicht die falsche Entscheidung getroffen zu haben. Daraufhin fängt unser Anleger Schmidt nochmals an, die fundamentale Situation der gehandelten Aktie genauestens zu untersuchen. In Gesprächen mit Kollegen und Freunden versichert er sich, was er ohnehin schon wusste: Das seine Annahme richtig ist.

Jetzt entfaltet der Fallstrick 3 seine Wirkung. Der Anleger sieht die in seinem Besitz befindlichen Aktien als besonders werthaltig an und verkauft sie deshalb nicht. Schließlich bekommt er keine "Entschädigung" für den Verlust der Vermögenswerte in Form höherer Verkaufskurse. Zudem schätzt er den Wert des Vermögenswertes als zu hoch ein und ist deswegen auch nur bereit, zu besonders hohen Kursen zu verkaufen.

Zudem spielt die vorausgegangene Erfolgsserie Anleger Schmidt übel mit. Er begreift in einem Zustand von Gier und Euphorie nicht, was vor sich geht. Die Überzeugung, auch dieses Mal recht zu haben, vernebelt vollends seinen Sinn für das tatsächliche Marktgeschehen. Mit der Zeit schiebt sich hier natürlich auch langsam die Angst in den Vordergrund, aber eher eine lähmende Angst.

In dieser Angstphase verändert sich die Wahrnehmung des Anlegers immer mehr. So verdrängt er alle ungünstigen Nachrichten und Informationen, während er gleichzeitig die Bedeutung positiver Meldungen überbewertet. Falls dann tatsächlich die Kurse zu einer leichten Gegenbewegung ansetzen und sich so der drohende Verlust zu verringern scheint, schlägt die Angst sofort wieder in Hoffnung um. Diese neu aufkeimende Hoffnung kann derart ermutigend sein, dass Anleger Schmidt geneigt ist, den Einstandspreis durch Hinzukaufen[105] zu den nun günstigeren Kursen zu verbilligen. In einem solchen Moment wird die Angst (die man hatte) gar nicht mehr wahr-

[105] Objektiv betrachtet ist das Hinzukaufen nichts anderes als das Eingehen einer neuen Position neben einer bereits Bestehenden, deren Verlust wird durch diese Verhaltensweise aber keineswegs verringert.

genommen. Dies liegt daran, dass die menschliche Psyche dazu neigt, dauerhafte negative Reize zu überspielen. Es ist sogar möglich, dass die Angst kompensiert wird und sich in ihr Gegenteil wandelt, nämlich in Übermut. Dieser Übermut führt zu einer psychischen Entlastung unseres Anlegers Schmidt. Unglücklicherweise war der Aufschwung an den Börsen nur von kurzer Dauer.

Hierdurch erhöhen sich der Druck und der Stress unseres Anlegers merklich, da er nun noch mehr unter Erfolgszwang steht. Er hat gewissermaßen bei doppelter Positionshöhe die doppelte Belastung und erlebt, wie aus Angst Panik wird.

Deswegen kann Anleger Schmidt zunächst kaum reagieren. Er ist sozusagen paralysiert und kann den Markt nicht mehr verstehen. Seine Augen sind nur noch auf den Kursmonitor fixiert. Der Punkt, an dem es keinerlei Hoffnung mehr gibt, scheint erreicht zu sein[106].

Unvermittelt stellt er das gesamte Engagement auf einen Schlag glatt. Der psychische Druck ist zu groß geworden, so groß, dass Anleger Schmidt zu einer Verzweiflungstat bereit ist, um sich zu erlösen.

Innerhalb der nächsten Stunden zieht sich Anleger Schmidt erst einmal zurück und leckt seine Wunden. Danach sucht er nach den Fehlern, er sucht Schuldige und findet sie auch. Als Fazit seiner Fehlersuche sagt sich Anleger Schmidt: "*Ich werde mich das nächste Mal besser informieren und auf bestimmte Leute nicht mehr hören. Aber vor allem brauche ich zunächst erst einmal eine Auszeit. Später werde ich dann zunächst mit einer kleinen Position vorsichtig wieder zu handeln anfangen und erst nach wiedergewonnener Sicherheit zu größeren Taten schreiten.*" Fallstrick 4 sorgt dafür, dass Anleger Schmidt, nachdem die Blase geplatzt ist, nicht aus seinen Fehlern lernt. Er redet sich ein, das Platzen der Blase vorhergesehen zu haben und deswegen beim Entstehen einer neuen Blase wieder alles im Griff haben zu können. Anleger Schmidt wird also auch bei der nächsten Aktien-Rallye mit dabei sein.

---

[106] Erfasst Panik den Finanzmarkt, so werden die Anleger Gefangene des Marktes. Sie müssen mit den Strom schwimmen, wenn sie verhindern möchten, dass die Verluste ausufern. Jedes Zögern, während alle anderen aus den Märkten flüchten, führt dazu, dass die Verluste immer größer werden. In Panik bewegt sich der Finanzmarkt wie eine trampelnde Büffelherde nur noch in eine Richtung – abwärts. Jeder Anleger, der stehen bleibt und sich gegen den Strom stellt, wird niedergewalzt.

Und das Verhalten von Schmidt ist typisch für die Anleger. Deshalb wird die gegenwärtige Finanzkrise (Staatsschuldenkrise) nicht die letzte gewesen sein, die wir erleben werden.

5 Epilog

Beim Schreiben dieses Buches drängte sich mir ein Gedanke, der mich nicht wieder losließ: **Spekulationsblasen sind nichts anderes als Schneeballsysteme.** Das ist nicht eine aus der Luft gegriffene Idee, Spekulationsblasen haben tatsächlich sehr viele Eigenschaften, die auch Schneeballsysteme aufweisen.

Unter einem Schnellballsystem ist ein Investitionsschema zu verstehen, mit welchem dem Anleger hohe Renditen versprochen werden, diese dann aber nicht erwirtschaftet werden, sondern ausschließlich auf dem Papier existieren. Ein Anlagesystem hat einen Schneeballcharakter, wenn die Vermögenswerte, die vermeintlich von den Einzahlungen der Anleger erworben werden sollen, nicht gekauft oder gar frei erfunden werden. Außerdem sind die erworbenen Vermögenswerte ihren Preis nicht wert, d. h. ihr Kaufpreis ist gegenüber den üblichen Marktpreisen stark überhöht. Genau das ist der Fall, wenn am Höhepunkt der Spekulationsblase das Spekulationsgut gekauft wird.

Damit das Prinzip eines Schneeballsystems funktionieren kann, braucht es eine wachsende Teilnehmerzahl. Um sie zu gewinnen, werden die Forderungen der ersten Anleger erfüllt. Hierdurch wird Vertrauen in das Schnellballsystems aufgebaut. Darum gewinnen in einem Schneeballsystem zunächst die Altinvestoren, ihre Rendite wird von den neuen Investoren bezahlt, die neues Geld zur Verfügung stellen. Ziehen die Altinvestoren ihr Kapital ab, wird auch das von dem Geld der Neuinvestoren bezahlt. Somit können die Einlage und die Gewinne nur ausgezahlt werden, indem auf Investitionen anderer Anleger zurückgegriffen wird.

Ähnliches beobachtet man bei einer Spekulationsblase. Auch bei ihr können die Anleger das Spekulationsobjekt jederzeit zunächst problemlos verkaufen. Dies erzeugt Vertrauen in die Spekulationsblase. Ebenso braucht die Spekulationsblase für ihr Wachstum einen stetigen Zufluss an Anlegern. Erst deren Käufe ermöglichen den anderen Anlegern (die aussteigen möchten) ihre Verkäufe.

Demzufolge gibt es bei einem Schnellballsystem wie auch bei einer Spekulationsblase keine Wert erhöhenden Geschäfte oder Investitionsgegenstände, d. h. in der Regel bekommen die letzten Anleger nichts wieder heraus. Letztlich bricht das System zusammen, wenn eine größere Anzahl von Anlegern ihr Geld zurückfordert oder der Zustrom von neuen Anlegern verebbt. Letztlich ist ein Schneeballsystem ein System mit fixem Kern, was vom Umfang her ständig wächst. Es ist ausschließlich darauf ausgerichtet, sich selbst zu multiplizieren und daraus Gewinn zu erzielen.

Eines der berühmtesten Schnellballsysteme in der Finanzwelt ist das Ponzi-Spiel. Charles A. Ponzi erfand im Juni 1919 in Boston dieses Spiel. Zunächst überzeugte er Menschen von seinem Investitionskonzept. Ponzi erkannte eine einmalig sichere Quelle für Gewinne (heute würden man dazu Arbitrage-Geschäft sagen). Als er Post von einer Firma aus Spanien bekam, die sich für einen Katalog seines Arbeitgebers interessierte und dem Brief einen Internationalen Antwortschein beifügte, erkannte Ponzi eine außergewöhnliche Chance. Zunächst war der Geldwert eines Antwortscheins noch an die Währung gekoppelt, aber als Anfang des 20. Jahrhunderts die europäischen Währungen dramatisch an Wert verloren, konnte man in Europa einen Schein für einen Bruchteil des in den USA üblichen Preises kaufen, z. B. konnte man in Spanien Scheine für einen US-Cent kaufen, die in den USA selbst 6 Cent wert waren. Die Idee von Ponzi war nun, die Scheine in Europa einzukaufen und in den USA teurer zu verkaufen.

In der Folgezeit konnte Ponzi immer mehr Anleger für diese "famose" Idee gewinnen. Zu diesem Zweck gründete Ponzi die Firma *Securities Exchange Company*. Zudem versprach er den Anlegern hohe Renditen. Er versprach 50 % Rendite in 45 Tagen oder eine Verdoppelung des angelegten Kapitals in 90 Tagen. Glaubwürdigkeit für seine Geschäftsidee erzeugte er dadurch, dass er seine Versprechen einhielt, d. h. er zahlte, wenn jemand seinen Gewinn sehen wollte. So verbreitete sich sein guter Ruf durch Mundpropaganda in ganz Neu-England, und immer mehr Menschen wollten dabei sein. Die Anleger wurden immer vertrauensseliger und ließen ihre "Gewinne" und Einlagen stehen bzw. reinvestierten sie wieder. Viele Menschen verpfändeten sogar ihr Haus und ihre Habseligkeiten, um durch die Ponzi-Methode reich zu werden. Durch den enormen Zulauf vergrößerte sich das Vermögen von Ponzi im Jahr 1920 von wenigen Tausend US-Dollar auf Millionen. Zum Höhepunkt der "Ponzi-Manie" nahm er täglich eine Million und mehr ein.

Das Ponzi-Spiel brach zusammen, als ein Möbelhändler erfolglos sein Geld einforderte. Jetzt wurden die Medien auf seinen Reichtum aufmerksam. Immer mehr Anleger verlangten ihr Geld zurück. Ponzi bediente diese Forderungen, und die Lage entspannte sich etwas. Schließlich nahm das Finanzamt sein Vermögen unter die Lupe. Es fand nur wenige Antwortschei-

ne. Nach Berechnungen hätte er aber mit dem eingenommenen Geld ca. 160 Millionen Antwortscheine kaufen müssen, was unmöglich war, weil zu der damaligen Zeit nur ca. 27.000 derartige Scheine im Umlauf waren. Als dann noch die Presse von den Vorstrafen Ponzis berichtete, erkannten die Anleger den Betrug. Es kam zu einem Run, jeder wollte sein Geld zurück haben. Somit brach das Ponzi-Spiel im August 1920 endgültig zusammen. Man schätzt, dass Ponzi von ca. 40.000 Anlegern rund 15 Millionen US-Dollar anvertraut wurden. Sichergestellt werden konnten aber nur noch 1,5 Millionen US-Dollar durch die Polizei.
Das bislang größte Ponzi-Spiel spielte Bernard L. Madoff. Als sein "Spiel" im Dezember 2008 zusammenbrach, schädigte er mithilfe seines vermeintlichen Hedgefonds (Investmentidee mit traumhaften Renditen) seine Anleger um ca. 65 Milliarden US-Dollar.
Im Prinzip war auch die John-Law-Party (s. S. 27ff.) nicht anders als ein Ponzi-Spiel. Das John-Law-System hatte alle drei typischen Bestandteile eines klassischen Ponzi-Systems.

1. *Investitions-Anreiz bzw. Investmentidee*: Gewinnanteile am Handel mit exotischen Ländern, die die Fantasie der Anleger anregte. Schließlich verfügte seine Firma über das exklusive Privileg des Handels mit dem großen Fluss Mississippi und der Provinz Louisiana, zudem über das exklusive Privileg des Handels mit den Ostindischen Inseln, China und der Südsee.
2. *Zugesicherte hohe Renditen*: John Law versprach eine jährliche 40-prozentige Rendite auf den Nominalwert der Aktien.
3. *Glaubwürdigkeit*: Tatsächlich zahlte er zu Beginn die versprochenen Renditen aus. Hierdurch gewannen die Anleger Vertrauen und ließen ihre Einlagen und Gewinne (wurden wieder in Aktien investiert) stehen. Durch mehrere aufeinanderfolgende Börsengänge mit viel "Tamtam" wurden immer mehr Menschen in die Aktie gelockt. Sie hielten das System am Laufen.

Auch der *South Sea Bubble* (s. S. 24) im England des Jahres 1720 war ein derartiges Spiel. Ebenso zeigte die US-Subprime-Marktkrise die Grundstruktur eines Schneeballsystems. Die Immobiliengeschäfte waren so angelegt, dass immer neue Kreditnehmer gefunden werden mussten, die den alten ihre Grundstücke zu immer höheren Preisen abkauften, damit diese Zinsen und Tilgung aus dem Verkaufserlös bestreiten konnten. Folglich mussten also die gleichen Grundstücke als Sicherheiten für immer höhere Darlehen die-

nen, wobei sich gleichzeitig die Bonität der Kreditnehmer beständig verschlechterte. Letztlich musste das System kollabieren und damit alle auf ihm beruhenden Produkte, wie bei jedem Schneeballsystem. Ebenso wurden in den 2000ern von irischen Banken immer mehr Kredite für Bauprojekte vergeben, so dass am Ende fast ein Viertel des Bruttoinlandsproduktes auf die Baubranche fiel. Im Rahmen der Finanzkrise ab 2007 kollabierte dieses Schneeballsystem. Inzwischen stehen mehrere 100.000 Gebäude leer.
Folglich gilt: "*Jede Spekulationsblase ist in gewisser Weise ein Ponzi-Spiel, d. h. ein Schneeballsystem. Die Anleger werden angelockt mit den Versprechen, eine 'neue' Ära tue sich auf, die alles aus den Angeln heben wird. Die Gewinne sprudeln nur so. Die Aktienkurse steigen in immer höhere Regionen. Dies veranlasst die Anleger zu glauben, und sie investieren. Am Höhepunkt, der sogenannten Hausfrauenrallye, steigen dann die letzten ein. Die Blase bricht zusammen, wenn nicht mehr genügend neue Investoren mit Geld kommen, wie bei jedem anderen Kettenbrief auch. Das Ende des Liedes ist, dass die meisten Anleger auf hohen Verlusten sitzen bleiben. Nur die, die das Spiel angestoßen haben, konnten traumhafte Gewinne realisieren.*" Der Ökonom Nouriel Roubini brachte es auf den Punkt: "*Schauen wir gemeinsam in den Spiegel; wir alle sind Madoff und Ponzi!*" Das Wesen des Finanzsystems ist also ein Schneeballsystem. Die Kunst besteht darin, den Moment zu erkennen, zu dem der Umkehrpunkt (Platzen der Blase) erreicht ist. Hierzu sollte jeder Anleger, der den Verdacht hat, dass eine Spekulationsblase vorliegt, die im Abschnitt 4.2.2. beschriebenen Phänomene einer Blasenbildung suchen, weil sie bei fast jeder historischen Blase auftraten. Außerdem sollte die Feststellung, dass sich eine Blase ausgebildet hat, nicht notwendigerweise dazu führen, das Spekulationsobjekt zu verkaufen, weil beim sofortigen Verkauf bei einer Fortsetzung des Kursanstiegs der Kursgewinn vermindert würde. Der Anleger sollte aber jetzt die Kursentwicklung kritisch hinterfragen und jederzeit bereit sein, seine Investments zu verkaufen.
Zwischen den beiden Meeresungeheuern Skylla und Charybdis musste der Legende nach einst Odysseus den rechten Weg finden. Der Anleger steht vor einem ähnlichen Dilemma: Boom oder Crash. Er muss also einen Weg finden, um heil durch die Finanzkrisen zu kommen. Ich hoffe, dass Sie nach dem Lesen dieses Buches die Ursachen für Finanzkrisen besser verstehen und einordnen können. Dies kann dazu beitragen, dass Sie sich als Anleger besser dagegen wappnen bzw. besonnener reagieren können. Die wohl wichtigste Erkenntnis, die Sie immer im Hinterkopf haben sollten, ist: Auf

jeden Aufschwung folgt ein Abschwung, egal ob es sich um einzelne Aktien, Rohstoffe, Immobilien oder ganze Märkte handelt. **Jede Spekulationsblase trägt also ihr Ende schon in sich, weil sie nichts anderes ist als ein Schneeballsystem.**

Ich möchte das Buch abschließen mit einer Anekdote darüber, wie das berühmte Buch Moriae encomium (*Lob der Torheit* oder *Lob der Narrheit*) des niederländischen Humanisten Erasmus von Rotterdam entstanden sein soll. In einer Sommernacht 1509 sollen Thomas Moore und Erasmus von Rotterdam zusammen an der Themse gesessen und gelacht haben. Die beiden lachten die gesamte Nacht durch, bis in den Morgenstunden Lady Jane, Moore's Frau, sie an den Ohren packte und wie zwei dumme Jungs ins Bett steckte. Bleibt die Frage, worüber sie so gelacht haben – über die Dummheit haben sie so vergnügt gelacht, als wären sie selbst dumme Jungs. Über die Dummheit in der Welt. Dieses Erlebnis veranlasste Erasmus von Rotterdam das Buch *Lob der Torheit* zu schreiben, eines der meist gelesenen Bücher seiner Zeit. In brillanter Zweideutigkeit – satirisch und ernst zugleich – vertritt Erasmus die These, nur Dummheit mache glücklich und gesund. Das heißt, Torheit und Wahnsinn regieren die Welt und bestimmen das Handeln der Menschen auf allen Ebenen. Vielleicht fallen die Menschen deswegen immer wieder auf die Lockrufe der Börse herein. Weiter sagt Erasmus: "*Je weniger wir Trugbilder bewundern, desto mehr vermögen wir, die Wahrheit aufzunehmen.*" Trugbilder sind schließlich Auslöser aller Finanzkrisen, wie z. B. der Glaube an immer steigende Häuserpreise in den USA bis 2006. Also versuchen Sie immer hinter die Trugbilder zu sehen. Das ist das beste Schutzschild, um mit möglichst wenig Blessuren durch eine Finanzkrise zu kommen.

6 Literaturverzeichnis

Lit. 1 : Allen, F. und Gale, D.: Understanding Financial Crises, Oxford University Press 2007.

Lit. 2 : Androsch, H.: Wechselkurssysteme und Wirtschaftskrisen Paul Lazarsfeld-Gesellschaft für Sozialforschung, Wien 2009

Lit. 3 : Balzli, B. u. a.: Angst vor der Apokalypse, Der Spiegel, 6. Oktober 2008.

Lit. 4 : Bauer, M.: Krisenbewältigung in der Finanzwirtschaft: Parallelen und Unterschiede der Bankenkrisen in Japan (1990-2006) und den USA (1980-1998), Japan Analysen Prognosen, Nr. 200, Dezember 2008.

Lit. 5 : Bitterer, N.: Das Ende der 6. M&A-Welle – Folgen für Beratungsdienstleister am Finanzplatz Frankfurt, Goethe-Universität Frankfurt am Main 2010.

Lit. 6 : Brecht, B.: Werke in fünf Bänden. Band 5. Aufbau Verlag, Berlin und Weimar 1973.

Lit. 7 : Bruner, R. F. und Carr, S. D.: Sturm an den Börse - Die Panik von 1907, Wiley-VCH Verlag GmbH & Co. KGaA, Weinheim 2009.

Lit. 8 : Burghof, H.-P. und Prothmann, F.: Krisenbewältigung: Verpasste Chancen? Wirtschaftsdienst 2008(11), S. 703-707.

Lit. 9 : Reinhart, Carmen und Rogoff, Kenneth: Dieses Mal ist alles anders – Acht Jahrhunderte Finanzkrisen, FinanzBuch Verlag GmbH, München 2010.

Lit. 10 : Conrad, H.: Todestag: Erasmus von Rotterdam, Zeitzeichen NDRInfo, Sendedatum 12.07.2011.

Lit. 11 : Dash, M.: Tulpenwahn. Die verrückteste Spekulation der Geschichte, Claassen-Verlag, München 1999.

Lit. 12 : Demirgüc-Kunt, A. und Detragiache, E.: Financial Liberalization and Financial Fragility, In: Pleskovic, B. und Stiglitz, J: Annual World Bank Conference on Development Economics, Weltbank, Washington, D.C. 1998.

Lit. 13 : Demirgüc-Kunt, A. und Detragiache, E.: The Determinants of Banking Crises in Developing and Developed Counties, IMF Staff Papers 45, S. 81- 109, 1998.

Lit. 14 : DER SPIEGEL 47/2008; Titel: Das Kapital-Verbrechen Anatomie einer Weltkrise, die gerade erst begonnen hat.

Lit. 15 : Diamond, D. und Raghuram, R.: Liquidity Risk, Liquidity Creation and Financial Fragility: A Theory of Banking, Journal of Political Economy 109, April 2001, S. 287-327.

Lit. 16 : Diaz-Alejandro, C.: Goodbye Financial Repression, Hello Financial Crash, Journal of Development Economics 19 (1-2), S. 1-24, 1985.

Lit. 17 : Dodds, P. S. und Watts, D. J.: Universal behavior in a generalized model of contagion, Physical Reveview Letters: 92: 218701. 2004.

Lit. 18 : Ehrenfeld, W.: Weltwirtschaftskrise und New-Economy-Crash: Parallelen und Unterschiede, Universität Regensburg, 1. September 2005.

Lit. 19 : Eichhorn, W. und Sollte, D.: Das Kartenhaus Weltfinanzsystem. Rückblick – Analyse – Ausblick, Fischer Taschenbuch Verlag, Frankfurt am Main 2009.

Lit. 20 : Fenzl, T.: Die Massenpsychologie der Finanzmarktkrise – US-Immobilienblase, Subprime Desaster, Schulden-Bubble und ihre Auswirkungen, Springer-Verlag, Wien, New York 2009.

Lit. 21 : Fenzl, T.: Modellbildung in der Massenpsychologie, Grin-Verlag, München 2007.

Lit. 22 : Filc, W.: Gefahr für unseren Wohlstand – Wie Finanzkrisen die Weltwirtschaft bedrohen, Eichborn, Frankfurt am Main 2001.

Lit. 23 : Fisher, I.: Debt-Deflation Theory of Great Depressions, Econometrica 1, S. 337-357, 1933.
Lit. 24 : Galbraith, J. K.: Eine kurze Geschichte der Spekulation, Eichborn, Frankfurt am Main 2010.
Lit. 25 : Global Financial Data. Unter www.global-financialdata.com
Lit. 26 : Global Price and Income History Group. Unter http://gpih.ucdavis.edu
Lit. 27 : Goldberg, J.: Blasenreiter, 26. November 2010. Unter: www.blognition.de
Lit. 28 : Goldberg, J.: Mondsüchtig, 18. Februar 2011. Unter: www.blognition.de
Lit. 29 : Grabas, M.: Der entwicklungsrelevante Zusammenhang von Krise und Wandel, 21. Juni 2010. Unter solon-line.de
Lit. 30 : Rehm,H.: Das deutsche Bankensystem. Befund – Probleme – Perspektiven. In: Kredit und Kapital, Teil I: 41 (2008) 1, S. 135-159; Teil II: 41 (2008) 2, S. 305-331.
Lit. 31 : Haustein, H.-D.: Karl Marx und evolutorische Ökonomik. In: Warnke, C.; Huber, G. (Hrsg.): Die ökonomische Theorie von Marx – was bleibt? Metropolis Verlag, Marburg 1998.
Lit. 32 : Haustein, H.-D.: Megakrise. Zeitenwechsel des Geldkapitals in der Geschichte. Bernau bei Berlin, Oktober 2009.
Lit. 33 : Hayek, F. A.: Law, Legislation and Liberty. Volume 1: Rules and Order. New York: University of Chicago Press.
Heim, M.: Als Deutschlands Banker Demut lernten. 16. Oktober 2008. Unter: http://einestages.spiegel.de/static/topicalbumbackground/2974/als_deutschlands_banker_demut_lernten.html
Lit. 34 : Hens, T.: Der TMT-Bubble. Geplatzte Spekulationsblase am New Market gemäss der Behavioral Finance Theorie. Der Schweizer Treuhänder 11/01, S. 1147-1154.
Lit. 35 : James, H.: Der Rückfall – Die neue Weltwirtschaftskrise, Piper Verlag GmbH, München 2003.
Lit. 36 : Kaheman, D. und Tversky, A.: Prospect Theory: An analysis of decision under risk, Econometrica, 47 (1979), S. 263.
Lit. 37 : Kamisky, G. und Reinhart, Carmen: The Twin Crises: The Causes of Banking and Balance-of-Payments Problems, American Economic Review 89 (3), S. 473-500, 1999.
Lit. 38 : Kindleberger, C. P., Aliber, R. Z.: Manias, Panics and Crashes. A History of Financial Crisis, 5th Edition, John Wiley & Sons, New Jersey.
Lit. 39 : Zimmermann, K.: Warum Prognosen die Krise verschärft haben. Unter: www.handelsblatt.com/politik/gastbeitraege/warum-prognosen-die-krise-verschaerft-haben;2208930 (20.3. 2009)
Lit. 40 : Klodt, H. und Lehment, H.: The Crisis and Beyond. Institut für Weltwirtschaft, Kiel 2009. Unter: www.ifw-kiel.de/think-tank/policy-support/pdf/the-crisis-and-beyond
Lit. 41 : Klodt, H.: Auf dem Weg in die nächste Finanzkrise. Unter: http://www.sozialpartner.at/sozialpartner/badischl_2009/Finanzkrise_Ischl.pdf
Lit. 42 : Kreiß, C.: Ungleichverteilung und Wirtschaftskrisen. Analogie zwischen 1929 und heute; horizonte 33, Januar 2009.
Lit. 43 : Luc, L. Fabian, V.: Systemic Banking Crisis – A New Database, IMF Working Paper WP 08/224 (2008).
Lit. 44 : Le Bon, G.: Psychologie der Massen, Kröner, Stuttgart 2009.
Lit. 45 : Lietaer, B.; Ulanowicz, R. und Goerner, S.: Wege zur Bewältigung systemischer Bankenkrisen, Wissenschaftliche Arbeit für die World Academy of Arts and Sciences (WAAS) Hyderabad, Indien.

Lit. 46 : Maddison, A.: Historical Statistics for the World Economy: 1- 2003 AD, Paris: Organisation für wirtschaftliche Zusammenarbeit und Entwicklung (OECD) 2004. Unter www.ggdc.net/maddison

Lit. 47 : Marx, K.: Das Kapital. Kritik der Politischen Ökonomie. Band I-III. Dietz Verlag, Berlin 1951.

Lit. 48 : Marx, K.: Die Wirtschaftskrise in Europa. In: Marx-Engels-Werke MEW, Band 12, Dietz Verlag, Berlin 1963.

Lit. 49 : Maure, R.: Internationale Finanzmarktkrisen. Unter: http://rainer-maurer.com/mediapool/90/903602/data/IWB/4_Internationale_Finanzmarktkrisen_6.pdf

Lit. 50 : Otte, M.: Wir haben zu viel Geld auf der Welt. In: Börse Online vom 12./19.11. 2009, S. 18-21.

Lit. 51 : Otte, M.: Der Crash kommt. Die neue Weltwirtschaftskrise und was Sie jetzt tun können. Ullstein, Berlin 2009.

Lit. 52 : o.V.: Die Chronologie der Krise. Unter: www.tagesschau.de/wirtschaft/chronologiefinanzmarktkrise100.html

Lit. 53 : o.V.: Chronologie der Finanzkrise / Wirtschaftskrise. 3. Dezember 2009. Unter: www.politikprofiler.blogspot.com/2009/01/chronologie-der-finanzkrise.html

Lit. 54 : o.V.: Bankenpleiten: Chronologie der Finanzkrise bis 2008. 25. September 2008. Unter: www.politikprofiler.blogspot.com/2008/10/bankenpleiten-chronologie-der.html

Lit. 55 : o.V.: Börsengeschichte. Unter: www.boerse.de/boersenwissen/boersengeschichte/

Lit. 56 : o.V.: Die Eisenbahnaktienhausse in Deutschland (1842-1848). Unter: http://zeitenwende.ch/finanzgeschichte/die-eisenbahnaktienhausse-in-deutschland-1842-1848/

Lit. 57 : o.V.: Die internationale Wirtschaftskrise 1836-1838. Unter: http://zeitenwende.ch/finanzgeschichte/die-internationale-wirtschaftskrise-1836-1838/

Lit. 58 : o.V.: Vom ersten Weltkrieg zur Weltwirtschaftskrise - Teil 1: Vom Ausbruch des ersten Weltkrieges bis zur Nachkriegsdepression in der USA 1920/1921. Unter: http://zeitenwende.ch/finanzgeschichte/vom-ersten-weltkrieg-zur-weltwirtschaftskrise---teil-1/

Lit. 59 : o.V.: Vom ersten Weltkrieg zur Weltwirtschaftskrise - Teil 2: Die Hyperinflation in Deutschland 1923. Unter: http://zeitenwende.ch/finanzgeschichte/vom-ersten-weltkrieg-zur-weltwirtschaftskrise---teil-2/

Lit. 60 : o.V.: Vom ersten Weltkrieg zur Weltwirtschaftskrise - Teil 3. Unter: http://zeitenwende.ch/finanzgeschichte/vom-ersten-weltkrieg-zur-weltwirtschaftskrise---teil-3/

Lit. 61 : o.V.: Vom ersten Weltkrieg zur Weltwirtschaftskrise - Teil 4. Unter: http://zeitenwende.ch/finanzgeschichte/vom-ersten-weltkrieg-zur-weltwirtschaftskrise---teil-4/

Lit. 62 : o.V.: Märkte & Zertifikate: Ökonomen, die die Welt verändern (I) von Aristoteles bis Calvin, 03/2010, S. 60-64 (Monatsmagazin für Strukturierte Produkte von RBS)

Lit. 63 : o.V.: Märkte & Zertifikate: Ökonomen, die die Welt verändern (II) von Adam Smith bis John Stuart Mill, 04/2010, S. 63-67 (Monatsmagazin für Strukturierte Produkte von RBS)

Lit. 64 : o.V.: Märkte & Zertifikate: Ökonomen, die die Welt verändern (III) die Neoklassiker und Karl Marx, 05/2010, S. 69-73 (Monatsmagazin für Strukturierte Produkte von RBS)

Lit. 65 : o.V.: Märkte & Zertifikate: Ökonomen, die die Welt verändern (IV) die Österreichische Schule und der Kampf gegen den Sozialismus, 06/2010, S. 62-66 (Monatsmagazin für Strukturierte Produkte von RBS)

Lit. 66 : o.V.: Märkte & Zertifikate: Ökonomen, die die Welt verändern (V) John Maynard Keynes und Milton Friedman, 07/2010, S. 46-49 (Monatsmagazin für Strukturierte Produkte von RBS)
Lit. 67 : Pelzmann, L.: Der Schwarze Dienstag. Alles auf Pump. Pleiten. Panik, m. o. m. – Letter, 08/07:115 (2007)
Lit. 68 : Pelzmann, L.: Triumph der Massenpsychologie. Rahmenbedingungen und Regeln, m. o. m. – Letter, 11/02:183 (2002)
Lit. 69 : Pelzmann, L.: Wirtschaftspsychologie. Behavioral Economics, Behavioral Finance. Arbeitswelt, Springer-Verlag, Wien, New York 2009.
Lit. 70 : Quarks & Co: Wohin verschwindet unser Geld? WDR, Sendedatum Juni 2009.
Lit. 71 : Schäfer, D. und Zimmermann, K. F.: Bad Bank: Staat soll toxische Papiere zum Null-Wert übernehmen, Wochenbericht des DIW Berlin Nr. 13/2009, S. 198-206.
Lit. 72 : Schäfer, U.: Der Crash des Kapitalismus – Warum die entfesselte Marktwirtschaft scheiterte, Campus-Verlag, Frankfurt am Main 2009.
Lit. 73 : Scharff, J.: Chronik der Weltfinanzkrise. In: Themenheft: Weltfinanzkrise, Wirtschaft im Wandel 2009, S. 5-8.
Lit. 74 : Senf, B.: Der reichste Dissident des Kapitalismus? Unter: http://www.berndsenf.de/pdf/soros.pdf
Lit. 75 : Soros, G.: Das Ende der Finanzmärkte und deren Zukunft – Die heutige Finanzkrise und was sie bedeutet, FinanzBuch Verlag, München 2008.
Lit. 76 : Starbatty, J.: Die Subprime-Krise als Folge von Fehlanreizen. Was Friedrich A. von Hayek zu Notenbanken sagen könnte. Neue Zürcher Zeitung, 19. Januar 2008.
Lit. 77 : Steinwand, D.: Finanzkrisen der "dritten Generation". Der Fall Asien. Erklärungsmodelle und Herausforderungen für die Technische Zusammenarbeit; Deutsche Gesellschaft für Technische Zusammenarbeit (GTZ) GmbH, Eschborn 2002.
Lit. 78 : Stock, C.: Der böse September, 02. September 2010. Unter www.blognition.de
Lit. 79 : Strathern, P.: Schumpeters Reithosen – Die genialsten Wirtschaftstheorien und ihre verrückten Erfinder, Campus Verlag GmbH, Frankfurt am Main 2003.
Lit. 80 : Summer, N.: Die Geld-, Finanz- und Außenwirtschaftspolitik der Vereinigten Staaten von 1928 bis 1933 und die Vertiefung der Weltwirtschaftskrise, Wien 2007.
Lit. 81 : Unkels, M.: Über die Vorhersagbarkeit von Spekulationsblasen mit Hilfe historischer Vergleiche und moderner Mustersuchalgorithmen, Technische Universität Darmstadt 2007.
Lit. 82 : Vockel, J.: Kreislauf und Krise. Wirtschaftstheorien im Überblick. Eine illustrierte Skizze zur Einführung in die Volkswirtschaft, PapyRossa Verlag, Köln 2003.
Lit. 83 : Volkswirtschaft Spezial: USA: Keine Wiederholung von 1929; DGZ Deka Bank, 3. Dezember 2001.

7 Stichwortverzeichnis

J

K

L

M

N

O

P

R

S

T

U

V

W

Z

***ibidem*-Verlag**
Melchiorstr. 15
D-70439 Stuttgart
info@ibidem-verlag.de

www.ibidem-verlag.de
www.ibidem.eu
www.edition-noema.de
www.autorenbetreuung.de

FSC
www.fsc.org
MIX
Papier | Fördert gute Waldnutzung
FSC® C083411

Kolibri 360 GmbH
Ferdinand-Jühlke-Straße 7
99095 Erfurt, Deutschland
produktsicherheit@kolibri360.de